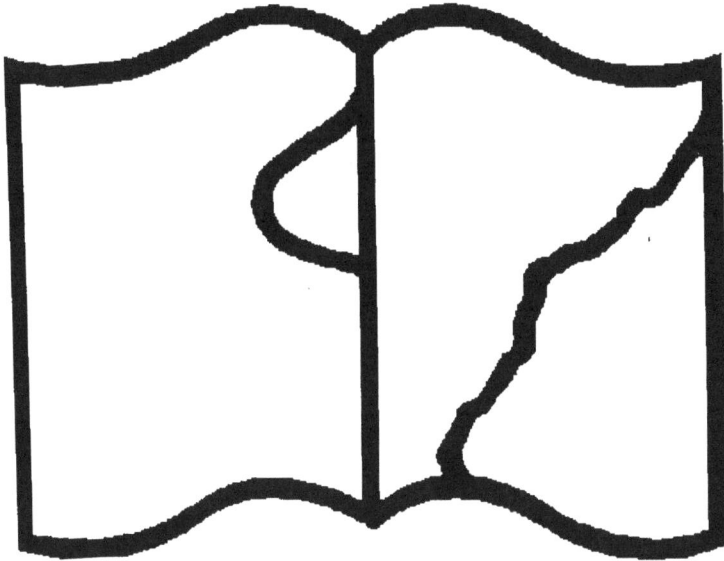

Texte détérioré - reliure défectueuse
NF Z 43-120-11

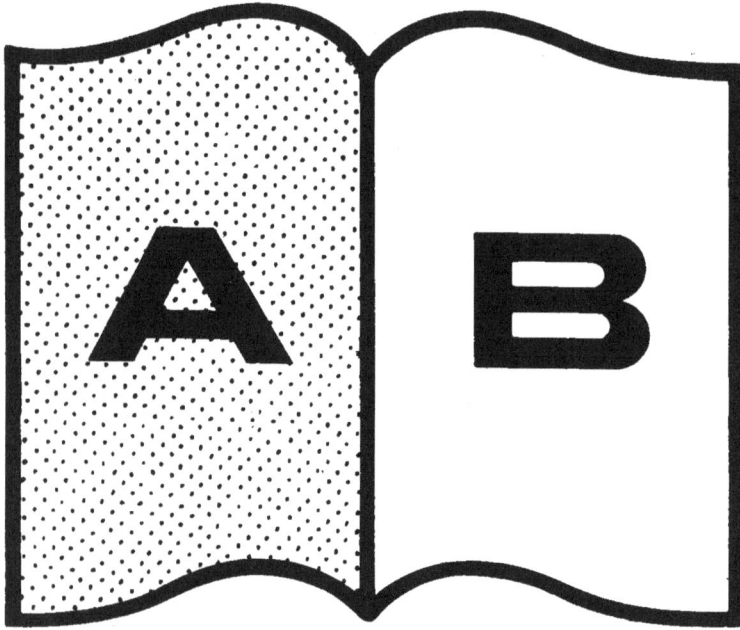

Contraste insuffisant

NF Z 43-120-14

TRAITÉ ÉLÉMENTAIRE

DE

DROIT MUSULMAN

ALGÉRIEN

(ÉCOLE MALÉKITE)

SPÉCIALEMENT RÉDIGÉ
SUR LE COURS ORAL FAIT A L'ÉCOLE DE DROIT D'ALGER
A L'USAGE DES CANDIDATS AU CERTIFICAT INFÉRIEUR
DE LÉGISLATION ALGÉRIENNE ET DE COUTUMES INDIGÈNES

PAR

E. ZEYS

PRÉSIDENT DE CHAMBRE A LA COUR D'APPEL D'ALGER
CHARGÉ DE COURS A L'ÉCOLE DE DROIT D'ALGER
CHEVALIER DE LA LÉGION D'HONNEUR
OFFICIER DE L'INSTRUCTION PUBLIQUE

TOME PREMIER

ALGER
ADOLPHE JOURDAN, LIBRAIRE-ÉDITEUR
IMPRIMEUR-LIBRAIRE DE L'ACADÉMIE

1886

TRAITÉ ÉLÉMENTAIRE

DE

DROIT MUSULMAN

ALGÉRIEN

(ÉCOLE MALÉKITE)

TRAITÉ ÉLÉMENTAIRE

DE

DROIT MUSULMAN

ALGÉRIEN

(ÉCOLE MALÉKITE)

SPÉCIALEMENT RÉDIGÉ
SUR LE COURS ORAL FAIT A L'ÉCOLE DE DROIT D'ALGER
A L'USAGE DES CANDIDATS AU CERTIFICAT INFÉRIEUR
DE LÉGISLATION ALGÉRIENNE ET DE COUTUMES INDIGÈNES

PAR

E. ZEYS

PRÉSIDENT DE CHAMBRE A LA COUR D'APPEL D'ALGER
CHARGÉ DE COURS A L'ÉCOLE DE DROIT D'ALGER
OFFICIER DE L'INSTRUCTION PUBLIQUE

TOME PREMIER

ALGER
ADOLPHE JOURDAN, LIBRAIRE-ÉDITEUR
IMPRIMEUR-LIBRAIRE DE L'ACADÉMIE

1885

CET OUVRAGE EST DÉDIÉ

A

Monsieur Robert ESTOUBLON

DIRECTEUR DE L'ÉCOLE DE DROIT D'ALGER

COMME TÉMOIGNAGE DE RESPECT & D'AFFECTUEUX DÉVOUEMENT

E. ZEYS.

INTRODUCTION

Le présent ouvrage est le résumé des leçons orales, faites à l'École de Droit d'Alger, aux jeunes gens qui aspirent à l'obtention du *certificat inférieur de législation algérienne et de coutumes indigènes.*

J'aurais voulu différer cette publication, car le droit musulman est une mer sans rivage, suivant l'expression d'un jurisconsulte arabe, et il faut être bien sûr de soi pour hasarder une pareille entreprise. Mais j'ai sacrifié mon amour-propre à l'intérêt général. L'École de Droit, dont la prospérité va sans cesse grandissant, grâce à l'intelligente administration de son honorable directeur, grâce aux efforts constants de ses éminents professeurs — je parle de mes collègues — a, non seulement de nombreux auditeurs, mais encore, dans les trois provinces, des élèves dispensés de l'assiduité aux cours. Ces derniers doivent être mis à même de travailler et de préparer leurs examens. Or, ils ne disposaient, jusqu'à présent, que de l'utile et savant ouvrage de M. le Premier Président Sautayra; celui-ci, empêché par ses hautes fonctions et par les obligations multiples qu'elles lui imposent, n'a pu livrer à la publicité que son étude sur le statut personnel et les successions. Il était donc urgent de lancer dans la circulation un traité complet de droit musulman.

Ces considérations m'ont déterminé à devancer l'heure où mon cours, soumis à mon propre contrôle par un enseignement de plus longue durée, m'aurait paru moins imparfait; elles me permettent également de solliciter l'indulgence de mes lecteurs; enfin, elles justifient la méthode que j'ai suivie en rédigeant mes leçons orales.

On remarquera, en effet, que j'ai traité la théorie du *mariage,* une des plus importantes du droit musulman, avec beaucoup plus de concision que les autres. Ce défaut de proportion n'a rien d'involontaire. Je n'avais pas à entrer dans de longs développements à propos d'une matière qui est connue grâce à l'excellent livre de M. Sautayra. Je devais porter mes efforts sur les autres contrats, car, là, j'abordais un sujet complètement neuf et qui, par cela même, offre de grandes difficultés et pour le maître et pour les élèves.

Néanmoins, et malgré mon désir d'être aussi complet que possible, j'ai négligé, de propos délibéré, tout ce qui offre un intérêt purement théorique. Je me suis appliqué surtout aux généralisations qui ont, en droit musulman, une importance capitale, d'abord, parce que les jurisconsultes arabes les dédaignent, bien à tort, et, ensuite, parce qu'elles servent à donner aux contrats leur physionomie propre. En effet, il est indispensable, pour quiconque se propose d'acquérir une notion exacte de la législation islamique, de procéder comme Descartes l'a fait pour la philosophie : Rejeter tout ce que l'on sait, non pas, il est vrai, pour se replier sur soi-même et découvrir une vérité première qui résiste au doute, mais pour s'épargner des tâtonnements, des erreurs d'appréciation, mille chances de mécompte. Tout, dans le droit musulman, terminologie, principes, procédés d'argumentation, déductions, diffère absolument, radicalement, du droit français. Si, parfois, on est tenté, par d'apparentes analogies, de raisonner du connu à l'inconnu, nos législations modernes étant le connu, cette mer sans rivage, dont je parlais tout à l'heure, se hérisse d'écueils où le naufrage est inévitable.

Non pas que l'on ne trouve dans le droit islamique des principes déjà admis par les jurisconsultes romains, ou même par les nôtres ; ces rencontres sont même assez fréquentes, mais elles démontrent simplement que les hommes adoptent les mêmes solutions, malgré la différence des temps, des milieux, des croyances, de l'éducation, quand il s'agit de résoudre les mêmes problèmes ou de répondre à des besoins identiques. Et encore faut-il éviter de conclure trop rapidement d'une simple ressemblance à une similitude complète. Partout et toujours, parût-il même s'identifier avec le droit latin ou moderne, le droit musulman se singularise nettement, quand ce ne serait que par le raisonnement.

Je ne citerai, à l'appui de cette affirmation, qu'un exemple, mais il est décisif. Le jour où, jetant, pour la première fois, les yeux sur un livre arabe, on y rencontre la division classique des choses en fongibles et en non-fongibles, il faut se garder de tomber dans l'erreur qui m'a coûté de longues veilles et de profonds découragements. Je m'étais obstiné à croire qu'il s'agissait là de notre fongibilité (1), d'autant plus qu'aucun commentaire ne m'en avait fourni la définition. Aussi, promenant, pour ainsi dire, mon erreur à travers la théorie des contrats, me voyais-je, à chaque instant, réduit à douter de mon propre bon sens, la notion trop légèrement admise par moi me conduisant à des résultats absurdes, et, dans tous les cas, inconciliables les uns avec les autres. Cette leçon m'a été profitable. A partir de ce moment, je me suis appliqué à oublier, chaque fois que j'ouvrais mes livres arabes, tout ce que je savais en fait de droit français ou de droit romain; je me suis pénétré de cette idée que le droit musulman n'a rien de commun avec les autres, et qu'il faut l'étudier comme tel.

En effet, notre droit est purement humain; les sources en sont humaines; il est l'œuvre perfectible des hommes et il ne s'applique qu'aux conflits matériels des hommes. Le droit musulman, au contraire, procède d'une révélation; d'où cette conséquence qu'il n'est susceptible d'aucun perfectionnement; il est condamné à l'immobilité, parce qu'il a atteint, aux yeux des Fidèles, sa complète perfection, le jour même où il a été promulgué. Les enseignements du Prophète, transmis et complétés par ses compagnons, par les disciples de ces derniers, codifiés par les quatre fondateurs des écoles orthodoxes, commentés par les jurisconsultes anciens et modernes, telle est la source unique du droit islamique. De même, une poignée de blé, confiée à un sol fécond, produit une riche et abondante moisson.

Comment espérer une conciliation entre deux éléments aussi opposés? D'une part, une législation d'origine divine, sur laquelle le dogme a une influence dominante; de l'autre, une législation d'origine terrestre, évitant avec soin tout ce qui est du domaine exclusif de la conscience. Ces raisons suffisent pour montrer que l'abîme qui les sépare est profond; il est superflu de rappeler combien nos procédés scientifiques diffèrent de ceux des Orientaux, combien leurs mœurs, leurs coutumes, leurs besoins s'éloignent des nôtres.

Je viens d'avancer que le droit musulman avait été codifié par Abi Hanifa, Malik, Chafaï et Hanbal. L'expression semblera exagérée, et, de fait, elle dépasse ma pensée. Il serait plus juste de dire qu'il a été, de la part de ces illustres imans, l'objet d'une classification méthodique. Réunissant, sous une rubrique générale, les décisions jusqu'alors entassées pêle-mêle dans les vastes recueils des traditionnistes, les admettant ou les rejetant, suivant qu'elles

---

(1) *Conf. infrà*, n° 277, note 4.

leur semblaient conformes ou contraires à leur doctrine particulière, ils n'ont eu d'autre préoccupation que d'assurer la stricte orthodoxie de leur enseignement. Ils ont rassemblé les matériaux de la codification, mais celle-ci n'a été opérée qu'après eux, au VIIIe siècle de l'hégire.

A cette époque, on sollicita Khalil, qui professait avec éclat au Caire, de rédiger un abrégé de la doctrine malékite, afin de donner de l'unité et de la précision à la jurisprudence (1). Son livre, intitulé le *Précis,* acquit bientôt une telle autorité que tous les traités antérieurs tombèrent dans l'oubli. On prétend qu'il contient cent mille propositions explicites et cent mille implicites. Je ne les ai pas comptées, mais j'admets volontiers ce chiffre, tant Khalil s'est montré concis (2). Son livre, adopté dans tous les pays malékites, a servi de thème à d'innombrables commentaires, dont quelques-uns ont l'étendue de celui que M. Demolombe consacre au Code civil (3). Beaucoup de jurisconsultes n'ont d'autre titre de gloire que d'avoir commenté Khalil (4), et ceux, très rares, qui, déterminés à voler de leurs propres ailes, ont écrit des traités originaux, sont demeurés obscurs pour la plupart.

Khalil, grâce à son effrayante concision, est souvent d'une obscurité telle, qu'il est impossible de le comprendre sans un commentaire bien fait. Néanmoins, les jeunes Arabes l'apprennent par cœur, avec une infatigable ardeur ; c'est le début obligé d'un étudiant. Quand il est capable de le réciter sans broncher, il est déclaré apte à suivre un cours où on lui explique les mystères du livre dont il n'a même pas cherché, jusqu'alors, à saisir le sens. Un professeur qui se respecte met deux ans à exposer la théorie des successions qui occupe *quatre pages* dans le Code de Khalil. Il est vrai que, au dire des musulmans, la théorie des successions est la moitié de la science.

---

(1) Je ne m'occupe ici que de l'École malékite à laquelle appartiennent les quatre-vingt-dix-neuf centièmes des musulmans de l'Algérie.

(2) En voici un exemple : Pour dire que la demande en mariage doit être faite devant peu de personnes, mais que le contrat doit être entouré d'une large publicité, Khalil emploie quatre mots, plus deux pronoms affixes : « *Paucité d'elle et publicité de lui.* »

(3) Et le *Précis* n'a que deux cents pages! Il contient tout le droit religieux, civil, pénal, ainsi que la procédure.

(4) Certains d'entre eux ont composé trois commentaires de Khalil, un grand, un moyen, un petit, Mohammed Kharchi, par exemple. On possède même des commentaires de Khalil, qui ont été commentés à leur tour; ainsi Derdir a été commenté par Desouki.

Il résulte de ce qu'il précède qu'il est impossible d'enseigner le droit musulman sans s'inspirer du Précis *(Mokhtaçar)*. Ce serait se singulariser sans utilité et diminuer sensiblement ses ressources, les ouvrages qui se sont affranchis de sa tyrannique et absorbante supériorité étant très clairsemés (1). C'est assez dire que je me sers constamment de Khalil.

Je considère comme un devoir, avant de déposer la plume, de payer mes dettes de reconnaissance. Je rougirais de grossir le nombre, considérable en ce monde, des gens qui ont mérité la sévère leçon du fabuliste :

> Il est assez de geais à deux pieds comme lui,
> Qui se parent souvent des dépouilles d'autrui.

Quand j'ai été appelé, en 1881, par la confiance d'un éminent ministre, à occuper la chaire de droit musulman et de coutumes indigènes, je n'avais d'autre titre que mon expérience de magistrat.., et beaucoup de bon vouloir. Je ne savais pas un mot d'arabe. J'avais lu et relu l'ouvrage de M. Sautayra, la traduction de Perron, celle de Seignette. C'était trop peu pour fonder un cours *personnel*. Or, à défaut d'autre mérite, les Alsaciens sont persévérants dans leurs entreprises; ils ont la ferme volonté de faire le mieux possible ce qu'ils font. Je puis avouer, sans fausse modestie, que je possède cette qualité, puisqu'elle est banale dans mon cher pays.

Je me suis facilement convaincu qu'il fallait remonter aux sources, et, pour cela, apprendre l'arabe.

C'est à ce moment que j'ai eu, coup sur coup, deux bonnes fortunes comme on en a rarement dans la vie. Il m'a été donné de rencontrer sur ma route deux hommes, dont l'un, M. Belkacem

---

(1) Sauf Ibn A'cem, dont la *Tohfa El-Houkkam* est trop superficielle pour servir de thème à un cours complet, mais qui a été commenté assez souvent, je ne connais pas de traité qui ait eu, comme Khalil, l'honneur d'être commenté par plus de soixante-dix jurisconsultes, depuis Bahram, El-Adjhouri, Kharchi, Et-Tataï, Hathab, Senhouri, Abd-El-Baki, Ez-Zorkani, Maouak, Derdir, Er-R'azi, Bennani, El-Emir, Chabrakhiti, jusqu'à Alich, le plus récent de tous. Ce dernier remonte à six ans à peine.

Pour ma part, je me suis servi de préférence de Kharchi, d'Alich et de Derdir-Desouki. Alich offre le grand avantage de donner un double commentaire, l'un juridique, l'autre grammatical et logique.

Un de mes chagrins, c'est de n'avoir jamais réussi à me procurer le grand commentaire de Mohammed Kharchi (je ne possède que le *moyen*). Je serais profondément reconnaissant à celui de mes lecteurs qui, dans l'intérêt de la science, voudrait bien le mettre à ma disposition.

ben Sedira, professeur à l'École des Lettres, sait admirablement la langue arabe, et dont l'autre, M. Mohammed Ould Sidi Saïd, khodja à la division d'Alger, est un jurisconsulte d'une rare compétence. Ils m'ont spontanément offert leur concours et je l'ai accepté sans hésitation, car il s'agissait, non de moi, mais de mon cours. Le dévouement de ces deux savants ne s'est ni ralenti, ni découragé un instant. Je leur dois d'avoir fait mon éducation arabe et je les prie de recevoir ici, publiquement, le témoignage de ma vive et sincère gratitude. Je puis leur appliquer les paroles que le Prophète, apparaissant en songe à Malik, adressa au grand iman :
« Vous m'avez aplani la loi! »

TRAITÉ ÉLÉMENTAIRE

DE

DROIT MUSULMAN

ALGÉRIEN

(ÉCOLE MALÉKITE)

LIVRE PREMIER

—

DU MARIAGE ET DE SA DISSOLUTION

CHAPITRE PREMIER

DU MARIAGE

1. GÉNÉRALITÉS. — Le mariage est un contrat purement civil qui se noue par le consentement et qui se dénoue par le même procédé. S'il se distingue des autres contrats, c'est par le soin que prend la loi d'en protéger la validité, chaque fois qu'elle le peut sans violer un principe fondamental, contre les simples irrégularités de forme.

Les époux ne mettent en commun que leurs personnes ; leurs biens demeurent distincts, et ils les administrent librement, à quelques exceptions près, sans être gênés par aucun contrôle exercé par l'un des époux sur l'autre.

L'église, la société, n'interviennent pas pour donner au consentement des parties une sanction divine ou humaine.

Il y a, dans le mariage musulman, trois phases distinctes :

1º *La demande,* qui peut être retirée tant qu'elle n'a pas été acceptée, mais qui est soumise à certaines conditions, et qui produit quelques effets civils. Elle doit être faite en particulier, afin de ménager les susceptibilités des deux familles, dont l'une brigue une alliance qui sera peut-être repoussée par l'autre. Aussi longtemps qu'elle n'a été ni accueillie, ni rejetée, il est interdit à un nouveau prétendant de se présenter, à moins que le premier ne soit un homme irreligieux ou peu honorable. Cette prohibition est à ce point impérative, que le mariage contracté avant le rejet de la demande antérieure, est annulé, à moins qu'il n'ait été consommé. Il est également interdit d'adresser des propositions explicites de mariage à une femme qui se trouve en *aïdda* ou en *istibra;*

2º *La demande acceptée* qui entraîne la formation du contrat, qui fait passer dans le patrimoine de la femme une portion de la dot, lorsque les contractants ont manifesté un consentement valable, et lorsque les conditions requises pour la validité du mariage ont été observées;

3º *La consommation physique* qui donne au contrat sa perfection, qui est le point de départ de la puissance maritale, et qui procure à la femme l'acquisition complète de la dot.

La demande, simple préliminaire, à propos duquel la capacité des parties n'a pas besoin d'être vérifiée, ne saurait être l'objet d'une étude spéciale; nous n'aurons à y revenir qu'à l'occasion des nullités du mariage.

La consommation ne produit, en général, ses effets légitimes que dans le cas où elle est la suite d'un contrat régulier; il importe donc, avant tout, de rechercher à quelles conditions de validité est soumis le contrat.

2. CONDITIONS DE VALIDITÉ DU CONTRAT. -- Ces conditions sont au nombre de quatre: 1º le consentement; 2º la présence de deux témoins; 3º la constitution d'une dot; 4º l'absence de tout empêchement.

SECTION I. — *Du consentement*

3. FORMES. — Le consentement n'est soumis à aucune forme sacramentelle ; qu'il soit clairement exprimé, il est valable, à moins qu'il ne soit vicié par l'erreur, la fraude ou la violence.

Toutefois, la vierge, dans les cas où elle consent directement au mariage, ne doit pas *parler.* L'union proposée lui convient-elle? elle le manifeste par le silence, ou par les larmes, ou par le sourire. A titre exceptionnel, sept vierges sont admises à parler : 1º celle à laquelle son père a conféré une sorte d'émancipation spéciale, dont l'unique effet est de lui permettre de choisir un mari à son gré; 2º celle que la tyrannie de son tuteur condamne au célibat, et qui est autorisée par le cadi à se marier; 3º celle que, par une dérogation à l'usage, considérée comme injurieuse, et à laquelle elle doit consentir expressément, on marie moyennant une dot consistant en objets mobiliers autres que des espèces monnayées ; 4° celle que l'on veut unir à un esclave ; 5° celle que l'on veut marier à un individu atteint d'un vice rédhibitoire ; 6° celle qui a été victime d'un excès de pouvoir de la part de son ouali ; 7° l'orpheline.

4. DIVISION. — Le consentement est donné, suivant les circonstances, soit par les personnes à l'autorité desquelles les époux sont soumis, soit par les époux eux-mêmes. Il est donc indirect ou direct.

§ 1. — *Du consentement indirect*

5. GÉNÉRALITÉS. — L'impubère mâle est incapable de manifester un consentement valable. Il ne peut disposer ni de sa personne, ni de ses biens. Pubère, il s'appartient entièrement, à moins qu'il ne soit atteint de démence ; faible d'esprit *(safih)*, il dispose de sa personne, non de ses biens.

La jeune fille, en raison de la faiblesse de son sexe, ne conquiert aucune liberté par l'avènement de la puberté. Il faut, pour qu'elle puisse administrer ses biens, qu'elle ait cessé d'être vierge et que son tuteur ait consenti à lever l'interdiction qui pesait sur elle ; quant à sa personne, elle n'en dispose que le jour où elle a perdu légalement sa virginité. Elle n'échappe à cette nécessité que dans deux hypothèses : 1° lorsque son père a expressément renoncé à lui imposer le mariage ; 2° lorsqu'elle a séjourné un an chez son mari, fût-elle demeurée vierge. Et encore, vierge ou déflorée, elle n'est admise à consentir au mariage que par l'entremise d'un mandataire que la loi lui désigne (conf. n° 14).

Ainsi, jusqu'à la puberté, pour le garçon, — jusqu'à la défloration, pour la fille, les contractants sont soumis à l'autorité d'autrui. Cette autorité prend le nom de *contrainte légale ;* elle permet au *contraignant* de marier le *contraignable* des deux sexes contre son gré.

Cependant, un garçon n'est contraignable que lorsqu'il s'agit de lui imposer un mariage avantageux. La fille est contraignable à la seule condition de ne pas être astreinte à un mariage désavantageux.

Lorsque la contrainte est exercée contre un impubère de l'un ou de l'autre sexe, la consommation physique du mariage est différée jusqu'à la puberté.

L'impubère mâle qui se marie de son chef ne contracte pas un mariage nul ; le mariage est simplement annulable, dans le cas où il est désavantageux. Lorsque l'impubère du sexe féminin se marie de son chef, le mariage est radicalement nul.

6. CONTRAIGNANTS. — Le père est le plus éminent des contraignants. Après lui, le tuteur testamentaire (ouaci) exerce la contrainte, lorsqu'elle lui a été expressément déléguée.

Ce sont là les deux seuls contraignants admis par les Malékites.

A défaut du père ou du ouaci, le cadi exerce une sorte de contrainte administrative à l'égard de la jeune fille considérée comme *orpheline*, en ce sens qu'elle est privée de tout contraignable, mais il ne s'agit pas là de la contrainte proprement dite, car la contraignable doit consentir au mariage qui lui est proposé (conf. nº 3).

Parfois, le tuteur judiciaire, simple administrateur des biens d'un interdit, exerce une contrainte indirecte dont il sera question plus loin (nº 7, 3º).

Les femmes n'exercent pas, en thèse générale, le droit de contrainte.

Toutefois, la mère, quand elle a été instituée tutrice testamentaire, peut contraindre ses enfants mâles. Pour les enfants du sexe féminin, elle n'agit que par l'entremise d'un mandataire, le prophète ayant dit : « Une femme ne marie pas une femme. »

Le contraignant doit être lui-même pubère, sain d'esprit, musulman, libre, du sexe masculin (sauf ce qui a été dit pour la mère).

7. Contraignables. — Sont contraignables :

A. *Garçons.*

1º L'impubère ;

2º Le pubère frappé de folie, et qui n'a pas d'intervalles lucides ; dans le cas contraire, il est affranchi de la contrainte, car on doit attendre un réveil de sa raison, afin qu'il puisse contracter librement mariage ;

3º Le mâle pubère atteint de faiblesse d'esprit, le prodigue, non pas qu'il puisse être marié contre son gré ; mais son tuteur légal aura le droit de vérifier la constitution de dot dont il sera l'auteur, de la faire annuler si elle est désavantageuse ; or, comme il n'y a pas de mariage sans dot, en droit musulman, le mariage se trouvera annulé par la force des choses. D'où une contrainte indirecte.

B. *Filles.*

1º La fille vierge, impubère ou pubère (sauf la vieille fille, d'après quelques auteurs), à moins que son père n'ait abdiqué son droit, ou que, pubère, elle ait séjourné un an chez son mari, eût-elle conservé sa virginité ;

2º La fille impubère ou pubère, déflorée par accident, par fornication, par violence ;

3º La fille impubère déflorée par son mari ;

4º La femme, vierge ou non, atteinte de folie, sans intervalles lucides ;

5º La femme atteinte de faiblesse d'esprit (Voir *Garçons*, 3º) ;

6º La femme qui a séjourné moins d'un an chez son mari, et qui affirme n'avoir pas eu de relations conjugales avec lui.

8. Étendue du droit de contrainte. — La contrainte a été organisée pour protéger les faibles ; elle ne doit jamais les opprimer.

Le contraignant abuse-t-il de son pouvoir, la justice intervient sur la plainte de la partie intéressée, ou même d'office, et, suivant les circonstances, elle annule simplement le contrat comme contraire à la loi, ou bien elle dépouille le père, le tuteur testamentaire d'une prérogative dont ils ont fait un mauvais usage.

Ainsi, nous l'avons vu, l'impubère du sexe masculin ne doit être marié d'autorité que dans le cas où il s'agit de lui procurer un avantage sérieux : mariage avec une parente, avec une femme riche, etc. Hors de là, il y a abus.

La vierge, nubile ou non, peut être contrainte à tout mariage qui ne lui porte pas préjudice. La loi énumère avec soin toutes les hypothèses dans lesquelles l'union projetée, et même contractée, serait considérée comme préjudiciable, et par conséquent sujette à annulation.

Ainsi, il est interdit de marier une jeune fille à un individu atteint d'une maladie répugnante ou qui compromet les légitimes fins du mariage ; telles sont l'éléphantiasis, la folie, l'impuissance, la castration.

Le contraignant ne pourrait pas davantage imposer à la contraignable un mari d'une condition inférieure à la sienne. Là il y aurait un préjudice moral.

De même, refuser systématiquement les demandes de mariage, s'éloigner malicieusement de son domicile de façon à paralyser tout projet de mariage, constituent, de la part du contraignant, un préjudice grave. C'est l'abus négatif de la contrainte.

9. DÉLÉGATION DE LA CONTRAINTE. — Le contraignant peut déléguer son pouvoir à un tiers, parent ou étranger. La tutelle testamentaire est la délégation la plus fréquente.

La mère est tenue de déléguer son pouvoir quand elle marie la contraignable (conf. n° 6).

10. VOIES DE RECOURS. — Le contraignable saisit le juge de l'abus dont il est victime.

La mère elle-même, malgré le rôle effacé qu'elle joue dans la famille, est armée d'un *veto*, lorsque sa fille est victime d'un excès de pouvoir de la part du contraignant.

Lorsque le contraignant, usant d'ailleurs légitimement de son droit, soumet le contraignable à des conditions exceptionnelles, celui-ci peut, à sa puberté, opter pour le maintien ou la rupture du lien conjugal.

11. EXTINCTION DU DROIT DE CONTRAINTE. — Le droit de contrainte s'éteint :

1° *Pour les enfants mâles :*

a. Par l'avènement de la puberté, à moins que le contraignable ne soit atteint d'une démence constitutionnelle, n'offrant pas d'intervalles lucides ;

b. Par le retour à la santé intellectuelle ;

c. Par le défaut d'avantage qu'il y aurait à imposer le mariage ;

d. Par le mariage avantageux, contracté par l'impubère ;

e. Par la mort du père de l'impubère, et à défaut par le premier d'avoir institué un tuteur testamentaire ;

f. Par la mort de ce tuteur ;

g. Par la folie, sans intervalles lucides, du père ou du tuteur testamentaire ;

h. Par la disparition du père ou du tuteur ;

i. Par la mort du contraignable.

2° *Pour les filles :*

a. Par la renonciation du père à l'exercer ;

b. Par la défloration légale ;

c. Par le séjour d'un an chez le mari ;

d. Par l'habitude de la fornication ;

e. Par le fait d'être devenue vieille fille ;

f. Par le mariage avantageux contracté pendant l'absence rapprochée du contraignant (1) ;

g. Par l'absence éloignée du contraignant qui n'a pas constitué de mandataire et qui a opéré un changement de domicile ;

h. Par la disparition du contraignant ;

i. Par le mariage contracté et consommé sans l'assentiment du contraignant absent rapproché, et qu'il a fait annuler ;

j. Par l'abus systématique, positif ou négatif de la contrainte ;

k. Par le retour de la folle, pubère ou déflorée, à la santé intellectuelle ;

l. Par la folie du père ;

m. Par la folie du tuteur testamentaire ;

n. Par la mort du père ;

o. Par la mort du tuteur testamentaire ;

p. Par la mort de la contraignable.

Il n'est question ici que de la contrainte proprement dite, de celle qui est l'apanage de la puissance paternelle. Il ne faut pas oublier que le cadi exerce la contrainte administrative à l'égard de l'orpheline. (Voyez ci-dessus n° 6.)

12. TRANSITION. — Le contraignable des deux sexes, une fois affranchi de la violence légale qui pesait sur lui, est libre de contracter mariage à son gré.

§ 2. — *Du consentement direct*

13. CAPACITÉ. — Pour consentir au mariage, il faut jouir de la capacité légale.

---

(1) Jusqu'à 10 jours de marche, l'absence est dite *rapprochée*; au delà, elle est dite *éloignée*. La journée de marche est de deux *bérids*. Le *bérid* vaut 23,040 mèt.

Le contractant mâle possède cette capacité, lorsqu'il est :
1° *Pubère ;*
2° *Doué de discernement ;*
3° *Musulman ;*
4° *Habile à consommer le mariage.*

Le contractant du sexe féminin doit être :
1° *Privé de la virginité par un fait admis par la loi ;*
2° *Nubile,* mais seulement en ce sens que la défloration survenue pendant l'impuberté ne libère pas la femme de la contrainte ;
3° *Doué de discernement ;*
4° *Habile à consommer le mariage.*

14. Transition. — Mais la femme est un être faible ; de plus, il n'est pas convenable qu'elle consente elle-même au mariage. Elle a besoin d'être assistée d'un homme. De là, la nécessité du ouali.

Du ouali

15. Capacité. — Le ouali doit être :

1° Musulman ;
2° Pubère ;
3° Doué de discernement ;
4° Du sexe masculin ;
5° Libre de toute entrave, au point de vue religieux. Ainsi le ouali en état d'ihram est frappé d'une incapacité temporaire ;
6° Placé au degré indiqué par la loi. De là la nécessité d'une hiérarchie.

16. Hiérarchie des oualis. — Pour éviter des conflits entre les personnes aptes à exercer la oualaïa, la loi a réglé l'ordre dans lequel elles y seraient appelées. En thèse générale, lorsqu'un ouali est décédé, absent, lorsqu'il ne remplit pas les conditions de capacité exigées, lorsqu'il refuse d'accomplir sa mission légale, il est remplacé par le ouali suivant. Toutefois, cette hiérarchie n'est obligatoire que pour la femme de condition élevée ; la femme du commun n'y est pas astreinte ; elle peut même choisir un étranger. Il est d'ailleurs permis à un ouali inférieur de représenter la femme, lorsque le ouali supérieur est présent et ne s'y oppose pas.
Sont appelés à la oualaïa :

1° Le fils de la femme ;
2° Son petit-fils, et ainsi de suite à l'infini ;
3° Le père de la femme ;
4° Le tuteur testamentaire ;
5° Le frère germain de la femme ;
6° Le fils de celui-ci ;
7° Le frère consanguin de la femme ;
8° Le fils du précédent ;

9° Le grand-père paternel de la femme ;

10° Le fils du précédent ;

11° Le bisaïeul paternel de la femme, etc., etc. ;

12° Le père nourricier, c'est-à-dire l'homme qui a élevé la femme, à défaut de parents ;

13° Le juge ;

14° Un membre de la communauté musulmane, en vertu de la solidarité qui doit exister entre les musulmans.

17. CONCURRENCE DE OUALIS. — Lorsque la femme a deux ou plusieurs parents au même degré, le cadi désigne celui qui exercera la oualaïa, à moins qu'ils ne s'entendent pour ce faire.

Deux ou plusieurs oualis ont-ils contracté mariage pour une même femme, et aucune de ces unions n'a-t-elle été consommée, la première en date sera valable ; l'une d'elle a-t-elle été suivie de consommation, elle est préférée, quel que soit son rang chronologique.

En général, le point de fait domine dans tous les conflits de ce genre.

18. OUVERTURE DE LA OUALAIA. — Le ouali ne tire de la loi que le principe de son droit ; mais il doit attendre, pour entrer en fonctions, que la femme le requière de la marier ; toute initiative violente serait, de sa part, un excès de pouvoir, car il n'est pas un contraignant. Il n'est qu'un mandataire.

19. FORMES DE LA OUALAIA. — Elle n'est assujétie à aucune forme sacramentelle ; il suffit que le mandat soit clairement donné, par écrit ou verbalement. Il peut être général ou spécial, c'est-à-dire que la femme peut ou charger le ouali de la marier, ou le charger de la marier à un tel.

20. EFFETS DE LA OUALAIA. — Lorsque le mandat est général, il est soumis, quand à l'usage qui en a été fait, à la ratification de la mandante. Lorsqu'il est spécial, il suffit que le ouali n'ait pas dépassé ses pouvoirs.

Dans ces conditions, le ouali donne valablement son consentement au mariage, et la femme se trouve liée par l'engagement pris par son représentant.

21. FIN DE LA OUALAIA. — La oualaïa prend fin par l'usage qui a été fait du mandat confié au ouali.

SECTION II. — *Des témoins*

22. GÉNÉRALITÉS. — Le mariage secret est frappé d'une nullité absolue par la loi musulmane. C'est par la publicité surtout que l'union légale de l'homme et de la femme se distingue des relations illicites.

D'autre part, les registres de l'état-civil sont inconnus chez les Musulmans. Le point de départ de la paternité légitime serait donc incertain, si le moment où les époux sont mis en relations l'un avec l'autre n'était pas déterminé par un procédé quelconque.

De plus, il arrive très souvent que la consommation physique d'un mariage est différée pendant plusieurs années, les époux n'étant pas pubères.

Enfin, le mari ne doit l'entretien à sa femme qu'à partir du jour où elle lui a octroyé sa personne.

Ces considérations de fait justifient l'importance que la loi attache à l'intervention des témoins.

23. CAPACITÉ DES TÉMOINS. — Ils doivent être: pubères, musulmans, libres, sains d'esprit, irréprochables, du sexe masculin.

24. NOMBRE. — La présence de deux témoins est exigée, à peine de nullité du mariage. Dans le cas où il serait impossible de trouver dans une localité deux témoins remplissant les conditions de capacité exigées par la loi, le ouali serait admis, par tolérance, à cumuler ses fonctions avec celles de témoin. Mais la plupart des jurisconsultes blâment cette solution.

SECTION III. — *De la dot*

25. GÉNÉRALITÉS. — Le mariage est un contrat de réciprocité. Chacun des contractants est tenu de fournir une prestation à l'autre contractant.

La femme livre sa personne.

Le mari livre une dot.

Aussi, la constitution de dot est-elle une des conditions de validité du mariage.

26. DÉFINITION. — C'est ce qui est donné à la femme comme équivalent de sa personne.

27. DIVISION. — Les Musulmans admettent quatre espèces de dot:

1° *La dot déterminée*, celle que les parties fixent, avant la consommation du mariage, soit par elles-mêmes, soit par leurs représentants légaux, lorsqu'elles ne jouissent pas de leur capacité légale;

2° *La dot d'équivalence*, celle qui est fixée par l'usage, d'après les principes religieux, la beauté, la position sociale de la femme, la coutume du pays qu'elle habite, la dot reçue par sa sœur germaine ou consanguine. La dot d'équivalence joue un rôle considérable en droit musulman; qu'un mariage soit annulable par le fait d'une constitution de dot vicieuse, il est maintenu au moyen de la dot d'équivalence; qu'une femme soit victime d'un acte de cohabitation illicite, c'est encore par la dote d'équivalence que se règle l'indemnité qui lui est due. Les contractants peuvent même décider qu'ils se marieront moyennant la dot d'équivalence, pour éviter toute discussion d'intérêts entre eux ;

3° *La dot fiduciaire,* celle que les époux conviennent de déterminer après la consommation du mariage, et qui se transforme en dot d'équivalence, faute par eux de s'entendre ;

4° *La dot arbitrale,* celle que les époux conviennent d'abandonner à la décision d'un tiers, et qui se transforme également en dot d'équivalence lorsque ce tiers, véritable arbitre, ne peut ou ne veut remplir la mission qui lui a été confiée.

28. CE QUI PEUT ÊTRE CONSTITUÉ EN DOT. — Dans les contrats ordinaires, tel que la vente, la chose doit être :

1° *Pure,* c'est-à-dire ne consister, par exemple, ni en vin, ni en viande de porc ;

2° *Utile,* ainsi des instruments de musique, un chien, sont considérés comme des objets inutiles ;

3° *Disponible,* un chameau égaré, bien qu'il appartienne à son propriétaire, n'est pas disponible. On ne peut pas disposer non plus d'une chose volée, parce qu'elle n'appartient pas à celui qui la détient ;

4° *Certaine,* c'est-à-dire déterminée en quantité, en espèce, en qualité, et au point de vue du terme fixé pour la livraison.

La chose constituée en dot devrait, dans la rigueur des principes, remplir les mêmes conditions ; mais le mariage est un contrat qui mérite, de la part du législateur, une faveur particulière, d'autant plus que si l'âpreté au gain est le fondement des contrats ordinaires, le désintéressement est le fondement du mariage.

Ainsi, lorsque dans une vente, la chose n'est pas exactement déterminée, le contrat est nul. Dans le mariage, au contraire, pourvu qu'il ait été consommé physiquement, le contrat est sauvé de la ruine au moyen de certaines tolérances, et notamment au moyen de la dot d'équivalence.

29. APPLICATIONS PRATIQUES.

1° La dot se compose de fruits non mûrs. La vente de ces fruits serait nulle, comme aléatoire. Lorsque le mariage est simplement contracté, moyennant une dot de cette espèce, il est également nul. Mais qu'il ait été consommé, comme il y a un intérêt supérieur à ne pas le rompre, il est maintenu et la dot d'équivalence est substituée à la dot vicieuse ;

2° Elle se compose d'un chameau à prendre dans le troupeau du mari. L'objet du contrat est déterminé quant à l'espèce, quant à la quantité ; il ne l'est pas quant à la qualité. S'il s'agissait d'une vente, elle serait nulle. Le mariage est maintenu, et la femme, partie prenante, est admise à choisir l'animal; d'où une détermination rétrospective de l'objet constitué en dot;

3° Le mari s'est engagé à fournir une dot en espèces monnayées. Il se libère en monnaies de mauvais aloi. On estime la valeur intrinsèque de ces monnaies et si elle n'atteint pas le chiffre de la dot d'équivalence, le mari est débiteur de la différence;

4° La dot se compose d'un bœuf *absent*, c'est-à-dire d'un bœuf que la femme n'a pu ni voir, ni apprécier, qu'elle ne connait que par la description qui lui en a été faite. L'animal sera également estimé, et, si sa valeur est inférieure à la dot d'équivalence, la femme sera créancière de la différence;

5° Les époux sont convenus de fixer la dot, d'un commun accord, après la consommation du mariage. Ils ne réussissent pas à s'entendre. La dot d'équivalence est allouée à la femme, et le conflit se trouve terminé;

6° Les époux s'en sont rapportés à l'arbitrage d'un tiers, parent ou étranger. Celui-ci refuse de se prononcer, ou bien il meurt, ou bien il disparait, avant d'avoir pu fixer la dot. De plein droit, la dot d'équivalence se substitue à la dot arbitrale;

7° On a constitué en dot un chameau égaré, un objet volé. Le mariage, pourvu qu'il soit consommé, est maintenu moyennant la dot d'équivalence.

30. MINIMUM DE LA DOT. — La dot, en droit pur, ne doit pas être inférieure à trois dirhems d'argent (environ deux francs), ou à un quart de dinar d'or pur. Dans la pratique moderne, les usages locaux déterminent le minimum de la dot. Il est permis aux contractants de déroger à cette loi du minimum.

31. MAXIMUM DE LA DOT. — Il n'y a pas de limite imposée à la générosité du mari.

32. QUAND LA DOT DOIT-ELLE ÊTRE FIXÉE. — La dot doit être fixée par le contrat, sauf la dot fiduciaire et la dot arbitrale (conf. n°27).

33. PAYEMENT DE LA DOT. — Le fondateur de l'école malékite recommande le payement intégral de la dot avant la consommation du mariage. Cette décision n'a pas prévalu. Mais le mari peut se soumettre au payement intégral, ou la femme l'exiger.

A défaut de convention de ce genre, une portion de la dot *(naqd)* doit être payée au moment du contrat, l'autre portion *(kali)*, à une époque ultérieure fixée par les parties.

Le naqd ne doit pas être inférieur au minimum de la dot; c'est généralement la moitié de la dot déterminée. Par tolérance, ce premier versement peut être différé aux conditions suivantes: 1° le terme accordé ne doit pas dépasser le moment de la consommation du mariage, lorsque ce moment est fixé avec précision. Faute

d'avoir précisé la date de la consommation, le mariage est sujet
à annulation, la dot n'étant pas déterminée *quoad diem solutionis;*
il n'est maintenu que s'il a été consommé, et le mari, perdant le
bénéfice du terme, est astreint à la dot d'équivalence; 2° le mari
doit être solvable, sinon la même solution s'impose.

Quant au kali, les parties peuvent convenir qu'il ne sera exigible
qu'au bout de vingt ans. Un terme plus long n'est pas admis par
la jurisprudence algérienne. Il est, bien entendu, loisible au mari
de se libérer par anticipation, le terme étant stipulé en sa faveur.

Le fractionnement de la dot n'est, d'ailleurs, possible que dans le
cas où elle consiste en un objet fractionnable. S'agit-il d'un vêtement déterminé, de tel chameau, de tel bœuf, le bon sens indique
que la livraison intégrale est obligatoire.

34. SANCTION. — Le mariage implique des obligations réciproques ; le mari livre la dot, la femme livre sa personne. De là, pour
la femme, le droit de refuser sa personne, aussi longtemps que le
mari n'a pas satisfait à son obligation. De là, pour le mari, le droit
de contraindre sa femme à lui livrer sa personne, dès qu'il a rempli son obligation.

Rien ne s'oppose d'ailleurs à ce que la femme accorde à son mari
l'entrée de la chambre nuptiale avant le payement de la portion
exigible de la dot. Mais alors elle n'a plus qu'un droit de créance
contre lui.

Se produit-il une revendication, après le payement de la dot, la
femme peut *se refuser* à son mari, si le mariage n'a pas encore été
consommé, jusqu'à ce qu'il lui ait livré un équivalent de l'objet
revendiqué; elle peut *se reprendre* lorsque le mariage a été consommé.

Le mari allègue-t-il l'impossibilité où il se trouve de payer la
portion exigible de la dot, on lui accorde un délai, trois fois répété,
de sept jours, pour établir son indigence. En rapporte-t-il la preuve
appuyée de son serment, on lui donne un nouveau délai, passé
lequel, si sa situation n'est pas devenue meilleure, le mariage est
rompu par sentence judiciaire, à moins que la femme ne consente
librement à l'accepter pour époux et à attendre des jours meilleurs.
Ne fait-il pas la preuve de sa pauvreté, la rupture du mariage est
prononcée à l'expiration du délai de vingt et un jours ci-dessus
mentionné. Ces règles s'appliquent, bien entendu, dans le cas où
le mariage n'a pas été consommé; s'il l'a été, la femme n'a plus
qu'un droit de créance contre son mari.

35. QUI DOIT LA DOT. — Le plus souvent, c'est le mari qui est le
débiteur direct de la dot. Cependant il peut arriver que le contraignant en soit tenu; voici dans quelle hypothèse: un contraignant,
père ou tuteur testamentaire, a marié un aliéné ou un impubère
(voy. n° 7. A. 1°, 2°), dans des conditions parfaitement légales;
mais le contraignable était, alors, dépourvu de ressources suffisan-

tes pour qu'une dot fût prélevée sur son patrimoine. Le contraignant, par cela seul qu'il a usé de son droit, est tenu de la dot sur ses biens personnels, à tel point qu'il lui serait même interdit de répéter la somme versée à la femme, le contraignable dût-il acquérir des biens dans la suite.

Il est encore certain que si le père s'est engagé à fournir la dot, de ses deniers, il en est le débiteur personnel et direct.

Il en est de même de toute personne, parente ou étrangère, qui a pris la dot à sa charge.

Enfin, lorsque le mari a contracté mariage par l'intermédiaire d'un mandataire, et que ce dernier excède ses pouvoirs en consentant une dot supérieure à celle qu'il avait reçu mission de consentir, ou lorsque ce même mandataire s'est rendu coupable de fraude, il est directement tenu de la dot ou d'une partie de la dot, suivant les circonstances.

36. QUI REÇOIT LA DOT. — Cette question offre un intérêt capital; car, dans la pratique, beaucoup de femmes sont victimes de la rapacité de leurs proches. Non seulement ceux-ci s'approprient sans vergogne des sommes auxquelles ils n'ont aucun droit, mais encore ils jettent la désunion dans les jeunes ménages, provoquant ainsi des répudiations plusieurs fois répétées, dans le but de toucher plusieurs dots successives, et se créent ainsi de honteuses ressources, aux dépens du bonheur et de la dignité de leurs enfants. C'est là une des plaies les plus profondes de la société musulmane.

Il est donc bon que les jeunes gens qui se destinent aux fonctions publiques, judiciaires ou administratives, soient bien fixés sur cette question. Ils seront ainsi à même d'entraver cette blâmable industrie qui est une des formes de la traite des esclaves.

La vierge est placée sous une double tutelle: 1° la tutelle somatique, ou contrainte matrimoniale, en vertu de laquelle son père, ou son tuteur testamentaire investi de la contrainte par une disposition formelle du testament, peuvent la marier contre son gré: 2° la tutelle chrématique, qui a pour effet de la rendre incapable d'administrer ses biens, et qui est exercée soit par le père, soit par le tuteur testamentaire, soit par le tuteur légal *(mokaddem du vadi)*.

La première cesse par le fait de l'extinction de la contrainte (voy. n° 11, 2°).

La seconde cesse, savoir : 1° pour la femme qui a un tuteur (père, ouaçi, mokaddem), par la main-levée qu'il en donne, sur le témoignage de deux témoins certifiant la capacité de la pupille, après sa défloration légale; 2° pour la femme abandonnée (qui n'a ni père, ni ouaci, ni mokaddem), par un séjour d'un an sous le toit conjugal. La femme a toujours le droit de réclamer judiciairement la main-levée de la tutelle chrématique.

Ces principes posés, il est facile de répondre à la question posée:

1º Le tuteur touche, de la dot, tout ce qui est payé avant la main-levée de la tutelle chrématique. Mais il en est comptable envers la femme.

2º La femme a seule qualité pour toucher tout ce qui est payé après la main-levée de la tutelle chrématique.

3º Dès qu'elle est affranchie de cette tutelle, elle a le droit de demander compte au tuteur, quel qu'il soit, de ce qu'il a touché pour elle.

4º Lorsque la femme meurt, ses héritiers exercent les droits qu'elle avait elle-même.

37. DANS QUELS CAS ET DANS QUELLE PROPORTION LA FEMME DEVIENT PROPRIÉTAIRE DE LA DOT. — Nous avons vu que, dans la pratique, la femme touche la moitié de la dot avant la consommation, et le surplus après la consommation, dans un délai qui ne peut pas excéder vingt ans.

Cette division offre un grand avantage : elle répond au mode d'acquisition de la dot par la femme, et empêche ainsi, dans un grand nombre de cas, des restitutions qu'il ne serait pas toujours facile d'opérer.

En effet, par la seule énergie du contrat, la femme acquiert la moitié de la dot, et elle ne la perd plus que dans des circonstances exceptionnelles.

Elle acquiert la seconde moitié par la consommation physique du mariage, ou par des faits équivalents, et elle ne la perd que par une répudiation précédant la consommation, c'est-à-dire avant même de l'avoir touchée.

Donc, lorsque le *naqd* est égal à la moitié de la dot, la femme touche ce qui ne sera plus sujet à restitution ; et ainsi, qu'elle devienne insolvable, qu'elle cède à titre onéreux ou à titre gratuit cette portion de la dot, que cette portion périsse, subisse des détériorations, de graves difficultés sont épargnées aux contractants, et leurs intérêts respectifs se règlent avec une parfaite simplicité.

De ce qui précède, résultent les règles suivantes :

1º La femme acquiert par le contrat la moitié de la dot.

Cette première règle souffre toutefois quelques exceptions :

a. Lorsque le mariage a été annulé avant la consommation.

b. Lorsqu'un impubère a contracté un mariage *proprio motu,* et que le contraignant l'a fait annuler comme désavantageux.

c. Lorsque le contraignant, mariant le contraignable, lui a imposé des conditions exceptionnelles, et que le contraignable, parvenu à la puberté, répudie sa femme, pour s'y soustraire.

d. Lorsque, les époux ayant contracté mariage sous la forme fiduciaire ou arbitrale, le mari a répudié la femme avant la consommation.

e. Lorsque le père et le mari rejettent l'un sur l'autre l'obligation de payer la dot, avant toute consommation du mariage.

f. Lorsque, par suite du droit d'option pour cause de vice rédhibitoire, un mariage est annulé, avant toute consommation.

g. Lorsqu'il y a eu fraude de la part de l'un des époux, et que cette fraude est découverte avant la consommation.

2° La femme acquiert la seconde moitié de la dot par la consommation du mariage, ou par les présomptions légales qui en tiennent lieu.

3° Il en est de même lorsque la femme meurt, avant la consommation.

4° Il en est encore de même lorsque le mari meurt, avant la consommation.

5° La femme perd tout droit à la seconde moitié de la dot par la répudiation antérieure à la consommation du mariage.

Il peut se faire que la femme touche deux dots entières du même mari. Il faut supposer que, mariée une première fois, elle ait été répudiée, mais épousée une seconde fois. A moins de clause contraire, il est évident que le mari devra les deux dots.

38. DROITS DE LA FEMME SUR LA DOT. — La femme, par le mariage, ne confond pas son patrimoine avec celui de son mari. Elle devient donc propriétaire absolue de la dot ; elle peut en disposer à titre onéreux, et à titre gratuit par tiers successifs ; elle peut même faire remise à son mari de tout ou partie de cette dot, mais après la consommation seulement, car si cette remise était antérieure, le mariage serait nul comme contracté sans dot.

Elle peut ester en justice sans avoir besoin d'aucune autorisation, même pour plaider contre son mari.

39. RESTITUTION DE LA DOT. — Lorsque la femme a reçu une portion de la dot supérieure à celle à laquelle elle avait droit, elle est sujette à restitution. Ainsi, lorsque la dot lui a été versée intégralement, et qu'elle a été répudiée avant la consommation du mariage, elle doit rendre la moitié de ce qu'elle a touché. Ainsi encore, bien que le mariage ait été consommé, si son mari la surprend en flagrant délit d'adultère, ou s'il constate qu'elle est en état de grossesse du fait d'un tiers, elle est soumise à la restitution complète de la dot, bien qu'elle l'ait acquise par la consommation.

Quand les objets constitués en dot se retrouvent en nature entre ses mains, elle les restitue. Dans le cas contraire, elle en restitue la valeur.

En ce qui touche les impenses faites par la femme, pendant le temps où un immeuble constitué en dot a été en sa possession, il faut distinguer entre les simples dépenses d'entretien, et les grosses réparations. Elle supporte la moitié des premières, en raison de ce qu'elle a joui de l'immeuble. Elle retient entièrement le prix des secondes.

40. ACCESSOIRES DE LA DOT. — En droit strict, le mari ne doit

rien de plus que la dot stipulée. Mais l'usage l'astreint à certaines
libéralités qui consistent en meubles, bijoux, vêtements, etc., etc.
La femme acquiert la propriété de ces objets par la consommation
du mariage. L'union est-elle dissoute avant sa consommation, elle
est sujette, de ce chef, à restitution.

Les frais du repas de noce sont à la charge du mari. Ceux du
transport de la femme au domicile conjugal sont à la charge de cette
dernière.

41. TRANSITION. — Il ne suffit pas qu'un mariage remplisse les
conditions de validité qui précèdent (consentement, assistance des
témoins, constitution de dot), il faut encore qu'il n'ait pas pour résultat de réunir deux personnes auxquelles la loi interdit toute association conjugale. De là la théorie des empêchements à mariage.

SECTION IV. — *Des empêchements à mariage*

42. — DIVISION. — Les empêchements à mariage procèdent de
causes multiples qui peuvent être ramenées à quatorze. Ils sont absolus ou relatifs, éternels ou temporaires.

43. 1° PARENTÉ. — L'obstacle peut naître soit de la parenté légitime, soit de la parenté naturelle, soit de la parenté de lait. Il est
absolu et éternel.

A. Parenté légitime. Dans la ligne directe, le mariage est prohibé
entre ascendants et descendants, à l'infini. En ligne collatérale, il
est prohibé entre frère et sœur, entre le frère et les descendants de
la sœur, et réciproquement.

B. Parenté naturelle. Elle est produite par la fornication, c'est-à-
dire par les relations de deux personnes de sexe différent, relations
qui ne sont pas autorisées par le mariage. La parenté naturelle
crée les mêmes empêchements que la parenté légitime. De là un
double obstacle : 1° entre parents par fornication ; 2° entre eux et
les parents légitimes.

C. Parenté de lait. La collactation rend illicite le mariage entre
les nourrissons de la même femme, leurs ascendants et leurs descendants. La lactation rend illicite le mariage entre le nourrisson
et la nourrice, leurs ascendants et leurs descendants.

Cet empêchement résulte d'une fiction en vertu de laquelle la
femme qui nourrit un enfant de son lait lui donne la vie aussi bien
que la mère qui l'a mis au monde.

44. 2° ALLIANCE. Elle produit les mêmes obtacles que la parenté ;
mais elle se distingue de la parenté en ce que les empêchements
qu'elle crée ne sont pas toujours absolus.

Ils sont absolus :

1° Entre la belle-mère et le gendre, alors même que le gendre
n'aurait eu aucunes relations avec la fille ;

2° Entre le beau-père et la bru ;
3° Entre la marâtre et le beau-fils ;
4° Entre le parâtre et la belle-fille.

L'empêchement est non-seulement absolu, mais encore éternel, dans ces quatre hypothèses; ce qui revient à dire que la mort et la répudiation ne rompent pas le lien d'alliance.

Il en est autrement de la prohibition qui rend impossible toute union entre le beau-frère et la belle-sœur (la réunion de deux sœurs). La femme qui produit l'affinité étant répudiée ou décédée, l'obstacle disparaît; il est relatif et temporaire.

L'empêchement est parfois de pure convenance. Ainsi, lorsqu'un père affirme qu'il a contracté mariage avec une femme, le fait fût-il contesté par le fils, celui-ci doit s'abstenir de donner suite à ses projets.

Un individu peut épouser la mère de la femme de son fils, ou la fille de la femme de son père.

La prohibition ne résulte pas seulement d'un mariage valable ; le mariage entaché d'un vice produit le même effet ; mais, à cet égard, une distinction est nécessaire.

Les auteurs musulmans admettent deux catégories de mariages *vicieux :* 1° ceux qui sont considérés comme tels par les quatre écoles orthodoxes ; 2° ceux dont le caractère vicieux est l'objet de controverses.

Dans le premier cas, la prohibition fondée sur l'alliance ne résulte que de la consommation physique du mariage. Dans le second cas, la prohibition naît et produit des effets comme dans le mariage valable, en raison de ce que quelques savants admettent la validité du mariage.

45. 3° *La différence de religion.* Un musulman peut épouser une femme musulmane, juive ou chrétienne ; il lui est interdit d'épouser une femme appartenant à toute autre religion. Une musulmane ne peut épouser qu'un musulman. L'obstacle est absolu et éternel.

46. 4° *L'existence d'un précédent mariage.* Cet empêchement se rapporte à la femme, non à l'homme, la polygamie étant admise, la polyandrie ne l'étant pas ; il est absolu et éternel, en ce sens qu'il dure aussi longtemps que le mariage qui en rend un second impossible.

47. 5° *L'aïdda et l'istibra.* A la dissolution d'un mariage, soit par la mort, soit par la répudiation, la femme est soumise à une retraite *(aïdda)*, pendant laquelle il lui est interdit de se remarier. D'où un empêchement absolu et temporaire.

Lorsqu'une femme a entretenu des relations illégitimes avec un homme, l'aïdda prend le nom d'istibra. L'istibra constitue, pendant sa durée, un empêchement à mariage, au même titre que l'aïdda.

Toutefois, la première de ces prohibitions ne concerne pas la femme répudiée qui s'unit de nouveau au même mari.

Traité élémentaire de droit musulman. 2

48. 6° *La grossesse.* L'aïdda et l'istibra ont précisément pour but d'empêcher *le mélange du sang.* Il est donc évident que la grossesse est un empêchement à mariage jusqu'à la délivrance, et que cet empêchement est absolu et temporaire.

49. 7° *Une précédente demande en mariage.* (Voy. ci-dessus, n° 1, 1°).

50. 8° *Le pèlerinage.* Le pèlerinage est une entreprise pieuse, pendant laquelle il est interdit de s'occuper d'intérêts terrestres. Dès que l'on a revêtu l'ihram, vêtement spécial au pèlerinage, il est défendu de songer au mariage. L'obstacle est absolu et temporaire.

51. 9° *La maladie.* Lorsqu'une personne est atteinte d'une maladie qui entraîne généralement un dénouement fatal, comme la phtisie, elle ne doit pas songer au mariage. C'est introduire, sans utilité appréciable, un étranger dans une succession. De là un empêchement absolu, mais limité comme durée par celle de la maladie.

52. 10° *La tétragamie.* Un musulman ne peut avoir que quatre femmes légitimes en même temps. Donc, pour le tétragame, toutes les autres femmes sont prohibées, absolument, mais temporairement, l'obstacle disparaissant dès que l'une des quatre femmes meurt ou est répudiée.

53. 11° *La répudiation définitive.* La répudiation triple rend illicite un nouveau mariage entre le mari répudiateur et la femme ainsi répudiée. Toutefois, lorsque celle-ci a contracté avec un tiers un mariage qui a été consommé effectivement et valablement, et que cette seconde union a été dissoute par la mort de l'homme ou par la répudiation de la femme, la prohibition disparaît. L'empêchement est donc absolu, mais temporaire.

54. 12° *L'inégalité de condition.* L'égalité de condition doit être recherchée dans l'association conjugale. Cette égalité résulte surtout d'une commune pratique des devoirs religieux, de la parité de la position sociale et de l'exemption respective de tout vice de conformation physique.

Mais cet empêchement est : 1° relatif, en ce sens que la femme contraignable peut renoncer à l'égalité de condition, avec l'assentiment du contraignant; 2° temporaire, en ce sens que la femme, une fois libérée de la contrainte, est maîtresse de contracter une union mal assortie à laquelle le contraignant se serait opposé antérieurement.

D'autre part, le refus d'accepter une union mal assortie, qu'il procède de la femme ou du contraignant, n'a jamais rien de définitif ou d'absolu. Un prétendant éconduit par ce motif peut être accueilli ensuite. Tel prétendant éconduit, un second également de condition inférieure pourrait recevoir un accueil favorable.

Il faudrait que la disproportion entre les deux époux fût très sensible, que la femme courût des dangers sérieux, dans sa dignité, dans sa fortune, dans sa croyance religieuse, dans sa santé physique; alors seulement, l'empêchement serait dirimant, et le juge aurait même le pouvoir d'annuler un mariage de ce genre.

Les règles qui précèdent s'appliqueraient avec moins de rigueur encore, si l'infériorité de condition provenait de la femme.

55. 13° *L'existence d'un vice rédhibitoire.* Certaines maladies répugnantes, telles que la lèpre, l'éléphantiasis, dont l'existence compromettrait les fins légitimes du mariage, sont considérées comme de véritables empêchements. Nous avons vu (n° 3, 5°) qu'une femme contraignable ne peut être unie contre son gré à un individu atteint d'un vice de ce genre (n°s 8 et 11, 2° *j*). Nous le verrons (conf. V° Option), lorsque les époux sont *sui juris,* au point de vue somatique, le mariage contracté avec un conjoint qui souffre d'une de ces maladies donne ouverture à un droit d'option au profit de l'autre conjoint considéré comme victime d'une erreur ou d'une fraude.

Les empêchements de cette catégorie sont donc relatifs et temporaires.

56. 14° *La convention.* Enfin, il est permis à une femme de stipuler que son mari sera monogame aussi longtemps que durera leur union. De là une véritable prohibition qui est absolue et éternelle, relative et temporaire, suivant les circonstances, la femme pouvant renoncer à une condition qui l'intéresse seule, ou en exiger le maintien; et, d'autre part, l'empêchement pesant sur le mari sa vie entière, si le mariage n'est rompu ni par la répudiation, ni par la mort de la femme, ou pendant la durée du mariage seulement, s'il est rompu.

57. TRANSITION. — Telle est la théorie des empêchements à mariage. Nous aurons l'occasion d'en étudier les effets pratiques, lorsque nous nous occuperons des nullités du mariage.

Ainsi se trouve terminé l'examen des quatre conditions fondamentales de validité du mariage musulman, en tant que contrat.

Mais pour que l'union légitime de l'homme et de la femme produise tous ses effets juridiques, il lui manque un dernier élément: la consommation physique (conf. n° 1, 3°).

58. DE LA CONSOMMATION PHYSIQUE. — Lorsque les contractants ont échangé, soit par eux-mêmes, soit par l'intermédiaire des personnes sous l'autorité desquelles ils sont placés, un consentement valable, qui n'est vicié ni par la violence, ni par le dol, ni par l'erreur, le contrat est irréprochable. Mais, dans la rigueur des principes, le mariage n'est pas parfait; l'autorité conjugale n'a pas encore pris naissance; la femme n'a acquis qu'une portion de sa dot (conf. n° 37).

Le mariage est un contrat de réciprocité. Le mari s'engage à payer une dot, la femme à livrer sa personne.

Par l'échange des consentements, les deux époux se mettent d'accord sur leurs obligations respectives. Mais jusque-là, il n'y a, de leur part, qu'une sorte de promesse de mariage. Cela est si vrai que, lorsque les deux contractants sont impubères, ou lorsque l'un d'eux n'a pas encore conquis sa puberté, le contrat, bien que noué, demeure, pour ainsi dire, lettre morte. En effet, il ne produit d'autre effet sensible que de rendre la femme créancière de la moitié de la dot.

Dès que le mari verse, soit la moitié de la dot, soit la partie de cette dot payable comptant, la femme se trouve en demeure de livrer sa personne, et elle peut y être contrainte.

Dès qu'elle a rempli cette obligation, la puissance conjugale naît de toutes pièces, avec son cortège de droits et de devoirs. Ainsi, le mari doit fournir à sa femme un entretien convenable.

D'autre part, comme les registres de l'état civil n'existent pas chez les musulmans, la consommation physique du mariage est un fait important, qu'il importe d'entourer de grandes précautions, et dont le moment précis doit être connu, afin de donner à la filiation légitime un point de départ solide (conf. n° 22).

C'est par toutes ces raisons que la loi se préoccupe d'un acte dont le législateur français se soucie d'autant moins que, juridiquement parlant, il considère le mariage comme parfait dès que les consentements sont échangés, ceux-ci ne pouvant l'être qu'à dater du moment où les époux sont pubères.

La consommation du mariage résulte, soit de la cohabitation physique, soit de certains faits qui sont tenus, à titre de présomptions, comme les équivalents de la cohabitation. Ainsi : 1° les époux se sont trouvés en état d'*isolation ;* 2° le mari est entré dans le lieu destiné à la consommation ; 3° on a laissé tomber sur les époux le rideau qui, dans une tente, sépare l'appartement des femmes de celui des hommes; 4° on a construit pour les époux une cabane; 5° la femme a occupé pendant une année, à partir de sa puberté, le logement qui lui est affecté dans la maison de son mari ; toutes ces circonstances de fait sont considérées comme les équivalents de la cohabitation physique, sauf contestation et preuve contraire.

Pour être efficace, la consommation du mariage est encore soumise à certaines conditions qu'il importe surtout de constater dans une hypothèse spéciale que nous étudierons plus loin, et que je me borne à énoncer ici. Lorsqu'une femme a été l'objet d'une répudiation triple, elle ne peut contracter un nouveau mariage avec son mari qu'après avoir été mariée avec un tiers, et qu'après avoir cohabité effectivement avec ce dernier.

Pour que la consommation physique soit valable, il faut :

1° Que les époux soient tous deux pubères ; 2° qu'ils soient tous deux musulmans (toutefois la femme peut être juive ou chrétienne, un musulman étant admis à épouser une *kitabiia)*; 3° qu'aucun d'eux ne soit en état d'ihram ; 4° ni en état de jeûne ; 5° ni en état de prière ; 6° que la cohabitation n'ait pas lieu dans une mosquée, ou la face tournée dans la direction de la Mekke ; 7° qu'elle n'ait pas lieu en présence d'un tiers, fût-il évanoui ou endormi ; 8° ou en plein air; 9° ou pendant la durée des infirmités périodiques de la femme.

59. TRANSITION. — Lorsque la demande remplit les conditions voulues, lorsque le contrat est valable, lorsqu'enfin le mariage a été légalement consommé, il crée entre deux personnes, le mari et la femme, qui étaient étrangères l'une à l'autre, et, par conséquent, indépendantes l'une de l'autre, des droits et des devoirs réciproques. Chacun des contractants abandonne quelque chose de son autonomie, au profit de l'autre, et, quoique leurs patrimoines demeurent distincts, il est évident que leurs biens doivent subir aussi l'influence de cette situation nouvelle.

De là la théorie des droits et des devoirs résultant du mariage.

DES DROITS ET DES DEVOIRS RÉSULTANT DU MARIAGE

SECTION I. — *Les époux*

60. POINT DE DÉPART. — Les droits et les devoirs résultant du mariage datent du moment où le mari a reçu la concession d'autorité qui place la femme sous sa dépendance (conf. n° 58).

61. NATURE DE CES OBLIGATIONS. — Le fidèle des deux sexes qui se marie cherche un refuge contre la fornication; il a l'intention de fonder une famille. Son conjoint doit se prêter à ce double et légitime désir. Que ni le mari ni la femme ne se plaignent, il y a présomption suffisante que chacun d'eux remplit son devoir, et la loi n'intervient pas. Que l'un d'eux formule une réclamation, le juge statue sur le différend.

Mais si le mari possède plusieurs femmes, le législateur, pour éviter les conflits, règle le *modus vivendi* de cette association où quatre associés se disputent l'affection du cinquième.

D'autre part, la femme, en livrant sa personne, a rempli ses obligations. En échange, non-seulement elle touche une dot, mais elle a le droit d'être logée, nourrie, habillée par son mari.

Enfin, bien qu'elle vive dans une sorte de réclusion, il est impossible de la séquestrer entièrement, de lui interdire toute relation avec le dehors.

Tels sont les points sur lesquels doit porter notre examen.

62. *A*. RELATIONS CONJUGALES. — Nous avons vu que la femme, lorsque le mari a rempli son obligation en payant la dot, doit livrer sa personne à ce dernier. Mais le mari, à son tour, a le devoir

de procurer à sa femme les légitimes satisfactions qui découlent de l'union conjugale, et que l'espoir de la maternité ennoblit. Que la femme se refuse à son mari, celui-ci est armé d'un droit de contrainte. Que le mari, au contraire, témoigne de la froideur à sa femme, celle-ci saisit le cadi de ses réclamations.

63. *B.* PARTAGE ÉGAL DU SÉJOUR DU MARI CHEZ CHACUNE DE SES FEMMES. — Le mari est-il polygame, il est tenu de séjourner alternativement dans le lieu où chacune de ses femmes passe la nuit. Chez un homme aisé, chaque femme possède une chambre qui lui est spécialement affectée. Le mari, en se rendant auprès d'elle, ne se trouve donc plus ni dans les parties communes de la maison, ni dans l'un des appartements habités par ses autres épouses. Il appartient réellement, sans partage, à celle dont c'est le tour d'être honorée de sa présence. Par là, les jalousies, les conflits sont évités.

Cette obligation est si forte que rien n'en dispense le mari, alors même que l'une de ses femmes serait empêchée légalement ou naturellement de remplir le but du mariage. Elle est empêchée légalement lorsqu'elle est prohibée pour son mari, ce qui arrive lorsqu'elle souffre de ses infirmités périodiques, lorsqu'elle est en couches, en ihram, etc. Elle est empêchée naturellement quand elle est atteinte d'un vice de conformation.

Le mari doit admettre à ce partage égal toutes ses femmes, qu'elles soient musulmanes, juives, chrétiennes, saines d'esprit, frappées d'aliénation mentale, etc.

Le mari est astreint à cette obligation alors même qu'il est malade lui-même, à moins qu'il ne soit pas transportable; dans ce cas seulement, il peut demeurer chez celle de ses femmes sur les soins affectueux de laquelle il compte le plus. Mais cette tolérance cesse dès qu'il recouvre la santé.

Le mari est-il atteint de folie, son tuteur veille à la stricte observance de ce règlement intérieur.

Le partage a lieu par vingt-quatre heures, en commençant par la nuit. Rien ne s'oppose à ce qu'il comprenne des périodes plus longues, quand ses femmes n'habitent pas le même quartier, la même ville.

Il n'est dérogé à la règle de l'égalité que dans les cas suivants :
1° lorsqu'un homme, ayant déjà une ou plusieurs femmes, en épouse une nouvelle; celle-ci, vierge, a droit à sept nuits consécutives; non vierge, à trois nuits, sans que les autres épouses soient fondées à se plaindre ou à exiger une compensation ;

2° Lorsque, d'un commun accord, gratuitement ou moyennant un don, des arrangements différents sont faits entre les parties intéressées;

3° Lorsque le mari entreprend un voyage ; alors il est libre d'emmener avec lui telle ou telle de ses épouses, à son choix. Toutefois, le Prophète a recommandé le tirage au sort.

64. *C*. ENTRETIEN. — Le mari doit fournir à sa femme (ou à ses femmes) tout ce qui est indispensable à la vie. Cette obligation commence au moment précis où naît la puissance conjugale ; elle dure aussi longtemps que la femme n'est pas en état de contracter une nouvelle union, après la dissolution de la première (conf. *infrà,* V° Répudiation, Aïdda).

L'entretien *(nefaka)* est ainsi défini par les auteurs : c'est ce qui maintient la personne humaine dans son état normal, sans dépasser les bornes de la modération. Il comprend le logement, la nourriture, le vêtement, le service domestique, ainsi que certains accessoires.

Rien de plus relatif que la nefaka ; elle est réglée suivant l'usage, la fortune du mari, la condition de la femme, le pays, la mercuriale, etc., à moins de conventions contraires.

1° *Logement.* L'appartement particulier que la femme est en droit d'exiger, quand la fortune de son mari le permet, doit être garni d'une natte, d'un tapis ou d'une couverture, ou d'un matelas.

La femme n'est tenue d'accepter une habitation commune avec ses rivales (la langue arabe possède une expression encore plus énergique que celle de *rivale ;* chaque épouse appelle sa co-épouse *mon préjudice)* que dans deux cas : 1° lorsque le contrat est muet sur ce point, et encore est-elle admise à exiger un logement distinct, quand elle souffre d'une situation contraire ; 2° lorsqu'elle savait que son mari était déjà marié et qu'elle n'a élevé aucune réclamation au moment du contrat.

On ne peut la contraindre à habiter avec les parents de son mari.

Elle doit, bien entendu, résider au domicile conjugal, suivre son mari partout où il se transporte, à moins de conventions contraires.

2° *Nourriture.* — Le mari doit fournir à sa femme l'eau potable, l'huile à manger et à brûler, le bois, le sel, le poivre, le vinaigre, la viande, la farine, etc., etc., le tout en quantité suffisante, de qualité moyenne, en nature ou en argent (la prestation en nature est préférable), par jour, par semaine, par mois, par année, suivant la périodicité des ressources du mari, d'avance autant que possible.

3° *Vêtement.* La femme n'a pas le droit d'exiger des vêtements de soie, à moins de conventions contraires, à moins que l'usage local ne le commande.

Son mari ne lui doit que deux vêtements complets par an : un pour l'hiver, un pour l'été.

4° *Accessoires.* Ils se composent de différents objets de parure ou de toilette : *koheul* pour les yeux ; pommade ; *henné* pour les pieds et les mains ; peignes ; eau pour les ablutions et pour les bains.

Le mari doit payer les médicaments, non le salaire du médecin ou de l'accoucheuse.

Il est obligé de renouveler les objets de première nécessité, lorsqu'ils sont usés.

5° *Service domestique*. Ce service est dû quand la fortune du mari le permet et que la condition sociale de la femme l'exige. Celle-ci est admise à désigner la servante qu'elle préfère, sauf le cas où le mari douterait de la moralité de la personne choisie.

L'entretien de la servante est à la charge du mari.

65. *D. Travail de la femme*. Lorsque la position des époux est trop modeste pour qu'ils aient des serviteurs, la femme est assujettie aux travaux intérieurs du ménage : elle pétrit le pain, balaye la maison ou la tente, dresse le lit (tapis, natte ou matelas) sur lequel le mari passe la nuit ; elle prépare les repas, mais non pour les étrangers qui fréquentent la maison, etc., etc.

Dans certaines régions, surtout à la campagne, elle s'occupe même des affaires extérieures de la famille.

Jamais elle ne peut être assujettie à filer, à tisser, à coudre.

66. *E*. Visites. — La femme est autorisée à recevoir son père, sa mère (à moins qu'ils n'exercent sur elle une influence dangereuse pour la paix du ménage), ses enfants d'un autre lit, ceux de ses parents avec lesquels elle ne pourrait valablement contracter mariage (conf. n°ˢ 43 et 44).

Elle a la faculté de visiter les mêmes personnes, lorsqu'elle mérite toute confiance.

Section II. — *Les enfants*

67. Droits du père. — Il est le premier, le plus éminent des tuteurs, pendant le mariage et après sa dissolution. Comme tel, il exerce sur ses enfants une contrainte somatique, en vertu de laquelle il les marie à son gré, contre leur volonté, suivant les distinctions énumérées plus haut (conf. n° 6 et suiv.). Il exerce la même contrainte en tout ce qui touche le lieu de leur résidence. Au point de vue de leurs biens, il les administre presque sans contrôle, ainsi que nous le verrons (conf. V° Interdiction).

68. Devoirs du père. — Il doit l'entretien à son enfant mâle jusqu'à ce que celui-ci soit pubère et suffisamment intelligent pour gagner sa vie. Si l'enfant, bien que pubère, est atteint de folie, s'il est aveugle, impotent, malade, débile ; en un mot, si, par suite d'une infirmité physique ou intellectuelle, il est hors d'état de suffire à ses besoins, le père est tenu de l'entretenir ; mais alors l'obligation disparaît avec la cause qui l'a fait naître.

Il en est de même en ce qui touche l'entretien de la fille. Mais comme, en raison de la faiblesse de son sexe, la femme n'est pas censée pouvoir travailler, comme d'ailleurs les mœurs n'admettent pas qu'elle exerce une industrie, la nefaka lui est due jusqu'au jour où, mariée, elle a consommé le mariage. A ce moment, en effet, affranchie de la tutelle somatique du père, elle passe sous l'autorité de son mari, qui doit l'entretenir (conf. n° 58). Il n'y a, de cette façon, aucune solution de continuité dans la prestation de la nefaka, et l'existence matérielle d'une femme est toujours assurée, en vertu du principe : celui qui exerce l'autorité, paternelle ou conjugale, doit l'entretien.

69. — DROITS ET DEVOIRS DE LA MÈRE. — Elle joue un rôle très effacé dans la famille. Nous avons vu (conf. nº 10) qu'elle est armée d'un *veto* lorsque le père veut imposer à sa fille un mariage désavantageux. Nous savons aussi qu'elle exerce la contrainte quand elle est investie de la tutelle testamentaire (conf. nº 6).

Elle doit allaiter ses enfants, pendant deux ans, sans rétribution, quand elle est de basse condition. Dans le cas contraire, l'allaitement n'est obligatoire pour elle que si le père est absent, ou si l'enfant est trop pauvre pour payer le salaire d'une nourrice, ou s'il refuse tout autre sein que celui de sa mère. Hors de là, la femme de condition élevée peut exiger une rétribution pour l'allaitement. Quand cet allaitement lui est imposé, et qu'elle est incapable de nourrir, le salaire de la nourrice est à sa charge.

La mère remplit aussi, à l'égard de ses enfants, une fonction d'une nature particulière, qui porte le nom de *hadana* (mot à mot : *l'action de couver*). La hadana est une tutelle affectueuse, véritable démembrement de celle exercée par le père, et qui résiste même à la dissolution du mariage. L'allaitement en fait partie.

Elle consiste dans les soins physiques qu'une mère seule peut donner à un enfant. Au père, l'éducation morale, l'administration des biens, le droit de contrainte. A la femme, l'éducation physique, le choix de la demeure, des aliments, des vêtements, etc., sous le contrôle du tuteur quel qu'il soit.

La hadana est donc, à la fois, un droit et un devoir; on ne peut l'en dépouiller que dans les cas prévus par la loi. C'est la revanche de la mère sur la femme, si maltraitée par la législation musulmane.

Elle dure : 1º pour les garçons, jusqu'à leur puberté, quel que soit leur état de santé physique ou intellectuel ; 2º pour les filles, jusqu'à la consommation du mariage, en raison de leur faiblesse native.

Tutelle purement féminine, l'homme n'y est admis que dans l'hypothèse où il n'existe, dans une famille, aucune femme appelée à l'exercer. De là une hiérarchie fondée sur la présomption d'affection.

Au premier rang, la mère, fût-elle juive ou chrétienne. A défaut, la grand'mère maternelle, puis l'aïeule maternelle, puis la sœur germaine, puis la sœur utérine, etc., c'est-à-dire les parentes de la ligne maternelle jusqu'à épuisement.

Celles-ci sont-elles décédées ou déclarées indignes, les femmes de la ligne paternelle se substituent à elles dans le même ordre.

Ces dernières manquent-elles à leur tour, la hadana est attribuée aux mâles de la ligne maternelle; et ce n'est qu'en dernier lieu qu'elle revient aux mâles de la ligne paternelle.

La *hadina* (femme qui exerce la hadana) doit remplir les conditions suivantes :

1° *Être saine d'esprit*. Ce qui comprend la douceur de caractère, la maturité d'esprit ;

2° *Être d'âge moyen*. Les femmes trop jeunes sont légères ; trop âgées, elles sont égoïstes, peu ingambes ;

3° *Habiter un lieu sûr*, où la personne et les biens de l'enfant ne soient exposés à aucune entreprise ;

4° *Être irréprochable de mœurs*. Se livrer à l'ivrognerie, recevoir trop de monde, avoir une conduite répréhensible, être dépourvu de probité, sont chez la hadina, des vices qui mettent en péril la fortune et la personne même de l'enfant ;

5° *Être douée d'une bonne santé*. Si la hadina était atteinte d'une maladie contagieuse, elle pourrait la communiquer à l'enfant. La maladie, quelle qu'elle soit, rend peu propre à exercer une surveillance efficace ;

6° *Ne pas contracter un nouveau mariage* qui donnerait à la hadina des préoccupations incompatibles avec l'exercice sérieux de la hadana ;

7° *Ne pas s'éloigner de la résidence du tuteur*. Celui-ci a le droit de contrôler la conduite de la hadina ; elle ne doit pas, par conséquent, transporter son domicile sans autorisation à plus de six bérids (1) du lieu habité par le tuteur.

Bien que la hadana soit une obligation imposée par la loi, la personne qui en est investie peut y renoncer, et cette renonciation est définitive, sauf : 1° lorsqu'elle est fondée sur des motifs de santé ; la hadina cessant d'être malade est admise à revenir sur son refus ; 2° lorsque la parente, qui a profité de la renonciation, meurt ou se retire, ou est déchue de son droit.

La hadana se perd :

1° Par l'inconduite de la hadina ;

2° Par un nouveau mariage (à moins qu'il n'ait été contracté avec un proche parent de l'enfant) pourvu que la demande en révocation ait été introduite dans l'année qui suit les secondes noces, et que l'intérêt de l'enfant le commande impérieusement ;

3° Par un changement de résidence non autorisé ;

4° Par le changement de résidence du tuteur, la hadina refusant de le suivre ;

5° Par la mort de la hadina ;

6° Par la mort de l'enfant *(mahdoun)* ;

7° Par l'avènement de la puberté pour les mâles ;

8° Par la consommation du mariage pour les enfants du sexe féminin ;

9° Par la folie de la hadina.

De ces causes d'extinction, les quatre premières sont de véritables causes d'indignité ; la première seule est irrévocable ; que la

---

(1) *Conf.* sur le *bérid*, page 6, note.

hadina remariée redevienne veuve, par répudiation ou par décès, elle peut évidemment être réintégrée dans la hadana, dès que celle-ci devient vacante. Il en est de même lorsqu'elle consent, après s'y être refusée, à fixer sa résidence auprès de celle du tuteur, ou bien lorsqu'elle reprend le domicile qu'elle avait quitté sans autorisation, ou bien lorsque, frappée d'aliénation mentale, elle recouvre la raison.

La hadina est placée sous la surveillance du tuteur, père ou ouaci. Celui-ci doit pourvoir à la nefaka du mahdoun, soit sur ses biens personnels, lorsqu'il s'agit du père, soit sur les biens de l'enfant lui-même, lorsqu'il n'est que son ouaci. Toutefois, la hadina peut prendre la nefaka à sa charge (Conf. n° 91).

70. Droits et devoirs des enfants. — Les droits des enfants résultent suffisamment de ce qui précède.

Quant à leurs devoirs, ils découlent tous, soit de leur état de faiblesse, soit du respect qu'ils doivent à leurs père et mère (1).

Ainsi, ils n'ont pas le droit, avant la puberté pour les garçons, avant la consommation du mariage pour les filles, de quitter le domicile paternel sans autorisation.

Il leur est prescrit de montrer, en toute circonstance, la plus grande déférence à leurs parents. Ainsi, un enfant aurait-il osé déférer le serment à son père, dans une instance judiciaire, il serait par cela seul récusable comme témoin.

La bienséance s'oppose à ce que, non pubères, ils entrent chez leurs parents avant la prière de l'aurore, à midi quand ceux-ci quittent leurs vêtements pour faire la sieste, et après la prière du soir. Quant aux enfants pubères, ils ne doivent jamais pénétrer dans le lieu réservé à leurs parents sans en avoir sollicité la permission (2).

L'enfant doit à ses père et mère, qui sont dans la gêne, un entretien conforme à ses moyens. Ceux-ci ne sont pas astreints à établir leur dénûment par serment ; la déclaration de deux témoins irréprochables suffit.

L'enfant doit également l'entretien du serviteur de ses parents, et même l'entretien de la servante de sa marâtre.

La loi n'apporte aucune entrave aux aises du père, lorsqu'il tombe à la charge de ses enfants. Toutefois, il lui sera interdit d'épouser une deuxième, une troisième, une quatrième femme pendant qu'il se trouve dans cette situation. Si, d'ailleurs, l'une des femmes du père est la mère de l'enfant débiteur de la nefaka, il n'aura aucune prestation à faire aux autres.

L'enfant ne doit plus rien à la veuve de son père (lorsqu'elle n'est pas sa mère), dès qu'elle se remarie. Il est également déchargé de toute obligation envers le nouveau mari de cette femme.

_____

(1) *Conf.* Coran XVII, 24, 25.
(2) *Conf.* Coran XXIV, 57, 58.

La pension alimentaire est fournie collectivement par tous les enfants au prorata de leurs ressources.

Lorsque l'enfant allègue son propre dénûment pour se soustraire à la prestation, la preuve de son impuissance est-elle à sa charge ou bien est-elle à la charge de ses parents? Les deux opinions ont été soutenues.

Section III. — *Les proches parents et les alliés.*

71. On ne doit aucun entretien à son aïeul, à son petit-fils. — Le mariage ne crée, en thèse générale, aucune obligation entre les alliés respectifs de chacun des époux.

Le mari *n'épouse pas* la famille de sa femme, pas plus que celle-ci n'épouse la famille de son mari. Le beau-père, la belle-mère seraient mal venus à exiger des aliments de leur gendre ou de leur belle-fille. Qu'ils s'adressent à leurs propres enfants s'ils tombent dans la misère.

Il est vrai que la loi religieuse corrige la dureté de la loi civile (1). Le grand principe de la solidarité entre fidèles fait un devoir à tout musulman de secourir son frère malheureux.

72. — Transition. — Telles sont les obligations qui naissent du mariage.

Avant de passer à l'examen des modes de dissolution de l'union conjugale, il convient d'être bien fixé sur la théorie de l'*aïdda* (retraite légale), période de temps pendant laquelle la femme répudiée ne peut pas contracter un nouveau mariage. En effet, lorsque la répudiation n'est pas irrévocable, le mari est admis à reprendre sa femme jusqu'à l'expiration de l'aïdda. Dans cette hypothèse, le sort du mariage est donc tenu en suspens, la puissance maritale subsiste pendant la retraite légale; d'où la nécessité d'en étudier, dès à présent, le fonctionnement.

D'autre part, l'*istibra* (retraite de continence) n'est qu'une variété de l'*aïdda ;* elles ont toutes deux pour but d'empêcher la *confusio sanguinis ;* elles sont régies par des règles à peu près identiques. A ce double titre, il importe, au point où nous en sommes arrivés, de ne pas les isoler l'une de l'autre.

Aïdda et Istibra

73. Généralités. — Par le mariage, on se propose de transmettre son nom et ses biens à des enfants légitimes. Chez les musulmans, qui admettent de nombreux procédés, pour rompre le mariage, la nécessité d'empêcher la *confusio sanguinis* s'impose impérieusement.

(1) *Conf.* Coran XVII, 28 et passim.

De là, l'*aïdda* (1).

Mais le législateur musulman s'est préoccupé plus que nous, dans un but de moralité, d'interdire le mélange du sang. Notre Code s'est borné à assurer la filiation légitime (2) ; le Code arabe n'a pas voulu, même en dehors des relations conjugales, qu'il pût régner une incertitude sur la filiation d'un enfant. Aussi, parallèlement à l'*aïdda*, retraite légale de la femme mariée, il a organisé l'*istibra* (3), réservée aux femmes qui, dans une hypothèse quelconque, ont eu des relations avec un homme autre que leur mari légitime.

§ I. — *De l'aïdda*

74. DÉFINITION. — L'aïdda est le laps de temps pendant lequel le mariage est défendu, à la suite de la dissolution d'un précédent mariage, soit par la mort du mari, soit par la répudiation.

75. QUELLES FEMMES Y SONT SOUMISES. — Toute femme libre qui a été et qui doit devenir l'épouse d'un musulman est soumise à l'aïdda. Ainsi une juive, une chrétienne, eussent-elles été mariées à un juif, à un chrétien, et qui se proposent d'épouser un musulman, y sont astreintes (Conf. n° 45).

Mais il faut distinguer entre l'aïdda de répudiation et l'aïdda de mort.

A. *Aïdda de répudiation.* Le premier mariage doit avoir été valable ou considéré comme tel ; faute de quoi, la femme accomplit l'istibra.

Ce mariage doit avoir été consommé, le but de l'aïdda étant d'empêcher la *confusio sanguinis*.

D'où la conséquence que n'y sont pas soumises :

1° *La femme impubère*, âgée de moins de neuf ans, car elle est inhabile à concevoir;

2° *Celle qui n'a pas consommé le mariage,* ce qui comprend la *désespérée*, c'est-à-dire la femme qui a passé l'âge critique. Toutefois, par dérogation aux principes, elle est assujettie à une aïdda de précaution;

3° *Celle dont le mari est impubère,* car elle ne peut pas concevoir;

4° *Celle dont le mari est impuissant,* par le même motif.

B. *Aïdda de mort.* La femme y est soumise, non pas seulement pour empêcher la confusion du sang, mais encore par respect pour la

---

(1) *Aïdda* signifie l'*action de compter*, parce que le Coran enjoint de *compter* avec soin les jours de la retraite légale afin que la femme l'accomplisse tout entière, sans erreur (Coran LXV, 1).

(2) Code civil 228.

(3) *Istibra* signifie l'*action de s'abstenir*.

mémoire de son mari. Aussi, toutes les femmes y sont-elles soumises sans exception.

76. Durée. — L'*aïdda* se compte, soit par *kourou,* ce qui signifie, ou bien *période de pureté,* ou bien *période menstruelle* (1), soit par mois lunaires, lorsque le compte par *kourou* n'est pas possible. En effet, lorsqu'il s'agit d'une femme qui a passé l'âge critique, il est impossible de compter par *kourou;* il en est de même pour la femme impubère.

L'*aïdda* de répudiation est de trois *kourou* ou de trois mois, la première période pouvant ne pas être complète, c'est-à-dire commencer la veille même du retour de l'infirmité menstruelle. Si, à l'expiration de ce délai, aucun symptôme de grossesse ne se produit, l'*aïdda* est terminée; dans le cas contraire, elle se prolonge jusqu'à l'accouchement. Il est évident que si le mari a des relations avec sa femme pendant l'*aïdda*, celle-ci est à recommencer.

L'*aïdda* de mort dure quatre mois et dix jours.

77. Point de départ de l'aïdda. — « Comptez exactement », dit le Coran (LXV, 1). De là, comme nous l'avons vu, l'emploi du mot *aïdda* (conf. 73, note).

Que l'*aïdda* ait lieu à la suite de la répudiation ou de la mort, elle commence le jour même où l'un de ces deux faits se produit.

Il ne peut y avoir de difficultés que dans le cas où le mari a disparu. En effet, comme une femme ne peut contracter un second mariage qu'à l'expiration du délai fixé par la loi, il y a lieu de se demander, dans l'hypothèse qui nous occupe, quel sera le point de départ de l'*aïdda*. Les jurisconsultes distinguent entre la disparition ordinaire et la disparition de guerre.

Dans le premier cas, la solution est différente, selon que le mari a disparu en pays musulman ou en pays non musulman. Un homme libre ne pouvant être réduit en esclavage en terre musulmane, son absence prolongée laisse supposer qu'il a péri; aussi, après une attente de quatre ans, la femme entre en *aïdda*. Mais si le mari n'a pas laissé de ressources suffisantes pour l'entretien de sa femme, elle n'est pas tenue d'observer ce délai; il lui est loisible de solliciter la rupture du lien conjugal et d'entrer aussitôt après en *aïdda*. Le mari disparaissant en terre infidèle, la présomption contraire est admise, et l'ouverture de l'*aïdda* n'a lieu qu'après l'épuisement des biens du mari, ou lorsque tout espoir de le voir revenir est perdu.

Dans le second cas, on distingue entre la guerre civile ou la guerre étrangère, pour les motifs ci-dessus exposés. S'agit-il d'une disparition après un combat entre musulmans, l'*aïdda* date du

_____

(1) C'est l'expression coranique (Coran II, 228).

jour du combat. S'agit-il d'un combat entre musulmans et infidèles, l'*aïdda* ne commence qu'après une attente préalable d'un an.

78. EFFETS DE L'AÏDDA. — Elle ne rompt pas le lien conjugal; elle
suspend la puissance maritale, le mari étant, par conséquent, maître de reprendre sa femme, sans le consentement de celle-ci, sans
nouveau mariage. L'*aïdda* terminée, le pouvoir marital est aboli,
les époux ne peuvent retourner l'un à l'autre, dans les cas où ce
retour est permis, que moyennant un nouveau mariage.

Il est logique qu'il en soit ainsi ; l'*aïdda* ayant pour but de s'assurer si la femme est enceinte, le pouvoir du mari persiste aussi
longtemps que dure cette incertitude.

Le mari doit à sa femme la nefaka entière, pendant toute la durée
de l'*aïdda*, ce qui est juste, car elle est incapable, durant cette période, de contracter un nouveau mariage. Tout s'enchaîne en cette
matière. Le père doit à sa fille un entretien convenable jusqu'au
jour où elle consomme le mariage, c'est-à-dire jusqu'au moment où
l'entretien lui est fourni par son mari; celui-ci, à son tour, doit
pourvoir aux besoins de sa femme aussi longtemps qu'un nouvel
époux n'est pas chargé d'acquitter la même obligation. Jamais, depuis sa naissance, la femme n'est exposée à manquer de pain, à
moins qu'elle ne soit veuve; et, alors encore, si elle a des enfants,
ceux-ci sont tenus de lui donner des aliments. Si la femme est l'inférieure de l'homme, sa faiblesse même lui procure une protection
efficace et permanente.

Les droits réciproques de succession des époux subsistent durant l'*aïdda,* ce qui corrobore encore les principes.

79. DOMICILE DE LA FEMME EN AÏDDA. — La femme, durant l'*aïdda*
(de répudiation ou de mort), réside au domicile conjugal. Est-elle
répudiée, la puissance maritale persiste; elle n'est pas déchue du
droit de percevoir sa nefaka, et le logement fait partie de la nefaka.
Est-elle veuve, on ignore si elle est enceinte des œuvres de son
mari, le lien conjugal n'est pas encore rompu; d'ailleurs, elle est
héritière réservataire des biens de son mari défunt, et, à ce titre,
elle exerce un droit bien plus qu'elle ne profite d'une tolérance.

Il est bon, d'ailleurs, dans les deux hypothèses, que la conduite
de la femme soit surveillée par le mari ou par les héritiers de ce
dernier, afin d'éviter une supposition ou une suppression d'enfant.

80. CONDUITE DE LA FEMME PENDANT L'AÏDDA. — La femme en
aïdda doit vivre dans la retraite la plus profonde, éviter les sorties,
renoncer à la parure, surtout lorsqu'elle accomplit l'*aïdda* de la
mort.

§ 2. — *Istibra*

81. DÉFINITION. — « L'*istibra*, d'après Ibn Arfa, est l'espace de

» temps qui, par son expiration, indique la franchise de l'utérus ;
» elle n'a pas pour but de faire cesser la puissance maritale ; elle
» ne s'applique pas en matière de répudiation. »

Les explications qui suivent dissiperont les obscurités de cette
définition.

82. A QUELLES FEMMES ELLE S'APPLIQUE. — L'*aïdda* est spéciale
aux relations légitimes ; elle a pour but d'établir la sincérité de la
paternité légitime.

Il en est autrement de l'*istibra ;* celle-ci ne s'applique qu'aux relations illégitimes ; elle constitue plutôt une purification ; toutefois,
elle a, comme l'*aïdda*, pour but de faire respecter ce précepte :
« N'ensemencez pas le sol labouré par un autre. »

Elle s'applique aux femmes esclaves, dont nous n'avons rien à
dire ici, et, de plus, à la femme libre qui s'est rendue coupable de
fornication, à celle qui a été victime d'un acte de violence.

83. DURÉE DE L'ISTIBRA. — La durée de l'*istibra* est de trois *kourou* ou de trois mois, comme l'*aïdda*.

En cas de grossesse, elle dure jusqu'à la délivrance.

84. EFFETS. — La femme qui subit l'*istibra* ne doit avoir aucune
relation avec qui que ce soit, fût-ce avec son mari.

85. CONFLIT DE L'AÏDDA ET DE L'ISTIBRA. — Il peut arriver qu'une
femme en *istibra* ait également à subir l'*aïdda*, dans le cas, par
exemple, où elle devient veuve. Elle est alors soumise à la retraite
la plus longue.

CHAPITRE SECOND

De la dissolution du mariage

86. GÉNÉRALITÉS. — Nous savons que le mariage est un contrat purement consensuel. Il est donc naturel qu'il se dénoue par le procédé suivant lequel il a été noué. Le droit musulman, plus logique
que le nôtre, admet, par conséquent, la dissolution du mariage *par
consentement mutuel.*

Mais l'homme, considéré comme supérieur à la femme, est investi du droit exorbitant de rompre, de son autorité privée, par
simple caprice, un lien conjugal qui est noué par le concours de
deux volontés. Par une faveur insigne, par une violation manifeste
des principes, il est le maître de répudier la femme qui a simplement cessé de lui plaire. De là, la dissolution du mariage *par consentement unilatéral.*

Faut-il s'arrêter là? Une femme, que son mari a la faculté de chasser loin de lui, sera-t-elle désarmée en présence de son seigneur et maître, s'il abuse contre elle de son pouvoir ou de sa force? La loi, malgré sa partialité, n'a pas osé répondre négativement à cette redoutable question. Elle a autorisé la femme à répudier son mari ; mais, comme elle est l'inférieure de l'homme, elle a besoin de l'assistance du juge pour compléter sa personnalité juridique. Et, malgré cette *auctoritas*, il faut que ses griefs soient fondés pour qu'elle puisse ainsi rompre un mariage que son mari a le droit de rompre à lui seul sans motif. De là, *la répudiation par la volonté de la femme avec la sanction du juge.*

Ce n'est pas tout. Le mariage musulman est soumis à des règles inflexibles ; que celles-ci aient été violées, le juge annulle d'office l'union. De là encore, dans certains cas, la dissolution du mariage *par voie judiciaire.*

Enfin, le mari, irrité à tort ou à raison contre sa femme, ou la soupçonnant d'avoir porté atteinte à son honneur conjugal, peut lui infliger quelque sanglante injure, ou entamer contre elle une procédure destinée à établir qu'elle a manqué à ses devoirs. De là des procédés exceptionnels pour séparer les époux et leur rendre leur liberté.

Ces distinctions ont pour effet de créer un certain nombre de modes de dissolution du mariage musulman ; ils portent tous le nom générique de *t'alak*, sans préjudice de la dénomination spéciale qui sert à les caractériser :

1° La femme éprouve de la répugnance pour son mari, et l'amène à consentir à une séparation, moyennant rançon. Cette séparation se nomme *khola;*

2° Les époux ont l'un pour l'autre une répugnance égale. Ils se séparent par *moubara ;*

3° Le mari rompt le mariage par son initiative privée. L'acte par lequel il éloigne sa femme de sa personne constitue le *t'alak* proprement dit ;

4° Le même nom est donné à la répudiation prononcée par la femme avec la sanction du juge ;

5° Lorsque le mariage est annulé par voie judiciaire, cette annulation a la valeur de la répudiation, en ce sens qu'elle produit les mêmes effets ;

6° Le mari a juré, en prenant Dieu à témoin de son serment, qu'il n'aura plus de relations avec sa femme. Cet engagement, injurieux pour la femme, emporte dissolution du mariage, et se nomme *ila ;*

7° Il assimile sa femme à une personne avec laquelle toute relation physique lui est interdite. Le résultat est le même. Cette assimilation se nomme *d'ihar ;*

8° Il accuse sa femme d'adultère, d'où rupture du lien conjugal. Ce mode de dissolution porte le nom de *lia'n .*

§ Ier. — *De la répudiation moyennant rançon*

87. Définition. — *Le khola* (1) est la répudiation consentie par le mari, moyennant une rançon offerte par la femme.

Cette définition de Sidi Khalil ne donne qu'une idée imparfaite de la chose définie. Pour bien saisir le mécanisme du khola, il est nécessaire de remonter aux principes.

Le mariage est un contrat de réciprocité : le mari paie une dot, la femme livre sa personne ; le mari n'acquiert la puissance conjugale que par le versement de la dot, en tout ou au moins en partie. Lorsque la femme, mécontente de son sort manifeste l'intention de s'affranchir (2) de l'autorité conjugale, elle devrait, en droit strict, rembourser à son mari ce qu'elle a reçu de lui. Mais le mariage n'est pas, dans le sens rigoureux, un contrat commutatif ; c'est pour cela que je l'appelle un contrat de réciprocité. En effet dans la vente, type du contrat commutatif, chacune des parties s'engage à donner une chose qui est regardée comme l'équivalent de ce qu'on lui donne ; le conflit des intérêts se manifeste dans toute son âpreté. Le mariage, au contraire, est un *contrat de générosité,* en ce sens que la loi civile et religieuse encourage hautement les concessions que se font les époux (3). Dès lors, la rançon offerte par la femme et acceptée par le mari peut être très inférieure à la dot qu'il a versée ; il peut même renoncer à toute rançon. Par contre, l'idée d'équivalence une fois écartée, rien ne s'oppose à ce qu'il exige une somme supérieure à la dot ; bien mieux, la femme aurait mauvaise grâce à s'en plaindre, car il est honorable pour elle de ne pas obtenir sa liberté à trop bas prix.

88. Conditions de validité. — Il résulte de ce qui précède que le consentement librement exprimé par des contractants capables est, à proprement parler, la seule condition imposée par la loi pour la validité du khola. Mais comme la rançon, bien qu'elle ne soit pas indispensable, donne au khola sa physionomie particulière, nous devons l'inscrire au nombre des éléments de ce contrat particulier.

89. *A*. Capacité. — Lorsque le mari répudie, de son autorité privée, une femme qui a cessé de lui plaire, celle-ci ne joue qu'un rôle purement passif ; elle subit le caprice d'un associé auquel la loi a accordé le droit exhorbitant de dissoudre l'association conjugale à son gré.

---

(1) *Khola* signifie *l'action de se déshabiller ;* conf. Coran II, 183 : « Vos femmes sont votre vêtement, et vous êtes le leur. »

(2) Cette expression est rigoureusement exacte. Il y a une analogie certaine entre l'esclave qui rachète sa liberté et la femme qui rachète la sienne.

(3) Coran, II, 238.

Lorsque la femme, se plaignant des abus de pouvoir de son mari, sollicite, par voie judiciaire, la rupture du lien conjugal, elle est une victime à laquelle la loi ne peut imposer aucune capacité spéciale. Au surplus, l'assistance du cadi, à la fois juge du litige et tuteur *ad litem* de la plaignante, complète la personne juridique de cette dernière et lui confère, en fait, une capacité largement suffisante.

Mais ici, en matière de *khola*, la situation est toute différente : le *khola* est un contrat mixte, comme le mariage ; il affecte non seulement la personne des époux, mais encore leurs biens ; leur personne, puisqu'il s'agit de rompre le mariage ; leurs biens, puisque la femme, pour conquérir sa liberté, offre une rançon à son mari qui l'accepte.

D'où cette conséquence que la femme joue ici un rôle plus actif. Sans doute, rien n'interdit au mari de prendre l'initiative, d'offrir à sa femme de lui rendre sa liberté, moyennant le payement d'une indemnité. Toutefois, le plus souvent, c'est la femme qui entame les négociations. Il importe peu d'ailleurs ; dans les deux hypothèses, elle doit avoir le pouvoir de disposer de ses biens ; pour sa personne, il est inutile qu'elle ait le pouvoir d'en disposer, car, ici encore, elle se borne à subir l'effet de la formule de répudiation prononcée par son mari. Il ne faut pas l'oublier, en effet, il ne suffit pas que la femme offre une rançon et que le mari l'accepte, il faut encore que le mari prononce une formule de répudiation, et c'est par la seule énergie de cette formule que le mariage est rompu, la rançon n'étant qu'un élément accessoire, facultatif, de ce mode de rupture du lien conjugal.

De là découle toute la théorie de la capacité en matière de khola.

Il est certain, tout d'abord, que la femme contraignable peut être contrainte au khola, comme elle peut l'être au mariage (1). Il est encore évident que la femme, non encore affranchie de la tutelle chrématique (2), a besoin de l'assistance de son tuteur pour s'engager valablement à verser une compensation à son mari. Mais, ce qui démontre que la rançon n'a qu'une influence secondaire sur le contrat, lorsque la femme l'offre sans être affranchie de la double tutelle, la répudiation prononcée par le mari doué de la capacité légale n'en produit pas moins son effet ; la stipulation relative à la rançon est seule considérée comme nulle, et si le mari a touché, de ce chef, une somme quelconque, il est sujet à restitution.

Voici, en effet, comment les choses se passent, lorsque la femme est incapable :

Le mari est-il impubère, ou pubère non doué de discernement,

---

(1) *Conf. suprà* nº 7, *B.*

(2) Pour l'intelligence de toutes ces questions de capacité, il est indispensable de lire avec attention le chapitre de l'interdiction.

l'articulation de la formule est dépourvue de toute efficacité juridique. Il faut que le tuteur du mari prononce la formule pour que le mariage soit rompu. Quant à la rançon rien ne peut la rendre exigible, la femme n'ayant pas qualité pour s'obliger à la payer.

Le mari est-il pubère, et doué de discernement, il est capable de prononcer la formule de répudiation, puisqu'il est affranchi de la tutelle somatique; il importe peu qu'il soit également affranchi de la tutelle chrématique, en ce qui touche la capacité de recevoir la rançon, *car il s'enrichit*, ce qui est toujours permis à un incapable; mais la femme, n'ayant pas, dans l'espèce, la capacité nécessaire pour consentir le payement de la rançon, et se bornant, d'autre part, à subir l'effet de la formule prononcée par son mari, il s'ensuit encore que la répudiation, inefficace en tant que khola, conserve toute son énergie en tant que répudiation, et celle-ci est irrévocable, la répudiation par consentement mutuel étant toujours irrévocable.

D'où cette conséquence que, pour être valable, le khola doit être proposé, soit par le contraignant de la femme, lorsque celle-ci est contraignable, soit par le tuteur de la femme non affranchie de la tutelle chrématique (ce qui comprend la safilha), soit par la femme affranchie de toute tutelle ; et que la formule de répudiation doit être prononcée soit par un mari pubère et doué de discernement, soit par le tuteur du mari qui ne remplit pas cette double condition de capacité.

En résumé, la femme doit être capable de disposer de ses biens, faute de quoi la répudiation subsistant, la rançon n'est pas due ; le mari doit être capable de disposer de sa personne, faute de quoi la répudiation est nulle.

Il nous reste à examiner encore une question de capacité spéciale.

Lorsque l'un des époux est *malade* (1), cette circonstance de fait n'influe pas directement sur sa capacité, et la loi ne frappe d'aucune nullité un khola sur lequel l'accord des époux c'est fait; mais elle le réprouve hautement, et non sans raison. En effet, pourquoi rompre conventionnellement un mariage que la mort rompra naturellement, suivant toute probabilité ? Une pareille rupture ne peut avoir d'autre but que de frustrer l'un des époux de sa part dans la succession de l'autre. Aussi, pour déjouer ce plan immoral, le khola est-il, en cas de maladie, destitué de tout effet au point de vue des droits respectifs de successibilité des deux époux (2).

90. *B*. Consentement. — Le consentement fourni par les époux doués de la capacité nécessaire, ou par les personnes sous l'autorité desquelles ils sont placés, doit être librement exprimé.

---

(1) *Conf.* sur la *maladie* le chapitre de l'interdiction.
(2) *Conf.* infrà, n° 94.

Donné sous l'influence de la violence, il serait nul et entraînerait la nullité radicale du khola. C'est ainsi que le fait par le mari d'amener sa femme par de mauvais traitements à lui proposer le khola vicierait absolument le contrat. L'erreur, la fraude produiraient les mêmes effets négatifs, mais à certaines conditions que nous examinerons en détail à l'occasion des nullités du mariage.

Quant à la formule, elle n'a rien de sacramentel ; il suffit qu'elle soit claire, qu'elle ne laisse aucun doute sur l'intention du mari de se séparer de sa femme. Il sera même bon que le mari se serve du mot *khola* afin d'éviter toute confusion entre ce mode de répudiation et les autres modes de dissolution du mariage, le khola produisant des effets particuliers. Il est même admis, si l'usage local est conforme à cette pratique, que l'offre et l'acceptation du khola aient lieu au moyen de certains actes, de certains signes de pure convention. Ainsi, la femme détache un bijou de son bras, le remet à son mari et se retire en disant : « Ceci est pour cela. » Le mari ne protestant pas, le khola est valable.

91. *C.* Rançon. — La loi est à ce point favorable à la rupture du lien conjugal, quand il y a incompatibilité d'humeur entre les époux et qu'ils se séparent à l'amiable, par consentement mutuel, qu'elle se montre très tolérante en ce qui concerne la nature de la rançon offerte par la femme. Dans la répudiation proprement dite, il n'y a pas de consentement à exprimer de la part de la femme, elle subit une violence ; voilà pourquoi la répudiation est mal vue. Ici, rien de semblable : il y a concours de deux volontés libres — d'où la faveur particulière de la loi.

Par dérogation aux principes, la femme peut offrir un objet dont la présence entraînerait l'annulation de tout autre contrat (1), tel que :

1° *Un objet impur* (2) comme du vin, de la viande de porc, ce qui arrivera si elle est juive ou chrétienne. Le mari sera évidemment libre de refuser une rançon de ce genre. Mais, s'il l'accepte, le contrat n'en sera pas moins valable ; le mari sera simplement tenu d'anéantir la chose, l'usage des choses impures étant interdit aux musulmans ;

2° *Un objet indisponible,* comme un chameau égaré, une chose usurpée, ou appartenant à autrui, ou utilement revendiquée par un tiers. Dans le premier cas, le mari n'a rien à prétendre, si l'animal n'est pas retrouvé. Dans les trois cas suivants, la chose est rendue à son légitime propriétaire ; sans doute le mari exerce son recours contre la femme ; s'il s'agit d'une chose non fongible déterminée, elle lui en doit la valeur ; si la chose est fongible ou si elle est non fongible et non déterminée, la femme doit une chose équivalente.

---

(1) *Conf.* infrà. Vente.

(2) Pour apprécier l'importance de ces concessions, *conf.* Vente.

Mais dans toutes ces hypothèses la répudiation n'est pas mise en question : elle subsiste ;

3° *Un objet insuffisamment déterminé, ou offrant une alea,* comme le produit à naître d'un animal, des fruits non mûrs, une chose hors vue (1), une chose livrable à un terme incertain. Dans le premier cas, si l'animal ne donne aucun produit, le mari n'a rien à réclamer. Dans les deux suivants, le mari a le droit de choisir une chose de même espèce et de qualité moyenne en remplacement de celle stipulée. Dans le dernier cas, la femme perd simplement le bénéfice du terme. Si le mari, prenant l'initiative, dit à sa femme : « Je t'accorde le khola moyennant ce que tu as dans ta main fer-» mée ! » — il doit se contenter de ce qui se trouvera dans la main de sa femme, et, ne s'y trouvât-il rien, il n'a aucune réclamation à élever ;

4° *Une chose incorporelle.* Les musulmans admettent difficilement qu'un simple droit puisse faire l'objet d'une convention ; pour eux, la chose incorporelle est frappée d'une sorte d'infirmité constitutive ; elle ne tombe pas sous les sens, ne peut être, par conséquent, ni examinée, ni surtout déterminée. Ici, par faveur spéciale, la femme a la faculté d'offrir une chose incorporelle. Ainsi la femme peut renoncer à l'entretien qui lui est dû pendant sa grossesse (2), à la hadana de ses enfants (3) ; elle peut aussi prendre à sa charge l'entretien de ses enfants (4). Bien mieux, si, après avoir renoncé à son entretien de grossesse, elle tombe dans la gêne, le mari n'en sera pas moins tenu de la nourrir (sauf son recours si elle redevient aisée) ;

5° *Une fraction quelconque d'un objet dont elle vend le surplus à son mari.* En général, la loi musulmane est hostile à toute combinaison de deux ou de plusieurs contrats. En matière de khola, il est permis à la femme de donner à son mari la moitié, par exemple, d'un objet, et de lui vendre l'autre moitié. Et, tolérance remarquable, si l'objet périt, le mari n'a aucun recours à exercer pour la moitié constituant la rançon ; il ne conserve ce recours que pour la moitié vendue, suivant les distinctions spéciales à la vente (5). Cependant, certaines stipulations considérées comme contraires à l'esprit de la loi, ne peuvent figurer dans le khola. Ainsi il est défendu à la femme de consentir à son mari un délai pour une dette exigible. Cette combinaison constitue un véritable prêt à intérêt, et le prêt doit toujours être gratuit. En effet, dans cette hypothèse, la femme prête à son mari, pour un temps déterminé, la somme dont celui-ci était débiteur, et elle retire un avantage de ce prêt : la liberté.

---

(1) *Conf.* Vente.

(2) *Conf.* n°ˢ 64, 78.

(3) *Conf.* n° 69.

(4) *Conf. ibid in fine.*

(5) *Conf.* vente.

Dans le sens inverse, il n'est pas permis au mari d'accorder la liberté à sa femme à la condition qu'elle recevra immédiatement une somme qu'il lui devait, et pour le payement de laquelle un terme avait été stipulé. Ainsi la femme a avancé à son mari une somme de cent francs, à charge par celui-ci de lui livrer du blé dans trois mois. En obligeant sa femme à recevoir le blé de suite, il se procure un avantage usuraire, en ce sens qu'il se décharge de toute responsabilité avant l'expiration du terme fixé. En effet, dans trois mois, le blé sera peut être très rare, très cher, il sera dangereux de le transporter à travers un pays où la sécurité ne règne pas. Il en est de même encore s'il s'agit d'un prêt, et si le mari, sur le point d'entreprendre un voyage, oblige sa femme à recevoir de suite une somme qui n'était pas remboursable avant trois mois. De là, pour les deux époux, de sérieux avantages qui enlèvent au prêt son caractère gratuit : le mari se décharge des risques ; il sauve son argent de tout danger ; la femme, de son côté, gagne sa liberté et touche par anticipation ce qu'elle ne devait recevoir qu'à terme.

La prohibition est encore plus énergique lorsqu'il s'agit de denrées alimentaires, vendues ou prêtées, car il est surtout interdit de percevoir un profit réputé usuraire, en matières de choses fongibles, ainsi que nous le verrons (1).

Le mari ne pourra pas non plus exiger, à titre de rançon, que sa femme renonce au logement auquel elle a droit pendant l'aïdda qui suivra le khola (2). En effet, c'est en vertu d'un précepte impératif de la loi religieuse que la femme est tenue de résider au domicile conjugal pendant la retraite légale. Nous avons donné les raisons de cette obligation de droit strict (3). Toutefois, il est permis au mari de stipuler, comme rançon, que la femme lui servira le loyer du logement qu'elle occupera.

Dans ces diverses hypothèses, la répudiation ne cesse évidemment pas d'être valable ; la rançon seule est caduque. En effet, le mari a prononcé la formule qui entraîne la rupture du lien conjugal ; ce résultat est irrévocablement acquis à la femme.

92. QUI PEUT OFFRIR LA RANÇON. — La femme est la première appelée à offrir sa rançon, par elle-même ou par les personnes qui la représentent, suivant les distinctions qui précèdent ; mais un tiers quelconque le peut au même titre qu'elle, pourvu qu'il ait la capacité de disposer de ses biens.

93. QUAND LA RANÇON DOIT ÊTRE LIVRÉE. — La rançon doit être payée immédiatement ; toutefois la stipulation d'un terme est

(1) *Conf.* Vente.
(2) *Conf.* n° 78.
(3) *Conf.* n° 79.

permise, pourvu que le terme soit déterminé, et pourvu qu'il porte sur la prestation même et non sur une dette antérieure, comme nous l'avons vu.

94. EFFETS. — Le khola consenti par les époux doués de la capacité légale dissout irrévocablement le mariage, en ce sens qu'il n'est pas permis au mari de reprendre sa femme ni avant, ni pendant, ni après l'aïdda. La puissance maritale est abolie dès l'instant où le mari a prononcé la formule ; les époux n'ont plus d'obligations à remplir, l'un à l'égard de l'autre. Toutefois le mari est tenu de la nefaka pendant la durée de la retraite légale, lorsque le mariage a été consommé. S'il manifeste le désir de renouer les liens du mariage, il doit solliciter et obtenir le consentement de sa femme, comme s'il s'agissait d'une étrangère, et cette nouvelle union doit être entourée de toutes les formalités requises par la loi. Après trois répudiations par le khola, les époux ne peuvent même plus se réunir, à moins que la femme n'ait d'abord consommé le mariage avec un tiers qui l'ait répudée à son tour ou de qui elle soit devenue veuve (1).

Les époux perdent tout droit dans la succession l'un de l'autre, sauf le cas pourtant où le khola a été prononcé pendant la maladie de l'un des époux, ou pendant qu'ils étaient malades tous deux. Le mari est-il malade, meurt-il, la femme conserve tous ses droits dans la succession de celui-ci, elle ne les perd que s'il guérit. La femme est-elle malade et meurt-elle, le mari perd ses droits. Les deux époux sont-ils malades, et la femme meurt-elle la première, le mari perd ses droits ; la femme conserve les siens quand il meurt le premier.

En somme, c'est toujours le mari qui est puni, car on présume qu'il a exploité la faiblesse de sa femme.

Lorsque la femme ainsi répudiée meurt, et que le mari a touché la rançon, il doit la restituer en entier, d'après Malik. Suivant une autre opinion, il ne doit rendre, bien qu'il soit indigne de succéder, que ce qui excède son émolument dans la succession de sa femme. Dans ce dernier système, la rançon demeure en réserve jusqu'au décès de la femme, et le calcul se fait à ce moment.

95. PROCÉDURE. — Le simple échange des consentements suffit pour produire le khola. L'intervention du juge n'est nécessaire que s'il surgit une contestation.

96. PREUVE. — Le khola se prouve par tous les moyens usités en droit musulman.

_____

(1) Coran, II, 230.

§ 2. — *De la répudiation par décharge mutuelle*

97. DÉFINITION. — Le *moubara* est un mode de séparation en vertu duquel la femme *ne prend rien et ne donne rien.*

Le moubara se distingue de la répudiation pure et simple en ce qu'il a lieu, comme le khola, par le consentement mutuel des deux époux, tandis que la répudiation est le fait du mari seul. Il se distingue du khola, en ce que celui-ci est caractérisé par l'offre d'une rançon faite par la femme, tandis que, par le moubara, les époux se tiennent réciproquement quittes de ce qu'ils peuvent se devoir l'un à l'autre. Ainsi le mari renonce à répéter le *naqd* de la dot, et la femme à exiger le payement du *kali*.

Quelques auteurs admettent encore une variété du khola qu'ils nomment le *fidia (libération)*.

Pour eux, la femme répudiée par le *khola* est celle qui offre, à titre de rançon, ce que son mari lui a constitué en dot, et au delà. La femme répudiée par le *moubara* est celle qui ne prend rien et qui ne donne rien. Celle qui est répudiée par le *fidia* est celle qui offre à son mari une partie de sa dot pour reconquérir sa liberté.

98. CAPACITÉ. — Quoi qu'il en soit, le moubara et le fidia sont de véritables transactions. Les contractants doivent jouir de la même capacité que pour consentir le khola, puisqu'il y a, à la fois, rupture du lien conjugal et abandonnements consentis par les époux. Le mari doit même ici jouir d'une capacité plus étendue, il doit être libéré de la double tutelle, puisqu'il transige et ne se borne pas à recevoir comme dans le khola.

99. CONDITIONS DE VALIDITÉ. — Quant aux conditions de validité, elles sont les mêmes que celles qui assurent la validité du khola.

100. PROCÉDURE. — Le moubara et le fidia sont parfaits par le seul consentement des parties. Ils produisent la dissolution irrévocable du mariage.

101. PREUVE. — Ils se prouvent par tous les moyens usités en droit musulman.

§ 3. — *De la répudiation*

102. DÉFINITION. — Le *t'alak* est la formule juridique qui enlève tout caractère licite aux relations conjugales des époux. Prononcée trois fois, elle a pour effet d'empêcher le mari de reprendre sa femme tant qu'elle n'a pas consommé le mariage avec un tiers qui l'a répudiée à son retour, ou de qui elle est devenue veuve.

D'où cette conséquence que ce tiers doit être pubère, faute de quoi le premier mari ne pourrait reprendre sa femme qu'après l'avènement de la puberté du second mari. Cette définition s'applique aussi bien au *khola,* au *moubara* qu'à la répudiation proprement dite.

Avant l'Islamisme, le mari avait la faculté illimitée de répudier sa femme. De nombreux haddits témoignent de la lutte que Mohammed engagea contre les mœurs de ses premiers adhérents, pour cantonner la répudiation dans des limites étroites : « Parmi les cho-» ses permises, dit-il, celle que Dieu voit avec le plus de répugnance, » c'est la répudiation. » Aussi, le Prophète ne négligea-t-il rien pour mettre un terme aux abus dont il avait été le témoin indigné. Mais la répudiation sounnite, — celle par laquelle le lien conjugal n'était rompu qu'à la suite de l'articulation de trois formules successives, séparées l'une de l'autre par un mois de réflexion, et prononcées, chacune, pendant une période de pureté de la femme — ne fut pas acceptée sans résistance. Bientôt même, la répudiation anti-sounnite (mot à mot *la répudiation de la nouveauté)* s'établit dans le monde musulman. Le mari put désormais rompre le mariage par une formule unique, et, la licence des temps préislamiques se faisant de nouveau jour, il fut admis à ne tenir aucun compte de l'état de pureté ou d'impureté menstruelle de la femme.

Il est donc sans intérêt pratique d'étudier la répudiation telle qu'elle était organisée durant la vie du Prophète, et telle qu'on la trouve encore exposée dans le *Précis* de Sidi Khalil. Il sera toutefois nécessaire d'en parler incidemment à l'occasion de la répudiation actuelle, car celle-ci a subi, malgré le retour à l'ancienne licence, l'influence des enseignements du Prophète. Il reste toujours quelque chose d'un progrès accompli.

103. CONDITIONS DE VALIDITÉ. — Les conditions de validité de la répudiation sont au nombre de quatre :

A. La capacité du répudiant ;
B. L'intention ;
C. Le lieu ;
D. La formule.

104. A. *Capacité.* — Nous avons déjà établi (1) que la femme, sujet passif de la répudiation, n'a aucune condition de capacité à remplir.

Quant au mari, il doit être musulman, pubère, doué de discernement.

Musulman. Le mariage étant un contrat de droit civil, il en résulte que le musulman seul est admis à contracter une union légitime avec une musulmane, une juive ou une chrétienne ; le mariage du non-musulman, n'ayant pas d'existence légale, n'a pas besoin d'être rompu par la répudiation. D'autre part, la répudiation est un mode

---

(1) *Conf.* n° 89.

de dissolution du mariage réservé aux seuls musulmans. Lorsqu'un infidèle veut répudier sa femme, il doit proroger la compétence du juge musulman, lequel n'a pas de droit de juridiction à l'égard des infidèles ; le magistrat acquiert ainsi la faculté de donner une valeur juridique à la répudiation, en vertu d'une sorte de *pareatis*.

Pubère. La puberté est le point de départ de la liberté somatique. Lorsque le mari est impubère, il appartient au contraignant de prononcer la formule de la répudiation. Le *safih* peut répudier, car il n'est incapable qu'au point de vue chrématique, et la répudiation n'a aucune influence conventionnelle sur les biens des époux.

Doué de discernement. La puberté doit être accompagnée du discernement. Le fou ne peut donc répudier que pendant les intervalles lucides que lui laisse la maladie ; celle-ci n'offre-t-elle aucune intermittence, le tuteur a le droit de répudiation. Il en est de même du mari en proie au délire. L'homme ivre, suivant l'opinion la plus accréditée, prononce une répudiation valable, lorsqu'il n'est pas complètement privé de raison.

105. B. *Intention.* — L'intention est évidemment un des éléments essentiels de la répudiation. Comment supposer le contraire ? Mais si, dans la plupart des cas, il est permis au mari, ou à son représentant, de discuter la réalité de l'intention qu'on lui prête, de l'affirmer, de la nier, de la prouver, il n'en est pas toujours ainsi. Il n'est pas recevable, par exemple, à soutenir qu'il plaisantait, une pareille allégation n'étant pas admissible en matière aussi grave. De même, lorsqu'il atténue les conséquences légales de la répudiation, il est réputé avoir eu l'intention d'attacher à la formule qu'il a prononcée tous les effets de la répudiation, nul ne pouvant repousser et retenir, en tout ou en partie, l'autorité conjugale, et le fait matériel de la répudiation étant indivisible. De même encore, le mari n'est pas admis à prétendre qu'en employant telle formule, à laquelle la loi a attribué la valeur d'une répudiation triple, en raison de son énergie toute particulière, il n'a eu l'intention que de prononcer une répudiation simple. Cette prétention n'est acceptable que dans le cas où il s'agit de certaines formules indécises, dont nous parlerons plus loin, et qui, par leur élasticité même, se prêtent à une discussion d'intention.

Il arrive parfois que certaines formules n'ont aucun rapport avec la répudiation ; l'intention seule leur attribue une valeur. Le mari, en employant une de ces formules, n'initie même pas sa femme à la signification qu'il y attache. La répudiation demeure ainsi ensevelie dans sa pensée. Telle est la formule : « Mange et bois ! » Le mari est-il un homme consciencieux, il doit faire état de son intention ; si, par exemple, il a répudié sa femme au moyen de cette formule, et s'il la répudie encore deux fois, à une époque postérieure, il s'en suit une répudiation triple, c'est-à-dire irrévocable.

Dans cette même hypothèse, s'il a laissé expirer la période de l'aïdda, le mariage est irrévocablement rompu, même après cette seule répudiation intime. Quand le mari manque de conscience, il est évidemment impossible d'inscrire à son passif une répudiation qui n'a pas franchi le seuil du for intérieur (1) : c'est affaire à Dieu de le punir, dans le monde transterrestre.

Dans tous les cas où le mari est admis à discuter l'intention que sa femme lui prête, au point de vue de la valeur numérique de la formule par lui employée, c'est par le serment que la difficulté est tranchée. Le mari jure-t-il, il obtient gain de cause. Refuse-t-il de jurer, la répudiation est acquise à la femme et considérée comme irrévocable.

La recherche de l'intention, lorsqu'elle est permise, en raison de la formule employée (2), offre souvent un grand intérêt. Ainsi, nous l'avons vu, tant que dure l'aïdda, la puissance conjugale subsiste, et le mari est autorisé à reprendre sa femme de son plein gré, qu'elle y consente ou non, pourvu qu'il ne l'ait pas répudiée irrévocablement (3). Il est donc utile, dans cette hypothèse, de rechercher quelle a été son intention, pour savoir s'il peut user de ce droit de reprise.

Quand il a laissé expirer l'aïdda, la répudiation, fût-elle révocable, devient toujours irrévocable, en ce sens que, l'autorité conjugale se trouvant abolie, il n'est plus admis à reprendre sa femme sans le consentement de celle-ci, et au moyen d'un nouveau mariage. La recherche de l'intention est donc sans intérêt à ce point de vue spécial. Mais il n'en est pas moins utile de s'assurer si le mari a eu l'intention de prononcer une répudiation irrévocable. En effet, lorsqu'il a déjà, antérieurement, prononcé deux répudiations irrévocables (ou lorsqu'il a déjà deux fois laissé s'écouler l'aïdda sans exercer son droit de reprise), il n'est plus admis à contracter un nouveau mariage avec la même femme, à moins que celle-ci n'ait été d'abord l'épouse d'un tiers (4).

La recherche de l'intention est sans aucun intérêt dans le cas où le mari laisse l'aïdda s'accomplir sans user de son droit de recours, et ne manifeste aucun désir de s'unir de nouveau à la même femme.

En résumé, ce ne sera qu'au moment où le mari voudra reprendre sa femme, soit en vertu du droit de retour, soit par un nouveau mariage, que la recherche de l'intention aura son utilité.

L'erreur, lorsqu'elle est destructive de l'intention, est une cause de nullité de la répudiation.

---

(1) La distinction du for intérieur et du for extérieur est indiquée par la nature même des choses. La justice humaine ne peut apprécier que les faits extérieurs ; quant aux faits intérieurs, ils lui échappent absolument. Dieu seul, qui voit tout et qui sait tout, sera le justicier de ces dernières.

(2) *Conf.* n° 107. Formules pures et simples.

(3) *Conf.* n° 78.

(4) *Conf.* n° 102.

Ainsi, lorsque la langue va plus vite que la pensée, lorsque le mari prononce le mot de répudiation alors qu'il voulait dire autre chose, il n'est engagé à rien, ni dans le for intérieur, ni dans le for extérieur, pourvu qu'il soit en mesure de prouver qu'il y a eu de sa part un simple *lapsus linguæ*. Est-il incapable d'administrer la preuve, bien qu'il ne soit pas obligé dans le for intérieur, il l'est dans le for extérieur, et la répudiation est valable. En somme, le juge n'apprécie que les faits extérieurs, et le mari demandeur à l'exception, doit succomber puisqu'il a échoué dans la preuve mise à sa charge.

Ainsi encore, lorsqu'un musulman, qui connaît mal la langue arabe, un nouveau converti, par exemple, prononce le mot de répudiation sans en comprendre le sens, la répudiation est nulle, faute d'intention, le consentement étant vicié par l'erreur. Le répudiant n'est obligé, ni dans le for intérieur, ni dans le for extérieur.

Ainsi encore, en ce qui touche la répudiation prononcée par un individu en délire, lorsque celui-ci, à son réveil, affirme ne se souvenir de rien, il n'est obligé ni dans le for intérieur, ni dans le for extérieur. Ici, il ne saurait être question de preuve à fournir, l'état intellectuel du mari étant d'ailleurs établi. Le délire qui a oblitéré ses facultés est, en effet, une présomption d'absence d'intention.

De même, lorsque le mari ayant une femme appelée *Talik* (ce qui signifie aussi *répudiée*) ou *Tarik* (d'où une assonance, source d'erreur), s'écrie : « O Tarih ! » ou bien : « O Tarik ! » on s'en rapporte à son affirmation, sur ce qu'il n'a pas eu l'intention de répudier, à moins qu'il n'existe contre lui des présomptions défavorables résultant, par exemple, de la mésintelligence existant entre lui et sa femme.

Enfin, si, appelant sa femme nommée Hafsa, sa femme Amra lui répond, et s'il dit : « Tu es répudiée ! » L'erreur est évidente, l'intention fait absolument défaut, et la répudiation est nulle.

La violence est également une cause de nullité. Le mari victime d'une contrainte illégale, n'est obligé ni dans le for intérieur, ni dans le for extérieur. La violence résulte de tout fait d'intimidation susceptible d'agir sur la volonté d'un homme courageux. Menacé, soit dans son honneur, soit dans sa personne, soit dans celle de ses enfants, dans ses biens, le mari n'est plus considéré comme libre, et la répudiation qu'il prononce est sans effet.

La fraude vicie le consentement au même titre. Ainsi un mari a deux femmes, nommées Hafsa et Amra ; il interpelle la première, la seconde, déguisant sa voix, répond à son appel ; il dit : « Tu es » répudiée ! » La répudiation ne produit aucun effet.

106. C. *Lieu.* Il faut qu'il y ait lieu à répudiation, en d'autres termes, la femme, le bon sens l'indique, doit être placée sous l'autorité conjugale, au moins en expectative. C'est ainsi qu'un individu peut dire à une femme qu'il va épouser : « Aussitôt après la conclusion du mariage, tu seras répudiée. » Il est à peine nécessaire de faire

remarquer que cette hypothèse est purement théorique. Il arrivera rarement, en effet, qu'un homme raisonnable agisse ainsi, et, en supposant même la chose comme possible, la femme avertie des dispositions de son futur époux, s'empressera de refuser son consentement à une pareille union. Cette répudiation anticipée ne produira, d'ailleurs, son effet que si le mariage s'en suit.

Les auteurs citent encore d'autres espèces tout aussi absurdes, auxquelles il ne convient pas de s'arrêter.

Ainsi, ils supposent le cas où un individu s'engage, par anticipation, à répudier toute femme vierge qu'il épousera, toute femme qui ne sera plus vierge, toute femme qu'il épousera dans tel pays, etc.

Lorsque le mariage est valable, consommé ou non, il y a évidemment *lieu* à répudiation. C'est l'espèce la plus simple.

Lorsque le mariage est annulable (1), il n'y a évidemment pas lieu à répudiation, car la répudiation ferait, pour ainsi dire, double emploi ; et, d'autre part, il ne peut appartenir au mari de rompre une union que la loi se charge d'annuler.

Quand le mariage est nul (2), il n'y a pas lieu à répudiation, car ce qui est inexistant ne peut pas être rompu.

Quand le mariage est controversé (3), il y a lieu à l'annulation, mais celle-ci a la valeur d'une répudiation, en ce sens qu'elle compte, au passif du mari, au point de vue de son droit de reprendre ou de ne pas reprendre sa femme.

107. D. *Formule.* — C'est ici que nous retrouvons l'influence visible de la répudiation sounnite. En effet, bien que, dans la pratique moderne, un mari puisse répudier complètement sa femme au moyen d'une seule formule de répudiation, on n'a pas osé aller jusqu'à attribuer à toutes les formules une énergie suffisante pour produire ce résultat, et amener ainsi dans tous les cas une répudiation irrévocable. Le *jus pœnitendi* est supprimé en ce sens que le mari n'est plus astreint à subir un délai de trois mois pour rompre sans rémission le lien conjugal ; mais il subsiste, au gré du mari, en ce sens qu'il lui est permis de choisir une formule qui n'entraîne pas la dissolution irrémédiable du mariage. En effet, parmi les formules mises à sa disposition, les uns n'entraînent qu'une répudiation simple, les autres une répudiation double, les unes et les autres ne produisant qu'une répudiation révocable ; les dernières, celles qui entraînent une répudiation triple, sont les seules qui ne laissent debout aucun vestige du mariage.

Sidi Khalil, malgré sa concision voisine de l'obscurité, donne une longue énumération de formules, sans les soumettre à un classement réellement méthodique. Il ne faut pas s'y tromper, ce ne sont que des décisions d'espèces rappelant la série des arrêts

(1) *Conf.* infra. *Nullité du mariage.*
(2) *Ibid.*
(2) *Ibid.*

enregistrés dans le *Répertoire du Journal du palais*. On pourrait toutes les faire précéder de l'expression consacrée : « *Il a été jugé que.* » Il est évident que cette énumération, malgré son étendue, n'a rien de limitatif. Ce ne sont que des indications destinées à guider le juge lorsqu'on lui soumet une espèce nouvelle.

108. DIVISION. — Nous allons nous efforcer de cataloguer, suivant un ordre scientifique, les formules données par Sidi Khalil. Elles sont tout d'abord pures et simples ou conditionnelles.

109. *Formules pures et simples.* — La formule pure et simple est, ou explicite, comme : « Tu es répudiée ! » — ou implicite. La formule implicite est, à son tour, ou manifeste, comme : « Tu as la corde sur le cou ! » — ou cachée, comme : « Mange et bois ! »

Les formules pures et simples peuvent être ramenées à six classes, sans compter les formules par répétition, par fractions, par multiplication, par soustraction, dont nous parlerons plus loin :

1º *Celles qui ne produisent qu'une répudiation révocable simple, sauf l'intention de leur attribuer une valeur numérique supérieure.*

— Tu es libre.
— Tu es répudiée.
— Je t'ai répudiée.
— La répudiation est obligatoire pour moi.
— J'ai fait tomber la répudiation sur toi, etc., etc.

Ces formules sont remarquables en ce qu'elles contiennent toutes un mot composé des trois lettres *t', l, k,* racine du verbe brilitère t'alaka, qui a le sens de *libérer, répudier.*

Pourquoi ne produisent-elles qu'une répudiation simple ? La raison en est facile à saisir. Le mari emploie une formule générale sans précision suffisante pour qu'on puisse en tirer cette conclusion qu'il a entendu rompre définitivement le lien conjugal : d'où une présomption favorable au maintien du mariage, ou du moins à l'intention du répudiant de se réserver la faculté de se repentir d'un mouvement irréfléchi.

Toutes ces formules sont explicites. L'intention n'y joue aucun rôle utile, à moins que le mari ne soutienne avoir voulu leur attribuer une valeur supérieure. Dans ce cas l'intention affirmative est nécessaire.

Accolées à une formule assimilée, en tant que valeur, à celles dont nous nous occupons, comme : « Tu es répudiée, mets-toi en attente légale, » elles produisent naturellement une répudiation qui ne cesse pas d'être révocable, mais qui est double, à moins que le mari n'ait eu que l'intention d'appuyer sur les paroles qu'il prononce ; dans ce cas, l'intention négative est nécessaire.

2º *Celles qui produisent une répudiation irrévocable, que le mari ait ou non l'intention, que le mariage ait été consommé ou non.*

— Tu es retranchée.
— Tu as la bride sur le cou, etc., etc.

Ici, plus de lettres sacramentelles.

Ces formules entraînent la répudiation irrévocable, en raison de leur énergie propre. Dire à une femme qu'elle est retranchée de son mari, qu'elle a la bride sur le cou, c'est évidemment lui rendre sa pleine liberté, sans aucune restriction. Aussi l'intention du mari est-elle présumée ; aucune preuve n'est admise contre cette présomption. Que le mariage ait été consommé ou non, il est évident que la valeur de la formule n'est pas modifiée. Au surplus, en thèse générale, il importe peu que la répudiation soit simple, double ou triple, quand le mariage n'est pas consommé. L'autorité conjugale n'ayant pas pris naissance, la répudiation est toujours irrévocable ; d'autant plus que la femme, n'ayant pas, dans ce cas, d'aïdda à subir, on ne verrait pas à quel moment le mari pourrait manifester le désir de la reprendre, cette reprise ne pouvant avoir lieu que pendant l'aïdda, et l'expiration de l'aïdda était contemporaine de l'expiration du pouvoir conjugal.

3° *Celles qui produisent une répudiation irrévocable, pour lesquelles l'intention n'est pas nécessaire quand le mariage est consommé, pour lesquelles elle est nécessaire quand il n'a pas été consommé.*

— Tu es pour moi comme un être mort.
— Tu es pour moi comme du sang.
— Je te donne à toi-même.
— Je te renvoie à ta famille, etc., etc.

Ce sont des formules implicites manifestes. Elles sont irrévocables parce qu'elles indiquent, par leur énergie même, la volonté bien arrêtée de rompre le mariage d'une façon complète, puisque le mari compare sa femme à des choses illicites (1), ou déclare expressément lui rendre sa liberté, l'affranchir de l'obligation de résider au domicile conjugal. Aussi, quand le mariage a été consommé, la répudiation est irrévocable, rien de commun ne pouvant subsister entre un homme et un cadavre, ou du sang, ou une femme rendue à elle-même, ou renvoyée à sa famille, sans que le mari puisse faire la preuve d'un défaut d'intention. Mais, lorsque le mariage n'a pas été consommé, ces mêmes formules sont sans signification, sans application, à moins que l'intention du mari de leur attribuer un sens ne soit manifeste. Dans ce dernier cas, la valeur numérique de la répudiation résulte de la déclaration du mari ; cette valeur n'a d'ailleurs qu'une importance secondaire. En effet, le mariage sera irrévocablement rompu, que la répudiation soit simple, double ou triple. Le seul intérêt de la femme à connaître la valeur attribuée par le mari à la répudiation, c'est que, si elle est triple, et si elle a été précédée de deux répudiations triples, le mari ne pourra reprendre sa femme qu'après un mariage consommé avec un tiers.

---

(1) *Conf.* Vente.

4° *Celles qui produisent une répudiation irrévocable à la condition que le mari ait l'intention, que le mariage soit consommé ou non.*

— Je te laisse le champ libre, etc.

Ces formules sont implicites manifestes. Elles sont irrévocables, en vertu de leur énergie propre. Mais, par cela même qu'elles sont implicites, elles doivent être accompagnées de l'intention.

5° *Celles qui ne produisent d'effet qu'à la condition d'être intentionnelles et énonciatives d'un nombre.*

— Va-t-en.
— Pars.
— Éloigne-toi, etc., etc.

Ces formules sont implicites cachées. De là, la nécessité de l'intention ; de là aussi, pour le mari, l'obligation d'énoncer le chiffre des répudiations qu'il entend mettre à sa charge. *Va-t-en !* ne comporte pas nécessairement l'idée de la répudiation. L'intention est-elle certaine, il faut encore que l'on sache combien de répudiations le mari a entendu prononcer. Elles sont donc, ou complètement inefficaces, ou révocables (simples, doubles), ou irrévocables.

6° *Celles qui, n'ayant aucune valeur apparente, peuvent en acquérir une par l'intention intime du mari.*

— Mange et bois.
— Donne-moi à boire.
— Rentre chez toi.
— Sors.

Le mari est armé, ici, d'un pouvoir vraiment effrayant. Sous le voile de la parole la plus innocente, la plus étrangère à toute idée de répudiation, sans que rien n'avertisse la femme de la situation qui lui est faite, elle est répudiée. Et elle l'ignorera peut-être toujours ! Que le mari ait la conscience délicate, qu'il redoute les châtiments de l'autre vie, il inscrira cette répudiation *in petto* à son passif ; qu'il manque de conscience et de religion, la répudiation n'aura aucun effet, ni dans le présent, ni dans l'avenir ; Dieu seul le punira au jour du jugement dernier.

110. FORMULES PAR RÉPÉTITION. — Lorsque le mari répète deux ou trois fois la même formule qui, isolée, ne produirait qu'une seule répudiation, il est évident qu'il en résulte une répudiation double ou triple. Ainsi :

— Tu es répudiée, répudiée.
— Tu es répudiée, et répudiée, et répudiée.
— Tu es répudiée, plus deux fois.

On admet toutefois que le mari, lorsqu'il répète la même formule

Traité élémentaire de droit musulman.   5

sans se servir des copules : *et, et puis,* ait eu la simple intention d'appuyer sur sa ferme résolution de répudier. Il est donc, dans cette hypothèse, autorisé à affirmer, sous la foi du serment, son intention négative.

Il en est de même dans le cas où le mari, questionné par un tiers sur la situation de sa femme qu'il a répudiée une fois, répond : « Elle est répudiée ! » Il peut valablement soutenir qu'il s'est borné à fournir le renseignement qui lui était demandé, et qu'il n'avait pas l'intention de prononcer une seconde répudiation.

111. FORMULES PAR FRACTIONS. — La répudiation par fractions n'est pas permise. Ainsi, dire à une femme :

— Tu es répudiée par une demi-répudiation ;
— Par la moitié de deux répudiations ;
— Par les deux moitiés d'une répudiation ;
— Par la moitié plus le tiers d'une répudiation, etc.,

c'est rendre obligatoire une répudiation simple.

Employer la formule suivante :

— Tu es répudiée par un quart de répudiation et par la moitié d'une répudiation,

met à la charge du mari une répudiation double, chaque fraction comptant pour un entier. La formule :

— Tu es répudiée par la répudiation entière moins la moitié,

entraîne la répudiation triple ; ici, la fraction est sans aucune valeur numérique.

Dans le cas où le mari tétragame dirait à ses femmes :

— Entre vous toutes, une répudiation,

elles seraient, chacune, frappées d'une répudiation.

La répudiation ne peut pas non plus s'adresser à une partie seulement de la personne de la femme. Mais ici, on a imaginé une distinction bizarre :

— Je répudie tes yeux, tes cheveux, ta parole,

sont autant de formules qui entraînent la répudiation, le mari manifestant l'intention de se priver de ce qui constitue le charme de sa femme.

Quand il dit :

— Je répudie ta toux, ta salive, tes larmes,

la répudiation est nulle, par la raison contraire.

Répudier la main, la moitié de la femme, c'est également prononcer une répudiation entière, parce que la personne humaine est indivisible.

112. FORMULES PAR MULTIPLICATION. — L'emploi de ces formules est encore minutieusement réglé, conformément aux règles d'une arithmétique souvent plus spécieuse que rationnelle. La formule :

— Tu es répudiée par un multiplié par un,

entraîne une répudiation unique.

La suivante :

— Tu es répudiée par deux multipliés par un,

produit une répudiation double.

Celle-ci :

— Tu es répudiée par deux multipliés par deux,

entraîne une répudiation triple, la répudiation quadruple n'existant pas en droit.

113. FORMULES PAR SOUSTRACTION. — Ici encore, nous avons à relever des bizarreries.

Dire :

— Tu es répudiée par trois, moins deux, moins un, c'est prononcer une répudiation double. On procède ainsi :

$$3 - 2 = 1$$
$$2 - 1 = 1$$
$$\text{Total...} \quad \overline{2}$$

La formule :

— Tu es répudiée par un, plus deux, moins deux,

est sujette à interprétation. Si le mari a voulu déduire deux de la somme des répudiations, il n'en reste qu'une : $1 + 2 - 2 = 1$.

A-t-il eu l'intention de dire qu'il répudiait par un, puis par $2 - 2$, comme le résultat serait contraire au bon sens, on met une répudiation triple à sa charge.

Cette autre formule :

— Tu es répudiée par cinq moins deux,

est matière à discussion. Les uns, déduisant deux de cinq, laissent subsister une répudiation triple. Les autres partent de trois, la répudiation quintuple n'existant pas, et n'admettent qu'une répudiation unique.

114. FORMULES CONDITIONNELLES. La condition, en matière de répudiation, se présente sous des aspects particuliers, dont il faut savoir se rendre compte, sous peine de n'en pas comprendre le mécanisme. Non seulement le mari peut, en s'adressant directement à la femme, subordonner la répudiation qu'il prononce à un événement, à un fait, à un acte ; mais encore il peut, dans le cours d'une conversation avec un tiers, ou sous forme d'exclamation, pour donner à son discours plus d'énergie, pour affirmer d'une façon plus convaincante un engagement qu'il prend, annoncer qu'il répudiera sa femme s'il fait ou ne fait pas telle chose : « Que ma femme soit répudiée si je ne dis pas la vérité, si je n'accomplis pas tel acte, etc., » sont de véritables serments très fréquents dans les mœurs arabes ; ils s'échappent naturellement de la bouche des indigènes, sans qu'ils y attachent une importance quelconque, aussi longtemps qu'ils demeurent sous l'influence d'un sentiment passionné. Le sang-froid revenu, ils sont eux-mêmes étonnés d'avoir ainsi proféré une parole imprudente, et ils regrettent leur forfanterie. Mais comme la loi religieuse n'admet pas que l'on articule en vain la formule de la répudiation, le mal est irréparable. Que la femme ait ou non connaissance de la répudiation dont elle est l'objet, qu'elle insiste même pour qu'il n'en soit tenu aucun compte, le mari, sous peine de devenir parjure, doit tenir l'engagement qu'il a pris, en quelque sorte, en présence de Dieu.

Sans doute, le Coran (1) autorise le fidèle qui a violé son serment, à expier le crime qu'il a commis en accomplissant quelque œuvre pieuse, comme l'aumône, le jeûne. Mais cette expiation n'est permise, en général, que dans le cas où le serment violé n'intéresse que le fidèle lui-même. C'est affaire entre Dieu et lui. Il n'en est pas de même en matière de répudiation. Là, aucun accommodement n'est possible, parce que les conséquences de l'engagement pris retombent non seulement sur le mari, mais encore sur la femme, à laquelle il n'appartient pas d'accepter une transaction réservée à la divinité seule.

C'est pour cette raison que les formules conditionnelles produisent toujours leur effet, en tant que répudiation, la condition fût-elle absolument inefficace en elle-même, à moins toutefois qu'il ne s'agisse d'un fait absurde.

De là aussi la division des formules conditionnelles en trois catégories.

A. *Formules inefficaces comme condition, la répudiation subsistant et devenant pure et simple.*

La condition est réputée non écrite, et la répudiation devient pure et simple, et par conséquent immédiatement obligatoire pour le mari, lorsqu'il la subordonne :

1° A un événement passé, contraire à la raison, à l'usage, à la loi. Ainsi :

— Je le jure par ta répudiation, si je m'étais rendu hier chez un tel, je l'aurais fait vivre et mourir à la fois.

— Je le jure par ta répudiation, si j'avais rencontré un tel hier, je l'aurais enfoncé dans la terre.

---

(1) *Conf.* Coran, V, 91.

— Je le jure par ta répudiation, si j'avais rencontré un tel hier, je lui aurais arraché les yeux,

sont des formules conditionnelles dont l'effet est immédiat, les deux premières parce que la condition a pour fondement un fait impossible, contraire à la raison, à l'usage, la deuxième parce qu'elle est contraire à la loi. La troisième est, il est vrai, basée sur un fait possible ; mais, outre qu'il est défendu par la loi, la vérification en est impossible, puisque l'on ignore si le mari aurait accompli sa menace, dans le cas où il aurait, *la veille,* rencontré la personne désignée.

2° A un événement passé, même possible. Ainsi, le mari dit-il à un tiers :

— Par la répudiation, si tu étais venu hier, je t'aurais payé ce que je te dois,

il n'est plus possible de savoir s'il aurait payé sa dette. De là l'inefficacité de la condition.

3° A un événement futur, positif ou négatif, qui se produira sûrement. Telles sont les formules :

— Tu seras répudiée si tu te lèves, si tu t'habilles, si tu t'assieds.
— Tu seras répudiée si je ne me lève pas.

4° A un événement futur, positif ou négatif, qui se produit généralement, comme :

— Tu seras répudié si tu as ton infirmité périodique.
— Tu seras répudiée si tu n'a pas ton infirmité périodique.

5° A un événement futur, positif ou négatif, qui se produira en vertu d'une obligation imposée par la loi civile ou religieuse, comme :

— Tu seras répudiée si tu fais ta prière.

6° A un événement actuellement non susceptible d'être vérifié, comme :

— Tu es répudiée si tu es enceinte.
— Tu es répudiée si tu n'es pas enceinte.
— Tu es répudiée si un tel est ou n'est pas de ceux qui habitent ou habiteront le paradis.
— Tu es répudiée si Dieu le veut.

7° A un événement futur et actuellement incertain, comme :

— Tu es répudiée s'il ne pleut pas demain.

8° A un événement futur basé sur un fait condamné par la loi, comme :

— Tu es répudiée si je ne me rends pas coupable de fornication.

B. *Formules inefficaces comme condition, et entraînant l'inefficacité de la répudiation.*

L'inefficacité de la condition entraîne l'inefficacité de la répudiation, lorsque le mari la subordonne :

1° A un événement futur absurde, comme :

— Tu es répudiée si je touche le ciel.

— Tu es répudiée si cette pierre le veut.

2° A la volonté d'un tiers dont la décision ne peut plus être connue, comme :

— Tu es répudiée si un tel le veut,

alors que la personne désignée est morte.

3° A un événement impliquant contradiction, comme :

— Tu seras répudiée dès que je serai mort.

— Tu seras répudiée dès que tu seras morte.

En effet, la mort entraîne la dissolution du mariage et la répudiation ne peut plus produire, aucun effet utile après le décès de l'un des époux.

C. *Formules efficaces au double point de vue de la condition et de la répudiation.*

La condition énoncée produit son effet suspensif lorsque le mari subordonne la répudiation :

1° A un événement futur susceptible de se produire à bref délai, suivant les probabilités :

— Tu es répudiée s'il pleut bientôt,

alors que le ciel est couvert de nuages pluvieux.

2° A un événement futur dépendant d'un tiers :

— Tu seras répudiée le jour où Zeïd arrivera.

— Tu es répudiée, sauf l'avis de Zeïd.

3° A un événement futur dépendant de la volonté du mari lui-même.

— Tu seras répudiée, si je le juge convenable.

115. TRANSITION. — Telle est la théorie de la formule. Nous l'avons simplifiée de notre mieux en la ramenant à un ordre scientifique. Il est évident que bien des formules sont réfractaires à cette classification ; mais, au lieu d'épuiser cette matière où la subtilité arabe s'est donné libre carrière, il nous a paru préférable de la traiter avec méthode, en négligeant de propos délibéré tout ce qui n'a qu'un intérêt purement théorique.

Il nous reste à rechercher si le mari est toujours tenu de prononcer *labialement* la formule et s'il est toujours astreint à la prononcer lui-même.

Sur le premier point, le bon sens indique que la répudiation peut résulter de tout acte assez significatif pour ne laisser aucun doute sur l'intention du mari, sans aucune articulation de telle ou telle formule déterminée. N'avons-nous pas vu plus haut (1) que la simple intention intime suffit pour amener ce résultat? Il doit donc en être de même lorsque, par exemple, un muet indique, par une pantomime dont le sens est facile à saisir, qu'il répudie sa femme (2). De même encore, le mari peut répudier par l'entremise d'un messager, que celui-ci remplisse ou non la mission dont il a été chargé. Enfin, une lettre missive produira le même effet, et, chose remarquable, la répudiation datera du moment où la lettre sera écrite, et non de celui où elle arrivera entre les mains de la femme. Cependant, si le mari retient la lettre, il est présumé avoir renoncé à son projet.

Le mari n'est pas tenu — c'est le second point à examiner — de prononcer lui-même la formule de la répudiation. Il a la faculté, comme disent les auteurs, d'élire un suppléant. Cette suppléance confiée, soit à la femme elle-même, soit à un tiers, revêt trois formes différentes, suivant la nature et l'étendue de la délégation : 1° celle du mandat; 2° celle de l'option; 3° celle du pouvoir discrétionnaire.

116. *1° De la répudiation par mandat.* Lorsque le mari confère à sa femme ou à un tiers un mandat de répudiation, il a, en thèse générale, la faculté de le révoquer. Mais si le mandat ainsi conféré a pour but de garantir à la femme la stricte observation d'une stipulation faite en sa faveur au moment du mariage, le mari n'est admis à le révoquer que du consentement de la femme. Tel serait le cas où il se serait engagé à demeurer monogame, et où il aurait donné, pour le cas où il violerait sa promesse, un mandat éventuel de répudiation à son épouse. Celle-ci est ainsi armée du droit de rompre sa propre union, et même celle de la rivale qui lui a été imposée.

Le mandat de répudiation ne porte aucune atteinte aux relations physiques des époux, le mari ayant la faculté de le révoquer.

La femme conserve tous ses droits à la nefaka, aussi longtemps qu'elle n'a pas usé du pouvoir dont elle dispose, et que, en ayant usé, elle n'a pas terminé son aïdda.

Il en est de même des droits respectifs que chacun des époux a sur la succession de l'autre; ils subsistent tant qu'il n'a pas été fait usage du mandat.

Enfin, le mandat est limité par ses termes mêmes, comme durée, comme étendue.

117. *2° De la répudiation par option.* Il était superflu de définir la répudiation par mandat et d'en indiquer la formule. La répudia-

---

(1) Conf. n° 109, 6°.

(2) Le sourd-muet, qui est en même temps aveugle, ne peut pas répudier, parce qu'il ne peut pas se marier.

tion par option exige, au contraire, une définition appuyée d'exemples, car il est moins facile d'en concevoir la nature. D'après les jurisconsultes musulmans, l'octroi du droit d'option est le fait, de la part du mari, de conférer à la femme ou à un tiers la faculté qu'il a de prononcer la répudiation même triple, formellement ou implicitement.

Lorsque le mari s'exprime ainsi :

— Choisis entre telle répudiation et telle autre, — entre la répudiation double et la répudiation triple,

l'octroi de l'option est formel. Aucune difficulté ne peut naître d'une pareille articulation. S'exprime-t-il ainsi :

— Choisis ton sort.
— Choisis ton affaire,

l'option est implicite et son étendue est sujette à contestation.

Lorsque le mari a octroyé le droit d'option à sa femme, il lui est interdit de le lui retirer ; la concession est irrévocable. Aussi, par une conséquence naturelle, les époux doivent immédiatement cesser toute relation physique entre eux, tant que la femme n'a pas opté pour le maintien du mariage. Le mari n'est plus tenu de lui fournir la nefaka, jusqu'au moment où elle a opté dans le même sens, ou jusqu'au moment où, ayant choisi la répudiation, elle entre en aïdda. En effet, c'est par le fait de la femme que le mariage est tenu en suspens, puisqu'il ne dépend que d'elle de hâter la solution.

Le droit respectif de succession subsiste.

Le mari, contrairement à ce qui a lieu pour la répudiation par mandat, conserve la faculté de discuter la valeur numérique de la répudiation que la femme prononce à son profit, quand il s'est servi d'une formule implicite. Ici, le défaut de précision de la formule employée par lui est une source de contestations que nous indiquerons plus loin (1).

Il est à remarquer que les bons musulmans condamnent ce procédé de répudiation fiduciaire. A leurs yeux, il est contraire à l'esprit de la loi, en raison même des difficultés qu'il soulève.

Il est d'ailleurs d'obligation stricte pour la femme de se prononcer promptement. Il est inadmissible que l'existence d'un mariage soit ainsi tenue en suspens, que deux époux continuent à être unis en droit, alors qu'en fait il leur est défendu de remplir les devoirs de l'union conjugale. La femme tarde-t-elle à opter, dès que la situation fausse où elle se trouve est connue, le juge doit la faire comparaître devant lui et la mettre en demeure de déclarer son intention. S'y refuse-t-elle, le droit d'option lui est retiré sans aucun délai, et le mariage reprend son cours régulier. Consent-elle à parler, on se conforme à sa déclaration clairement faite, qu'elle choi-

_____

(1) *Conf.* n° 178.

sisse soit le maintien du mariage, soit la répudiation. A-t-elle, de son plein gré, repris ses relations avec son mari, ou même accepté de lui une simple caresse, elle est présumée avoir opté.

Quand le juge ignore la situation de la femme et que celle-ci n'a été investie du droit d'option ou du pouvoir discrétionnaire que pour un temps déterminé par le mari, elle ne peut plus les exercer dès que le délai stipulé est expiré, fût-elle frappée de démence, fût-elle demeurée évanouie tout le temps.

Lorsque l'option a été conférée à un tiers, celui-ci est le véritable maître de la situation. Il est également tenu de se prononcer sans délai, sous peine de subir la procédure qui précède. Le fait par lui d'autoriser les époux à reprendre leurs relations conjugales met fin à son droit d'option.

118. *3° De la répudiation discrétionnaire.* L'octroi du pouvoir discrétionnaire est le fait, de la part du mari, de conférer à un tiers ou à sa femme le droit qu'il a de prononcer la répudiation, et cette délégation est présumée favorable à la répudiation triple.

En voici la formule :

— Ton affaire est entre tes mains.
— Je te concède le pouvoir discrétionnaire.

Toutes les règles de la répudiation par option s'appliquent ici. Ce qui distingue surtout la répudiation discrétionnaire de la précédente, c'est qu'ici la délégation *incline vers la répudiation triple*, tandis que là, la présomption est contraire; la discrétion est donc plus large que l'option. Néanmoins, dans l'une comme dans l'autre, le mari est admis à discuter l'étendue du droit que la femme s'est arrogé, et d'affirmer que son intention était de concéder un droit moindre.

En somme, dans la répudiation par mandat, le mandataire ne peut dépasser les termes du pouvoir qu'il a reçu; il agit comme le mari agirait lui-même; dans les deux autres modes de répudiation fiduciaire, le mari abdique, le tiers délégué parle, agit en son propre nom, sauf discussion de ses actes ou de ses paroles.

Il va de soi que la répudiation fiduciaire, sous ses trois formes, peut être subordonnée à une condition; celle-ci produit alors son effet, suivant les distinctions que nous connaissons. Ainsi, tantôt la condition sera efficace, tantôt elle ne le sera pas, tantôt elle entraînera l'inefficacité du mandat, de l'option, ou du pouvoir discrétionnaire (1).

119. DES MODALITÉS DE LA RÉPUDIATION. — De tout ce qui précède, il résulte que la répudiation est: 1° pure et simple, et alors elle produit immédiatement son effet; 2° conditionnelle, et alors l'effet en

_____

(1) *Conf.* n° 114.

est suspendu jusqu'à l'événement de la condition ; 3° révocable, lorsqu'il est au pouvoir du mari d'en faire cesser l'effet, et par conséquent de renouer les liens du mariage sans le consentement de la femme ; 4° irrévocable, lorsqu'elle emporte dissolution définitive du mariage, en ce sens que la réunion des époux n'est possible que par un nouveau mariage auquel la femme doit consentir comme si elle s'unissait à un étranger.

Nous savons que la répudiation est toujours irrévocable lorsque le mariage n'est pas consommé, le mari n'ayant pas encore conquis l'autorité conjugale, la reprise de la femme n'étant possible que pendant l'aïdda, et la femme qui n'a eu aucune relation avec son mari n'étant pas, théoriquement, soumise à l'aïdda (1).

Nous savons aussi que la répudiation triple est également irrévocable (2), que le khola emporte toujours répudiation irrévocable (3). Nous verrons bientôt qu'il en est de même de la répudiation prononcée par la femme avec la sanction du juge (4), et que l'annulation du mariage par voie judiciaire (5) est assimilée à la répudiation irrévocable, au point de vue de ses effets.

Quant à la répudiation conditionnelle, elle est irrévocable ou révocable, abstraction faite de la condition, suivant les règles qui régissent la répudiation pure et simple.

Il en est de même de la répudiation fiduciaire, qui n'est qu'une émanation de celle prononcée directement par le mari, et qui, par conséquent, produit les mêmes effets que cette dernière.

Il ne nous reste donc, pour épuiser cette matière, qu'à rechercher dans quels cas et à quelles conditions les époux, séparés par une répudiation révocable, peuvent renouer les liens du mariage, ceux-ci étant, non pas rompus, mais simplement relâchés.

120. DU RETOUR. — L'homme qui possède la capacité qui lui serait nécessaire pour contracter mariage est capable de reprendre la femme qu'il a répudiée révocablement. En effet, par le retour, les époux ne contractent pas une nouvelle union, ils se bornent à continuer celle qui existait déjà.

Toutefois, comme la loi est hostile à la répudiation, et, par conséquent, favorable à tout ce qui en détruit les effets, elle accorde au mari le droit de retour dans certains cas où le mariage lui serait interdit. Ainsi, nous l'avons vu, la maladie constitue un empêchement à mariage (6). Or, le malade est admis à exercer le droit de retour avec d'autant plus de raison que la répudiation pronon-

---

(1) *Conf.* n° 75, *A.* 2°.

(2) *Conf.* n° 107.

(3) *Conf.* n° 94.

(4) *Conf.* n° 127.

(5) *Conf.* n° 131.

(6) *Conf.* n° 51.

cée par lui l'expose à un blâme sévère, et qu'il répare ainsi la faute qu'il a commise (1). De même pour le pélerinage (2), qui met obstacle au mariage et qui ne paralyse pas le droit de retour. De même encore, lorsque le safih, soumis à la contrainte indirecte pour le mariage (3), reprend sa femme, cette reprise est parfaitement valable, car elle n'affecte en rien ses biens. De même, enfin, l'insolvable judiciairement déclaré, bien qu'il soit frappé de certaines incapacités, au point de vue du mariage (4), est autorisé à user du droit de retour, toutes les autres considérations cédant devant cet intérêt supérieur : entraver la répudiation, qui n'est que tolérée par la loi, car elle a le tort grave de rendre temporaire le mariage musulman, alors que, en théorie au moins, il ne devrait être rompu que par la mort.

Quant à la femme, elle n'a évidemment aucune condition de capacité à remplir ; elle subit le retour, comme elle a subi la répudiation, passivement, sans même être consultée, de bon ou de maugré. Il suffit donc qu'elle n'ait pas été répudiée irrévocablement, condition étrangère à toute idée de capacité, pour qu'elle soit sujette à retour.

Le retour, pour être possible, doit avoir lieu pendant la durée de l'aïdda, car, celle-ci terminée, l'autorité conjugale est abolie, et la répudiation devient irrévocable par le fait. L'aïdda de trois mois expire-t-elle sans qu'il se produise aucun symptôme de grossesse, les époux ne peuvent plus se réunir que par un nouveau mariage, et même après un mariage consommé avec un tiers, si la femme a été l'objet de trois répudiations irrévocables. Quand une grossesse est constatée, l'aïdda se prolonge jusqu'à la délivrance, et le mari peut exercer le droit de retour jusqu'au moment où la moitié de l'enfant a vu le jour, ou, si la femme accouche de deux enfants, jusqu'au moment où le premier est né.

Il faut encore que le mariage soit valide, valablement consommé. En effet, s'il est annulable, il doit être rompu judiciairement ; s'il est nul, il n'a pu produire aucun effet ; et, dans les deux hypothèses, il n'y a pas lieu à répudiation, ni, par conséquent, à retour (5). Si le mariage n'a pas été consommé, la répudiation est irrévocable (6). S'il n'a pas été valablement consommé, la consommation est de nul effet, et il est considéré comme n'ayant pas été consommé (7).

Il faut, enfin, que la répudiation soit un fait accompli. Ainsi, un

---

(1) *Conf.* n° 89, *in fine.*
(2) *Conf.* n° 50.
(3) *Conf.* n° 7, 3°.
(4) *Conf.* n° 190.
(5) *Conf.* n° 106.
(6) *Conf.* n° 119.
(7) *Conf.* n° 58.

mari qui, au moment d'entreprendre un voyage, prononcerait contre sa femme une répudiation conditionnelle, telle que : « Si, pendant mon absence, tu vas chez un tel, tu seras répudiée, » et qui, ensuite, par une sorte de remords, ajouterait : « Mais si tu violes ma défense, je te reprendrai, » enlèverait à l'avance toute efficacité à ce retour anticipé.

Lorsque le mari manifeste, par une parole claire ou par un acte non douteux, qu'il entend reprendre sa femme, on ne lui demande pas compte de son intention, bien que celle-ci soit indispensable pour assurer la validité du retour. Ainsi, dit-il : « Je te reprends comme épouse ! » — fait-il une caresse à sa femme, a-t-il avec elle des relations conjugales, aucun doute n'est permis. Mais, lorsqu'il se sert d'une formule ambigüe, comme : « Je t'ai reprise ! » l'intention doit être recherchée et constatée. Au surplus, l'intention intime, non manifestée au dehors, est suffisante, de même qu'elle l'est pour la répudiation (1). Toutefois, si, dans cette dernière hypothèse, la femme, ignorant l'intention de son mari, a contracté un second mariage, celui-ci devient valable s'il a été consommé.

Le retour n'est soumis, en droit strict, à aucune procédure. Mais il est bon que le mari prononce la formule devant deux témoins, et qu'il informe ensuite la femme de la décision qu'il a prise. La femme, de son côté, doit, autant que possible, se refuser à son mari aussi longtemps qu'il n'a pas été dressé procès-verbal de la déclaration des témoins. Ces précautions sont sages, car elles assurent la sincérité du retour et permettent à la femme de contrôler l'efficacité, la clarté de la formule employée par son mari ; elles ne sont d'ailleurs pas imposées à peine de nullité ; mais ce qui leur donne une sorte de sanction, c'est que leur omission rend la reprise des relations conjugales blâmable.

121. EFFETS GÉNÉRAUX DE LA RÉPUDIATION. — Après l'exposé de doctrine qui précède, il suffit de résumer en quelques mots les effets généraux de la répudiation. Ils diffèrent, évidemment, selon que celle-ci est révocable ou irrévocable.

Dans la première hypothèse, la femme ne cesse pas d'être l'épouse de son mari, le mariage n'est pas rompu, son existence est simplement tenue en suspens. Mais les époux doivent interrompre leurs relations physiques, sous peine de se rendre coupables de fornication. Bien mieux, il leur est même interdit de prendre leurs repas en commun, de se hanter, fût-ce en présence d'un tiers, aussi longtemps que le mari n'a pas l'intention de renouer les liens du mariage. Néanmoins, il est astreint de fournir la nefaka pendant toute la durée de l'aïdda. Qu'il laisse l'aïdda se terminer, sans exercer son droit de retour, la répudiation devient irrévocable et la puissance conjugale est abolie. Retourne-t-il, au contraire, à sa femme,

---

(1) *Conf.* n° 109, 6°.

la répudiation est comme si elle n'avait jamais existé. Toutefois, elle demeure inscrite à son passif, sa vie durant; que, dix ans, vingt ans après, il prononce une nouvelle répudiation révocable, contre la même femme, celle-ci s'ajoutera à la première, et il en résultera, soit une répudiation révocable double, si elles ont été simples toutes deux, soit une répudiation triple, c'est-à-dire irrévocable, si la précédente a été double.

Dans la deuxième hypothèse, le mariage est définitivement, irrémédiablement dissous. Les époux deviennent étrangers l'un à l'autre; ils doivent également s'abstenir de tout fait de cohabitation, sous peine de devenir des fornicateurs, — ce qui mettrait obstacle à leur réunion ultérieure. — Ils sont mutuellement exclus de leur succession respective. Seul vestige de leur union, le mari est tenu de la nefaka pendant l'aïdda, la femme étant inhabile, par son fait, à se remarier avant d'avoir accompli la retraite légale. Un nouveau mariage, pour lequel le consentement de la femme sera nécessaire, pourra seul faire renaître l'association conjugale. Et encore, si la femme a subi trois répudiations irrévocables, ce nouveau mariage ne sera possible que si elle a été d'abord l'épouse d'un tiers qui aura cohabité effectivement avec elle. Cette cohabitation aura seule la vertu d'effacer le passé d'une façon complète. Mais aussi, dès ce moment, les répudiations antérieures seront comme si elles n'avaient jamais été prononcées (1).

122. Procédure. — La répudiation n'a besoin, pour être valable, d'aucune procédure. C'est un drame purement intime. Le juge n'intervient que dans le cas où des contestations surgissent.

123. Preuve. — La répudiation se prouve par tous les moyens usités en droit musulman, suivant les distinctions qui seront exposées plus loin.

§ 4. — *De la répudiation prononcée par la femme*

124. Généralités. — Avant l'Islamisme, les mœurs arabes autorisaient la femme à répudier son mari. Chose singulière, cette faculté a été diminuée par la législation coranique qui, pourtant, a conféré à la femme une sorte de demi-personnalité juridique, alors qu'elle n'en avait aucune auparavant. En vertu des lois du progrès, qui tend à ramener toutes choses à un niveau unique, elle a perdu ici et gagné là.

Voici, dégagé de quelques controverses, le concept actuel de la répudiation mise à la disposition de la femme.

---

(1) La répudiation triple, trois fois prononcée, est donc seule *définitive*. Corriger dans ce sens le n° 53.

Le mari est armé d'un droit complet, absolu, dont seule la religion lui interdit d'abuser. Tout au plus si la loi civile interviendra, lorsqu'il sera démontré que la femme a subi un grave préjudice par le fait d'une répudiation purement capricieuse ; jamais, d'ailleurs, la répudiation elle-même ne sera annulée, le dommage fût-il manifeste (1) ; ce ne sera que par voie de dommages-intérêts que le mari sera puni de la mauvaise action qu'il aura commise.

Attribuer à la femme un pouvoir de même nature, c'eût été proclamer l'égalité des deux sexes, notion contraire au Coran. Lui dénier le droit de protéger sa personne contre la tyrannie de l'homme, ce serait détruire le progrès réalisé par le Prophète.

On a donc choisi un terrain de conciliation. La femme, irrecevable à répudier son mari à son gré, à son caprice, est admise à le faire dans tous les cas où elle justifie d'un préjudice grave, souverainement apprécié comme tel par le juge. Le dommage une fois constaté, il ne lui est pas permis de prononcer, d'office pour ainsi dire, la formule de la répudiation. Le cadi lui annonce qu'elle a le droit de choisir entre le maintien ou la rupture du lien conjugal. Cette option faite, le magistrat, complétant, en sa qualité de protecteur légal des faibles et des incapables, la personnalité juridique de la femme, sanctionne la décision de cette dernière.

125. Capacité. — De ce qui précède, il résulte clairement que la femme n'a aucune condition de capacité à remplir, grâce à l'*auctoritas* du cadi, lequel complète sa personnalité juridique. Il serait d'ailleurs illogique d'exiger de la victime d'une tyrannie une capacité quelconque pour réclamer justice. Il est certain, toutefois, que si la femme est frappée de démence, le droit d'option sera exercé par son tuteur.

126. Dans quels cas la femme exerce le droit d'option. — La femme exerce son droit chaque fois qu'elle subit un préjudice dûment constaté. Ainsi, son mari viole-t-il une des clauses du contrat de mariage ; donne-t-il, par exemple, une rivale à sa femme, alors qu'il s'était engagé à demeurer monogame ; ne remplit-il pas ses devoirs, tels qu'ils sont définis par la loi (2) ; se livre-t-il à des violences sur la personne de sa femme, aussitôt celle-ci est autorisée à saisir la justice de ses griefs et à provoquer la répudiation.

127. Effets. — La répudiation prononcée par la femme est toujours irrévocable parce qu'elle est sanctionnée par une décision judiciaire qu'il n'appartient pas aux particuliers de modifier ou d'anéantir. Le kali de la dot devient immédiatement exigible. La femme entre en aïdda. Toutefois, si la répudiation a pour cause

---

(1) *Conf.* n° 114.

(2) *Conf.* n° 61.

le défaut d'entretien, le mari peut, en justifiant de ressources suffisantes, ou en fournissant caution, en faire disparaître les effets.

128. Procédure. — La demande est instruite et jugée suivant les règles indiquées plus haut (1).

129. Preuve. — La preuve du préjudice allégué se fait par tous les moyens légaux. Mais, à titre exceptionnel, le juge ne repousse pas la demande *de plano,* lorsqu'elle porte sur des sévices et qu'elle n'est pas justifiée. Il place les époux en observation chez des personnes honorables, sur le rapport desquelles il statue ensuite (2). Cette exception est fondée sur la difficulté de se procurer des témoignages à propos de faits qui se produisent dans l'intimité de la vie conjugale.

§ 5. — *De l'annulation assimilée, dans ses effets, à la répudiation*

130. Généralités. — La loi confère au juge musulman quatre attributions principales :

A. Il constate les conventions des parties, lorsqu'il en est requis. En cette qualité, il est un véritable officier public.

B. Il est le protecteur né des faibles. Il est un tuteur légal, investi du droit de sanctionner ce qu'il estime conforme à l'intérêt des particuliers qui, n'étant pas *sui juris,* n'ont pas de protecteur de leur sang. Ainsi, il administre les biens des mineurs qui n'ont ni père, ni tuteur testamentaire. Ainsi, il est l'*auctor* de la femme mariée qui serait impuissante à rompre, à elle seule, la chaîne d'un mariage mal assorti, la loi réservant au mari seul le droit complet de répudiation. De là son intervention dans la répudiation prononcée par la femme.

C. Il tranche les différends qui lui sont soumis. Ici, il est le délégué du chef de l'État et remplit une fonction judiciaire dans le domaine du for extérieur.

D. Il est le gardien de la loi ; comme tel, il occupe une position qui tient à la fois du juge et de l'officier du ministère public. Il est saisi, ou se saisit d'office de toutes les questions intéressant l'ordre public et les bonnes mœurs ; puis il statue même en l'absence de toute réquisition des parties. De là sa compétence pour annuler certains mariages, dans l'intérêt de la loi.

131. Renvoi. — Lorsque le mariage, sans être nul, est entaché

---

(1) *Conf.* n° 124.
(2) *Conf.* n° 174.

d'un vice, il est sujet à annulation. Comme le contrat, sans être irréprochable, a une existence juridique, il faut évidemment qu'il soit dissous. Cette dissolution, qu'elle ait été requise par les parties, ou prononcée d'office, produit tous les effets de la répudiation irrévocable (1). Il n'en est pas moins vrai que, dans la réalité des choses, elle est une véritable annulation. Aussi, cette théorie trouvera-t-elle sa place naturelle au chapitre des nullités du mariage (2).

§ 6. — *Du serment de continence*

132. Généralisation. — La cohabitation physique est, nous l'avons vu, le but du mariage. Que le mari jure qu'il n'aura plus de relations de ce genre avec sa femme, il porte préjudice à celle-ci. De là, pour elle, le droit de mettre son mari en demeure de revenir à elle, ou le droit de solliciter la dissolution du mariage.

Ici, malgré le caractère obligatoire du serment, et dans l'intérêt du mariage, la loi autorise le mari à se racheter de l'engagement imprudent qu'il a pris, contrairement à ce qui a lieu en matière de répudiation, où la volonté de rompre l'union conjugale a plus d'énergie et de solennité. C'est d'ailleurs le Coran lui-même qui autorise cette dérogation aux principes généraux (3).

133. Définition. — « Le *ila* est l'engagement sous la foi du ser
» ment, pris par un musulman, pubère, doué de discernement, ca
» pable de cohabitation, alors même qu'il tomberait malade ensuite,
» de ne pas avoir de relations avec sa femme lorsque celle-ci n'al
» laite pas, alors même qu'elle serait déjà sous le coup d'une répu
» diation révocable. Cet engagement peut être conditionnel : il doit
» être pris pour plus de quatre mois. »
Cette définition de Sidi Khalil contient toute la théorie de l'*ila*.

134. Capacité. — Le mari doit être :

1° *Musulman*, car il s'agit de rompre un mariage musulman par un serment qui n'engage que la conscience du musulman.

2° *Pubère*. Quelle valeur un serment de continence aurait-il dans la bouche d'un impubère ?

3° *Capable de cohabitation*, pour la même raison.

4° *Doué de discernement*. Un fou, un homme ivre, sont incapables d'apprécier la nature de l'engagement qu'ils prennent.

5° *Sain de corps,* au moment où il jure de s'abstenir de toutes relations avec sa femme, un pareil serment n'ayant aucune valeur

(1) *Conf.* n° 127.
(2) *Conf.* n° 181.
(3) *Conf.* Coran II, 225, 226.

dans la bouche d'un homme empêché physiquement de remplir le but du mariage. Mais la maladie, survenant après le serment, est sans influence sur la capacité du mari.

Quant à la femme, *purement passive,* elle n'a aucune condition de capacité à remplir.

135. DIVISION. — Le *ila* peut être pur et simple ou conditionnel. Exemples : « Je jure par le Dieu unique de n'avoir aucun rapport avec toi pendant cinq mois. » — « Je jure......, si tu sors sans ma permission. »

136. FEMMES AUXQUELLES S'ADRESSE LE ILA. — En thèse générale, le *ila* s'adresse à toute femme qui peut être l'épouse d'un musulman, musulmane, chrétienne, juive.

Mais il est indispensable que la femme soit encore placée sous la puissance maritale, ce qui a lieu aussi longtemps qu'elle n'a pas été répudiée irrévocablement.

Cependant, si la femme allaite, comme le mari peut avoir en vue l'intérêt de l'enfant, l'*ila* est sans efficacité.

137. DURÉE. — « Plus de quatre mois », dit le texte. Que le serment porte sur une durée inférieure, il ne produit aucun effet.

138. FORMULE. — Le mari doit jurer au nom de Dieu, ou au moins mentionner l'un des attributs personnels ou l'un des attributs essentiels de Dieu. Sinon, le serment ne l'engage pas.

La formule est encore insuffisante lorsqu'elle n'a pas la précision nécessaire. Ainsi : « Je jure de ne pas parler à ma femme.... », serait une formule sans valeur.

139. EFFETS. — Il importe de distinguer. En effet, lorsque le mari détermine la durée de son abstinence, nous l'avons vu, cette durée doit être de plus de quatre mois. Mais il peut arriver qu'il laisse cette durée indéterminée.

D'autre part, le *ila* peut être pur et simple ou conditionnel ; de là des effets variables, suivant que le serment se rapporte à l'un ou à l'autre de ces quatre types.

A. *Durée déterminée.* — 1° Lorsqu'elle est de quatre mois ou au-dessous, le serment est inefficace ; le mari est contraint de reprendre sa femme, qui n'a pas le droit de s'y refuser. — 2° Lorsqu'elle est de plus de quatre mois, le serment a toute sa valeur juridique ; la répudiation est valable ; mais l'effet en est différé jusqu'à l'expiration du délai ; si, dans l'intervalle, le mari revient à sa femme, le mariage reprend son cours ; le mari est simplement astreint à expier la violation du serment. Si le mari tient son serment, le mariage est dissous par répudiation irrévocable.

Traité élémentaire de droit musulman.   6

B. *Durée indéterminée.* — Pour éviter que la femme ne demeure éternellement sous le coup de l'engagement pris par son mari, le pouvoir judiciaire intervient; le cadi fixe un délai de quatre mois qui court du jour du jugement.

Dans l'intervalle, que le mari reprenne ou ne reprenne pas sa femme, la solution est conforme à celle indiquée ci-dessus (A. 2°).

C. *Serment pur et simple.* — Lorsque le serment est pur et simple, il produit les effets que nous venons de constater.

D. *Serment conditionnel.* — 1° S'il dépend de la volonté de la femme d'accomplir la condition, elle n'est pas, pour cela, maîtresse de la situation. Ainsi, que le mari ait dit : « Si tu sors, je jure... de ne plus avoir de relations avec toi, » il est évident qu'en désobéissant à un ordre implicite qui lui est donné, elle amène l'accomplissement de la condition, et le serment devient pur et simple : d'où la solution alternative consignée plus haut (A. 2°). — Cependant, il n'en est pas toujours ainsi : que le mari ait dit : « Je jure de ne pas cohabiter avec toi avant que tu ne me le demandes », il est, il est vrai, au pouvoir de la femme de solliciter la reprise des relations conjugales ; mais la femme ne doit pas aller au devant de l'homme, la pudeur s'y oppose. De là un serment à durée indéterminée.

2° Si la condition est potestative au profit du mari (ces conditions potestatives sont toujours valables en matière de répudiation), il dépend absolument de lui d'en amener ou d'en empêcher l'accomplissement. S'il laisse durer outre mesure l'état d'incertitude qu'il impose à sa femme, celle-ci provoque de la part du juge une mise en demeure, à la suite de laquelle on procède comme il est dit ci-dessus (B.).

140. DE L'EXPIATION. — La sainteté du serment fléchit devant la faveur dont jouit le mariage (1). Le mari est autorisé à violer l'engagement qu'il a pris, et le livre sacré fixe lui-même la nature de l'expiation à laquelle il est soumis : nourriture ou habillement de dix pauvres, ou bien affranchissement d'un esclave, ou jeûne de trois jours.

§ 7. — *De l'assimilation injurieuse*

141. GÉNÉRALISATION. — Nous savons combien les prohibitions sont impératives en matière de mariage (2) ; elles procèdent de la loi religieuse. Celui qui les enfreint est un fornicateur ; bien plus, si un mari compare sa femme à une femme qui est prohibée pour lui, cette simple assimilation a pour effet immédiat de lui interdire

---

(1) *Conf.* Coran V. 91.
(2) *Conf.* n° 42.

toute cohabitation avec la première. De là, en effet, un double manquement de sa part : il inflige un préjudice physique et moral à sa femme, il se rend coupable d'un mensonge, en affirmant un fait matériellement faux. De là, par conséquent, s'il veut renouer les liens du mariage, la nécessité d'une expiation plus sérieuse que dans le *ila*.

L'assimilation injurieuse porte le nom de *d'ihar* (1) ; en voici l'explication. Le plus souvent, le mari se sert de la formule suivante : « Tu es pour moi *comme le dos* de ma mère. » Ce qui revient à dire : « Ma mère m'est interdite par la loi ; te comparer à elle, à
» une partie de sa personne, c'est t'affirmer mon intention de
» n'avoir pas avec toi plus de relations que je n'en ai avec ma mère ;
» c'est creuser un abîme entre toi et moi. »

Avant l'Islamisme, l'emploi de cette formule était fréquent. La femme ainsi assimilée se trouvait dans une situation intolérable ; séparée en fait de son mari, maintenue en droit sous sa dépendance, il lui était également impossible de le quitter pour contracter un autre mariage, et de reprendre avec lui la vie commune. L'aventure de Khaoula bent Tsalaba mit un terme à cet abus. Celle-ci vint se plaindre au Prophète de ce que son mari, Aous Ibnou Çamet, la maintenait ainsi dans un interdit sans issue. Mohammed reçut alors de Dieu une révélation (2) qui organisa le *d'ihar* tel qu'il est pratiqué depuis cette époque.

142. DÉFINITION. — « Le *d'ihar* est le fait par le mari d'assimiler
» sa femme à une personne prohibée pour lui, ou au dos d'une
» personne étrangère, en ce qui touche la cohabitation avec ces
» deux femmes. L'assimilation produit son effet, qu'elle porte
» sur la personne entière ou sur une partie de cette même
» personne ; elle peut être pure et simple ou subordonnée à une
» condition. » (Ibn Arfa).

Les explications qui suivent dissiperont les obscurités de cette définition. Il convient de la compléter par celle, beaucoup plus juridique, de Sidi Khalil.

« L'action, de la part du musulman pubère, doué de discerne-
» ment, d'assimiler la femme qui est licite pour lui, ou une partie
» d'elle au dos d'une femme prohibée pour lui ou à une partie quel-
» conque de cette dernière, constitue le *d'ihar*. Il est valide lors-
» qu'il est prononcé sous condition suspensive, comme, par exem-
» ple, lorsqu'il est subordonné à la volonté de la femme. »

143. ÉLÉMENTS. — D'après les auteurs musulmans, les éléments du *d'ihar* sont :

---

(1) Du mot *d'ahr* qui signifie *dos*.
(2) Coran, LVIII, 1-5.

1° *Le mari assimilant ;*
2° *La femme assimilée ;*
3° *L'individu à qui la précédente est assimilée ;*
4° *Le préjudice résultant de l'assimilation ;*
5° *L'empêchement.*

144. LE MARI ASSIMILANT. — Il doit être musulman, pubère, doué de discernement. En effet, ce mode de dissolution du mariage est réservé aux seuls musulmans, puisqu'il est organisé par la loi religieuse. L'assimilation faite par un impubère serait sans valeur, puisqu'il est inhabile à la cohabitation ; elle serait encore sans valeur de la part d'un insensé, celui-ci étant incapable de prononcer une parole qui l'oblige juridiquement. D'où cette conséquence que l'aliéné peut user de ce procédé pour rompre son mariage, pendant les intervalles lucides que lui laisse sa maladie.

145. LA FEMME ASSIMILÉE. — Elle doit être de celles que le musulman peut valablement épouser, et unie à celui-ci par un mariage valide qui a été consommé, car la femme n'est placée sous l'autorité conjugale que par un mariage valable auquel la consommation physique a donné sa perfection. Ce n'est que par une exception unique que le mari est admis à user de la répudiation contre une femme qui, dans la rigueur des principes, n'est pas encore devenue son épouse.

146. L'INDIVIDU A QUI LA FEMME EST ASSIMILÉE. — Le fait d'assimiler sa femme à un parent du sexe masculin n'enlève pas au *d'ihar* sa validité. Toutefois, dans la pratique, l'assimilation a lieu, le plus souvent, avec une femme.

Dans tous les cas, la personne à laquelle l'épouse est assimilée doit être prohibée pour le mari, que ce soit une parente ou une étrangère. Ainsi le mari dira : « Tu es pour moi comme le dos de ma mère, » aucune relation ne pouvant exister entre le fils et la mère ; — ou bien : « Tu es pour moi comme le dos de la femme de mon voisin, » aucune relation ne pouvant exister entre lui et une femme déjà mariée à un tiers ; — ou bien même : « Tu es pour moi comme le dos d'une telle, » s'il est déjà tétragame, et si, par conséquent, toutes les autres femmes sont prohibées pour lui (1).

147. LE PRÉJUDICE RÉSULTANT DE L'ASSIMILATION. — Le mari doit avoir l'intention de prononcer une formule efficace, la seule d'où résulte la séparation, et, par conséquent la seule qui porte préjudice à la femme. En effet, s'il disait : « Tu es pour moi comme ma

_____

(1) *Conf.* n° 52.

mère, » et s'il n'avait d'autre intention qne d'établir un parallèle entre les vertus domestiques de sa femme et celles de sa mère, il n'en résulterait aucune injure, et, par conséquent, aucun grief pour la femme.

148. L'EMPÊCHEMENT. — Il doit exister entre l'épouse assimilée et la personne à qui on l'assimile, un obstacle légal de cohabitation; faute de quoi, le *d'ihar* est sans valeur. Qu'un mari dise : « Tu es pour moi comme le dos de ma seconde femme Fatma, » celle-ci n'étant pas prohibée pour lui, la formule est évidemment inefficace.

149. FORMULES. — Elles sont valables : 1° lorsqu'elles portent sur toute la personne : « Tu es pour moi comme ma mère ; » 2° lorsqu'elles portent sur une partie de la personne : « Tu es pour moi comme le dos, comme la salive, comme la parole, comme la main, comme le pied, comme les cheveux de ma mère. »

150. MODALITÉS. — Le *d'ihar* est pur et simple : « Tu es pour moi comme le dos de ma mère, » — ou conditionnel : « Si tu le veux, lorsque tu le voudras, dès que tu le voudras, toutes les fois que tu le voudras….. » La théorie des formules conditionnelles, telle qu'elle a été exposée plus haut, s'applique également ici (1).

151. EFFETS. — Le *d'ihar* ne rompt pas le mariage par sa seule énergie ; il interdit toute cohabitation entre les époux, et donne ouverture à une action au profit de la femme, si le mari ne se rachète pas.

Durant la séparation temporaire des époux, la femme doit servir son mari ; celui-ci lui doit la nefaka.

Il est d'ailleurs loisible à la femme de ne pas ressentir l'injure qui lui est faite et de la supporter patiemment. L'assimilation est-elle subordonnée à la volonté de la femme, il dépend exclusivement de celle-ci de la rendre efficace, et ce n'est que de ce moment que datera la séparation imposée aux époux.

Si, au bout de quatre mois, le mari ne se soumet pas volontairement à l'expiation, la femme l'appelle devant le Cadi, où il est mis en demeure de se prononcer sur son intention.

S'il opte pour le refus de toute expiation, le mariage est dissous irrévocablement.

S'il consent à se soumettre à l'expiation, et s'il s'y soumet en réalité, le mariage, simplement suspendu, reprend son cours.

152. EXPIATION. — Elle consiste, soit dans le rachat d'un prison-

---

(1) *Conf.* n°ˢ 114 et suiv.

nier ou dans l'affranchissement d'un esclave, soit dans un jeûne de deux mois, soit dans la nourriture de soixante pauvres, soit même, faute de ressources, et faute par le mari d'être en état de supporter un jeûne prolongé, dans un acte de contrition.

§ 8. — *La malédiction*

153. GÉNÉRALISATION. — Le *lian* est un concept coranique. Voici les précédents historiques :

Lorsqu'un père de famille redoutait la responsabilité des actes délictueux de son fils, il se rendait à un marché, à la porte d'une mosquée, et là, devant la foule, il déclarait publiquement qu'il rejetait loin de lui cet enfant compromettant ; celui-ci était alors dit *rejeté, maudit.*

Dans nos mœurs, c'est au moyen d'une annonce dans les journaux qu'un père ou un mari annonce au public qu'il ne répondra plus des dettes d'un tel ou d'une telle ; mais, en ce qui touche la responsabilité civile résultant d'un crime ou d'un délit, une pareille déclaration n'aurait évidemment aucune efficacité. Chez les Arabes, le fait de rejeter ainsi son enfant mettait le père de famille à l'abri de toute responsabilité.

La tribu avait le même droit ; elle pouvait, elle aussi, éliminer de son sein l'homme dont elle redoutait les méfaits, et se garantir ainsi des conséquences de la responsabilité collective, qui, ainsi qu'on le voit, n'est pas d'invention française. L'individu ainsi expulsé par un procédé qui rappelle l'*interdicto aquœ et ignis* du droit romain et le bannissement de notre Code pénal, devenait un *peregrinus sine certa civitate,* un *maudit.* De là, la notion de malédiction divine (1).

En ce qui concerne le *lian* juridique, il a été organisé à la suite des soupçons d'adultère qui avaient plané sur Aïcha, la femme du Prophète (2). C'est à la suite de cet événement, qui avait causé de graves soucis à Mohammed, que fut révélée la sourate XXIV, où se trouve la théorie complète de ce singulier mode de dissolution du mariage.

D'après le droit commun, tout acte de fornication doit être prouvé par quatre témoins, à moins que le fornicateur n'avoue lui-même son crime. Mais il est rare qu'un fait aussi honteux puisse être prouvé ; c'est en raison de la difficulté extrême d'administrer cette preuve, que le législateur a admis, par dérogation, le mari à affir-

---

(1) *Conf.* CAUSSIN DE PERCEVAL (*Hist. des Arabes, III, 275*) sur la curieuse aventure de l'évêque arabe Abou Harith ben El-Kama, provoqué par Mohammed à se soumettre comme lui à la malédiction divine, afin que Dieu prononçât entre les Musulmans et les Chrétiens. *Conf.* aussi Coran, III, 52 et suiv.

(2) *Conf.* CAUSSIN DE PERCEVAL, III, 165.

mer, sous la foi d'un serment redoutable, la réalité de l'adultère dont il se plaint ; mais, comme son affirmation tient lieu de celle de quatre témoins, il doit la répéter quatre fois de suite ; comme, d'autre part, sa déclaration est suspecte, puisqu'il n'est pas désintéressé dans la cause, il doit en outre se vouer à la *malédiction de Dieu* dans le cas où il aurait menti.

La femme, ainsi accusée par quatre témoignnges, a le droit de faire la preuve contraire. A son tour, pour détruire chacune des affirmations de son mari, elle affirme, par quatre fois, qu'elle est innocente du crime qui lui est imputé ; et, enfin, pour annihiler l'effet de la malédiction dont son mari s'est chargé, elle appelle sur elle la *colère de Dieu* dans le cas où elle aurait menti. C'est ainsi que s'explique rationnellement une procédure qui, à première vue, paraît bizarre.

Tout est de droit étroit en cette matière. Le mari doit se servir du mot *malédiction ;* la femme, inférieure à l'homme, comme toujours, doit se servir du mot *colère.* Dieu ne daigne pas maudire une femme ; il se contente de ressentir une violente colère contre elle.

Le *lian* a un double but : c'est un procédé pour dissoudre le mariage, et, surtout, c'est le moyen employé pour désavouer la paternité.

154. DÉFINITION. — « Le *lian* est le serment par lequel le mari af- » firme la fornication de sa femme, ou désavoue la paternité de » l'enfant dont elle est enceinte (il est astreint à ce serment dans » les deux hypothèses), et le serment par lequel la femme affirme » que son mari commet un mensonge. Lorsqu'elle refuse de le » prêter, elle doit être frappée d'une peine définie (1) par décision » du Cadi. » (Ibn Arfa).

155. ÉLÉMENTS. — Les éléments du *lian* sont :

1° *Le mari maudissant ;*
2° *La femme maudite ;*
3° *Les causes ;*
4° *La forme.*

156. LE MARI MAUDISSANT. — Il doit être pubère, doué de discernement, musulman, marié légitimement à la femme qu'il s'agit de maudire.

A. Pubère. En effet, s'il s'agit d'une accusation d'adultère, l'impubère n'offre aucune garantie de discernement ; s'il s'agit d'un

_____

(1) La peine définie est celle qui est déterminée par le Coran et que le juge n'a le pouvoir ni d'atténuer ni d'aggraver.

désaveu de paternité, il est inutile de recourir au *lian*, car le fait seul de la grossesse sera la condamnation de la femme. D'ailleurs, le mari est un véritable témoin ; il est soumis aux conditions de capacité imposées aux témoins ordinaires.

B. Doué de discernement. Le mari doit être capable de discernement, d'abord parce qu'il est un témoin ; en second lieu, parce qu'il s'agit d'une accusation grave, et qu'il doit être pénétré de l'importance du rôle qu'il joue. Il faut qu'il affirme, en connaissance de cause, non sur des soupçons ou sur la dénonciation d'un tiers, qu'il a surpris sa femme *in ipsâ turpitudine*, s'il s'agit de l'adultère ; qu'il n'a eu aucune relation avec elle depuis telle époque, s'il s'agit du désaveu de paternité. Enfin, le serment d'un homme privé de discernement n'a aucune valeur.

C. Musulman. Comment le serment engagerait-il la conscience d'un infidèle ?

D. Marié. Ce n'est pas assez dire ; le mari doit être le type du mari musulman ou du moins se croire tel. Il est évident que, dans l'hypothèse de l'adultère, comme dans celle du désaveu, le mariage valide ou au moins putatif est une condition essentielle de la recevabilité de la plainte. Dans le premier cas, à défaut de mariage, il n'y aurait pas d'adultère ; dans le second, il n'y aurait pas de filiation légitime.

Est-il nécessaire que le mariage soit consommé ? Il faut distinguer :

A. Adultère. La consommation est indifférente.

B. Désaveu. La consommation met la procédure du *lian* à la charge du mari, car il s'agit de repousser une paternité fondée sur une présomption légale. S'il n'y a pas eu consommation, le *lian* est inutile ; la grossesse de la femme condamne celle-ci.

157. LA FEMME MAUDITE. — Un principe domine la matière : toute femme contre laquelle la procédure du *lian* est valable peut y défendre. Ainsi, le musulman pouvant épouser une *kittabiia,* il n'est pas nécessaire que la femme soit musulmane.

158. CAUSES. — 1° L'adultère ;
2° Le désaveu de paternité.

159. FORMES. — Le mari prononce quatre fois la formule suivante : « J'atteste, par le Dieu unique, que j'ai vu cette femme en » état de fornication, » ou bien : « que cette grossesse n'est point » de mes œuvres. » Puis il ajoute : » J'appelle sur moi *la malédiction* de Dieu, si je mens. »

La femme prononce quatre fois la formule suivante : « J'atteste,
» par le Dieu unique, que cet homme ne m'a pas vue en état de
» fornication, » ou bien : « que cette grossesse est de ses œuvres. »
Puis elle ajoute : « J'appelle sur moi *la colère* de Dieu, si je mens. »

Tout est absolument sacramentel dans ces formules, surtout les
mots : *J'atteste* (ce qui démontre qu'il s'agit d'un véritable témoignage), — *malédiction, colère* (ce n'est pas là un vain formalisme;
admettre des équivalents, c'est avoir à redouter quelque restriction mentale. Chez toutes les nations, le serment est assujetti à
des formes sacramentelles).

Le serment doit toujours être prêté dans le lieu le plus vénéré
du pays, afin d'engager plus étroitement la conscience des parties;
la présence de quatre personnes au moins est requise; il est recommandé de faire une prière, surtout celle de l'après-midi, avant la
cérémonie. On doit inspirer aux parties une crainte salutaire des
châtiments de l'autre vie, surtout avant l'articulation de la cinquième
formule; implorer à l'avance le pardon de Dieu, car, si les deux
époux prêtent le quadruple serment, il est certain que l'un d'eux
ment.

La femme est-elle juive ou chrétienne (kittabiia), elle prête serment à la mosquée ou à l'église, en présence de son mari, ce qui
est une marque de tolérance religieuse précieuse à enregistrer.

160. EFFETS. — Il importe de cantonner d'abord le *lian* dans son
domaine propre :

1° Lorsque la femme avoue le fait, fornication ou grossesse adul-
térine, il n'y a pas lieu à *lian ;*

2° Lorsque le mari est en mesure de produire quatre témoins à
l'appui de sa plainte, la solution est la même ;

3° Lorsque le mari est impubère, il est incapable de provoquer
le *lian* d'adultère ; le *lian* de grossesse est inutile ;

4° Lorsque le mariage n'a pas été consommé, il n'y a pas lieu à
lian de grossesse ;

5° Lorsque le mari est impuissant ou castrat, la solution est la
même ;

6° Si le mari a eu des relations avec sa femme le jour même où
l'adultère a été commis, le *lian* de grossesse est irrecevable ;

7° Si le mari a eu, à une époque quelconque, des relations sui-
vies de grossesse avec sa femme, la solution est identique ;

8° Lorsque le mari, ayant retardé l'introduction de son action
jusqu'à l'accouchement, fonde sa plainte sur ce que l'enfant ressemble à un tiers, la solution est la même, l'articulation n'étant
pas pertinente ;

9° Il en est de même, si le grief allégué repose sur cette circonstance que l'enfant est de couleur noire.

Cette énumération n'est pas limitative. Le principe est que le *lian* est une procédure extraordinaire à laquelle on ne doit recourir qu'à défaut de tout autre moyen de prouver, soit l'adultère, soit l'illégitimité de l'enfant dont la femme est enceinte, et lorsque le quadruple serment peut produire un effet juridique.

Examinons maintenant les effets du *lian*.

A. Le mari refuse de jurer. Il est convaincu d'avoir accusé témérairement sa femme ; celle-ci a le droit de réclamer la rupture du lien conjugal ; en se fondant sur le préjudice dont elle est victime (1).

B. Le mari jure, la femme refuse de jurer. Elle est convaincue de fornication ; le mariage est dissous, sans préjudice de la peine qu'elle subit (cent coups de fouet).

C. Les deux époux jurent. Les serments s'entredétruisent ; mais la vie commune est devenue impossible, car l'un d'eux, on ignore lequel, a menti. Le mariage est dissous.

Dans ces diverses hypothèses, il y a rupture du lien conjugal à perpétuité ; jamais les époux ne peuvent contracter une nouvelle union entre eux.

Dans le *lian* de grossesse, si la femme accouche six mois révolus après l'échange des serments, l'enfant n'est jamais attribué au père ; il est *annexé* à la femme.

Si, au contraire, l'accouchement se produit avant l'expiration du sixième mois, l'enfant est *annexé* au père, à moins qu'il ne prouve qu'il y a eu *aïdda,* les époux étant présumés, à défaut de preuve contraire, n'avoir pas eu de relations ensemble pendant la durée de la retraite légale.

Telle est, à grands traits, la théorie de la malédiction. Cette conception du droit musulman n'offre plus qu'un intérêt historique.

APPENDICE

Mariages mixtes

161. GÉNÉRALISATION. — Le mariage irréprochable, *idéal* au point de vue civil et religieux, est celui qu'un musulman contracte avec une musulmane.

Mais, pour mettre la révélation coranique à l'abri de toute critique, Mohammed comprit qu'il serait impolitique de battre en brèche les deux révélations qui s'étaient produites avant la sienne. Aussi posa-t-il en principe que les Juifs et les Chrétiens avaient, il

---

(1) *Conf.* n° 124.

est vrai, connu le vrai Dieu; mais qu'il leur restait un dernier effort à faire : accepter, dans sa personne, le Prophète, troisième en date, qui devait clore la série des *nabi*. Pour les amener à lui, il leur accorda, au point de vue civil et religieux, ce que nous appellerions volontiers le *traitement de la nation la plus favorisée*.

S'il refusa à la femme musulmane la faculté de contracter mariage avec un Juif ou un Chrétien, dans la crainte de la voir subir l'ascendant de son mari et embrasser la religion de ce dernier, il autorisa les musulmans à épouser des Juives et des Chrétiennes, dans l'espoir qu'elles se convertiraient à la foi nouvelle. Cette concession est formellement inscrite dans le Coran (1).

Mais, chose remarquable, le rigorisme des Malékites a toujours protesté contre cette tolérance qu'ils considèrent comme excessive. Malek ne craint pas de critiquer ce qu'il considère comme un abus; ce fait est unique dans le droit musulman. Le grand iman fait remarquer que le verset par lequel ces mariages mixtes sont permis contient également une pressante recommandation au fidèle de veiller sur sa foi; il accepte cette exception avec répugnance; il la déclare surtout blâmable lorsque le musulman réside en pays infidèle, où sa foi court plus de risques qu'ailleurs (2).

Les motifs que donne Malek pour blâmer l'indulgence du Prophète sont les suivants :

La femme infidèle boit du vin ; si elle est enceinte, son enfant en boit dans le sein même de sa mère. Voilà un musulman empoisonné avant sa naissance.

Le fidèle, en embrassant sa femme, court le risque d'absorber quelque parcelle du liquide réprouvé.

D'autre part, la femme a ses habitudes propres, elle fréquente l'église, on ne peut l'en empêcher; de là un pernicieux exemple.

Et, péril plus redoutable que tous les autres, si elle meurt pendant sa grossesse, elle est enterrée *avec son enfant*, — un enfant musulman, — dans le cimetière des infidèles, qui est *la fosse des fosses de l'enfer*.

L'enfant, une fois né, court des dangers de toute espèce; tiraillé entre son père et sa mère, sa foi est hésitante.

Bref, celui qui épouse une kittabiia — quant à la femme polythéiste, *celle qui donne des associés à Dieu*, elle ne peut jamais devenir l'épouse d'un musulman, — ne viole aucun précepte, mais il encourt un blâme sérieux. Que de chemin à parcourir pour arriver à cette assimilation qui est le rêve de tous les esprits généreux !

---

(1) Coran, V, 7.

(2) Pour les musulmans, la terre se divise en deux parties distinctes : celle qui est soumise à l'Islamisme, *la maison de l'Islam*, — celle qui n'y est pas soumise, *la maison de la guerre*, et où la guerre sainte doit être faite sans trêve ni merci.

162. Mariage d'un musulman avec une kittabiia. — Il est soumis à toutes les règles du mariage musulman.

163. Islamisation. — Il nous reste à rechercher les conséquences juridiques de l'islamisation des époux infidèles ou de l'un d'eux.

A. Un infidèle marié s'islamise seul. Trois hypothèses sont à examiner :

1° *Sa femme est une kittabiia.* Le mariage est respecté rétroactivement ; mais il est entaché d'un vice d'origine qui demeure latent ;

2° *Sa femme est idolâtre.* On accorde à celle-ci un mois pour se convertir ; ce délai expiré, le mariage est annulé ;

3° *Sa femme est une esclave non musulmane.* Le mari doit l'affranchir dans le mois ; puis elle doit s'islamiser dans le même délai ; faute de quoi, la solution est la même que ci-dessus.

B. La femme s'islamise seule. Deux hypothèses peuvent se présenter :

1° *Le mariage n'était pas consommé.* Il est nul, la séparation est irrévocable ; la femme n'a aucun droit à la dot ; si elle l'a reçue, elle est sujette à restitution. La situation est la même, si le mari s'islamise immédiatement après sa femme ;

2° *Le mariage était consommé.* La femme garde ou reçoit sa dot. Le mariage est rompu, à moins que le mari ne suive sans désemparer l'exemple de sa femme. Ici encore la consommation du mariage crée aux époux une situation plus favorable.

C. Les époux s'islamisent ensemble. Le mariage, consommé ou non, est maintenu.

164. Changement de résidence. — Lorsque deux époux musulmans habitent le *dar-el-harb* et qu'ils viennent établir leur domicile dans le *dar-el-islam*, ce changement de domicile n'a aucune influence sur leur mariage qui, valide, demeure tel.

Il n'y a pas, en droit musulman, d'étrangers proprement dits. Il n'y a que des fidèles et des infidèles, quel que soit le lieu qu'ils habitent.

165. Répudiation. — La répudiation est réservée aux seuls musulmans. Lorsque le mariage est de ceux qui peuvent être maintenus, la répudiation même triple est nulle et non avenue. Chose extraordinaire, l'union conjugale tolérée ne peut plus être rompue.

166. Tributaires. — La loi musulmane ne s'occupe pas du tributaire. Il paie la capitation, moyennant quoi ses lois, ses mœurs, ses coutumes sont respectées, aussi bien que sa liberté de conscience. Il peut saisir le juge musulman de ses différends ; mais alors il faut qu'il proroge, en même temps que son adversaire, la compétence du Cadi.

CHAPITRE TROISIÈME

Contestations en matière de mariage

167. DIVISION. — Les auteurs musulmans ont déployé toute leur ingéniosité, non seulement pour résoudre les difficultés normales que soulève le mariage, mais encore pour imaginer des problèmes purement intellectuels, qu'ils se donnent la satisfaction de résoudre. Nous ne les suivrons pas dans cette voie. Les contestations qui peuvent naître à l'occasion du mariage, ou de sa dissolution, sont assez nombreuses pour qu'il soit indispensable de faire un choix même parmi celles qui ont un intérêt pratique et de ne retenir que les plus importantes.

Ces conflits, quelle que soit leur source, légale ou conventionnelle, se produisent évidemment à toutes les phases du mariage. Diviser les contestations en suivant, autant que possible, l'ordre adopté pour l'étude du mariage lui-même est donc le procédé le plus conforme à la méthode scientifique.

168. DEMANDE EN MARIAGE (1). — Il est défendu de demander en mariage une femme qui a été l'objet d'une demande précédente sur laquelle il n'a pas encore été statué. Ce principe est emprunté à la vente. La femme ainsi sollicitée en sens divers a d'elle-même une opinion exagérée et ses prétentions deviennent excessives.

Ce qui, chez nous, est une règle de simple convenance, est érigé, chez les Musulmans, en règle de droit.

Mais il est permis d'adresser à la femme déjà demandée des sollicitations à mots couverts.

Toutefois, pour que la première demande rende la seconde irrecevable, il faut qu'elle remplisse certaines conditions.

De là des contestations possibles.

A. *Une femme a été demandée par deux hommes honorables.* La première demande doit être admise lorsqu'aucun des deux mariages n'a été consommé, le second eût-il même été contracté ; celui-ci est annulé par une sentence judiciaire qui a la valeur et produit les effets de la répudiation irrévocable.

---

(1) *Conf.* nº 1, 1º.

Le second mariage a-t-il été, non seulement contracté, mais encore consommé, la consommation le rend valable, le principe de la priorité fléchissant devant une nécessité de morale publique.

B. *Une femme a été demandée par un homme irreligieux, ou par un infidèle*. L'homme honorable, c'est-à-dire religieux, car l'honorabilité consiste dans la pratique de la religion, n'a pas à s'arrêter devant une pareille demande.

169. DU CONSENTEMENT INDIRECT. — Lorsque l'un des contractants est contraint au mariage, les excès de pouvoir dont il est victime sont réprimés par le juge, suivant les distinctions que nous connaissons (1), soit d'office, le cadi étant le surveillant-né de toutes les tutelles, soit à la requête du contraignable lui-même. Nous ne reviendrons pas sur ce sujet qui a été épuisé. Mais l'occasion est bien choisie pour étudier les contestations qui peuvent naître à propos du consentement de la vierge. Son silence, ses larmes, son sourire sont les formes admises, par dérogation aux principes généraux, de l'acquiescement qu'elle donne à l'union proposée. Mais encore faut-il qu'elle soit prévenue de la signification attachée à cette pantomime. Faute de l'en avoir avertie, et par trois fois, d'après Ibnou Cha'ban, le mariage est annulable aussi longtemps qu'il n'aurait pas été contracté. En effet, Sidi Khalil enseigne que, après le contrat, c'est-à-dire après l'échange des consentements, la vierge n'est plus recevable à alléguer que cet avertissement ne lui a pas été donné; d'où cette conséquence obligée que la protestation formulée en temps utile doit produire son effet, et cet effet ne peut être que l'annulation du mariage. J'ajoute que Sidi Khalil lui-même reconnaît que l'opinion adoptée par lui est tout simplement celle qui a réuni le plus de suffrages; elle est donc controversée, ce qui suffit pour que les magistrats français soient autorisés à admettre l'opinion inverse, laquelle a le mérite de battre en brèche le monstrueux droit de contrainte dont nos tribunaux se montrent, à juste titre, les ennemis déclarés (2). Aussi, même après la conclusion du mariage, et jusqu'à la consommation (qui implique ratification) la vierge est admise à se prévaloir de ce qu'elle n'a pas été avertie des conséquences de son silence, de ses larmes, de son sourire. Cette solution est d'autant plus irréprochable que, autoriser la vierge à manifester sa répugnance, ne serait qu'une concession illusoire, s'il ne lui était permis d'en user que pendant le court espace de temps qui

---

(1) *Conf.* nos 8 et 10.

(2) Voir un arrêt de la Cour d'Alger, du 9 avril 1884, qui décide, en matière de contrainte, que le juge a même le droit d'appliquer la loi hanéfite, plus humaine, plus rationnelle, à des parties appartenant au rite malékite. (M'hamed El-Hadj ben El-Hadj Abdallah ben Abassi contre Kheïra bent Mohammed ben Abdelkader ben Djennat).

s'écoule entre la demande et l'acceptation. D'autre part, le mariage n'est parfait que par la consommation; c'est à ce moment-là seulement que la ratification de la femme est certaine.

Cette solution offre une importance considérable. En effet, les abus de la contrainte se manifestent surtout dans les mariages prématurés, imposés, en tant que contrats, à des filles impubères, trop jeunes, par conséquent, pour avoir la notion même indistincte de l'union conjugale. Elles n'ont, au moment où l'on dispose d'elles, aucun motif de résister à la volonté paternelle. Le droit que la loi leur accorde est donc absolument illusoire s'il ne leur est pas permis de l'exercer jusqu'au jour où, mieux instruites par les révélations de l'âge nubile, il est question pour elles de consommer physiquement le mariage.

Ce qui ressort de l'étude des commentateurs, c'est que le droit de contrainte, presqu'absolu en théorie, ne s'applique en somme qu'à la vierge assez docile pour le subir sans murmure, ou trop inexpérimentée pour y résister. Le texte de Sidi Khalil ne laisse aucun doute à cet égard. « Si la vierge manifeste son opposition, « ou sa répugnance, on ne doit pas la marier. » Le jour où la femme arabe, renseignée sur l'étendue de la protection que sa loi elle-même lui accorde, protestera contre la violence dont elle est l'objet, et traînera courageusement son tyran devant les tribunaux, le droit de contrainte aura cessé d'exister.

170. DU CONSENTEMENT DIRECT. — Le consentement — et ceci s'applique également au consentement indirect — est donné dans tous les contrats, soit par la parole, soit par un signe, soit par un écrit; il suffit que la volonté de s'engager soit manifeste. Les contestations qui peuvent s'élever à ce sujet seront, pour éviter les répétitions inutiles, examinées au chapitre de la vente (1).

Nous avons vu que la femme, alors même qu'elle a la capacité exigée pour consentir directement au mariage, doit le faire par l'entremise d'un ouali (2). Celui-ci n'est qu'un mandataire, qui agit dans les limites du pouvoir qu'il a reçu. Lorsque l'existence même du mandat est contestée, il doit être établi, soit par une preuve directe, soit par un fait impliquant la ratification de la femme, telle que la consommation du mariage.

Quand la hiérarchie des oualis (3) n'a pas été respectée, les auteurs ne sont pas d'accord sur les conséquences de cette violation. Le système le plus rationnel, professé par Sidi Khalil, établit une distinction entre la femme de basse condition et celle qui occupe un rang élevé. Pour la première, l'ordre des oualis n'a rien de sacramentel. Pour la seconde, le respect de la hiérarchie est, pour ainsi

---

(1) *Conf.* nº 195.
(2) *Conf.* nº 14.
(3) *Conf.* nº 16.

dire, d'ordre public ; d'où cette conséquence, que le mariage contracté en fraude de la loi peut être annulé à la requête des contractants eux-mêmes, ou d'office par le juge, à moins toutefois qu'il
n'y ait eu consommation de l'union conjugale et que celle-ci ait duré
pendant deux ou trois ans.

Nous avons déjà examiné : 1° le cas où deux ou plusieurs oualis
placés au même degré sont en concurrence pour marier une femme
ou pour lui faire agréer l'époux qu'ils ont choisi ; 2° le cas où
deux oualis ont contracté tous deux un mariage au nom de la
même femme (1).

Mais que faut-il décider lorsque les deux mariages sont contemporains l'un de l'autre ? Ils sont annulés tous deux, faute d'un
motif de préférence. Il en est de même dans le cas où il est impossible de déterminer l'antériorité de l'une ou de l'autre union.

171. EXISTENCE DU MARIAGE. — Lorsque deux époux sont en contestation sur l'existence même du mariage, celui-ci peut être établi
par la commune renommée ; ce qui revient à dire que le fait de
prouver qu'il y a eu une fête nuptiale, un repas de noce, sera considéré comme une présomption légale en faveur de l'existence du
mariage. Mais le serment n'est pas admis en cette matière, alors
même que le demandeur produirait un témoin. En effet, la preuve
testimoniale ne peut être administrée que par deux témoins au
moins, bien que, à titre exceptionnel, la présence d'un seul témoin
assure la validité du mariage (2).

Toutefois, lorsque l'un des époux est décédé, le survivant peut
établir le mariage par un seul témoin, à la charge par lui et par ce
témoin d'affirmer, sous la foi du serment, l'existence du mariage.
Si, dans cette espèce, la loi se montre moins exigeante, c'est que
la prétention du demandeur ne rencontre aucune contradiction.

Au lieu d'être contesté, le mariage peut être allégué par deux individus, dont l'un a la femme sous sa puissance, l'autre lui déniant
ses droits. Dans cette hypothèse, si le second produit deux témoins, le mariage est annulé à l'égard du premier mari, la femme
mise en *aïdda*, puis livrée au contestant. Si celui-ci ne produit
qu'un témoin, mais offre d'en fournir un second, le juge, usant de
contrainte légale, impose au mari apparent l'obligation d'interrompre toute relation avec sa femme et accorde au contestant un
délai pour compléter la preuve, lorsque le témoin dénoncé n'est
pas trop éloigné. La preuve complétée, le mariage est également
dissous dans les conditions ci-dessus indiquées. Faute d'offrir un
second témoin, ou de l'offrir suffisamment rapproché, ou de le produire dans le délai imparti, le mariage apparent est maintenu, sans
que les époux soient astreints à combattre par le serment le témoi-

(1) *Conf.* n° 17.
(2) *Conf.* n° 24.

gnage unique produit; la possession d'état l'emporte sur une preuve insuffisante.

Dans ces diverses hypothèses, si la femme est encore libre, c'est-à-dire si le mariage n'est encore qu'à l'état de projet, elle sera contrainte à différer son union jusqu'à ce que l'individu qui se dit son mari ait vu, suivant les distinctions qui précèdent, sa prétention admise ou rejetée.

Pendant que cette procédure se poursuit, un individu déjà marié à trois femmes, ne peut en épouser une quatrième. En effet, s'il triomphait il serait l'époux de cinq femmes ce qui est interdit (1). Il doit, dans ce cas, avant de contracter un nouveau mariage, soit répudier la femme qu'il soutient être la sienne, soit répudier l'une ou l'autre des trois femmes qui sont déjà en sa puissance.

172. Dot. — Nous savons à quelles conditions de validité la constitution de dot est soumise, et quelles sont les tolérances admises à cet égard (2). Il importe toutefois de revenir sur ce sujet qui offre une grande importance pratique. La solution des contestations qui s'élèvent en matière de dot est, en thèse générale, empruntée à la théorie de la vente, le mariage étant, comme celle-ci, un contrat de réciprocité. Mais cette assimilation est loin d'être complète. En effet, le maintien d'une vente est toujours d'un intérêt secondaire, tandis que l'annulation d'un mariage, surtout lorsqu'il a été consommé, est contraire à la morale publique. Aussi s'est-on efforcé de trancher les contestations sans porter atteinte aux droits acquis des époux, et surtout à ceux de la femme, celle-ci ayant tout à perdre à la rupture d'un mariage consommé.

De là une différence notable dans les procédés admis pour apprécier les difficultés nées à l'occasion de la dot, suivant leur nature, suivant l'époque à laquelle elles se produisent.

A. *Détermination*. — Lorsque les époux sont en désaccord sur la quantité, la qualité, l'espèce de l'objet constitué en dot, et que le mariage n'a été ni consommé, ni rompu par la répudiation ou par la mort, avant toute cohabitation, le conflit se règle d'après les règles de la vente. Les époux sont astreints à un serment, la femme devant jurer la première, parce qu'elle est considérée comme venderesse. S'ils affirment tous deux leurs prétentions respectives et contradictoires, les deux serments s'entredétruisent, et le mariage est annulé, le défaut de détermination de la dot équivalant à une absence complète de dot, et le mariage sans dot étant radicalement nul. S'ils refusent tous deux de jurer, la solution est la même pour des motifs idendiques. Si l'un des époux jure seul, il obtient gain de cause, et le mariage est maintenu moyennant la dot par lui alléguée.

---

(1) *Conf.* n° 52.
(2) *Conf.* n°ˢ 28 et 29.

Traité élémentaire de droit musulman.   7

Quand le mariage a été consommé, une distinction est nécessaire. Y a-t-il désaccord sur la quantité, ou sur la qualité de l'objet constitué en dot, la prétention du mari prévaut, si elle est vraisemblable et appuyée d'un serment. Si le dire de la femme est plus vraisemblable, il prévaut. Celui des deux époux qui se dérobe au serment est naturellement vaincu dans la lutte.

Y a-t-il désaccord sur l'espèce, il y a lieu à dot d'équivalence, lorsque celle-ci n'excède pas la prétention de la femme, ou lorsqu'elle n'est pas inférieure à ce que le mari reconnaît devoir. Le mariage est maintenu.

Pourquoi dans le cas où le mariage a été consommé, distingue-t-on entre l'indétermination portant sur la quantité ou la qualité, et celle portant sur l'espèce ? La raison en est simple : dans le premier cas l'indétermination est plus accentuée que dans le second.

Les héritiers sont soumis aux mêmes règles, suivant les mêmes distinctions.

Lorsque les époux ne sont pas *sui juris,* les principes ci-dessus exposés s'appliquent à leurs représentants légaux.

B. *Payement.* — Lorsque les époux sont d'accord sur l'espèce, la quantité, la qualité de l'objet constitué en dot, mais sont en désaccord sur le payement, le mari affirmant s'être libéré du naqd, la femme niant le fait, avant la consommation, le dire de la femme, corroboré par un serment, prévaut. Après la consommation, c'est le mari qui est cru sur son serment, s'il soutient s'être libéré avant la consommation. En effet, il est présumable que la femme n'a pas livré sa personne avant d'avoir touché la portion exigible de la dot. Toutefois cette présomption peut être détruite par une preuve écrite, ou par la présomption contraire basée sur l'usage local. Dans ce cas, le dire de la femme prévaut. Si le mari soutient s'être libéré après la consommation, le dire de la femme est de nouveau prépondérant.

S'agit-il du kali, celui-ci étant stipulé payable avant la consommation, le mari est cru si le mariage est consommé. Dans le cas contraire, la déclaration de la femme est prépondérante.

C. *Terme.* — Quand le conflit porte sur un défaut ou un retard de payement de la dot, sur un défaut ou un retard d'octroi de la personne de la femme, voici quelles sont les règles applicables :

En général, le mari doit payer, avant la consommation, la portion exigible de la dot, ou la dot entière si elle consiste en un objet déterminé. Et cela, quand même la femme ne serait pas nubile, quand même il serait lui-même impubère ; d'où la conséquence que la nécessité de différer la consommation ne dispense pas du payement.

La femme a le droit de refuser sa personne, tant que le mari n'a pas satisfait à son obligation ; mais celui-ci n'a pas le droit de différer le payement du naqd jusqu'à ce que la femme ait livré sa personne ; le payement doit précéder la consommation, sauf convention contraire (1), de même que dans la vente, l'acheteur doit payer son prix, avant de recevoir l'objet vendu. La femme use du droit de rétention dont le vendeur est armé (2).

Supposons que l'un des époux remplisse son obligation par anticipation, ce qui peut se présenter de deux façons différentes :

1° Le mari paie le naqd, la femme refuse sa personne ; 2° la femme livre sa personne, le mari ne paie pas le naqd.

Le conjoint a un droit de contrainte contre celui qui ne remplit pas son obligation. Mais il faut que le mari, s'il s'agit de lui, soit pubère ; que la femme, s'il s'agit d'elle, soit nubile. Toutefois, il est toujours accordé à cette dernière le temps nécessaire et fixé par l'usage local pour préparer son trousseau, à moins que le mari n'ait fait serment de consommer le mariage tel jour. Dans ce cas, tout cède devant la nécessité de ne pas mettre un parjure à la charge du mari : la femme doit s'exécuter.

Lorsque le mari, pour justifier son retard à se libérer du naqd, allègue son indigence, on procède à une enquête, durant laquelle il est emprisonné, à moins qu'il ne fournisse une caution. La caution proposée est-elle solvable, si, d'autre part, il y a des chances pour que la position du mari s'améliore, on lui accorde un délai de trois semaines (trois périodes de sept jours, correspondant à trois marchés périodiques).

A l'expiration de ce délai, si l'indigence est établie par une preuve corroborée par un serment, le juge met, pour ainsi dire, la cause en délibéré, afin de donner au mari une dernière chance de se procurer des ressources ; puis, ce délai de grâce expiré sans résultat, le mariage est annulé. La femme conserve un droit de créance sur son mari pour la moitié de sa dot.

Dans le cas où l'enquête démontrerait la mauvaise foi du mari, il serait condamné à payer la dot et à consommer le mariage.

D. *Revendication* :

Lorsque la revendication porte sur la totalité de l'objet constitué en dot, la femme reçoit la valeur sur estimation de ce même objet.

Lorsque la revendication est partielle, on recherche si elle porte sur une portion considérable ou non de l'objet, s'il en résulte ou non un préjudice pour la femme.

En général, si la portion revendiquée est considérable, la femme a un droit d'option, à moins que le revendiquant ne se refuse à tout accomodement ; elle peut, soit rendre le tout et en exiger la valeur, soit retenir la portion non revendiquée et recevoir la valeur de la portion revendiquée.

---

(1) *Conf.* n° 27, 2°, 3° et 4°.

(2) Tant que le prix n'est pas payé, le vendeur est armé de ce droit.

Il en est de même si la revendication lui cause un préjudice.

Si, au contraire, la partie revendiquée est peu considérable, la femme doit garder le surplus et recevoir simplement la valeur de la partie revendiquée. Plus d'option pour elle.

Suivant les auteurs, lorsque la revendication dépouille la femme de plus du tiers ou de plus de la moitié de l'objet constitué en dot, la portion revendiquée est dite *considérable*. Au-dessous, elle est tenue pour *peu considérable*.

En thèse générale, la revendication qui porte sur une portion considérable est présumée entraîner un préjudice.

Lorsque la revendication précède la consommation du mariage, la femme a le droit de refuser sa personne jusqu'à l'issue de la contestation.

Quand elle se produit après la consommation, la femme a le droit de *se reprendre* jusqu'à ce qu'elle ait reçu satisfaction, lorsque son mari est convaincu de mauvaise foi. Lorsque le mari est de bonne foi, le cas est assimilé à un cas de force majeure.

Contrairement à ce qui a lieu en matière de vente, la revendication n'entraîne jamais l'annulation du mariage.

E. *Risques.* La question des risques, en matière de dot, est réglée d'après les principes généraux, mais en tenant compte de la nature spéciale du mariage.

Dans les contrats parfaits, comme nous le verrons, la propriété est transférée, par le seul fait de l'échange des consentements ; il en est de même des risques, à moins que, dans la vente, par exemple, le vendeur n'ait usé du droit de rétention ou qu'il ne soit constitué en demeure. Quand le contrat est imparfait, la propriété n'est transférée que par la tradition. Encore, ce droit est-il très fragile, très voisin de la simple détention, puisqu'il est sujet à révocation, dès que l'annulation est prononcée. Mais, il n'en est pas moins certain que la tradition met les risques à la charge de celui à qui elle a été faite. S'il s'agissait de formuler une règle applicable à ces deux situations différentes, on pourrait dire que celui des contractants entre les mains de qui la chose se trouve *légalement* en est responsable ; et il ne faudrait pas oublier : 1° que, le contrat étant parfait, le simple échange des consentements a pour effet de placer la chose entre les mains de l'acheteur dès avant la tradition, celle-ci n'ayant d'autre but que de faire passer physiquement cette même chose en sa possession et puissance ; 2° que la règle fléchit lorsque le vendeur use du droit de rétention ou bien est constitué en demeure ; 3° que la règle fléchit encore lorsque la chose vendue est de celles qui se pèsent, se jaugent, se comptent ou se mesurent.

Dans le contrat de mariage, il y a à tenir compte d'un élément spécial. Lorsque le mariage est imparfait, et qu'il est simplement contracté, il est annulable comme tout autre contrat ; consommé, il ne l'est plus, il est élevé au rang de contrat parfait. Mais il peut arriver que la cause d'imperfection procède de la dot, celle-ci seule devenant caduque et devant être remplacée par la dot d'équivalence, un mariage sans dot n'étant pas possible. De là cette conséquence que le contrat imparfait, élevé à la dignité de contrat parfait, ne cesse pas d'être affecté d'imperfection à l'égard de la dot stipulée, et que ce n'est plus en qualité de propriétaire, mais de simple détentrice, que la femme en supporte les risques. Si donc elle n'a pas reçu la dot, — celle-ci étant fiduciaire ou arbitrale, — c'est le mari qui est comptable des risques, bien que le mariage soit devenu parfait.

Ce n'est pas tout. Dans les contrats ordinaires, les contractants ne peuvent se dédire que par consentement mutuel. Le mariage, au contraire, peut être rompu par la volonté seule du mari, même avant la consommation physique. Mais alors, la femme demeure propriétaire de la moitié de la dot, et si elle l'a reçue toute entière, elle doit en restituer l'autre moitié. On s'est demandé, en raison de ce fait, s'il est réellement exact de soutenir qu'elle acquiert la propriété de la dot par la seule énergie du contrat.

Plusieurs systèmes ont été proposés pour résoudre cette difficulté. Je me bornerai à exposer le plus rationnel, celui qui a le mérite de s'accorder avec les principes généraux qui viennent d'être exposés.

A. Parlons d'abord du mariage parfait :

Supposons, un peu gratuitement, pour donner à la difficulté toute son ampleur, que la dot consiste en un corps certain, non fractionnable par sa nature, comme une maison, un cheval. Ces constitutions de dot sont très rares; elles sont à ce point contraires à l'usage, qu'elles sont considérées comme humiliantes pour la femme (1). Il est probable, d'ailleurs, que si elles ne sont point admises, c'est précisément parce qu'elles créent des conflits qui ne se produisent pas quand la dot consiste en numéraire. Supposons-le donc, et du consentement de la femme, un objet de ce genre a été constitué en dot. La femme ne peut pas, nous le savons, exiger la tradition de la dot avant le moment de la consommation du mariage. Le mari est donc nanti de l'objet, la femme en étant propriétaire pour moitié, et devant acquérir le surplus par la consommation. Les époux seront responsables des risques dans la même proportion. S'il intervient une répudiation avant la consommation, et que la maison n'ait subi ni perte, ni détérioration, la femme recevra, soit la moitié de l'immeuble, soit la valeur de cette moitié. La maison périt-elle, comme il s'agit d'un bien apparent (2), la simple affirmation du mari sous la foi du serment le libère de son obligation de livrer, chacun des époux supportant la perte dans la

_____

(1) *Conf.* n° 3, 3°.

(2) *Conf.* Vente, sur la division des biens en apparents et en cachés. S'il s'agissait ici d'un bien caché, le mari ne serait affranchi de son obligation qu'en fournissant la preuve de la perte.

proportion de son droit. L'immeuble subit-il une détérioration, ils la supportent également par moitié.

Mais, — complication nouvelle, — supposons que le mari se soit libéré par anticipation et qu'il ait opéré la délivrance de la maison avant la consommation. Les risques sont tout entiers à la charge de la femme, savoir : pour moitié comme propriétaire, pour moitié comme détentrice. Subit-elle une répudiation avant la consommation du mariage, elle restitue la moitié de l'immeuble ou la valeur de cette moitié. En est-elle empêchée totalement par la perte de la chose, ou partiellement par sa détérioration, on procède comme ci-dessus.

Lorsque la dot consiste en numéraire, la question devient d'une telle simplicité qu'il est superflu, après les explications qui précèdent, d'entrer dans de nouveaux développements. Ce qui distingue surtout cette hypothèse de la précédente, c'est que : 1° le numéraire est un bien caché, et que, par conséquent, celui des époux qui sera détenteur de la chose devra administrer la preuve de la perte par lui alléguée; 2° lorsque la femme a octroyé sa personne par anticipation, avant le paiement du naqd, elle n'a qu'une action personnelle contre son mari en paiement de la dot, alors qu'elle a une action réelle quand la dot consiste en un corps certain. Dans les deux cas, d'ailleurs, elle a le droit de refuser sa personne aussi longtemps que le paiement n'a pas eu lieu.

Lorsque la dot se compose de choses fongibles (1), comme la propriété n'en est transférée que par la tradition, la femme ne sera responsable des risques que dans le cas où le mari se serait libéré par anticipation. Si la dot a péri, sans qu'elle puisse prouver le cas fortuit, elle devra restituer des choses de mêmes espèce et qualité ou leur valeur.

B. Lorsque le mariage est imparfait, la tradition seule produit la translation de la propriété. Dès lors, les risques demeurent à la charge du mari aussi longtemps qu'il ne s'est pas dessaisi de la dot au profit de la femme.

C. Quand le mariage est controversé, la solution est la même que dans le mariage valable. En effet, il suffit qu'un jurisconsulte, appartînt-il à une école différente, soutienne la validité du mariage ou celle de la constitution de dot, pour que l'un ou l'autre, mariage ou constitution de dot, soit tenu pour parfait.

D. Lorsque le mariage est nul, il ne produit aucun effet, et notamment, le contrat, même suivi de consommation, ne transfère pas la propriété de la dot. Mais, la consommation étant valable par elle-même, la femme devient propriétaire de la moitié de la dot. Dès lors, a-t-elle reçu tout ou partie de la dot par anticipation, les

---

(1) *Conf.* page 129, note.

risques en sont à sa charge comme simple détentrice, jusqu'au moment de la consommation (1).

F. *Du vice dont est atteint l'objet constitué en dot.* Lorsque l'objet constitué en dot et livré par le mari est atteint d'un vice, on applique les règles exposées plus haut en matière de revendication. Le vice rédhibitoire est, en effet, une véritable éviction totale ou partielle.

G. *Cadeaux.* Bien que rien ne l'y oblige, le mari a la faculté de faire à sa femme une libéralité, en sus de la dot stipulée. Ces cadeaux deviennent, pour ainsi dire, partie intégrante de la dot elle-même, et la femme en acquiert la propriété dans les mêmes proportions. Il en est de même des risques qui pèsent sur elle comme s'il s'agissait de la dot elle-même.

H. *Objets mobiliers garnissant le domicile conjugal.* Quand, à une époque quelconque, pendant ou après le mariage, qu'il soit dissous par la répudiation ou par la mort, les époux sont en contestation sur la propriété des objets mobiliers garnissant le domicile conjugal, le différend est tranché, à défaut de preuve péremptoire, suivant la loi des vraisemblances. On attribue à la femme les objets qui sont généralement à l'usage des femmes, tels que les bijoux, les parures, à charge par elle de corroborer ses allégations par un serment. Par contre, on adjuge au mari les objets dont les hommes se servent habituellement: armes, vêtements, etc. Celui-ci est également astreint à un serment. Quant aux objets d'usage commun aux deux sexes, le dire du mari est prépondérant.

I. *Double dot.* Il peut se faire qu'une femme réclame deux et mê-

---

(1) Voici, en résumé, un des deux autres systèmes proposés sur la question des risques :

La femme, bien que le mariage soit un contrat consensuel qui acquiert sa perfection par le simple échange des consentements, ne devient pas propriétaire de la dot par la seule énergie du contrat. En effet, le consentement ne porte que sur la personne même des époux ; la dot ne constitue qu'une des conditions, à la fois fondamentales et accessoires, de l'union conjugale. C'est donc par la tradition seule que la propriété de la dot est transférée. Celle-ci demeure donc aux risques du mari aussi longtemps qu'elle n'a pas été livrée. D'autre part, et en raison de la faveur exceptionnelle dont jouit le mariage, si la chose périt, le mari en doit la valeur sans qu'il y ait lieu de distinguer entre les choses qui peuvent être célées et celles qui ne le peuvent pas. De même, si l'objet constitué en dot subit une détérioration, le mari est encore tenu d'en subir les conséquences. De même, enfin, il est garant même de la perte par cas fortuit ; car, le mariage demeurant toujours valable, si l'on admettait une solution différente, le mariage se trouverait contracté sans dot, ce qui est contraire à la loi. Que le mari tombe dans l'indigence et soit hors d'état de payer la valeur de l'objet constitué en dot, il est procédé comme ci-dessus (n° 172, C.).

me trois dots au même mari, ce qui arrive lorsqu'après une ou deux répudiations irrévocables, les époux se sont unis par un nouveau mariage (1). Que le mari affirme avoir prononcé la répudiation avant la consommation du premier mariage, ce qui ne le constitue débiteur que d'une demi-dot, de ce chef, que la femme conteste ce défaut de consommation, ce qui la constitue créancière d'une dot entière, le conflit est réglé au moyen d'une enquête contradictoire, conformément aux règles qui vont être exposées.

173. CONSOMMATION. — La consommation du mariage est, comme nous l'avons vu, un fait important, en ce qu'il est le point de départ de l'acquisition, par la femme, du *kali* de la dot (2).

Aussi est-il nécessaire de rechercher à quelles conditions la consommation du mariage est valable.

Dans notre droit, le mariage est parfait dès que les deux époux ont échangé leurs consentements; la consommation physique de l'union conjugale est un fait de la vie privée dont la loi ne s'occupe à aucun titre, à moins qu'il ne s'agisse de désavouer un enfant et de détruire la présomption légale établie par l'art. 312 du Code civil.

D'autre part, la loi française n'admet pas que l'on puisse contracter mariage avant d'avoir atteint la puberté; d'où cette conséquence que le contrat et la consommation physique sont deux faits contemporains.

Enfin, nous avons de l'union conjugale une idée trop élevée pour accueillir la notion barbare d'après laquelle le caractère synallagmatique du mariage réside dans l'octroi que fait la femme de sa personne en échange de la dot que lui paie le mari.

Nous savons qu'il n'en est pas de même chez les Musulmans. Pour eux, le mariage peut être contracté avant la puberté des conjoints, sauf à en différer la consommation; bien mieux, il est rare que, même entre pubères, le contrat soit immédiatement suivi de la consommation du mariage. De là une grande incertitude sur le moment précis où le mariage a atteint sa perfection, alors surtout que, faute de registres de l'état-civil, la consommation du mariage n'est attestée que par des témoins. Encore ceux-ci n'assistent-ils qu'aux préliminaires de cet acte important. De là toute une série de présomptions qui, à défaut de contestation, tiennent lieu du fait lui-même (3).

Aussi, lorsque les témoins affirment avoir assisté à l'un de ces actes ou de ces faits, la preuve de la consommation est-elle faite, et dans la langue courante des commentateurs, chacune de ces expressions est employée comme synonyme de celles qui signifient la consommation elle-même.

---

(1) *Conf.* n° 121.

(2) *Conf.* n°ˢ 37 et 58.

(3) *Conf.* n° 58.

La femme a un intérêt sérieux à établir la consommation du mariage, comme, de son côté, le mari est intéressé à combattre les allégations de la femme, lorsqu'il s'agit de rechercher si la répudiation a eu lieu avant ou après la cohabitation physique.

C'est ainsi, par exemple, que la femme établira par témoins que son mari a pénétré dans la chambre nuptiale, qu'il y est resté seul avec elle, et elle en tirera cette conséquence que le mariage a été consommé. Que son mari, tout en avouant qu'il en a été ainsi, soutienne n'avoir pas consommé l'union conjugale, la femme est crue sous la foi du serment, lorsqu'elle est pubère et douée de discernement, même si elle est safiha. Si elle est impubère, c'est le mari qui est admis au serment; jure-t-il, il ne doit que la moitié de la dot. Mais alors la femme, parvenue à la puberté, peut demander à prêter serment à son tour, et elle conquiert ainsi l'autre moitie de la dot. Quand, au contraire, le mari refuse de jurer, il doit la dot entière, et il n'est plus admis à déférer le serment à sa femme, quand celle-ci est devenue pubère. Pourquoi? C'est qu'il a deux témoignages contre lui — (la preuve juridique est fournie par deux témoins) : — 1° l'isolation; 2° son refus de jurer.

Quand la femme meurt avant d'avoir atteint la puberté, le droit qu'elle avait de prêter serment passe à ses héritiers.

De même encore, celui des époux qui y aura intérêt allèguera que la consommation, bien qu'elle ait eu lieu, a été viciée par une des circonstances qui lui ôtent toute efficacité juridique (1). Dans cette hypothèse, on aura également recours à la procédure susindiquée.

Enfin, il est important, dans l'intérêt de la loi, d'établir la réalité et la légalité de la consommation. Dans le cas où un mari, après avoir prononcé successivement trois répudiations irrévocables contre sa femme, manifeste le désir de s'unir de nouveau à elle. Il faut, en effet, que cette femme ait consommé valablement un mariage valable avec un tiers, pour que son mari puisse la reprendre sans violer la loi civile et religieuse. Ici encore, les contestations, s'il s'en produit, sont jugées d'après la procédure qui précède.

Il est évident que s'il ne s'élève aucune contestation, toutes ces prescriptions dictées par la morale et la religion sont sans objet.

Mais si l'un des époux soutient la nullité de la consommation, les circonstances de fait sont pesées avec soin, et, si la preuve de la violation de la loi est faite, la femme perd le kali de la dot.

174. DISSENTIMENTS DOMESTIQUES. — La femme doit le respect et la soumission à son mari. Lorsqu'elle se montre désobéissante, acariâtre, lorsqu'elle se refuse, sans motif légitime (2), à ses ca-

_____

(1) *Conf.* n° 58.

(2) Il est certain que la femme n'est pas tenue de céder toujours aux exigences de son mari. Les motifs qui légitiment sa résistance sont ceux qui rendent la

resses, il a le droit de lui adresser des remontrances, puis de l'exclure de son lit, puis, enfin, de la frapper, à la condition de ne pas la blesser. Enfin, si toutes ces tentatives pour la ramener au sentiment de ses devoirs ont échoué, le cadi l'exhorte à son tour et lui inflige, au besoin, une peine corporelle, coups ou emprisonnement.

La femme n'a évidemment pas le droit d'admonester son mari, de l'exclure de son lit, de le frapper. Mais, sur sa plainte, le cadi emploiera ces moyens de rigueur. Ici encore le juge complète la personnalité juridique de la femme (1).

Mais il arrive souvent que la preuve des faits, dont se plaint l'un ou l'autre des époux, soit impossible à administrer. Et pourtant, il importe de savoir de quel côté sont les torts. Aussi la loi a-t-elle organisé à cet égard une procédure spéciale. Le cadi place les époux chez des personnes honorables, désintéressées, auxquelles il donne pour mission de les surveiller et de lui rendre compte de ce qu'elles auront vu et entendu.

Si, après cette épreuve, la cause demeure obscure, le juge désigne deux arbitres, l'un pris dans la famille du mari, l'autre dans celle de la femme, ou à défaut, deux étrangers. Ceux-ci véritables juges, alors que les surveillants dont je viens de parler ne sont que des témoins, doivent être d'une probité notoire, pubères, non faibles d'esprit, du sexe masculin ; il faut éviter de les choisir pauvres, de peur qu'ils ne soient accessibles à la corruption. Ils sont chargés de concilier les parties ; s'ils n'y réussissent pas, ils rendent une décision basée sur les circonstances de la cause ; ils ont le pouvoir d'obliger les époux à reprendre la vie commune, après avoir subi une sévère admonestation, ou de prononcer la répudiation, aux torts de l'un ou de l'autre des conjoints. C'est là, dans la rigueur des principes, un mode exceptionnel de dissolution du mariage. En effet, la répudiation ainsi prononcée est obligatoire pour les époux, qu'ils y consentent ou non, et sans qu'il soit nécessaire, d'après l'opinion la plus accréditée, que le juge homologue la sentence. Toutefois les arbitres excèderaient leur pouvoir s'ils prononçaient une répudiation double ou triple ; elle ne peut être que simple, afin de réserver aux époux la faculté de se réconcilier. C'est donc une exception au principe en vertu duquel toute répudiation résultant d'une sentence judiciaire est irrévocable (2).

Mais, se demandera-t-on, pourquoi le mari, armé du droit illimité de répudiation, songerait-il à recourir à une pareille procédure ? La raison en est simple. S'il répudie sa femme, il lui doit la dot entière. Ici, suivant les cas, il n'a rien à payer ou bien même il

cohabitation illicite (conf. n° 173). Elle a de plus la faculté de se refuser : 1° lorsqu'elle est malade ; 2° lorsque le mari ne paye pas la dot (conf. n° 172, C.) ; 3° aussi longtemps qu'il n'a pas été statué sur une demande en revendication qui met la dot en péril (conf. n° 172, D).

(1) Conf. n° 124.

(2) Conf. n° 127.

touche une indemnité. En effet, voici comment les choses se passent.

La répudiation est-elle prononcée aux torts de la femme, celle-ci est condamnée à lui payer une certaine somme, comme en matière de khola (1). Lorsque les torts sont réciproques, le mari touche encore une rançon, mais beaucoup plus faible que dans le premier cas, à titre de simple compensation théorique de la dot qu'il perd. C'est uniquement dans le cas où les torts du mari sont évidents que les arbitres prononcent la répudiation qui entraîne pour lui la perte entière de la dot.

Les parties peuvent d'ailleurs désigner elles-mêmes un ou deux arbitres qui auront les mêmes pouvoirs que ceux nommés par le cadi. Ceux-ci sont révocables au gré des époux.

Il va de soi que la femme a toujours le droit, dès qu'elle subit un préjudice quelconque, de réclamer directement la répudiation, et, si ses griefs sont justifiés, de la prononcer avec la sanction du juge.

175. ENTRETIEN (2). — Dès que le mari tombe dans le dénûment, *la nefaka tombe;* il est libéré de toute obligation. La femme pourvoit alors à ses besoins, sans avoir rien à réclamer de ce chef. Mais rien n'impose à la femme le devoir de nourrir son mari pauvre : « Elle a, dit Sidi Khalil, le droit de se faire rembourser par » lui tout ce qu'elle a dépensé pendant qu'il était dans la gêne, » comme si elle avait pourvu à l'entretien d'un étranger, à moins » qu'elle n'ait fait pour lui des dépenses excessives, et qu'elle n'ait » agi que par affection conjugale. » En cas de difficultés sur ce point, elle est astreinte à jurer qu'elle n'a fait qu'une avance, à charge de remboursement.

Le dénûment de la femme est sans intérêt, puis qu'elle est affranchie de toute contribution aux charges du ménage.

Lorsque le mari entreprend un voyage qui le constitue absent dans le sens vulgaire du mot (3), la femme a droit à l'entretien anticipé, si mieux elle n'aime obliger son mari à constituer un mandataire spécial chargé de pourvoir à ses besoins ; à défaut de quoi, elle s'adresse à la justice, ou même, si le prétoire est trop éloigné de sa résidence, à une assemblée de musulmans, à qui elle expose son dénûment. Ceux-ci, après serment de la femme, déterminent ce qui doit lui être fourni. Comme sanction de cette décision, on prélève somme suffisante sur tous les biens laissés par le mari : biens présents, biens absents, dépôts, créances ; on procède même, s'il le faut, à la saisie immobilière de ses immeubles, après exper-

---

(1) *Conf.* n° 87.

(2) *Conf.* n° 64.

(3) Lorsqu'il s'éloigne à une distance de trois jours de marche du domicile conjugal.

tise et description afin d'éviter les difficultés lorsque le mari revient de voyage.

La femme n'est pas astreinte à fournir caution.

Bien entendu, elle peut attendre patiemment le retour de son mari. Alors s'engage une discussion contradictoire entre les époux. Si le mari reconnaît la somme qui lui est réclamée, il n'y a pas de difficulté. S'il conteste la dette, on s'en rapporte au serment de la femme, à condition qu'elle ait formulé sa plainte au début de l'absence. S'il soutient que les ressources lui manquent, il est libéré de toute obligation moyennant son serment. S'il y a contestation sur le *quantum* de la dette, et s'il existe un cadi dans la localité, celui-ci prononce ; s'il n'en existe pas, le dire le plus vraisemblable est admis.

La femme n'a pas la même liberté que l'homme. Qu'elle s'absente sans autorisation, le mari ne lui doit aucun entretien. Mais s'il s'agit d'un pélerinage obligatoire, elle n'a plus besoin d'autorisation et la nefaka lui est due. S'il s'agit d'un simple pélerinage de dévotion, elle est de nouveau soumise à une autorisation préalable.

Les frais de voyage ne lui sont jamais dus.

Lorsque le mari subit une détention, fût-ce à la requête de sa femme, son obligation d'entretien subsiste en son entier. S'il n'y satisfait pas, la femme peut, avec la sanction du juge, prononcer la répudiation (1).

La femme, bien qu'emprisonnée, continue à avoir droit à la nefaka.

Lorsque le mari est absent dans le sens juridique du mot, on procède comme il a été dit au paragraphe de l'aïdda (2).

176. RÉPUDIATION MOYENNANT RANÇON (3). — Lorsque le mari soutient qu'il a répudié sa femme moyennant rançon, et que la femme affirme qu'elle a été répudiée purement et simplement, on s'en rapporte au serment de cette dernière. Refuse-t-elle de jurer, le mari est admis à prêter serment ; jure-t-il, il obtient gain de cause ; refuse-t-il de jurer, il n'a droit à aucune rançon.

La procédure est la même dans le cas où les époux étant d'accord sur la nature de la répudiation, sont en contestation sur l'objet de la rançon.

Enfin, les époux s'accordant tant sur la nature de la répudiation que sur l'identité de l'objet de la rançon, si cet objet, un cheval par exemple, a péri ou est atteint d'un vice rédhibitoire, le mari est cru sur son serment quand il allègue que la perte était antérieure à la répudiation. De même pour le vice.

---

(1) *Conf.* n° 124.
(2) *Conf.* n° 77.
(3) *Conf.* n° 87.

177. RÉPUDIATION PAR DÉCHARGE MUTUELLE (1). — Les contestations, en cette matière, sont régies par les mêmes règles que les contestations en matière de transaction.

178. RÉPUDIATION (2). — Il peut se produire, à propos de la répudiation, des contestations très nombreuses, — soit que les époux ne s'accordent pas sur l'efficacité de la formule employée, — soit que le désaccord porte sur l'intention du mari, — soit que la femme affirme que la répudiation n'a eu lieu qu'après la consommation du mariage et que le mari soutienne le contraire.

Ces difficultés ont un grand intérêt pratique. En effet, la répudiation par trois entraîne la dissolution irrévocable du mariage ; la répudiation par un ou par deux laisse au mari le droit de reprendre sa femme sans nouveau mariage, sauf le cas où le mariage n'a pas été consommé.

D'autre part, par la consommation, la femme acquiert la dot entière ; faute de consommation, elle n'acquiert que la moitié de la dot.

Lorsque les époux ne sont pas d'accord sur l'efficacité de la formule, c'est au juge qu'il appartient de décider, en s'inspirant des usages locaux et des innombrables exemples fournis par les commentateurs (3).

Que le mari dise, par exemple, à sa femme : « Compte ! », ce qui peut signifier à la fois « Entre en retraite légale » et « compte » (la femme étant alors occupée à compter des pièces de monnaie), — la déclaration du mari est décisive quand il affirme avoir eu ou n'avoir pas eu l'intention de prononcer la répudiation (4).

Ici se place l'importante distinction que les musulmans font entre le *for intérieur* et le *for extérieur* (5). Le juge ne peut pas pénétrer dans le domaine de la conscience ; il n'apprécie que des faits extérieurs appuyés ou non sur une preuve juridiquement administrée.

Lorsqu'il s'agit d'un fait intérieur, l'agent est cru sur sa parole, sauf à Dieu à le punir s'il ment ; la justice humaine est impuissante.

On conçoit que l'intention et le défaut d'intention jouent un rôle considérable dans la théorie de la répudiation, la femme, lorsqu'elle vit en mauvaise intelligence avec son mari, étant toujours prête à abuser de toute parole imprudente pour conquérir sa liberté ; la langue arabe se prête merveilleusement, par la hardiesse de ses images, à cette guerre d'embuscades où la femme excelle ; la né-

---

(1) *Conf.* n° 97.
(2) *Conf.* n° 102.
(3) *Conf.* n° 107.
(4) *Conf.* n° 105.
(5) *Conf.* page 44, note 1.

cessité de lutter par la ruse contre la brutalité de l'homme, aiguise son esprit au delà de toute expression.

Lorsque la femme désire rompre le lien du mariage, elle a intérêt à soutenir qu'il n'y a pas eu consommation, car, dans ce cas, toute formule de répudiation emporte dissolution irrévocable de l'union conjugale. Dans le cas contraire, c'est-à-dire lorsqu'elle est dominée par des préoccupations d'argent, elle est intéressée à prétendre qu'il y a eu consommation, afin d'acquérir l'intégralité de sa dot. Le mari, de son côté, est avare ou amoureux ; il cherche soit à ne payer que la moitié de la dot, soit à se réserver la faculté de reprendre sa femme. De là des contestations que nous avons déjà étudiées à propos de la validité de la consommation (1).

CHAPITRE QUATRIÈME

DES NULLITÉS DU MARIAGE

179. DIVISION. — La théorie des nullités, qu'il s'agisse des contrats en général, ou du mariage en particulier, est d'une grande simplicité.

Un contrat, quel qu'il soit, ne peut être que nul, ou imparfait, ou parfait (2).

D'après les auteurs musulmans, le contrat nul est celui qui n'est pas sain par sa nature ; le contrat imparfait est celui qui, sain par sa nature, cesse de l'être par une circonstance extérieure ; enfin le contrat parfait est celui qui est sain par sa nature et qui n'a cessé de l'être par aucune circonstance extérieure.

180. DU CONTRAT NUL. — Le contrat est nul quand la nullité procède du consentement. En effet, tout contrat se formant par le consentement, tantôt unilatéral, tantôt bilatéral, il est évident que si le fait juridique qui seul donne naissance à un contrat ne s'est pas produit, ou s'est produit dans des circonstances reprouvées par la loi, ce dernier ne pourra avoir aucune existence légale et ne pourra entraîner aucun effet.

---

(1) *Conf.* n° 173.

(2) On peut adopter, suivant la terminologie française, les expressions de *nullités absolues* et de *nullités relatives*. Ainsi, lorsque la dot se compose de fruits non mûrs (*Conf.* n° 29, 1°), le mariage est *nul*, mais la nullité est relative. Ainsi, le mariage contracté entre un frère de lait et une sœur de lait est *nul* (*Conf.* n° 42, C.), mais la nullité est absolue. De même pour la vente.

Ainsi, lorsqu'un mariage a été contracté par un incapable non assisté d'un représentant capable, le consentement ainsi donné est sans aucune valeur. Le contrat est nul.

Ainsi encore, lorsqu'un des époux, capable d'ailleurs, a donné un consentement vicié par l'erreur, par la violence, par la fraude, le résultat est le même.

Mais il peut arriver qu'un des époux, capable, donne un consentement que n'ont pas vicié l'erreur, la violence, la fraude, et que le contrat soit pourtant nul. C'est lorsque ce consentement porte sur une union considérée comme illicite, comme abominable par la loi civile et religieuse. Dans ce cas, la loi, se substituant aux contractants, déclare, pour ainsi dire, qu'ils n'ont pas pu donner un consentement qu'il leur était interdit de donner. Contracter mariage avec sa mère, avec sa sœur, avec une cinquième femme, avec une païenne, constitue autant d'actes criminels dont un fidèle aurait été incapable, si sa volonté avait été libre, raisonnée. On pourrait presque dire que l'erreur de droit, commise de propos délibéré, vicie radicalement le consentement (1).

Un contrat nul est absolument inefficace. La consommation physique elle-même ne peut le tirer du néant et faire naître la puissance maritale. Le juge à la requête des parties, ou même d'office, doit en constater l'inexistence.

Toutefois, si un pareil contrat a été suivi de la cohabitation des époux, la femme a droit à sa dot, par cela seul qu'elle a livré sa personne, ce principe ne souffrant aucune exception, alors même que le contrat est nul.

Sont nuls, en vertu des principes qui précédent, les mariages contractés :

1° Sans consentement ;

2° Moyennant un consentement donné par un incapable ;

3° Moyennant un consentement vicié, dans sa formule même, par l'erreur ;

4° Moyennant un consentement vicié, dans sa formule même, par la violence ;

5° Moyennant un consentement vicié, dans sa formule même, par la fraude ;

6° Avec une femme au degré prohibé ;

7° Avec une femme mariée ;

8° Avec une femme répudiée trois fois par répudiation irrévocable, sans qu'elle ait été d'abord mariée avec un tiers ;

9° Avec une femme en *aïdda* ou en *istibra ;*

10° Avec une femme enceinte ;

11° Sous la forme du mariage temporaire ;

12° Sous la forme du mariage secret ;

---

(1) Voyez toutefois n° 182.

13° Avec une cinquième femme ;

14° Par un musulman avec une païenne ;

15° Par une musulmane avec un non musulman.

Il est à remarquer que, non seulement le mariage lui-même est nul, mais encore qu'il crée entre les contractants une interdiction perpétuelle de se réunir ensuite par un mariage même parfait, lorsque cette première union constitue une violation de la loi religieuse. C'est à titre de punition que cette défense est encourue. Lorsque, au contraire, la nullité ne procède que du consentement proprement dit, cette prohibition éternelle n'existe plus.

181. DU CONTRAT IMPARFAIT. — Le contrat est imparfait quand, irréprochable au point de vue du consentement, il est vicié par une circonstance quelconque étrangère au consentement. Ce qui caractérise les contrats de ce genre, c'est que, du moment où ils ont été consommés ils peuvent être sauvés de la ruine, soit par la loi, soit par la volonté des parties, et que leur annulation a la valeur d'une véritable répudiation.

En effet, le contrat proprement dit, c'est-à-dire le consentement, étant à l'abri de toute critique, la loi a organisé ce que l'on appelle des *étais* qui rendent au mariage la solidité qui lui manquait. Il devient alors parfait. On ne saurait *étayer* un édifice inexistant (le contrat nul) ; mais un édifice existant et qui n'est atteint que d'un vice de construction qui le rend fragile (le contrat imparfait) peut être consolidé. D'autre part, si le juge n'a d'autre pouvoir, en matière de contrats nuls, que de constater cette nullité, cette inexistence, il doit, au contraire, quand il s'agit d'un contrat imparfait, procéder à une véritable annulation. Or, il n'y a, en droit musulman, qu'un procédé pour rompre un mariage existant : la répudiation. Le juge se substitue, en quelque sorte, aux contractants et prononce la répudiation dans l'intérêt de la loi, comme ils devraient le faire eux-mêmes. Par quels moyens, le contrat imparfait est-il consolidé ? Les étais indiqués par la loi sont :

1° La consommation ou les faits qui en tiennent lieu ;

2° La ratification ;

3° La dot d'équivalence ;

4° La suppression de la condition qui vicie (1).

Ainsi, un mariage a été contracté au mépris d'une demande précédente. Comme, nous le supposons, les consentements ont été valablement échangés par des contractants capables, le mariage, en tant que contrat, est irréprochable ; il est atteint d'un vice en ce

---

(1) Ces *étais* sont spéciaux au mariage. Pour les autres contrats de réciprocité, *conf.* n° 216.

qu'il n'a pas été tenu compte d'une demande précédente. Le juge, devra, à la requête du premier prétendant, annuler ce mariage, par une décision qui aura la force d'une répudiation. Mais s'il a été consommé, il est à l'abri de toute critique ; il a été étayé et a conquis toute la solidité d'un mariage parfait.

Ainsi encore, un mariage irréprochable comme contrat, a été contracté sans dot, ou moyennant une dot vicieuse. Il est sujet à annulation aussi longtemps qu'il n'a pas été consommé. Consommé, il est étayé. Mais un mariage sans dot ne pouvant être parfait, un conflit s'élève. D'une part, le contrat est valable et la consommation a eu lieu, et dès lors le mariage est devenu parfait ; d'autre part le défaut de dot (ou l'existence d'une dot vicieuse) lui laisse son caractère d'imperfection. Que faire ? La dot d'équivalence sauve la situation.

Ainsi encore, un mariage irréprochable comme contrat, a été contracté par un époux atteint d'un vice de conformation qui met obstacle à la cohabitation, ou d'une maladie qui, par le dégoût qu'elle inspire à l'autre conjoint, rendra pénible pour lui cette même cohabitation qui est le but de l'union conjugale (1). Il y a là une erreur, ou même une fraude, suivant les circonstances. Si cette erreur portait sur la formule même du consentement, le contrat serait nul. Mais ici, elle porte sur la personne, les époux ayant d'ailleurs échangé des consentements irréprochables. L'époux, ainsi trompé, a un droit d'option, le mariage eût-il été consommé. Mais dès qu'il l'a ratifié, le mariage devient inattaquable. Ici, il faut le remarquer, la consommation du mariage, qui est le plus solide des étais, qui, seul, rend l'emploi des autres étais possible, est dépourvue de son efficacité ordinaire. C'est qu'il s'agit ici d'un vice qui donne ouverture à l'option légale. Or, nous le verrons, le propre de cette option est d'être toujours à la disposition des contractants, le contrat eût-il été exécuté (2).

Ainsi enfin, un mariage irréprochable comme contrat, irréprochable comme constitution de dot, a été contracté. Mais le mari a stipulé que la femme ne pourra jamais accomplir le pélerinage. Le mariage sera maintenu même avant toute consommation, la condition illicite seule sera considérée comme non écrite.

Sont imparfaits les mariages contractés :

1° Avec un malade ;
2° Avec une femme qui a été l'objet d'une demande précédente ;
3° Sans dot ;
4° Moyennant une dot vicieuse, etc., etc.

182. DU CONTRAT PARFAIT. — Le contrat est parfait lorsque,

---

(1) Ces maladies, véritables vices rédhibitoires, sont, notamment : la lèpre, l'éléphantiasis, la démence.

(2) *Conf.* Option légale.

Traité élémentaire de droit musulman.

8

irréprochable au point de vue des consentements échangés, il remplit encore toutes les conditions exigées par la loi.

Mais, à titre de tolérance légitime, il suffit qu'un mariage soit controversé, en ce qui touche sa perfection, pour qu'il soit tenu pour parfait. En effet, les parties ne peuvent souffrir des incertitudes de la jurisprudence, et il suffit que tel mariage soit tenu pour valable par un seul jurisconsulte, que celui-ci appartienne à l'école à laquelle les contractants appartiennent eux-mêmes, ou à une des quatre écoles orthodoxes, pour qu'il ait toute la valeur d'un mariage parfait.

Il est impossible de donner une nomenclature des contrats parfaits. Ce sont évidemment tous ceux qui ne sont ni nuls, ni imparfaits.

Sont controversés les mariages contractés :

1° Pendant que l'un des époux est en ihram ;
2° Par chir'ar ;
3° Par une femme non assistée d'un ouali, etc., etc.

On le remarquera, le mariage contracté sans ouali est nul pour les Malékites. Mais, comme il est valable pour les Hanéfites, qui ne font aucune différence entre les deux sexes, il est controversé ; dès lors, il est tenu pour parfait (1).

---

(1) Cette théorie démontre péremptoirement qu'un magistrat musulman, pour être à la hauteur de ses fonctions, doit connaître non seulement *la loi* de l'école à laquelle il appartient, mais encore la loi des quatre écoles orthodoxes. C'est pour faciliter cette quadruple étude que Cha'rani a écrit son livre intitulé : *la balance.*

LIVRE SECOND

—

DE L'INTERDICTION

———

183. GÉNÉRALITÉS. — Les jurisconsultes musulmans ont rejeté l'interdiction à la suite de la vente ; de graves inconvénients résultent de ce défaut de méthode. En effet, il est indispensable, avant d'aborder l'étude des contrats, d'avoir des notions précises sur la capacité contractuelle, de savoir quelles sont les circonstances qui la modifient ou l'anéantissent complètement.

184. DÉFINITION. — L'interdiction, d'après Ibn Arfa, est un empêchement légal à la libre disposition des biens. Cette définition n'est pas juridique. L'interdit n'est pas seulement empêché de disposer de ses biens ; dans bien des cas, il est encore empêché de disposer de sa personne, ainsi que le démontreront les explications suivantes.

185. DIVISION. — L'interdiction procède de sept causes, qui sont : 1° l'enfance ; 2° la folie ; 3° la prodigalité ; 4° l'esclavage ; 5° l'insolvabilité judiciairement déclarée ; 6° la maladie ; 7° le mariage, pour la femme.

186. *A*. ENFANCE. — Depuis sa naissance jusqu'à sa puberté, l'enfant mâle est soumis à la hadana (1). Il est un véritable interdit, mais *en parole* seulement, non *en acte,* ce qui veut dire qu'il est incapable de contracter, car, pour cela il faut parler : « Je vends, j'achète, etc. », — mais qu'il est responsable de ses actes, lorsqu'il commet un crime ou un délit. Il est placé sous une double tutelle, *tutelle somatique* qui l'empêche de disposer de sa personne, *tutelle chrématique* qui l'empêche de disposer de ses biens.

La tutelle somatique s'exerce par le père, par le tuteur testamen-

———

(1) *Conf.* n° 69.

taire (1). Elle se traduit surtout par la contrainte matrimoniale, suivant des distinctions que nous avons étudiées plus haut (2). L'impubère n'a d'autre domicile que celui de son père.

La tutelle chrématique est exercée par le père, par le tuteur testamentaire, par le tuteur judiciaire. L'impubère dispose-t-il de ses biens à titre onéreux, le tuteur rompt ou maintient l'engagement pris, en s'inspirant de l'intérêt bien entendu de l'enfant. Dispose-t-il de ses biens à titre gratuit, le tuteur provoque l'annulation du contrat, sauf le cas où l'enfant, prisonnier de guerre, emploie tout ou partie de ses biens à racheter sa liberté, ce qui n'est pas, à proprement parler, une simple libéralité. Lorsque le tuteur ignore l'engagement pris, ou demeure passif, l'impubère, à la sortie de l'interdiction, peut rompre ou maintenir le contrat, en eût-il tiré avantage.

Le testament de l'impubère est valable, lorsqu'il est exempt de toute incohérence.

L'impubère est affranchi de la tutelle somatique par l'avènement de la puberté. Celle-ci résulte soit de l'âge (18 ans), soit des pollutions nocturnes, soit de la pilosité des parties naturelles. On croit sur parole celui qui affirme avoir ou n'avoir pas atteint la puberté, s'il n'y a aucun motif de suspecter sa déclaration. Mais s'il n'allègue que son âge, il y a lieu à vérification.

L'impubère est affranchi de la tutelle chrématique, quand c'est son père qui l'exerce, par la puberté accompagnée de la capacité intellectuelle.

Dès lors, il est *sui juris* (rachid).

La tutelle chrématique est-elle exercée par le tuteur testamentaire ou par le tuteur judiciaire, la puberté ne libère plus que la personne de l'enfant ; pour qu'il soit admis à disposer de ses biens, il est nécessaire que le tuteur donne main-levée de l'interdiction.

Quant à l'enfant du sexe féminin, il demeure sous la hadana jusqu'à la consommation du mariage (3). La puberté n'a donc qu'une influence indirecte sur sa situation légale. C'est la consommation du mariage qui l'affranchit de la tutelle somatique. Chrématiquement, elle n'est affranchie, après la consommation du mariage, que sur la déclaration de deux témoins attestant sa capacité intellectuelle, et par la main-levée de l'interdiction accordée par le tuteur. N'a-t-elle pas de tuteur, un séjour d'un an au domicile de son mari emporte également son affranchissement chrématique.

On le voit, les expressions françaises : *mineur, majeur,* n'ont aucune signification précise en droit musulman.

---

(1) *Conf.* n° 5.
(2) *Conf.* ibid.
(3) *Conf.* n° 69.

187. *B.* Folie. — Le fou est interdit jusqu'à sa guérison. Dès qu'elle est constatée, il devient *sui juris*, sans qu'il soit besoin d'aucune main-levée de l'interdiction, lorsque la folie s'est produite après la puberté accompagnée de la capacité intellectuelle.

La démence est-elle constitutionnelle, en ce sens qu'elle s'est révélée pendant l'enfance même, l'insensé est interdit en tant qu'impubère, et la puberté n'aura aucune influence sur sa capacité, puisqu'elle n'est pas accompagnée de discernement.

Lorsque la démence survient après la puberté accompagnée de la capacité intellectuelle, il y a lieu de provoquer l'interdiction; celleci peut être requise par le père, même par la mère ; à défaut, par le juge; à défaut, par un membre quelconque de la communauté musulmane.

L'insensé a-t-il des intervalles lucides nettement caractérisés, il est, pendant ces périodes, traité comme s'il était sain d'esprit, impubère ou pubère.

188. *C.* Prodigalité. — Le prodigue est celui qui est atteint de faiblesse intellectuelle. Il faut être faible d'esprit *(safîh)* pour dilapider les biens qui nous viennent de Dieu. D'où, pour lui, l'impossibilité d'administrer ses biens. Mais, en ce qui touche sa personne, il ne subit aucune diminution de capacité. Si, pubère, il est soumis à une sorte de contrainte matrimoniale, c'est uniquement au point de vue de la dot (1).

Qu'il arrive à la puberté sans être pourvu de son entier discernement, s'il est safîh, son père s'opposera à ce que la puberté produise son effet normal. Le père mort, le tuteur testamentaire ou judiciaire refusera la main-levée de l'interdiction. De là des conflits. De là une véritable instance judiciaire, si l'interdit proteste contre la qualité de safîh qui lui est attribuée. Le juge procède alors à l'*essai du discernement*. On remet au demandeur en main-levée une certaine somme d'argent; on l'autorise à en disposer, on surveille l'emploi qu'il en fait. Cet emploi est-il convenable, la main-levée est prononcée judiciairement. Sinon, l'interdiction est maintenue.

Lorsque la faiblesse d'esprit se manifeste après l'affranchissement du pubère de la tutelle chrématique, on procède à son interdiction comme pour l'aliéné.

189. *D.* Esclavage. — Sans intérêt en Algérie.

190. *E.* Insolvabilité. — C'est à tort que l'on traduit le mot *falas* par faillite. Il ne peut y avoir de faillite en droit musulman, pour une foule de raisons dont voici les principales :

1° Le failli est le négociant incapable de faire face à ses engage-

---

(1) *Conf.* n° 7, 3°.

ments. Il suspend ses paiements, bien que son actif puisse être supérieur à son passif.

Pour les Musulmans, le *mofliss* est un homme qui n'a rien, qui est réduit au dénûment parce qu'il doit plus qu'il ne possède.

2° Chez nous, le commerçant seul est susceptible d'être déclaré en faillite ; d'autre part, les commerçants sont soumis à une juridiction d'exception qui applique une procédure particulière. Chez eux, tout individu, commerçant ou non, peut être déclaré insolvable ; il n'existe, en droit, ni négociant, ni non-négociant ; il n'y a pas de juridiction d'exception ; il n'y a aucune procédure particulière dérogeant à celle de droit commun.

Voici comment les choses se passent, lorsqu'un individu est *pauvre,* c'est-à-dire dépourvu de biens suffisants pour payer ses dettes :

Les créanciers prennent des mesures conservatoires ; ils l'empêchent d'aliéner à titre gratuit, de se mettre en voyage, si telle de ses dettes doit échoir pendant son absence ; ils lui interdisent de payer tel créancier avant l'échéance, ou tel créancier de préférence à tel autre ; de faire cession de ses biens à l'un d'eux ; de reconnaître des créances à des personnes suspectes, comme son père, sa mère, ses frères, ses amis. Ils lui défendent même d'épouser une seconde femme s'il est monogame, une troisième femme s'il est bigame, une quatrièmme femme s'il est trigame. Mais il a le droit de conserver toutes ses épouses, d'épouser une femme s'il est célibataire, le mariage étant un acte méritoire (1) ; de répudier sa femme ou toutes ses femmes ; d'exercer le droit de retour (2). Il lui est également permis de constituer des sûretés à tel ou tel de ses créanciers, et d'aller en pélerinage, malgré les dépenses qu'entraîne un pareil voyage.

Puis les créanciers provoquent son interdiction, qui porte le nom de *déclaration judiciaire d'insolvabilité.* Présent ou absent, à la requête d'un seul créancier, et malgré l'opposition des autres, il est interdit. Il suffit pour cela que sa solvabilité ne soit pas notoire, et qu'il ait une dette dépassant son actif connu.

Aussitôt, il est dessaisi de l'administration de ses biens ; il ne conserve que les droits attachés à la personne (répudiation, retour, aveu, désaveu de paternité, monogamie, etc.).

Ses biens sont vendus, ceux sujets à dépérissement ou entraînant des frais de nourriture ou d'entretien, sans délai ; ses immeubles, au bout de deux mois.

Il peut, moyennant caution, être admis à vendre lui-même ses

---

(1) Le mariage est *obligatoire* pour l'homme qui craint l'entrainement des passions, *méritoire* pour celui qui possède des biens suffisants pour nourrir une femme.

(2) *Conf.* n° 120.

biens. Ceux-ci sont répartis au marc le franc entre les créanciers, la femme admise à exercer ses reprises et à exiger sa nefaka.

Un créancier est-il absent, son dividende est consigné.

L'insolvable reçoit des aliments pendant un temps à déterminer par justice. Il est emprisonné s'il ne fournit pas de caution, surtout s'il paraît dissimuler son actif.

Lorsqu'il justifie qu'il ne possède rien, il est mis en liberté, et la procédure est suspendue. Il ne peut être contraint au travail. Il reçoit les soins d'un domestique dans sa prison, si sa condition sociale le comporte, ainsi que les visites de ses parents et de ses amis, non celles de sa femme. Il peut obtenir un sauf-conduit, s'il a un parent malade à visiter. Tombe-t-il en démence, il est mis en liberté jusqu'à sa guérison.

Sont considérés comme créanciers privilégiés, ceux qui sont créanciers d'un corps certain. Ils perdent le droit de participer aux répartitions. S'ils ont reçu des dividendes, ils les rendent.

191. *F*. MALADIE. — Lorsqu'un individu est atteint d'une maladie qui entraîne généralement la mort, comme la phtisie, le choléra, la fièvre pernicieuse, il est frappé de certaines incapacités qui constituent une véritable interdiction.

La femme enceinte de six mois révolus, le criminel emprisonné pour subir la mort ou l'amputation, le soldat en campagne, l'individu qui réside dans une ville où règne une épidémie, sont assimilés au malade.

Le malade peut pourvoir à sa subsistance, faire les dépenses nécessaires pour assurer sa guérison, contracter à titre onéreux, tester. Il lui est interdit de contracter à titre gratuit. Il ne doit pas contracter mariage, parce qu'il introduit une étrangère dans sa succession, sans utilité pour lui. Il peut répudier, mais en encourant le blâme de la loi (1); exercer le droit de retour (2).

Mais ceux de ses actes qui lui sont interdits ne sont pas frappés d'une nullité radicale. Ils sont simplement suspendus dans leurs effets juridiques. Meurt-il, ils sont annulés. Guérit-il, ils deviennent rétroactivement valables.

192. *G*. MARIAGE POUR LA FEMME. — Le mariage n'entraîne aucune confusion du patrimoine respectif des époux. La femme conserve la libre administration de ses biens; elle n'est soumise à aucune autorisation maritale quand elle contracte à titre onéreux. Elle peut ester en justice (3), pourvoir à l'entretien de ses père et

---

(1) *Conf.* no 94.
(2) *Conf.* n° 120.
(3) *Conf.* n° 1.

mère (1), se racheter par le khola (2). Ce n'est que dans le cas où elle dispose, à titre gratuit, de plus du tiers de ses biens à la fois, que son mari est armé du droit de faire réduire sa disposition, ou de la faire annuler pour le tout, d'après une autre opinion. Ce droit est fondé sur ce que le mari est l'héritier éventuel de sa femme, et qu'il a la faculté d'assurer la conservation de son émolument. Il est inutile de le faire remarquer, ce motif n'a aucune valeur juridique. En effet, la femme est également l'héritière éventuelle de son mari, et pourtant elle n'a pas le droit de critiquer les aliénations de ce dernier.

Telle est, à grands traits, la théorie de l'interdiction. Elle sera complétée plus loin (3), à propos de la capacité contractuelle.

---

(1) *Conf.* n° 70.
(2) *Conf.* n° 89.
(3) *Conf.* n° 196.

LIVRE TROISIÈME

—

DES CONTRATS

—

CHAPITRE PREMIER

DE LA VENTE

SECTION I. — *De la vente parfaite*

193. DÉFINITION. — La vente est un contrat commutatif, dont l'un des équivalents, ne consistant ni en or, ni en argent, est déterminé contrairement à ce qui a lieu pour l'autre équivalent consistant en numéraire. (Ibn Arfa.)

L'un des deux équivalents doit consister en un objet certain, autre que de l'or ou de l'argent. Le second équivalent, consistant au contraire en argent monnayé, n'est pas toujours un objet certain, l'acheteur pouvant se libérer au moyen d'une monnaie quelconque, sauf stipulation formelle. Il suffit qu'il soit déterminé en somme.

Si les deux équivalents consistaient en objets autres que des espèces monnayées, le contrat changerait de nom et de nature : ce serait un échange.

Si les deux équivalents consistaient en or ou en argent, le contrat changerait encore de nom et de nature : or pour argent ou argent pour or, ce serait un contrat de change ; — or pour or, argent pour argent, poids pour poids, ce serait une vente par pésées.

194. ÉLÉMENTS DE LA VENTE. — Les éléments de la vente sont :

1° La formule ;
2° Les contractants, vendeur et acheteur ;
3° L'objet du contrat.

195. DE LA FORMULE. — La vente est un contrat consensuel ; elle se forme par tout fait juridique qui implique le consentement,

De là un grand nombre de combinaisons dont voici les principales :

A. *Les deux contractants expriment leur consentement par la parole.* Ainsi : «Vends-moi » à quoi l'on répond : «Je t'ai vendu; » ou bien : « Achète-moi » à quoi l'on répond : «Je t'ai acheté. »

L'emploi de l'impératif et du prétérit est seul admis; l'aoriste ayant le double sens du présent et du futur, l'emploi de ce temps rendrait l'intention des contractants douteuse.

Que l'un des contractants se soit, par conséquent, servi de l'aoriste : « Je t'achète telle chose, — ou : Je te vends tel objet », — l'acceptation de l'autre contractant ne rend pas la vente obligatoire; mais, pour se dégager, le premier est astreint au serment. Jure-t-il qu'il n'avait aucune intention sérieuse de vendre ou d'acheter, — il n'y a pas de vente. Refuse-t-il de jurer, la vente est obligatoire.

B. *Les deux contractants expriment leur consentement par un acte.* Ainsi un individu appréhende, chez un boulanger, un pain dont le prix est connu, et le boulanger appréhende le prix du pain. Il est certain qu'il y a, dans ce fait de préhension réciproque, la manifestation d'un consentement valable, bien que les contractants n'aient échangé aucun discours. Ici, bien entendu, il faut que la chose et le prix soient *présents*.

C. *Les deux contractants expriment leur consentement par écrit.* Ainsi une personne offre, par écrit, d'acheter tel objet à tel prix, et le propriétaire de l'objet répond, par le même procédé, qu'il accepte ; leur consentement respectif n'est pas douteux.

D. *Les deux contractants expriment leur consentement par un signe.* Un muet désigne tel objet du doigt ; le propriétaire de l'objet fait un signe affirmatif et fixe le prix qu'il exige au moyen d'une pantomime ; l'acheteur manifeste son acquiescement par un signe approprié à la circonstance. Leur consentement est valablement exprimé.

E. *L'un des deux contractants exprime son consentement par la parole, l'autre par un acte, ou par écrit, ou par un signe et vice-versâ.* Toutes ces combinaisons constituent des manifestations juridiques du consentement.

196. DES CONTRACTANTS. — Pour contracter valablement, le vendeur et l'acheteur doivent être doués de discernement. Le discernement est le fait de comprendre les discours des hommes raisonnables et d'y répondre raisonnablement.

Mais il faut distinguer entre la validité du contrat et son caractère obligatoire. Lorsque le consentement est exprimé dans les formes voulues, par un individu doué de discernement, le contrat est valable. Le contrat n'est obligatoire que dans le cas où la personne douée de discernement jouit de sa liberté contractuelle, c'est-à-dire lorsqu'elle est affranchie de la tutelle chrématique qui pesait sur elle (1).

De là les applications suivantes :

1º *L'impubère mâle* n'est pas présumé jouir de son discernement; il n'est pas affranchi de la tutelle chrématique. Le contrat qu'il fait n'est donc ni valable, ni obligatoire.

2º *Le mâle pubertati proximus* peut jouir de son discernement; mais la tutelle chrématique pèse encore sur lui. Ses engagements sont valables, ils ne sont pas obligatoires. L'assistance de son tuteur peut seule les rendre obligatoires quand il s'agit de contrats à titre onéreux (2).

3º *Le mâle pubère doué de discernement* jouit de la liberté contractuelle de plein droit lorsqu'il a son père ; après la levée de l'interdiction, lorsqu'il a un autre tuteur. Ses actes sont valables, obligatoires.

4º *Le fou* manque de discernement et de liberté contractuelle, ses actes ne sont ni valables, ni obligatoires, sauf dans les intervalles lucides que lui laisse la maladie, et lorsqu'il est pubère.

5º *La femme impubère* est traitée comme l'impubère mâle.

6º *La femme pubertati proxima* est traitée comme le mâle *pubertati proximus.*

7º *La femme pubère douée de discernement* devrait être traitée comme le mâle, puisqu'elle remplit toutes les conditions qui procurent à ce dernier la plénitude de sa liberté contractuelle. Mais, en raison de la faiblesse inhérente à son sexe, elle est soumise à des exigences complémentaires. On peut dire qu'elle est *sui juris* sans avoir le pouvoir de disposer de ses biens. Il faut, pour qu'elle fasse cette dernière conquête, qu'elle obtienne la main-levée de l'interdiction (3). Jusque là ses actes sont valides et non obligatoires.

Ce n'est pas tout, alors même qu'elle est absolument libre, elle ne peut, lorsqu'elle est engagée dans les liens du mariage, disposer à titre gratuit que du tiers de ses biens à la fois, en raison des droits éventuels de son mari sur sa succession.

8º *L'insolvable judiciairement déclaré* jouit de son discernement, de sa liberté contractuelle, mais il lui manque le pouvoir de disposer de ses biens, sans l'autorisation de ses créanciers. Ses actes sont valables, ils ne sont pas obligatoires, sauf en ce qui touche les droits attachés à la personne, et là encore il ne jouit pas d'une liberté absolue (4).

---

(1) *Conf.* nº 186.

(2) *Conf.* ibid.

(3) *Conf.* ibid.

(4) *Conf.* nº 190.

9° *Le safih* est doué de discernement, il possède sa liberté contractuelle, mais il lui manque le pouvoir de disposer de ses biens. Ses actes sont valables, non obligatoires.

10° *Le malade* est l'objet de certaines distinctions. La maladie lui enlève-t-elle le discernement il est assimilé au fou. Conserve-t-il son discernement, il jouit de la liberté contractuelle, mais il n'a pas l'entière disposition de ses biens, dans l'intérêt éventuel de ses héritiers ; il peut disposer du tiers de ses biens à titre gratuit; au delà, il a besoin du consentement de ses héritiers. Il peut disposer à titre onéreux. Pour les besoins de sa santé, il jouit d'une liberté absolue. Il ne peut se marier, car ce serait faire entrer un étranger dans sa succession. Il peut répudier, mais sa femme conserve ses droits successifs, même après l'aïdda, même si elle s'est remariée. Ces règles s'appliquent dans le cas où il meurt. Guérit-il, ses actes sont rétrospectivement obligatoires. Valables, ils le sont en toute circonstance.

11° *L'homme ivre* est également l'objet de plusieurs distinctions. L'ivresse lui fait-elle perdre le discernement, il a la liberté contractuelle ; mais faute de discernement, ses actes ne sont ni obligatoires, ni valables. A-t-il conservé un peu de discernement, ses actes sont valables et obligatoires. Mais ici, le point de vue est spécial. Si ses engagements sont obligatoires, c'est à titre de punition pour avoir violé la loi en absorbant des liqueurs fermentées.

Il reste à examiner deux questions importantes :

1° Supposons le cas où un fou, par exemple, a contracté avec un individu doué de discernement. Le contrat est valable d'un côté, non valable de l'autre. Or, on ne peut admettre qu'un contrat soit valable et non valable en même temps ; il est donc tenu pour non valable des deux parts. Il n'en est pas moins certain que celui qui a donné un consentement raisonnable est obligé, tandis que l'autre ne l'est pas. L'un des deux contractants doit donc être sacrifié à l'autre. Une décision judiciaire peut seule faire disparaître le conflit. Ce sera un point de fait à juger suivant les circonstances, en tenant compte de la bonne ou de la mauvaise foi de celui des deux contractants qui était obligé.

2° Lorsqu'un individu a contracté avant son interdiction, quel est le sort du contrat ? En d'autres termes, l'interdiction dont est frappé un individu qui jouissait de son discernement et de sa liberté contractuelle a-t-elle un effet rétroactif ? La solution est controversée. Les uns soutiennent que le contrat est irréprochable, parce que l'interdiction seule enlève à une personne la liberté contractuelle dont elle jouissait. Les autres soutiennent que l'interdiction a pour effet d'ôter toute valeur à un contrat fait à un moment où les causes de l'interdiction existaient déjà.

Le consentement valablement donné par une personne douée de

discernement et de liberté contractuelle peut être vicié par trois causes :

1º La violence ;
2º L'erreur ;
3º La fraude.

197. DE LA VIOLENCE. — Il faut distinguer entre la violence légale et la violence illégale. La première ne vicie pas le contrat, elle suppose un consentement valable. On range dans cette catégorie : 1º la contrainte matrimoniale (1) ; — 2º la vente des biens du débiteur pour désintéresser ses créanciers ; — 3º la contrainte exercée contre le prestataire d'une *nefaka*, afin d'en assurer le payement ; — 4º celle exercée contre un contribuable pour le forcer à payer l'impôt ; — 5º l'expropriation pour cause d'utilité publique ; — 6º la contrainte que le prince exerce contre le fonctionnaire prévaricateur pour l'obliger à vendre ses biens au profit des victimes de ses exactions ; — 7º celle exercée contre le détenteur d'une chose illicite pour le forcer à s'en dessaisir, etc. Hors ce dernier cas, toute personne peut valablement acheter les biens ainsi vendus, sauf pourtant les choses considérées comme insaisissables par la loi.

Quant à la violence illégale, elle est une cause de nullité, et cette nullité produit des effets remarquables. La violence peut se manifester de deux façons différentes : 1º elle s'exerce sur la vente elle-même, Primus forçant Secundus à vendre tel objet contre son gré ; — 2º sur la cause de la vente, Primus force Secundus à lui payer une somme d'argent, Secundus est obligé de vendre un objet pour obéir à cette injonction.

Dans les deux cas, la chose doit être restituée à son légitime propriétaire. Mais dans la première hypothèse, la personne violentée est tenue de restituer le prix qu'elle a touché. Dans la seconde, elle est affranchie de toute restitution, parce qu'elle a été contrainte de verser le prix entre les mains de l'auteur de la violence, et que, si elle était encore soumise à restituer ce prix, elle souffrirait un préjudice. L'acquéreur ainsi lésé, a une action contre l'auteur de la violence, sans que la bonne ou la mauvaise foi du premier soit à considérer.

Quant à la définition et aux caractères de la violence, il suffit de se reporter à ce qui en a été dit à l'occasion de la répudiation (2).

198. DE L'ERREUR. — L'erreur procède de causes multiples :

Quand elle porte sur la manifestation extérieure du consentement, le contrat perd toute validité et tout caractère obligatoire.

---

(1) *Conf.* nº 1.
(2) *Conf.* nºˢ 90 et 105.

Ainsi que l'un des contractants ait commis un *lapsus linguae*, que, voulant articuler toute autre parole il ait par erreur prononcé les mots de vente ou d'achat et que le lapsus soit prouvé, le consentement est vicié dans son essence. Il en est de même dans le cas où, parlant et entendant mal la langue arabe, il aurait prononcé ces mots sans les comprendre. Il en est encore de même lorsqu'ils lui ont été arrachés par le délire, et que, revenu à son bon sens, il déclare ne se souvenir de rien et n'avoir eu aucune intention de s'engager.

Lorsque l'erreur porte sur la substance de la chose, elle rend le contrat imparfait, mais certaines distinctions sont nécessaires.

Quand la chose a été désignée par son nom général, par celui qui est employé par tout le monde, l'erreur ne vicie pas le contrat. Ainsi, que quelqu'un dise: « Achète-moi cette pierre », et qu'il se trouve ensuite que cette pierre était une pierre précieuse, celle-ci appartient irrévocablement à l'acheteur. Le vendeur est déchu de tout droit de critique; c'était à lui à s'assurer de la nature de la chose avant la vente. Mais il faut bien, entendu que l'acheteur ait ignoré lui-même la nature réelle de la pierre; dans le cas contraire, c'est-à-dire s'il était de mauvaise foi, ce ne serait plus une erreur. Il est encore nécessaire que la vente soit l'œuvre du vendeur lui-même; si elle avait eu lieu par l'entremise d'un mandataire, elle serait sujette à annulation, comme imparfaite.

Quand l'acheteur, croyant acheter une pierre précieuse, qui lui a été désignée comme telle par le vendeur, achète une simple pierre, la vente est également annulable. En effet le genre pierre comprend les pierres précieuses, mais la réciproque n'est pas vraie.

L'erreur, lorsqu'elle se produit dans un partage, est soumise à des règles spéciales que nous étudierons en temps et lieu.

Voici comment l'erreur est définie par Mohammed Kharchi: « C'est » l'ignorance du nom spécial et de la véritable nature d'un objet; » elle embrasse l'ignorance de sa valeur et de son origine. » Cette définition manque évidemment de précision, et surtout de clarté, si on ne la rapproche pas des explications qui précèdent.

199. Du dol. — Tous les auteurs sont d'accord pour le proclamer, la vente est un contrat *de lutte réciproque,* une lutte de finesse *(licet contrahentibus se circumvenire),* les contractants s'efforçant, l'un d'acheter beaucoup à bas prix, l'autre de vendre peu à haut prix (1). D'où cette conséquence que le *dolus bonus,* employé *pro solertia,* est admis en droit musulman.

Quant au dol proprement dit *(dolus malus),* consistant en manœuvres déloyales qui vicient le contrat, les auteurs parais-

_____

(1) *Quod minoris sit, pluris vendere; quod pluris sit, minoris emere* (Ulpien).

sent confondre le dol principal et le dol incident, le dol civil et le dol criminel, le dol positif et le dol négatif. Les exemples fournis par Sidi Khalil ne laissent aucun doute à cet égard.

Ainsi, lorsqu'une marchandise falsifiée a été l'objet d'une vente et que le vendeur a disparu, elle est saisie et donnée en aumône à une personne honorable incapable de la remettre dans le commerce, afin de punir le falsificateur et de l'empêcher de recommencer. L'acheteur a son recours, pour le prix par lui payé, contre le vendeur. Celui-ci est-il présent, la vente est annulée, à moins que la marchandise ne puisse plus être rendue en nature. Quant au prix, l'acheteur n'est pas tenu de le payer ; seulement il doit employer en aumônes le bénéfice qu'il a réalisé, lorsqu'il est considérable.

Changer le titre des métaux en y ajoutant de l'alliage, insuffler la viande de boucherie après l'écorchement de l'animal, donner de l'apprêt aux étoffes, additionner d'eau le lait de vache, de chamelle, placer un lit de paille sous un tas de blé que l'on vend en bloc, allonger d'eau le vinaigre, sont des procédés de falsification (1).

Lorsque, bien entendu, le vendeur a déclaré à l'acheteur l'état de la chose, et que ce dernier l'a achetée pour la revendre dans les mêmes conditions, la fraude disparaît.

Ainsi encore, le fait de ne pas traire une chèvre, une vache, afin de persuader à l'acheteur que l'animal produit beaucoup de lait, et de le lui vendre à un prix plus élevé, constitue un dol. Il en est de même du fait de tacher d'encre le vêtement d'un esclave, ou de lui mettre une écritoire à la main, afin de faire croire qu'il sait écrire ; — du fait de dire à quelqu'un : « Tu peux contracter avec un tel, il est riche », alors que l'assertion est fausse (2). Quand ces manœuvres sont telles qu'elles ont amené l'autre partie à contracter, elles donnent, comme nous le verrons plus loin, ouverture à un droit d'option ; ce qui revient à dire que la convention contractée par dol n'est point nulle de plein droit ; elle donne seulement lieu à une action en rescision, puisque celui des contractants qui a été victime du dol a, par l'option, le choix entre le maintien ou l'annulation de la convention (3).

---

(1) *Conf.* art. 423 du Code pénal. — Loi du 27 mars 1851. — Loi du 5 mai 1855. — Loi du 27 juillet 1867. — L'art. 423 ordonne également la confiscation de l'objet du délit, ou de sa valeur. L'art. 5, de la loi du 27 mars 1851, porte que si les denrées falsifiées sont propres à un usage alimentaire ou médical, le tribunal pourra les mettre à la disposition de l'administration pour être attribuées aux établissements de bienfaisance ; sinon, elles sont détruites ou répandues.

Omar avait fait répandre du lait falsifié. Les auteurs disent : « C'est un fait isolé, ce n'est pas notre doctrine. »

(2) L'art. 1116 du Code civil ne parle que des manœuvres pratiquées *par l'une des parties*. En droit romain, il en était de même : « *dolus adversarii.* » *Conf.* Gide, *Revue pratique de droit français*, tome XIX, p. 259.

(3) Code civil 1116, 1117, 1304, 2268. Il convient toutefois de le remarquer, si

Nous aurons l'occasion, à propos de l'option rédhibitoire, d'examiner moyennant quelles distinctions les exemples que je viens de citer constituent un dol principal ou un dol incident.

Le dol revêt encore, en droit musulman, d'autres formes que nous étudierons à mesure que nous les rencontrerons sur notre route (1). Il peut arriver, d'ailleurs, que l'erreur dégénère en dol (2).

200. DE LA LÉSION. — La lésion est le préjudice qui résulte de l'achat d'une chose pour un prix supérieur au prix légitime, ou de la vente d'une chose pour un prix inférieur au prix légitime.

En principe, la lésion ne vicie pas la convention (3), lors même qu'elle dépasse la limite ordinaire, c'est-à-dire le tiers et même au delà. Mais cette règle souffre quelques exceptions (4).

Ainsi, nous l'avons vu, quand l'impubère a contracté à titre gratuit, son tuteur doit provoquer l'annulation de ses engagements, ceux-ci étant toujours considérés comme lui portant préjudice. A-t-il contracté à titre onéreux, le tuteur peut ratifier ces engagements, ou les faire annuler lorsqu'ils sont désavantageux (5).

Le tuteur a-t-il ignoré les aliénations de l'impubère, ou est-il demeuré passif, l'impubère peut les révoquer dès qu'il est *sui juris,* lui eussent-ils été avantageux.

D'où cette conséquence, qu'en droit musulman, il est permis, au moins dans ce dernier cas, de formuler, cette règle : *minor restituendus tanquàm minor, non tanquàm laesus.* En effet, c'est moins la lésion dont ils sont victimes qui rend les impubères restituables, que leur faiblesse intellectuelle. C'est pour ce motif qu'on leur réserve le droit de se désavouer le jour où ils ont conquis, avec la puberté, la pleine maturité de leur raison. Il est à ce point certain qu'ils étaient incapables de bien faire, que, eussent-ils bien fait par hasard, leurs engagements n'en sont pas moins rescindables. Voilà pourquoi l'homme doué de discernement n'est pas admis; en thèse générale, à se plaindre lorsqu'il est lésé. La loi semble lui dire : « Vous avez des yeux pour voir, vous jouissez de » toute votre intelligence, vous n'avez qu'à vous en prendre à vous- » même si vous avez souffert un préjudice. Je ne protège pas ceux » qui peuvent se protéger eux-mêmes. »

Toutefois, même avec ces réserves, la lésion joue un rôle im-

---

la confusion entre les diverses variétés du dol résulte de ce qu'il en est traité indistinctement au chapitre de la vente, sans que l'auteur du dol soit frappé d'une peine corporelle, il n'en est pas moins évident que la solution diffère selon qu'il s'agit du dol criminel ou du dol civil.

(1) *Conf.* n°⁵ 198, 204, 3°.

(2) *Conf.* SEIGNETTE, Code musulman, 214. PERRON III, p. 347.

(3) Code civil 1118.

(4) Code civil 1305 et suivants.

(5) *Conf.* n° 186.

portant en droit musulman ; si elle n'apparaît pas toujours avec ses caractères propres, sous sa dénomination spéciale, s'il faut la dégager, pour ainsi dire, de l'enveloppe qui la dissimule aux yeux, elle n'en existe pas moins.

Ainsi, la définition même de la vente démontre qu'une stricte équivalence est exigée entre la chose et le prix. D'où cette notion que la lésion, rompant l'équivalence, est destructive du principe fondamental du contrat commutatif.

Pourquoi, d'autre part, les musulmans proscrivent-ils avec tant d'énergie tout ce qui constitue une *alea* ? Pourquoi l'objet de la vente doit-il être utile ? (1) Pourquoi doit-il être certain ? (2) Parce que l'équivalence serait rompue.

201. DE L'OBJET DU CONTRAT. — L'objet du contrat doit remplir les cinq conditions suivantes :

1° *Il doit être pur*, c'est-à-dire exempt de toute souillure constitutive ou accidentelle. La loi civile subit ici, à un degré éminent, l'influence religieuse. Toutes les choses qui existent dans la nature sont pures ou impures. L'impureté est constitutive ou accidentelle.

Lorsque l'objet de la vente (chose ou prix) est affecté d'une impureté constitutive, le contrat est nul.

Lorsque, au contraire, l'objet de la vente est affecté d'une impureté accidentelle, ce qui arrive quand, pure par sa nature, la chose a été mise en contact plus ou moins intime avec une chose constitutivement impure, il y a lieu de distinguer : 1° la chose contaminée l'a-t-elle été de telle façon qu'il soit impossible de lui rendre sa pureté première, elle est considérée comme affectée d'une impureté constitutive : ainsi, de l'huile, chose pure, dans laquelle est tombée une certaine quantité d'une chose impure, est assimilée à une chose impure, la séparation complète des deux éléments étant impossible. Cette huile, tenue pour impure, ne peut faire l'objet d'une vente ; 2° la chose contaminée l'a-t-elle été de telle façon qu'il soit possible de lui restituer sa pureté originelle, elle est considérée comme affectée d'une impureté accidentelle : ainsi un vêtement, chose pure, souillé d'une chose impure, est assimilé à une chose pure, la séparation des deux éléments étant possible. Ce vêtement, tenu pour pur, peut faire l'objet d'une vente, mais à une condition : le vendeur doit déclarer dans quel état se trouve le vêtement, le lavage pouvant diminuer la quantité ou la qualité de la chose vendue.

Sont atteints d'une impureté constitutive : le fumier, les excréments humains, la charogne, le sang, la peau d'un animal mort fût-elle ensuite tannée, etc.

─────────────────

(1) *Conf.* n° 201, 2°.

(2) *Conf.* n° 201, 5°.

Traité élémentaire de droit musulman.   9

Sont considérés comme atteints d'une impureté constitutive : l'huile, le miel, le beurre fondu contaminés par leur association avec une chose affectée d'une impureté constitutive.

Sont considérés comme atteints d'une impureté accidentelle : tous ceux qui peuvent être isolés du corps impur qui les polluait.

Il arrive encore qu'une chose impure constitutivement devienne pure : ainsi le vin desséché, le vin transformé en vinaigre, car ils ont perdu leur propriété enivrante.

Il arrive aussi qu'une chose pure devienne impure : ainsi un animal dont la chair est permise, mais qui n'a pas été égorgé selon les rites (1).

Il arrive enfin qu'une chose impure puisse faire l'objet d'un contrat par une tolérance dictée par la nécessité : il en est ainsi du fumier des animaux dont la chair est permise et qui peut être vendue pour les besoins de l'agriculture. Ce fumier ne contamine pas les produits de la terre, la germination le transformant.

2° *Il doit être utile.* Il est inadmissible que des hommes raisonnables contractent au sujet d'une chose qui ne leur procurera aucune utilité. Donner, par exemple, une somme d'argent, chose utile, en échange d'une chose inutile, est un acte de folie. N'est-ce pas, d'ailleurs, violer le principe de l'équivalence ? Ainsi, vendre ou acheter des oiseaux tellement petits que même au nombre de cent, on n'en retirerait pas une once de chair, n'est pas permis. Il en est de même d'un animal dont la chair est défendue et qui est sur le point de mourir. Son unique utilité résidait dans les services qu'il rendait pendant qu'il était vivant ; la mort lui enlève toute utilité, puisque sa chair est prohibée. Par conséquent, s'il est sur le point de mourir, il ne peut plus être ni vendu, ni acheté. Dans l'hypothèse inverse, c'est-à-dire s'il s'agit d'un animal dont la chair est licite comme comestible, il peut être vendu ou acheté, même lorsqu'il est sur le point de mourir ; car, en l'égorgeant, on l'utilisera comme nourriture.

3° *Il ne doit pas être de ceux qui sont frappés d'une prohibition légale.* Cette prohibition est de deux espèces : tantôt il est simplement défendu de vendre une chose, c'est-à-dire d'en tirer un prix, mais il est permis de la posséder ; tantôt il est à la fois interdit de la vendre et de la posséder.

Ainsi, le Prophète a défendu de recevoir le prix d'un chien, fût-il dressé pour la chasse, ou employé à la garde. Rien ne s'oppose, d'ailleurs, à ce qu'on possède un animal de ce genre. Je dois ajou-

---

(1) Un animal, dont la chair est permise, doit être saigné à la gorge, afin d'être purifié de toute souillure, par l'effusion du sang. C'est *l'égorgement de choix*, celui qui égorge l'animal ayant le loisir de choisir la partie où il doit frapper. Mais un chasseur ne jouit pas de la même liberté, quelle que soit son adresse ; de là, pour lui, et par tolérance, *l'égorgement de nécessité.*

ter que si l'authenticité de cette tradition n'est pas douteuse, car elle se trouve dans le recueil de Bokhari, la controverse porte sur le sens des paroles du Prophète.

Parfois, cette prohibition ne porte que sur une partie de la chose. Il est permis de vendre un chat, un lion, ou tout autre animal sauvage, pour leur peau, non pour leur chair, celle-ci étant considérée, par les malékites, comme une nourriture dont il est convenable de s'abstenir.

Parfois encore, cette prohibition n'existe qu'à l'égard de certaines personnes. Un musulman peut vendre à un autre musulman un exemplaire du Coran, des armes, du cuivre, du bois, etc., etc. Vendre ces mêmes choses à un infidèle n'est pas permis. En ce qui touche le Coran, la défense est absolue. Les armes ne doivent pas être vendues à l'infidèle harbi, c'est-à-dire à celui qui n'a ni traité général, ni traité particulier avec les musulmans, contre lequel la guerre sainte est un devoir. Quant au cuivre, au bois, au raisin, il ne faut pas les vendre à un infidèle qui a l'intention de transformer ces matières en cloche, en croix, en vin.

Parmi les choses qu'il est à la fois défendu de vendre et de posséder, on place le vin, le porc; la défense est donc absolue, à tel point que si ces objets figurent dans un contrat de vente avec des objets exempts de toute prohibition de ce genre, la vente est viciée pour le tout. Ainsi, vendre cent cruches de vinaigre parmi lesquelles s'en trouverait une de vin, ce serait s'exposer à voir annuler la vente entière; elle ne saurait, à aucun titre, demeurer valable pour les quatre-vingt-dix-neuf cruches de vinaigre. C'est là une indivisibilité spéciale au droit musulman (1).

Il est licite de vendre une femelle pleine (2).

4o *Il doit être disponible.* L'acheteur et le vendeur doivent avoir le pouvoir de disposer de la chose et du prix, ce qui s'entend de plusieurs manières.

A. On ne peut pas vendre un chameau égaré, c'est-à-dire celui qui a été abandonné dans un pâturage et qui est devenu sauvage; d'abord parce qu'il est difficile de s'en rendre maître pour le livrer à l'acheteur; ensuite parce que l'acheteur est impuissant à apprécier si l'animal est ou non atteint de quelque vice rédhibitoire.

B. Il est également interdit de vendre une chose usurpée, c'est-

---

(1) Notons ici, en passant, que s'il s'agissait d'une constitution de dot, celle-ci ne serait pas toujours viciée par la présence d'une cruche de vin au milieu de cent cruches de vinaigre. Le mariage consommé, le mari serait simplement tenu de remplacer la cruche de vin par une cruche de vinaigre, ou de payer la valeur de celle-ci. Le mariage jouit toujours d'une faveur exceptionnelle.

(2) Je ne dis rien de l'usure, bien qu'elle vicie radicalement les contrats, au même titre que la présence d'un objet frappé de prohibition légale. En effet, l'usure ne joue, dans la vente, qu'un rôle tout-à-fait *extérieur*. Il en sera traité, à propos du prêt de consommation, avec tous les développements nécessaires.

à-dire la chose que l'on détient injustement et violemment. Ici, le motif de l'interdiction est tout spécial. Le vendeur ne peut transférer à l'acheteur un droit qu'il ne possède pas lui-même, et l'acheteur ne peut acquérir plus de droit que le vendeur n'en avait. La vente est et doit être translative de propriété. Mais le propriétaire dépouillé est admis à vendre la chose à l'usurpateur, à la condition formelle que ce dernier manifeste clairement l'intention de restituer cette chose à son légitime propriétaire. Quelques auteurs exigent même que la chose ait été restituée au propriétaire et que celui-ci l'ait conservée en sa possession pendant six mois.

Lorsque l'usurpateur a vendu la chose, et qu'il en devient ensuite propriétaire par voie d'héritage, il a le droit de provoquer l'annulation de la vente. Il exerce l'action qui appartenait à son auteur.

Mais s'il a acheté la chose à son propriétaire, après l'avoir revendue à un tiers, cette faculté lui est refusée.

C. On ne peut pas, en thèse générale, vendre une chose que l'on a donnée en gage. Mais une distinction est nécessaire sur ce point.

Quand le gage n'a pas encore été livré, et faute par le créancier gagiste d'avoir fait des diligences pour en obtenir livraison, la vente est valable. Quand le créancier n'est pas en faute, la validité de la vente est controversée.

Mais si le gage a été livré, le créancier peut provoquer l'annulation de la vente, lorsque le prix ne couvre pas sa créance, que celle-ci consiste ou non en numéraire, à moins toutefois qu'elle n'est sa source dans un prêt de consommation. Qu'il ratifie la vente, la créance devient immédiatement exigible, il touche le prix, et il exerce son recours pour le surplus contre son débiteur.

Nous examinerons cette théorie en détail, à sa place légitime (1).

D. Il est encore interdit de vendre la chose d'autrui. Primus vend la chose de Secundus, sans l'autorisation de celui-ci. La validité de la vente est subordonnée à la ratification de Secundus. La ratifie-t-il, elle est valable, alors même que l'acquéreur serait de connivence avec Primus.

Ici se place la théorie de la vente consentie par l'*officieux,* c'est-à-dire par celui qui se constitue de son chef le *negotiorum gestor* du propriétaire. La vente consentie par l'officieux peut devenir valable par la ratification du propriétaire, lorsque celui-ci est présent ou absent rapproché. Dans le cas contraire, c'est-à-dire quand le propriétaire est absent éloigné, de façon que l'*on perde patience au double point de vue de son retour et de sa ratification,* la vente est nulle. L'acquéreur de bonne foi fait les fruits siens; sa bonne foi résulte des circonstances; il faut que les présomptions lui soient favorables, ce qui a lieu lorsque l'officieux est le *hadin* (2) des

_____

(1) *Conf.* Gage.
(2) *Conf.* n° 69.

enfants de l'absent, lorsqu'il est son parent, lorsqu'il prend soin de ses intérêts, lorsqu'il excipe d'un prétendu mandat.

E. Il est également interdit de vendre une chose dont la livraison entraînerait la destruction d'une chose utile. Dieu a défendu aux hommes les vains discours, les questions oiseuses, *la perte du bien.* Aussi, la loi, plus soucieuse de vos intérêts que vous-même, vous interdit-elle de vendre, par exemple, une colonne qui supporte un édifice vous appartenant. Vous avez bien le droit d'en disposer, mais la vente n'en sera valable qu'à certaines conditions ; il ne doit en résulter aucun dommage considérable pour vous, en ce qui touche l'édifice, et même en ce qui touche la colonne, ce qui aura lieu : 1° si la construction a peu de valeur ; 2° si l'acheteur consent à payer le double de la valeur de la colonne ; 3° si vous êtes soumis vous-même à la démolition de l'édifice, parce qu'il menace ruine ; 4° si la colonne peut être extraite sans être brisée, à dire d'experts.

Dans tous les cas l'extraction de la colonne est à la charge du vendeur ; que celle-ci se brise contre toute attente, l'acheteur supporte la perte ou la moins value (1).

F. Il est encore interdit de vendre les choses qui, par leur nature même, ne sont pas susceptibles d'une occupation réelle, complète, immuable, et dont l'usage est commun à tous les hommes. Chacun y a un droit, un droit temporaire d'usage, bien que définitif de consommation. Telle est la lumière du soleil. Tel est l'air indispensable à la respiration. En principe, il est donc défendu de vendre une portion quelconque d'air. Mais cette règle fléchit devant cette autre règle : « Le propriétaire du sol est propriétaire du dessus et du dessous » (2). Il doit donc être admis à aliéner tout ou partie de la colonne d'air qui s'élève au-dessus de sa construction, avec d'autant plus de raison que le mot *air* n'a ici qu'un sens figuré ; il est synonyme de *espace,* comme le mot latin *cœlum*.

Ainsi est licite le contrat par lequel Primus a vendu à Secundus dix coudées d'air au-dessus de l'édifice qu'il a construit ou qu'il va construire. Mais il faut que le plan de la construction de Secundus soit dressé à l'avance, et même, si Primus n'a encore rien bâti, le plan des deux constructions doit être dressé, afin d'éviter toute *alea,* toute contestation. En effet, Primus a intérêt à ce que le premier étage soit léger, Secundus a intérêt, au contraire, à ce que le rez-de-chaussée soit solidement bâti.

Il est certain que Secundus ne peut pas vendre à son tour l'espace qui s'élève au-dessus de sa construction ; car il n'a acheté qu'un espace déterminé, et, d'autre part, il n'a pas le droit d'imposer au rez-de-chaussée une surcharge nouvelle (3).

(1) Code civil 537, 544.

(2) Code civil 552. *Qui dominus est soli, dominus est cœli et inferorum.*

(3) Code civil 664. M. Demolonde appelle cette combinaison *une hypothèse sin-*

G. Il est permis de concéder à un tiers le droit d'appuyer une poutre sur un mur qui vous appartient. Cette concession est contraire aux principes, car le propriétaire du mur aliène ainsi une portion insignifiante de sa propriété ; mais l'intérêt du tiers, intérêt considérable dans l'espèce, légitime cette tolérance de la loi.

Cette concession est, suivant les cas, une vente ou un louage : *une vente*, lorsqu'aucune durée n'a été déterminée ; par le fait même de la permanence de la concession, celle-ci constitue une véritable aliénation ; *un louage*, lorsque la durée a été fixée. D'où aussi des conséquences différentes. Y a-t-il vente, le vendeur est tenu de la reconstruction du mur qui s'écroule ; sa garantie est perpétuelle ; l'acquéreur est tenu des simples dégradations, car c'est sa chose qui périclite. Y a-t-il location, elle dure jusqu'à l'expiration du terme stipulé, ou bien aussi longtemps que le mur lui-même ; le mur s'écroulant, le contrat est résilié de plein droit (1). En effet, si l'on ne vend pas pour un temps déterminé, on ne loue pas pour toujours. De là, un compte à faire entre les parties, la location n'étant que le transfert d'une jouissance temporaire, et le prix n'étant que l'équivalent de cette jouissance en ce sens que chaque fraction du prix correspond à une fraction équivalente de la jouissance.

5° *Il doit être déterminé.* L'objet du contrat — la chose et le prix — doit être connu, c'est-à-dire déterminé, en ce qui touche les deux contractants ; l'ignorance de l'un suffirait pour vicier le contrat.

La détermination doit porter sur l'espèce *(quid)*, sur la qualité *(quale),* sur la quantité *(quantum),* sur le terme du payement *(dies solutionis)* (2).

Il importe toutefois de concilier cette règle avec la définition de la vente. Nous avons vu (3) que l'équivalent qui ne consiste ni en or, ni en argent, doit être déterminé d'une façon plus rigoureuse que l'équivalent qui consiste en or ou en argent. Mais il serait évidemment excessif d'en conclure que ce dernier est affranchi de toute condition de détermination. Ces mots « *les équivalants* » seraient vides de sens s'il en était ainsi. En effet, pour établir l'équivalence une détermination est nécessaire.

Voici comment il faut entendre la différence constatée par Ibn Arfa. Primus achète un objet rigoureusement déterminé. Il est

---

gulière, tout en reconnaissant, avec Basnage, *que cela arrive souvent dans les villes*. *Conf.* Pothier, tome I, page 329 (coutume d'Orléans). Il est à remarquer toutefois que cette division, en droit coutumier, procède d'un partage entre cohéritiers. En droit musulman, il s'agit d'une construction à faire, le vendeur et l'acheteur étant étrangers l'un à l'autre.

(1) Code civil, 1722.

(2) Code civil, 1129, 1583.

(3) *Conf.* n° 193.

d'accord avec Secundus sur la chose ; il l'est également sur le prix, mais Secundus n'a aucun intérêt à exiger que les espèces, au moyen desquelles le payement aura lieu, soient déterminées au moment même où les consentements sont échangés. Primus aura la latitude de se libérer au moyen soit d'or, soit d'argent, soit de billon, pourvu que la somme soit précisée.

Il n'en résultera pas moins une exacte détermination du prix. En effet l'espèce (une monnaie ayant cours), la qualité (une monnaie de bon aloi), la quantité (une somme de tant), le terme du payement (payable à telle époque), seront parfaitement connus.

Il ne suffit pas que l'objet soit déterminé dans son ensemble, il est indispensable qu'il le soit même dans ses parties. Aussi ne pourrait-on pas vendre par un seul marché une chose indivise. En effet, si, pour une chose indivise, les droits respectifs des communistes sont déterminés, en ce sens que tel possède un tiers, tel autre deux tiers, par exemple, de la chose, il n'en est pas moins certain que chacun d'eux est copropriétaire, dans la même proportion, de chaque parcelle de la chose ; dès lors, aussi longtemps que l'indivision dure, il est impossible d'individualiser, et, par conséquent, de déterminer la part de chacun des communistes. Il y aurait donc indétermination en ce qui concerne l'objet même du contrat ; de plus, le transfert de la possession étant subordonné à la cessation de l'indivision, le moment de la délivrance serait incertain. Enfin, on pourrait aller jusqu'à dire que l'objet n'est pas disponible, puisque, si l'objet n'est pas fractionnable, son aliénation ne dépend pas du seul consentement du vendeur.

Ainsi encore, il n'est pas valable de vendre ou d'acheter une livre de mouton à prendre dans un mouton entier, surtout avant son écorchement. En effet, déterminée en espèce, en quantité, et *quoad diem solutionis*, cette livre de viande n'est pas déterminée en qualité.

De même encore, on ne vendra pas des déchets de fabrique, la quantité et la qualité de la matière précieuse étant inconnues. Ainsi, que les déchets existent encore en nature, ou que la matière en ait été séparée, la chose doit être restituée au vendeur, et celui-ci doit restituer le prix. Toutefois, si la séparation a eu lieu, et si elle a produit un résultat utile, l'acheteur a le droit de se faire indemniser de sa main-d'œuvre, sans que celle-ci puisse jamais dépasser la valeur du produit.

Mais, par une tolérance particulière, on peut vendre du blé mûr sur pied, ou en gerbes, de l'huile à provenir de telles olives, mais à certaines conditions. Dans les deux premières hypothèses, la moisson doit être faite dans la quinzaine, afin d'éviter tout changement d'état ou toute fluctuation du cours, et la vente doit avoir lieu à tant la mesure. Dans la troisième hypothèse, le procédé industriel employé pour l'extraction de l'huile doit être conforme à l'usage du pays, afin de permettre l'appréciation du rendement moyen. Ces restrictions ont pour but de cantonner *l'alea* autant que possible.

La vente de la farine à provenir de tel blé est également permise.

Il en est de même de toutes les choses qui se vendent à la jauge, à la mesure, au poids, au compte ; mais alors on n'admet que la vente de telle quantité à prendre dans une masse incertaine, ou de la masse entière à tant la mesure.

Il est encore permis de vendre un objet ou une masse sous réserve d'une quantité déterminée, pourvu que la réserve n'excède pas le tiers. En effet, il faut que la portion vendue soit supérieure à la partie réservée, afin que le même contractant ne soit pas à la fois vendeur et acheteur, ce qui est contraire à la rigueur des principes.

202. TRANSITION. — Telles sont les règles auxquelles est soumis l'objet du contrat. Aussi, dans la rigueur des principes, la vente en bloc, la vente des choses hors de vue devraient être interdites. En effet, dans la première, la quantité demeure incertaine ; dans la seconde, la qualité n'est déterminée que d'une façon imparfaite.

Toutefois, comme il eût été difficile de proscrire d'une façon absolue de pareilles transactions spéciales au commerce, et usitées chez toutes les nations, la loi s'est bornée, tout en les tolérant, à les entourer de précautions minutieuses.

DE LA VENTE EN BLOC

203. DÉFINITION. — La vente en bloc est celle d'un objet dont il est possible de connaître la quantité, sans que celle-ci soit connue.

204. DIVISION. — Cette forme spéciale de la vente, exceptionnellement tolérée, est soumise aux règles générales de la vente. Elle doit, de plus, remplir certaines conditions particulières, destinées à rendre aussi limitée que possible l'indétermination qu'elle comporte, en ce qui touche la quantité de la chose vendue.

Lorsque, irréprochable au point de vue du consentement (1), elle remplit, en outre, les conditions de précaution auxquelles elle est soumise, la vente en bloc est *parfaite*.

Lorsque, irréprochable comme consentement, elle est contractée au mépris des règles de la vente ordinaire, elle est *imparfaite*.

Enfin, elle est nulle, non-seulement dans tous les cas où la vente ordinaire le serait, mais encore lorsque les conditions de précaution ne sont pas remplies. C'est là, non pas une exception aux

---

(1) Il ne faut pas oublier que le consentement, même valablement donné par un contractant capable, est vicié lorsqu'il porte sur un objet frappé de prohibition légale *(Conf.* n⁰ˢ 180 et 216).

principes généraux, mais une extension de ces principes. En effet, la vente en bloc est tolérée ; sur ce terrain, tout est de droit étroit. Ici, encore, la loi se substituant aux parties, leur refuse la faculté de consentir valablement à la violation des conditions de précaution qu'elle leur impose ; méconnaître ces dernières équivaut à un vice de consentement. De là une véritable nullité du contrat (1).

205. A. *Vente en bloc parfaite*. — La vente en bloc est assimilée, par tolérance, à la vente parfaite, dans le cas où la détermination de la quantité de la chose vendue est difficile, et où l'indétermination de la quantité est faible. Elle est soumise à sept conditions :

1° Il faut que la chose soit présente, c'est-à-dire en vue des parties contractantes, afin qu'elles soient en situation d'en examiner une portion quelconque, même sans l'isoler de la masse, comme la couche supérieure d'un tas de blé. Lorsqu'il s'agit de liquides qui pourraient se corrompre au contact de l'air, la supputation approximative de la quantité par l'examen extérieur du vase est suffisante pour remplir le vœu de la loi. On peut même s'en rapporter au vendeur lorsqu'il affirme que tous les récipients sont remplis au même degré ;

2° La quantité de la marchandise ne doit pas être trop considérable, afin qu'il soit possible de la supputer approximativement. Si elle était en quantité trop peu considérable, il n'y aurait pas lieu à vente en bloc, le jaugeage, le mesurage, le pesage étant possibles ;

3° Il est indispensable que les contractants ignorent la quantité réelle de la chose vendue, afin qu'aucun d'eux ne puisse abuser de l'ignorance de l'autre contractant. Toutefois, si l'une des parties sait, par exemple, de combien d'unités se compose la chose vendue, alors que celle-ci est de celle qui se vendent au poids, et si les deux parties ignorent le poids, la vente en bloc n'en est pas moins valable. En effet, le renseignement que possède l'un des contractants ne lui créera pas une situation privilégiée. Si, après la conclusion de la vente, l'un d'eux apprend que l'autre connaissait la quantité de la chose vendue, le premier a le droit d'opter entre le maintien ou l'annulation du contrat, en se fondant sur le dol dont il est victime.

Dans le cas où les deux contractants connaîtraient la quantité de la chose vendue, ce ne serait plus une vente en bloc.

Enfin, lorsque celui des contractants qui connaît la quantité de la chose, déclare le fait, le contrat n'en est pas moins vicieux, car il ne peut dépendre des parties de se créer une situation meilleure, même avec le consentement de l'autre ;

---

(1) La théorie générale des contrats nuls, imparfaits, parfaits, a déjà été exposée *(Conf.* n° 180). Elle sera complétée plus loin *(Conf.* n° 216). Pour les choses frappées de prohibition légale, *conf.* n° 201, 3°.

4° Les deux contractants doivent être experts en la matière, afin qu'ils ne soient pas victimes de leur inexpérience ;

5° Il est nécessaire que la surface sur laquelle la chose vendue repose soit plane, afin d'éviter toute erreur d'appréciation. Découvre-t-on, après l'enlèvement, un accident de terrain, il appartient, soit au vendeur, soit à l'acheteur d'opter pour le maintien ou pour l'annulation de la vente, suivant que l'on constate l'existence d'un creux ou d'un relief. Les deux contractants ont-ils renoncé, à l'avance, à se prévaloir d'une découverte de ce genre, la vente n'en est pas moins annulable à la volonté de celui qui souffre le préjudice ; en d'autres termes, il est contraire à la loi de renoncer au droit d'option qu'elle accorde à la partie lésée ;

6° La chose ne doit être déterminable qu'avec difficulté, faute de quoi il n'y a pas lieu à vente en bloc. La difficulté de la détermination est présumée lorsque la marchandise est en quantité considérable, ou lorsqu'un étalon légal de poids, de mesure, de jauge, manque sur place. La loi n'est donc pas favorable à la vente en bloc des choses qui se comptent, car l'action de compter est une opération intellectuelle, pour laquelle aucun instrument n'est nécessaire.

Il est absolument interdit d'acheter en bloc des petits oiseaux enfermés dans une cage, leur extrême mobilité empêchant absolument de les compter. S'ils étaient libres, la vente n'en serait permise à aucun titre, parce qu'ils ne seraient pas disponibles (1) ;

7° Il ne faut pas que la chose soit de celles qui se vendent, d'après l'usage, à la pièce, à moins qu'il ne s'agisse d'objets de valeur minime, comme des petits poissons. Ainsi on ne vend pas des vêtements en bloc.

Lorsque la vente en bloc remplit ces conditions particulières (sans compter les conditions générales auxquelles le consentement est soumis) elle est parfaite. Elle l'est encore dans deux hypothèses, mais celles-ci seront examinées plus bas (2), afin de ne pas scinder une théorie qui trouve sa place naturelle là où il sera traité de la vente en bloc nulle.

206. B. *Vente en bloc imparfaite*. — La vente en bloc est imparfaite dans tous les cas où la vente proprement dite le serait. Elle l'est en outre :

1° Lorsque l'un des contractants apprend, après le contrat, que l'autre connaissait la quantité de la chose vendue. Si cette révélation se produisait avant le contrat, il serait évidemment nul, une des conditions de précaution étant violée. Mais, lorsque le contrat a été exécuté, la vente est simplement sujette à annulation au gré

---

(1) *Conf.* n° 201, 4°.
(2) *Conf.* n° 206, page 124, 1° et 2°.

du contractant qui a été trompé ; celui-ci est admis à exercer l'option légale, la chose étant considérée comme atteinte d'un vice rédhibitoire ;

2° Lorsque celui des contractants, qui connaît la quantité de la chose vendue déclare le fait (1) ;

3° Lorsqu'on découvre un accident de terrain, après l'enlèvement de la marchandise, les deux contractants étant convaincus, au moment du contrat, que la surface était plane ;

4° Il en est de même, dans le cas où les parties conviennent de renoncer à se prévaloir d'un accident de ce genre.

207. C. *Vente en bloc nulle.* — La vente en bloc est frappée de nullité dans tous les cas où la vente proprement dite serait nulle, et, de plus :

1° Lorsque la chose n'est pas présente, l'indétermination de tolérance étant dépassée ;

2° Lorsque la marchandise est en quantité trop considérable, toute appréciation approximative étant impossible ;

3° Lorsque la marchandise est en faible quantité, l'appréciation exacte étant possible ;

4° Lorsque les deux contractants connaissent la quantité, l'appréciation exacte étant faite ;

5° Lorsque les parties (ou même l'une d'elles) manquent d'expérience pour supputer approximativement la quantité ;

6° Lorsque les contractants ont à leur disposition un étalon légal de poids, de mesure, de jauge, et que la quantité de la marchandise n'est pas excessive ;

7° Lorsque la chose est de celles qui se comptent, et qu'elle n'est pas en nombre excessif ;

8° Lorsqu'elle est de celles qu'il est impossible de compter.

Ce n'est pas tout. Les conditions de précaution sont encore violées, et la vente est nulle, quand les contractants, au lieu de faire porter la vente sur un bloc unique de marchandise, *annexent, dans un même contrat, le déterminé à l'indéterminé,* ce qui peut avoir lieu ;

9° Lorsque l'on associe ainsi deux choses de même espèce qui se trouvent vendues, dans un seul et même contrat, l'une d'après le procédé normal, l'autre d'après le procédé de tolérance de la vente en bloc. Ainsi il est défendu de vendre ensemble du blé en bloc et du blé qui a été jaugé. En effet, il est normal de vendre du blé jaugé, dont, par conséquent, la quantité est déterminée. Il est

---

(1) *Conf.* n° 205, 3°.

anormal de vendre du blé en bloc, la quantité n'en étant pas déterminée. La loi se borne à tolérer cette dernière vente. Or, associer ce blé jaugé et ce blé en bloc, c'est faire réagir l'indétermination du second sur la détermination du premier ; c'est rendre nulle la vente entière, avec d'autant plus de raison que le prix lui-même se trouve frappé d'indétermination. En effet, quelle sera la part du prix afférente au blé jaugé dans ce marché unique ? La division même du prix ne sauverait pas le contrat, car elle pourrait n'avoir d'autre but que de le sauver de l'illégalité ;

10° Lorsque l'on associe ainsi deux choses d'espèce différente qui se trouvent vendues chacune, d'après un procédé anormal. Ainsi, il est défendu de vendre ensemble, en bloc, du blé en bloc et de la terre mesurée. En effet, il est anormal, de vendre du blé en bloc, celui-ci se vendant, normalement, jaugé ; et il est anormal de vendre de la terre mesurée, celle-ci se vendant, normalement, en bloc (1) ;

11° Lorsque l'on associe ainsi deux choses d'espèce différente dont l'une est un corps certain et l'autre un corps insuffisamment certain. Ainsi, il est interdit de vendre ensemble, en bloc, une chose quelconque en bloc et un vêtement, ou un cheval.

De toutes ces combinaisons les seules permises sont, *a contrario :*

1° Celle qui consiste à associer deux ou plusieurs choses de même espèce, pourvu que l'unité de jauge, de mesure, de poids, soit la même pour toutes, et que le prix stipulé pour chacune de ces unités soit aussi le même. Ainsi on peut vendre en bloc les fruits de tel jardin avec ceux de tel autre jardin, lorsqu'ils sont vendus, les uns et les autres, à raison de tant *l'ardeb* (2) ; mais, dès qu'un élément quelconque de discordance se produit, la vente en bloc est nulle pour le tout ;

2° Celle qui consiste à vendre ensemble de la terre en bloc avec

---

(1) L'arpentage dénote une civilisation avancée. De nos jours encore, en Algérie, demandez à un propriétaire rural quelle est l'étendue de sa terre, il vous répondra : « Je cultive une *sikka* (soc de charrue), » — ou bien : « une *jebda* (joug), » — ou bien : « une *zouija* (paire de bœufs), » — selon qu'il habitera telle ou telle des trois provinces. Ces trois expressions servent à déterminer l'espace qu'une charrue attelée d'une paire de bœufs laboure en une saison. C'est donc une étendue très variable (de 5 à 10 hectares), puis qu'elle dépend de l'activité de l'homme, de la force des animaux, de la situation des lieux, plaine ou montagne. — De même, les Grecs employaient le mot *gye* (γύη), que M. Pierron n'a pas compris, et qui signifie *la pièce de bois à laquelle est attaché le coutre de la charrue.* (*Conf.* Homère, Iliade, IX, 579). — Le *jugerum* des Latins procède de la même idée. — Nos expressions provinciales *journal, hommée,* ont le même défaut de précision. — Il ne faut donc pas s'étonner si, d'après Sidi Khalil, la terre se vend normalement en bloc, l'étalon légal de mesure agraire manquant absolument dans les premiers temps de l'islamisme, et même de nos jours.

(2) Environ 60 litres.

du blé jaugé. En effet, ces deux choses sont ainsi vendues, chacune, suivant son procédé normal.

Il est facile de constater que ces règles sont de pures abstractions, et qu'elles sont loin d'assurer le résultat auquel elles tendent. Il s'agit d'empêcher ce que les auteurs musulmans appellent *l'annexion du connu à l'inconnu*. Or, dans les premiers exemples, on voit, à la rigueur, l'inconvénient qui résulte de l'association, dans un même contrat, d'une quantité indéterminée de telle marchandise avec une quantité déterminée de la même marchandise, — ou d'une quantité indéterminée de telle chose avec une quantité déterminée d'une chose d'espèce différente, — ou d'un corps certain avec une quantité indéterminée de telle marchandise. Sans se préoccuper du procédé normal de vente des choses, élément peu scientifique du problème, il est certain qu'il ne viendra à l'idée de personne d'imaginer de pareilles combinaisons. Mais le dernier exemple est la destruction même du principe posé. Vendre ensemble de la terre en bloc — quantité indéterminée, — avec du blé jaugé — quantité déterminée — est permis, sous le futile prétexte que chacune de ces choses est vendue suivant son procédé normal de vente; n'est-ce pas *annexer le connu à l'inconnu,* ce que l'on s'efforce précisément d'interdire ? Remarquons-le encore, la quantité de blé jaugé sera connue des deux contractants, dans cette même combinaison ! Et l'on viole ainsi, par une bizarre contradiction, une des conditions de précaution de la vente en bloc (1).

DE LA VENTE DES CHOSES HORS VUE

208. DÉFINITION. — La vente des choses hors vue est celle dans laquelle la détermination de la qualité ne résulte pas de la vérification directe ou complète qu'en a faite l'acheteur, faute par la chose d'être placée sous les yeux de ce dernier, au moins au moment du contrat.

209. DIVISION. — Ici encore, nous sommes sur un terrain d'exception, de tolérance. Toutes les explications données à l'occasion de la vente en bloc trouvent leur application ici (2).

La vente des choses hors vue est, pour les mêmes motifs, dans les mêmes conditions, parfaite, imparfaite, nulle. Ici, toutefois, quelques explications complémentaires sont nécessaires. Il ne faut pas oublier, en effet, que, dans la vente en bloc, l'indétermination réside dans la quantité, abstraction faite de l'espèce et de la qualité, lesquelles sont parfaitement déterminées, la chose étant sous les

---

(1) *Conf.* n° 205, 3°.
(2) *Conf.* n° 204.

yeux des contractants. Or, la tolérance de la loi porte précisément sur ce point, moyennant certaines précautions qui ont pour but de diminuer cette indétermination dans la mesure du possible (1).

Dans la vente des choses hors vue, la situation est bien plus défavorable. L'acheteur est, à vrai dire, exactement renseigné sur l'espèce, sur la quantité, bien qu'il n'ait pas la chose sous les yeux. Mais pour la qualité, élément considérable d'une exacte détermination, l'absence de la chose le laisse dans une ignorance à peu près complète. Alors même qu'il aurait vu la marchandise antérieurement au contrat, celle-ci est sujette à tant de modifications, que cet examen préalable est souvent illusoire. De là, des précautions d'un ordre spécial; de là aussi la physionomie particulière de ce contrat unique en droit musulman.

Généralement, lorsqu'on achète une chose, on la voit, on la touche, et il faut déjà qu'elle soit atteinte d'un vice caché pour que cet examen, dont l'intérêt de l'acquéreur assure le caractère sérieux, ne soit pas décisif. Ainsi, découvre-t-on ensuite que l'objet vendu est de qualité inférieure, le contrat n'en est pas moins parfait et *obligatoire ;* il en est de même si cet objet est atteint d'un vice apparent. Aussi, l'action résolutoire n'est-elle accordée que dans le cas où il s'agit d'un vice caché (2).

C'est pour cela que, dans la rigueur des principes, la vente des choses hors vue devrait être sévèrement prohibée. Comment ! je n'ai pas vu la chose, ou bien je l'ai vue bien avant le contrat, et je serais irrévocablement condamné à l'accepter, malgré le changement qu'elle a subi, malgré sa non conformité avec celle que j'ai vue ? Ce serait une flagrante iniquité. D'autre part, l'action rédhibitoire serait ici sans emploi légitime. Il ne s'agit pas, en effet, d'un vice caché de la chose, mais bien d'un vice apparent contre lequel la condition résolutoire est désarmée.

La loi a donc dû, par la force des choses, organiser, au profit de la vente des choses hors vue, un recours d'une espèce spéciale, tout en respectant la théorie générale de la perfection, de l'imperfection, de la nullité des contrats. Comme toujours, le contrat est parfait lorsqu'il ne viole ni les règles de la vente proprement dite, ni les règles de précaution de cette vente de tolérance. Mais il est soumis, de plus, à une règle de précaution que l'on ne rencontre pas ailleurs, et qui a pour but d'assurer une stricte conformité entre la chose livrée et celle qui a été stipulée.

Nous connaissons déjà de réputation, — nous ne tarderons pas à les étudier de plus près (3), — l'option conventionnelle et l'option légale. C'est au moyen d'une troisième option, dite *option d'examen,* que la conformité de la chose est assurée.

---

(1) *Conf.* n° 205.

(2) C'est pour ce motif que le domaine de l'erreur et de la lésion est très limité en droit musulman. *Conf.* n°ˢ 198 et 200.

(3) *Conf.* infrà, Option conventionnelle et option légale.

D'où cette conséquence que le contrat parfait se subdivise, ici, en *parfait-obligatoire* et en *parfait-non-obligatoire*.

Ainsi que nous allons le voir, les choses hors vue peuvent être vendues sur description, ou sur vue antérieure au contrat, ou sans description, ou sans vue antérieure.

Ont-elles été vendues sur description ou sur vue antérieure, le contrat est *parfait*, lorsque les règles générales et celles de précaution ont été observées. Mais il ne sera *obligatoire* que le jour où la conformité aura été constatée à la suite de l'option d'examen. Ce qui revient à dire que l'acheteur, malgré l'irréprochabilité juridique du contrat, conserve le droit d'opter entre le maintien ou le *repoussement* de la vente, jusqu'au moment où, la chose lui étant livrée, il a été mis à même de l'examiner. Ce n'est pas la première fois que nous nous trouvons en présence de cette utile distinction entre la validité d'un contrat et son caractère obligatoire (1); elle offre ici un intérêt particulier.

Quand la chose a été vendue sans description ou sans vue antérieure, le contrat n'est ni parfait ni obligatoire; il est nul, les règles de précaution étant violées. Pour le sauver, il faut que l'option d'examen ait été formellement stipulée en faveur de l'acheteur; moyennant cette réserve, le contrat est parfait; il deviendra obligatoire après l'exercice de l'option.

Mais, il ne faut pas s'y tromper, le caractère obligatoire du contrat n'est jamais tenu en suspens qu'au profit de l'acheteur. Quant au vendeur, il n'en est pas ainsi. Pour lui, le contrat est non-seulement parfait, mais encore obligatoire dès le début.

Ces préliminaires étaient indispensables, la vente des choses hors vue étant d'une intelligence très difficile pour le lecteur français.

Nous procéderons en cette matière comme nous l'avons fait pour la vente en bloc. Nous résumerons la théorie de la vente des choses hors vue à propos du contrat parfait, sauf à extraire ensuite, de cet exposé, les éléments constitutifs du contrat imparfait et du contrat nul.

210. A. *Vente parfaite.* — La vente des choses hors vue est assimilée, par tolérance, à la vente parfaite, lorsque la détermination de la qualité de la chose vendue est difficile, et lorsque cette indétermination est faible.

Elle est assujettie aux règles suivantes, indépendamment de celles qui régissent la vente proprement dite :

1° La chose doit être *absente* du lieu où les parties sont réunies pour contracter. On conçoit que l'absence de la chose soit exigée en cette matière. En effet, si la chose était présente, la vente serait nulle, le motif de la tolérance n'existant pas, et la détermination

_____

(1) *Conf.* n° 196.

complète de la chose devant, dès lors, avoir lieu. Toutefois, la chose, malgré sa présence, est considérée comme absente :

a. Lorsque la marchandise est sous le couvert d'un ballot, d'une caisse, d'un paquet et que l'ouverture du récipient offre une certaine difficulté, ou doit entraîner une perte de temps pour le vendeur ;

b. Lorsque, dans la même hypothèse, l'ouverture du récipient peut entraîner la détérioration de la chose, ce qui arrive, par exemple, pour les denrées qui se corrompent rapidement au contact de l'air ;

c. Lorsque, s'agissant de denrées protégées par une enveloppe naturelle (grenades, noix, œufs, melons, etc.), le bris de cette enveloppe entraîne virtuellement la destruction de la chose ;

d. Parfois même, l'absence de la chose, étant purement théorique, est considérée comme indifférente. Ainsi, a-t-on vu la marchandise avant le contrat, soit en totalité, soit en partie sous forme d'échantillon, il est certain qu'elle a été présente ; on n'exige donc plus qu'elle soit absente au moment du contrat ;

2° Il ne faut pas que la chose soit trop éloignée, lorsqu'il s'agit de choses qui changent d'état plus ou moins rapidement ; de là un véritable classement : les fruits, éminemment corruptibles, sont éloignés, alors que les animaux, bien que placés à la même distance, ne sont pas regardés comme éloignés ; ceux-ci sont, à leur tour, trop éloignés par rapport aux étoffes, lesquelles sont trop éloignées là où les immeubles ne le sont pas ;

3° Il ne faut pas non plus que la chose soit trop rapprochée, car il est alors plus simple de la transporter là où les parties sont réunies ; et si elle est difficile à transporter, les contractants eux-mêmes doivent se déplacer afin de l'examiner de près, la détermination de la qualité étant d'obligation stricte dès qu'elle est possible ;

4° Il n'est pas permis de stipuler que le prix sera payé comptant, quand la vente n'est pas définitive, c'est-à-dire lorsque l'acheteur s'est réservé le droit d'option pour le moment où il aura, après le contrat, la chose sous les yeux. Cette défense est basée sur un motif bizarre. On ne sait pas, disent les auteurs, si la somme payée comptant l'est à titre de prix de vente, ou à titre de prêt ; or, la chose prêtée est soumise à des règles spéciales qui diffèrent profondément de celles qui régissent le prix de vente, surtout au double point de vue de la translation de la propriété et des risques. De là, des difficultés de droit. D'autre part, en vertu même de l'annulabilité de la vente, un payement anticipé expose les contractants à des recours, à des répétitions qu'il vaut mieux éviter. Enfin, la vente est un contrat de réciprocité ; et, bien que l'acheteur soit tenu de payer son prix avant la tradition de l'objet vendu, il est certain que cette obligation est suspendue quand il est armé du droit de refuser la chose dans le cas où elle ne serait pas conforme à l'échantillon ou à la description.

Dans cette hypothèse, le payement comptant n'est même pas admis volontairement, c'est-à-dire à défaut de stipulation expresse.

Il n'est pas admis non plus de stipuler le payement anticipé : 1° pour les choses mobilières, quand elles sont éloignées, la vente fût-elle définitive, par les motifs qui précèdent, et, en outre, à cause du dépérissement rapide auquel ces choses sont exposées; 2° pour ces mêmes choses, fussent-elles rapprochées, la vente fût-elle définitive, lorsque le procédé employé consiste dans la description faite par le vendeur, celle-ci offrant peu de garanties de sincérité ; 3° pour les immeubles, éloignés ou rapprochés, vendus même à titre définitif, par le procédé qui vient d'être indiqué.

Par exception, le payement anticipé est toléré : 1° par stipulation expresse, lorsqu'il s'agit d'immeubles, éloignés ou rapprochés, vendus à titre définitif par tout autre procédé que la description du vendeur ; lorsqu'il s'agit d'objets mobiliers, rapprochés, vendus à titre définitif, par tout autre procédé que la description du vendeur ; 2° volontairement, qu'il s'agisse d'immeubles ou de meubles, éloignés ou rapprochés, vendus à titre définitif.

5° Les choses hors vue peuvent être vendues :

a. Sur la vue d'un échantillon de la chose vendue.

b. Sur la vue extérieure de la chose, quand elle est renfermée sous une enveloppe naturelle.

Le premier de ces procédés est réservé aux choses fongibles (1). En effet, seules, les productions de la terre sont semblables les unes aux autres, quand elles sont de même espèce. Il y a toujours une différence entre deux choses non fongibles, et la remise d'un échantillon de ces dernières ne fournirait que des renseignements incertains sur le surplus de la marchandise. Rien ne ressemble tant à du blé que du blé. Deux bracelets, deux moutons, deux vêtements, deux maisons ne se ressemblent jamais que dans une certaine mesure. Quant aux choses qui sont renfermées sous une enveloppe naturelle, comme les grenades, les noix, les concombres, les œufs, il faudrait les anéantir pour en examiner l'intérieur ; il y a donc là une tolérance imposée par la force même des choses.

Les autres procédés sont communs aux choses fongibles et aux choses non fongibles.

---

(1) Les *choses fongibles* sont les grains, produits naturels de la terre, qui sont propres à l'alimentation ; ce sont donc toujours des choses *quæ numero, pondere, mensura constant.* Toutefois, il ne faut pas perdre de vue que l'on range dans cette catégorie tous les grains produits par la terre qui servent d'aliment à un être animé quelconque, et non pas seulement ceux dont l'homme fait sa nourriture. Ainsi, le chenevis, la graine de coton, sont des choses fongibles, parce que certains animaux s'en nourrissent. — Toutes les autres choses sont *non fongibles*. — Le numéraire seul échappe à cette division. Il forme une catégorie spéciale ; il n'est considéré que comme l'instrument nécessaire du commerce. Je reviendrai sur ce sujet.

c. Sur l'état descriptif accompagnant une marchandise placée sous le couvert d'une caisse, d'un paquet, d'un ballot.

d. Sur la vue antérieure de la chose, c'est-à-dire l'examen de cette chose avant le contrat.

e. Sur la description verbale de la chose fournie soit par le vendeur, soit par un tiers, la première inspirant moins de confiance que la seconde, le désintéressement du vendeur étant peu probable.

f. Sans description préalable de la chose.

g. Sans vue antérieure de la chose.

Il est évident que, suivant le procédé employé, le contrat, pour être parfait, devra remplir des conditions différentes, celui-ci ne pouvant, par exemple, avoir la même valeur dans le cas où la chose a été examinée antérieurement, et dans le cas où cet examen préalable fait défaut. De tous les procédés énumérés, les deux derniers sont donc ceux sur lesquels la loi porte toute sa sévérité.

Ces principes posés, il est superflu de rechercher dans quels cas la vente des choses hors vue est parfaite-obligatoire, ou parfaite-non-obligatoire. Aussi nous bornerons-nous à quelques courtes observations.

Il est certain, tout d'abord, que le contrat qui remplit les conditions générales de perfection de la vente proprement dite, est parfait-obligatoire, quel que soit le procédé employé, dès que l'option d'examen a été réservée à l'acheteur. En effet, l'option empêche l'indétermination de qualité, vice originel de cette vente exceptionnelle, de produire aucun effet fâcheux, toutes les autres règles de précaution fussent-elles d'ailleurs violées.

Il en est encore évident que, dans tous les cas où cette option d'examen n'a pas été stipulée en faveur de l'acheteur, le contrat, pour être parfait-obligatoire, est soumis à toutes les règles de précaution que nous avons posées plus haut.

Enfin, lorsque l'option d'examen a été réservée, le contrat est simplement parfait jusqu'au moment précis où l'acheteur a usé du droit qui lui a été concédé. Opte-t-il affirmativement, le contrat, de parfait qu'il était, devient également obligatoire. Opte-t-il négativement, le contrat n'est plus même parfait.

211. B. *Vente imparfaite.* — La vente des choses hors vue est imparfaite dans tous les cas où la vente ordinaire le serait. Elle le devient chaque fois que, parfaite, elle perd sa perfection par l'exercice de l'option d'examen, dans le sens de la négative.

212. C. *Vente nulle.* — La vente des choses hors vue est nulle lorsqu'elle est atteinte d'un vice de consentement, comme la vente proprement dite elle-même. Elle est encore nulle lorsque les règles de précaution, spéciales à ce contrat, sont violées, à moins que l'option d'examen n'ait été réservée à l'acheteur. Elle l'est, enfin, dans tous les cas où, cette option ayant été stipulée, l'acheteur paie son prix par anticipation, que le paiement soit volontaire ou imposé.

213. CONTESTATIONS. — La vente des choses hors vue peut amener de nombreuses contestations, par cela même que, dans bien des cas, la marchandise a été vendue sans examen préalable, et qu'elle a subi des changements dans l'intervalle qui sépare l'échange des consentements et la tradition.

Ainsi, qu'arrivera-t-il dans le cas où une marchandise a été vendue sur état descriptif, et où, après livraison, et séparation des contractants, l'acheteur soutient que la chose vendue n'est pas conforme à l'état descriptif? Le vendeur est astreint à affirmer la conformité, sous la foi du serment.

Supposons le cas où c'est le vendeur, après le payement du prix et la séparation des contractants, qui prétend que les espèces étaient de mauvais aloi ou incomplètes. Faute de preuve positive en sa faveur, l'acheteur doit jurer que, à sa connaissance, les pièces de monnaie étaient de bon aloi, ou complètes. Jure-t-il, le serment est libératoire pour lui. Refuse-t-il le serment, il est tenu de remplacer les pièces défectueuses, ou de combler le déficit.

Lorsqu'une contestation surgit entre les contractants, sur le point de savoir si la marchandise a subi une modification depuis le contrat, il y a lieu à une distinction :

1° Lorsqu'il s'agit d'une chose que l'acheteur avait vue antérieurement au contrat, et lorsqu'il s'est écoulé très peu de temps entre la vue et la réclamation formulée par l'acheteur, la modification alléguée est considérée comme peu vraisemblable, et le dire du vendeur fait foi.

Dans le cas contraire, c'est l'acheteur qui est cru sur son affirmation.

Mais s'il y a doute, en ce sens qu'il s'est écoulé un temps moyen depuis le contrat, il est nécessaire de recourir à une expertise. En effet, la présomption est que la chose a conservé sa qualité première. Les experts donnent-ils raison à l'un des contractants, celui-ci obtient gain de cause ; les experts sont-ils divisés, c'est la majorité qui l'emporte. Hésitent-ils à se prononcer, le vendeur gagne son procès, à charge par lui de prêter serment.

2° Lorsqu'il s'agit d'une chose vendue sur simple description, la présomption est que la marchandise n'a pas conservé sa qualité première, une simple description n'ayant pas la valeur d'un examen antérieur au contrat. C'est donc l'affirmation de l'acheteur qui prévaut tout naturellement.

214. DES RISQUES. — Une distinction est nécessaire entre les immeubles et les meubles. Elle est fondée sur ce que les immeubles ne se modifient généralement, dans un court espace de temps, que par l'effet d'un accident, inondation, incendie, etc.; les meubles, au contraire, se modifient par eux-mêmes, leur constitution physique les prédisposant à des changements.

A. *Immeubles.* — Lorsque la vente porte sur un immeuble déterminé, il est certain que la question des risques est réglée suivant les règles de la vente proprement dite : ils sont à la charge de l'acquéreur dès que la propriété est transférée à celui-ci, c'est-à-dire dès que les consentements ont été échangés, la vente étant un contrat consensuel.

Lorsque l'immeuble vendu n'est pas déterminé, les risques sont également à la charge de l'acquéreur dès que les consentements ont été échangés, mais à la condition que la chose soit alors en bon état. Que l'acquéreur, au moment de la prise de possession, constate le mauvais état de la chose, la présomption légale est que le vice existait déjà lors du contrat, et les risques se transportent sur la tête du vendeur, à moins qu'il ne prouve que le vice dont la chose est atteinte est postérieur au contrat.

B. *Meubles.* — En matière mobilière, le vendeur est garant des risques jusqu'à la tradition.

Toutefois, les parties peuvent déroger à ces principes, par stipulation expresse, qu'il s'agisse de meubles ou d'immeubles. Mais lorsque l'acheteur est garant, soit en vertu de la loi, en ce qui touche les immeubles, soit par une clause formelle, en ce qui touche les meubles, et qu'il se produit une contestation sur le point de savoir si la modification de la chose est antérieure ou postérieure au contrat, l'effet de la stipulation est suspendu, et les risques sont à la charge du vendeur aussi longtemps qu'il n'a pas établi la postériorité de la modification.

215. FRAIS DE TRANSPORT. — Les frais de transport de la chose sont à la charge de l'acquéreur.

216. TRANSITION. — Lorsque deux contractants, doués de la capacité légale, ayant la libre disposition de leurs biens, échangent leurs consentements dans une forme non équivoque ; lorsque ce double consentement n'est pas vicié par la violence, par l'erreur, par le dol, dans sa formule même ; lorsqu'il ne porte pas sur un objet frappé d'une prohibition légale ; lorsque, de plus, dans les contrats de tolérance, comme ceux que nous venons d'examiner, il ne viole aucune des règles spéciales imposées par la loi, le contrat est *parfait.* Il ne peut plus être anéanti que par la volonté commune des parties, quand, bien entendu, cette rétractation est permise, ce qui n'a pas toujours lieu, comme nous le verrons notamment en matière de transaction.

Lorsque deux contractants, doués de la capacité légale, ayant la libre disposition de leurs biens, échangent leurs consentements dans une forme non équivoque ; lorsque ce consentement n'est pas vicié par la violence, par l'erreur, par la fraude, dans sa formule même ; lorsqu'il ne porte pas sur un objet frappé d'une prohibition légale, lorsque, de plus, dans les contrats de tolérance, il ne viole aucune des règles spéciales imposées par la loi ; mais, lorsque ce double consentement s'applique à une combinaison que la loi désapprouve, ou bien lorsqu'il est vicié, par la violence, par l'erreur, par la fraude, extérieurement à sa formule, ou bien lorsqu'il s'applique à un objet qui, sans être frappé d'une prohibition légale, ne remplit pas les conditions exigées par la loi, le contrat est *imparfait,* à moins que le vice juridique dont il est atteint ne soit de ceux qui sont expressément tolérés en vertu d'une disposition de la loi. Dans ce dernier cas, le contrat est assimilé aux contrats parfaits. Dans certains cas déterminés, le contrat imparfait peut également être assimilé aux contrats parfaits, quand les contractants ont pris la précaution de se réserver le droit d'option, ou lorsque le vice juridique dont il est atteint n'est pas admis par tous les jurisconsultes (1).

Lorsque, enfin, le consentement lui-même est atteint d'un vice, ce qui arrive par le défaut de capacité des contractants, ou par l'effet de la violence, de l'erreur, du dol portant sur la formule même du consentement, ou par ce fait que ce consentement porte sur un objet frappé de réprobation par la loi, le contrat est *nul.*

Un contrat imparfait est toujours annulable avant son exécution. Mais, de même que, dans le mariage, la consommation physique sert *d'étai* au contrat imparfait, dans les autres contrats de réciprocité l'exécution sert d'étai. L'exécution a, pour ainsi dire, purgé le vice dont le contrat était atteint, mais moyennant certaines distinctions fondées sur la connaissance qu'avait l'un des contractants du vice dont il était atteint et sur l'époque où il a acquis cette connaissance.

Dans les contrats ordinaires, que l'on acquière cette connaissance avant ou après l'exécution, celui des contractants auquel le vice porte préjudice est armé de l'option légale : *avant,* parce que le contrat n'a pas encore été exécuté ; *après,* malgré son exécution, et le contrat est annulable à la volonté de ce contractant. Mais si cette connaissance a été acquise avant l'exécution, et que néanmoins on exécute le contrat, l'exécution rend le contrat parfait.

Dans les contrats de tolérance, lorsque cette connaissance est acquise avant l'exécution, le contrat est nul, pour des motifs que nous avons exposés plus haut (2). Quand la connaissance est acquise après l'exécution, le contractant lésé a l'option légale.

---

(1) *Conf.* n° 182.
(2) *Conf.* n°ˢ 204, 207, 209, 212.

En résumé, avant son exécution, un contrat imparfait est annulable, soit à la requête des parties, soit d'office.

L'exécution rend le contrat parfait, lorsqu'elle a eu lieu avec la connaissance du vice dont il était atteint. Sans cette connaissance, l'exécution est inefficace pour purger le vice.

La loi a organisé deux options, que nous étudierons plus loin, et qui servent de remède dans toutes les situations :

1° L'option conventionnelle, c'est-à-dire celle que les parties peuvent se réserver, et qui, les mettant à même d'exécuter un contrat imparfait sans courir le risque de le rendre parfait par là, a pour effet d'empêcher qu'un contrat annulable puisse être annulé d'office : il ne le peut plus qu'à la volonté de la partie qui a ce droit d'option. On s'est mis ainsi en règle avec la loi.

2° L'option légale, c'est-à-dire celle qui existe dans tout contrat, eût-il même l'apparence d'un contrat parfait, et que la loi donne, en dehors de toute stipulation, à tous ceux qui éprouvent un dommage quelconque par le fait d'un contrat, exécuté ou non, parfait ou imparfait.

En dehors de cette division tripartite, il existe certains contrats, d'une physionomie essentiellement musulmane, dont nous ne dirons qu'un mot en passant, leur étude complète ne pouvant prendre place dans un ouvrage élémentaire comme l'est celui-ci (1).

Nous avons étudié, jusqu'à présent, la vente parfaite. Nous allons examiner les caractères de la vente imparfaite.

SECTION II. — *De la vente imparfaite*

217. DÉFINITION. — La vente imparfaite est celle qui, parfaite par sa nature, est viciée par une circonstance extérieure (2).

218. DIVISION. — Sidi Khalil, après avoir épuisé la théorie de la vente parfaite, énumère les causes qui frappent d'inperfection tous les contrats de réciprocité, quels qu'ils soient. Le grand jurisconsulte malékite était autorisé à procéder ainsi, le mot *beïa* ayant à la fois le sens de *vente* et celui plus étendu de *contrat de réciprocité* (3).

---

(1) *Conf.* n°s 227 et suivants.

(2) *Conf.* n° 181 et page 133.

(3) C'est même ce qui rend incompréhensible la traduction de Perron, celui-ci ayant toujours pris le mot *beïa* dans le sens restreint.

Ainsi il dit : « Est illégale *la vente* d'un animal pour de la viande... » (tome III, page 235). Il fallait dire : *l'échange*.

Nous ne le suivrons pas dans cette voie. Nous ne retiendrons de ces causes d'imperfection que celles qui affectent la vente.

Une règle domine la matière : dans tous les cas où le contrat, parfait par sa nature, est vicié par une circonstance extérieure, il est imparfait, *à moins que la loi n'en dispose autrement par une disposition formelle*. Il faut, toutefois, bien s'entendre sur la signification exacte de ces mots : *circonstance extérieure*. En effet, lorsque la circonstance, bien qu'extérieure en apparence, se traduit, dans un contrat d'ailleurs parfait, par la violation d'une défense de la loi religieuse, dans un contrat de tolérance, par la violation d'une règle de précaution, le contrat est nul, et non plus imparfait. La loi suppose arbitrairement que les parties n'ont pas pu échanger de consentements valables dans de telles conditions. C'est là, à quelque chose près, notre théorie française d'après laquelle on ne peut déroger, par des conventions particulières aux lois qui intéressent l'ordre public et les bonnes mœurs. Ainsi la circonstance extérieure est celle qui est produite par une sorte de prohibition *facultative* de la loi : la transgression, dont les contractants se sont rendus coupables, n'intéressant pas directement *l'ordre public,* n'a d'autre effet que de tenir en suspens le caractère obligatoire du contrat, et de donner ouverture à un droit d'option. Nous dirions en droit français que ce sont des nullités qui peuvent être couvertes par le consentement des parties.

La nomenclature qui suit est l'application de ce principe.

L'imperfection d'un contrat est produite par diverses causes dont voici les principales :

219. ALEA (1). — Sont imparfaits les contrats par lesquels on convient :

---

(1) Le mot arabe *(r'arar)* que je traduis par *alea* ne peut pas être rendu en français d'une façon exacte, en raison de sa grande complexité. L'expression qui conviendrait le mieux serait celle de *déception* qui a le tort de ne pas être juridique.

En effet, qu'une chose ne soit pas déterminée au moment du contrat, l'acheteur s'expose à être déçu. Que l'existence même de la chose soit incertaine, le péril est le même. Que la chose ne soit pas disponible, il en est encore de même. Or, toutes ces idées sont comprises dans le mot *r'arar* que Jorjani définit ainsi : « c'est ce dont on ignore la perte et dont l'existence est incertaine. » — D'après Derdiri : « c'est l'ignorance du prix, ou de la chose, ou du terme du paiement. » Mohammed Kharchi enseigne que le *r'arar* est de trois espèces : 1° celui qui est défendu par les quatre écoles orthodoxes, comme la vente de l'oiseau qui est dans les airs, du poisson qui est dans l'eau ; 2° celui qui est permis par les quatre écoles, comme l'incertitude où l'on est de l'état des fondations d'une maison que l'on vend, de l'état intérieur d'une couverture piquée ; comme l'indétermination de la durée d'un bail, en raison de la longueur variable des mois de l'année ; comme l'indétermination de la quantité d'eau que l'on emploie pour un bain, ou de celle que l'on consomme en buvant ; 3° celui qui est controversé entre les quatre écoles, et qui, par conséquent, ne vicie pas le contrat *(Conf.* n° *182).*

1° De fixer ultérieurement le prix de la vente, d'après la mercuriale ;

2° D'en laisser la fixation à l'arbitrage ou la volonté de l'une des parties ;

3° D'en subordonner la fixation à l'arbitrage ou à la volonté d'un tiers (1) ;

4° De céder un marché de choses non inventoriées, ou dont les prix n'ont pas été détaillés, à moins de réserver, dans toutes ces hypothèses et dans les suivantes, l'option à l'acquéreur ;

5° De vendre un objet au toucher, c'est-à-dire sur la détermination insuffisante qui résulte du fait par l'acheteur d'avoir simplement palpé une étoffe, un vêtement ;

6° De vendre au jet, c'est-à-dire sur la détermination insuffisante qui résulte du fait par le vendeur d'avoir jeté à l'acheteur un objet que celui-ci a simplement examiné à distance ;

7° De vendre à la pierre, ce qui peut se produire de quatre façons : 1° on vend l'étendue de terre mesurée par le jet d'une pierre lancée par un des contractants ou par un tiers ; 2° on convient que la vente de tel objet sera définitive au moment où le vendeur ou un tiers laissera tomber une pierre ; 3° on convient que l'objet sur lequel, entre plusieurs autres, tombera une pierre lancée par quelqu'un, deviendra l'objet vendu ; 4° on convient que l'on paiera telle chose autant de pièces de monnaie qu'une pierre fera de morceaux en tombant et en se brisant sur le sol ;

8° De vendre le produit à naître d'un animal, même sous la condition suspensive de la venue du part ;

9° De vendre moyennant une pension alimentaire ; on ignore, en effet, la durée de la vie d'un homme ; de là l'indétermination du prix ;

10° De vendre de nuit des choses qui ne peuvent être suffisamment appréciées dans les ténèbres, ou même à la clarté de la lune ;

11° De vendre moyennant un prix unique, deux choses d'espèce différente, comme un vêtement et un animal, ou de qualité différente, comme un *rida* et un *kessa* (2). En effet, dans cette hypothèse, on ignore quelle est la portion du prix total qui s'applique à chacun des deux objets, d'où une véritable indétermination ;

12° De vendre, à titre définitif, un objet sous la condition alter-

---

(1) Ces combinaisons sont permises en matière de dot *(Conf.* n° 27*). Conf.,* Code civil, art. 1591 et 1592.

(2) Ces deux vêtements diffèrent par la longueur. Le *rida* se fait en soie, ou en soie et laine ; le *kessa*, en laine.

native de payer tel prix au comptant, ou tel autre à terme. Ici l'in-détermination affecte le prix et le terme du payement (1).

13° De vendre une créance sur un mort, sur un absent, ne résidât-il qu'à une distance peu éloignée, sur une personne présente, lorsque celle-ci n'avoue pas la dette.

Cette nomenclature est purement démonstrative.

Je me borne à rappeler qu'il faut ranger dans cette catégorie, toutes les ventes en bloc imparfaites (2), toutes les ventes imparfaites de choses hors vue (3).

En thèse générale, l'*alea*, dans quelque forme qu'elle se produise, vicie le contrat. Elle n'est tolérée que :

1° Lorsqu'elle est insignifiante ;

2° Lorsqu'elle est inévitable ;

3° Lorsqu'elle n'a été recherchée par aucune des parties.

220. ERREUR. — Nous avons déjà vu (4) que l'erreur, quand elle porte sur le consentement lui-même, enlève au contrat toute validité ; celui-ci devient radicalement nul.

Il importe de ne pas oublier que la vente est un contrat consensuel, que le consentement se manifeste *le plus souvent* (5) par la parole ; que les *paroles*, une fois échangées entre les contractants, et celles-ci, étant exemptes de toute erreur matérielle, le contrat est parfait. D'où cette conséquence que l'erreur est bien rarement une cause d'imperfection. Pour contracter valablement, obligatoirement, il est nécessaire d'être doué de discernement (6). Les insensés, les impubères peuvent donc seuls exciper de l'erreur dont ils ont été victimes. Hors de là, la loi ne protège pas celui qui, par légèreté, par négligence, par imprudence, s'est dupé lui-même. Pour donner ouverture au droit d'option, il faut déjà que l'erreur se complique d'un élément qui se rapproche beaucoup du dol (7). Ce n'est que dans le cas où l'une des parties a été représentée par un mandataire que, par une faveur particulière, l'erreur rend le contrat imparfait (8).

221. VIOLENCE. — Dans tous les cas où l'un des contractants a

---

(1) *Conf.* Code civil, art. 1189 et 1584.
(2) *Conf.* n° 206.
(3) *Conf.* n° 211.
(4) *Conf.* n° 198.
(5) *Conf.* n° 195.
(6) *Conf.* n° 196.
(7) *Conf.* n° 198.
(8) *Conf.* n° 198.

subi une contrainte illégale, le contrat est entaché de nullité. Mais cette nullité est relative, en ce sens que celui qui en a été victime est toujours maître de ratifier le contrat, lorsqu'il a recouvré sa liberté d'action (1). Il résulte de là que la violence est une cause d'imperfection.

222. DOL. — Il suffit de se reporter à la théorie exposée plus haut (2), pour se convaincre que le *dolus bonus* ne vicie pas le contrat. A chacun le soin de se défendre contre les artifices d'autrui. Le domaine des contrats n'est ouvert qu'aux hommes raisonnables, ayant souci de leurs intérêts. Il en est autrement du *dolus malus*. Lorsque les manœuvres pratiquées ont eu pour effet de modifier la substance de la chose, de façon à la rendre impropre à l'usage ou nuisible, la vente est annulée d'office (3). Quand le dol a eu simplement pour but d'exagérer le prix aux dépens de l'acheteur, ou de déprécier la chose au préjudice du vendeur, la vente devient imparfaite. Ainsi, une enchère faite par un tiers, sans intention d'acheter, de concert avec le vendeur, rend la vente imparfaite. Mais à ce propos, nous devons enregistrer un exemple remarquable de tolérance dont nous ne trouvons pas l'analogue dans la loi française (4). Il est licite d'écarter des enchères, par dons, par promesses, par sollicitations, une partie des enchérisseurs, pourvu que parmi les enchérisseurs écartés, il ne se trouve pas une personne capable d'apprécier la valeur de la chose; la vente est parfaite. Sinon, elle est imparfaite, et le vendeur a le droit d'option sans préjudice de la peine corporelle qui peut être prononcée contre le délinquant. Il s'agit ici d'une *disposition formelle de la loi* dérogeant à la règle générale formulée plus haut (5).

Ainsi encore, lorsqu'un habitant de la ville vend, pour le compte d'un arabe nomade, les produits de la campagne, ce dernier a un droit d'option, la vente étant imparfaite. En effet, un campagnard, homme généralement ignorant, ne sait pas la valeur exacte du lait, des œufs, du beurre, du miel, des fruits qu'il apporte à la ville. Il peut être facilement trompé. De là le droit d'option dont il est armé. Il n'en serait pas ainsi des objets manufacturés ou des produits acquis par lui d'un tiers, car là il possède des renseignements suffisants sur la valeur de sa marchandise.

Ainsi encore, il est défendu, sous peine de voir le vendeur user du droit d'option, d'acheter sur les routes, aux abords des villes les denrées destinées à l'approvisionnement des marchés. On n'est pas d'accord sur la portée de cette défense. S'agit-il d'une simple

---

(1) *Conf.*, Code civil, art. 1109 et suivants.

(2) *Conf.*, n° 199.

(3) *Conf.*, n° 199.

(4) *Conf.*, Code pénal, art. 412, § 2.

(5) *Conf.*, n° 218.

mesure de police, dans le but d'assurer l'approvisionnement des marchés, la perception des droits d'entrée, d'empêcher l'accaparement au profit des revendeurs? S'agit-il, au contraire, d'empêcher que le producteur ne soit trompé et amené à se défaire de sa marchandise à trop bas prix, avant qu'il ne soit en mesure de connaître le cours du jour? Toujours est-il que, au point de vue purement civil, c'est ce dernier motif qui paraît prédominant, puisque la loi réserve le droit d'option au vendeur.

Par une disposition formelle de la loi, et par tolérance, les personnes domiciliées à plus de six milles de la ville sont admises à acheter, dans la mesure de leurs besoins, les denrées qui passent devant leur demeure.

223. LÉSION. — La lésion n'est jamais, comme nous le verrons (1), une cause de rescision. Toutefois, lorsque la partie lésée est un incapable, la règle souffre une exception dont nous avons déjà parlé en détail (2); de là un véritable droit d'option, le contrat étant imparfait.

224. CONDITION CONTRAIRE AU BUT DU CONTRAT. — La vente doit avoir pour effet de dessaisir le vendeur de la propriété de la chose vendue, au profit de l'acheteur. Si donc le premier stipule que le second ne pourra pas vendre la chose par lui achetée, il porte atteinte au principe fondamental de la vente. Il en serait de même si l'acheteur était, d'une façon quelconque, paralysé dans son droit.

Ainsi, lui interdire de donner l'objet, de l'exporter, lui imposer de ne le revendre qu'au vendeur originaire, seraient autant de combinaisons qui frapperaient le contrat d'imperfection, en ce sens que l'acheteur pourrait toujours, même s'il avait accepté une clause semblable, user du droit d'option et faire annuler la vente.

De même encore combiner ensemble une vente et un prêt, est une cause d'imperfection. En effet, si l'acheteur ne paie qu'une partie du prix et retient le surplus à titre de prêt; si le vendeur reçoit, en outre du prix, une somme à titre d'emprunt, il règne une véritable incertitude, soit sur le prix, soit sur la chose; de plus, confusion réprouvée, une partie du prix est régie par les règles spéciales à la vente, l'autre partie par les règles spéciales au prêt.

De même encore, la loi défend toute promesse de vente avec arrhes, faite sous la condition que celui qui les a données les perdra s'il se dédit. En effet, une vente comprend une chose et un prix; ce serait donc y introduire un élément étranger. La somme, ainsi versée, doit faire partie intégrante du prix et, par conséquent, être restituée, si le contrat ne se réalise pas.

---

(1) *Conf.*, nᵒ 250.
(2) *Conf.*, nᵒ 200.

Il est à remarquer que rien ne s'oppose à ce que ces différentes clauses soient rétractées, et, dans ce cas, le contrat devient parfait.

225. DES RISQUES. — On appelle *risques* les dangers auxquels la chose, objet du contrat, est exposée, par cas fortuit ou force majeure, indépendamment de toute faute imputable aux contractants.

Dans la vente parfaite, comme nous le verrons, la chose passe aux risques de l'acheteur par la seule efficacité du contrat, à moins, toutefois, que le vendeur n'ait usé du droit de rétention, ou qu'il n'ait été mis en demeure (1). C'est là un effet naturel du caractère purement consensuel de la vente.

Il n'en est évidemment pas de même, lorsque la vente est imparfaite. Le transfert de la propriété par la seule énergie du consentement réciproque des parties est, en somme, un principe arbitraire, contraire à la nature des choses. Au moins, faut-il que le contrat soit irréprochable, que la propriété, ainsi transmise, sorte définitivement et complètement des mains du vendeur pour passer en celles de l'acheteur. Lorsque, au contraire, la vente est imparfaite, elle n'est jamais translative de propriété, du moins aussi longtemps que le vice dont elle est atteinte n'a pas été détruit. Dès lors, tant que la chose demeure entre les mains du vendeur, elle ne peut, en aucun cas, être aux risques de l'acheteur; bien mieux, dans la rigueur des principes, celui-ci ne devrait jamais être soumis à aucune responsabilité, puisqu'il n'a aucun droit sur la chose. Toutefois, lorsque la chose lui a été livrée, et bien que sa situation ne se soit nullement améliorée au point de vue de la translation de la propriété, il est juste qu'il subisse les risques; le vendeur, dépouillé physiquement de la détention de la chose, étant impuissant à veiller à sa conservation (2).

En d'autres termes, dans la vente parfaite, c'est la question de droit qui domine; dans la vente non parfaite, ce qui comprend la vente imparfaite et la vente nulle, c'est la question de fait.

Pour que la chose passe aux risques de l'acheteur, il faut que la tradition soit effective, qu'elle ne consiste pas, par exemple, dans la simple possibilité d'une mise en possession. Mais, il va de soi que cette tradition a pour effet unique de transporter les risques du vendeur à l'acheteur; quant à la propriété, elle ne se déplace pas: la perte seule de la chose en transporte la propriété.

La vente imparfaite ne peut, évidemment, conserver cette situation qui est purement provisoire: elle doit être annulée ou devenir parfaite.

Devient-elle parfaite, elle produit tous les effets de la vente parfaite.

Est-elle annulée, la chose est restituée.

---

(1) Ou qu'il ne s'agisse de choses qui se pèsent, se comptent, se jaugent.
(2) *Conf.* n° 172, E.

Quant aux fruits, ils demeurent acquis à l'acheteur jusqu'au moment où la vente est annulée. S'il a fait des dépenses, pour l'entretien ou la conservation de la chose, elles sont à sa charge, mais à la condition qu'elles soient couvertes par les produits. La chose n'a-t-elle rien produit, ou bien les dépenses ont-elles été supérieures aux produits, il a le droit de se faire indemniser jusqu'à due concurrence.

Si la chose périt en totalité, ou pour la majeure partie, il y a une distinction à faire entre la vente dont le caractère imparfait est controversé et celle dont l'imperfection est admise par tous les jurisconsultes.

Dans le premier cas, la vente est assimilée à une vente parfaite, en ce sens que l'acheteur est tenu du prix.

Dans le second cas, il est tenu de la valeur de la chose au jour de la tradition, à moins qu'il ne s'agisse de choses fongibles ; alors, il en doit la restitution en choses de même nature.

Telles sont les règles générales. Mais que faut-il entendre par la perte ?

La chose est considérée comme ayant péri : 1° lorsqu'elle a subi une dépréciation, eu égard au cours, à moins qu'il ne s'agisse d'un immeuble, ou d'un animal qui a séjourné un mois (deux mois, d'après une autre opinion) chez l'acheteur. En effet, pour les immeubles, on se soucie peu d'une différence de prix, en plus ou en moins ; on recherche surtout son agrément et sa convenance. Quant aux animaux, leur état physique se modifie rapidement. Il est vrai que Lakhmi conteste ce dernier point ; il enseigne qu'il y a là un point de fait sujet à vérification, et qu'une règle inflexible est contraire à la nature des choses ;

2° Lorsqu'elle est grevée de frais de transport, de droits de douane, ou qu'elle a traversé des contrées infestées par les coupeurs de route et qu'elle a nécessité une surveillance coûteuse ;

3° Lorsqu'elle a subi une tranformation. Ainsi, pour un immeuble, lorsqu'il tombe en ruine, lorsqu'il a été reconstruit, réparé, amélioré par des plantations ; pour un objet mobilier, quand il a été embelli, réparé, dégradé ; pour un animal, quand il a maigri ou engraissé. Quant aux choses fongibles, leur transformation (blé en farine, olives en huile) est sans influence.

4° Lorsqu'elle est sortie des mains de l'acheteur, qu'il l'ait aliénée à titre onéreux, ou à titre gratuit, qu'il l'ait habbousée, louée, donnée en gage, et que, dans ce dernier cas, il soit hors d'état de la dégager ;

5° Lorsque, en matière de terres, l'acheteur y a creusé un puits, découvert ou aménagé une source, fait ou supprimé des plantations ou une construction, pourvu que ces travaux aient une certaine importance. Dans le cas contraire, ou si la terre a été simplement labourée ou ensemencée, la restitution en est autorisée. Lorsque les plantations ou les constructions n'occupent que le tiers ou le quart du sol, le surplus peut être restitué ; si elles occupent moins que le quart, le tout fera retour au vendeur, moyennant une indemnité à allouer à l'acheteur.

Dans tous les cas, lorsque la cause qui empêchait le retour vient à cesser, la restitution en nature redevenant possible, celle-ci est ordonnée.

Il n'y a d'exception à ce principe que dans le cas où, par suite des fluctuations du marché, le transfert de la chose a été jugé définitif.

Quel est le droit du tiers-acquéreur, c'est-à-dire de celui qui a acheté la chose avant que le vendeur originaire ne s'en soit dessaisi par la délivrance?

La question est controversée. Toutefois, lorsqu'il y a concert frauduleux entre l'acheteur et l'acheteur de celui-ci, le retour en nature au vendeur originaire est admis par tous les auteurs.

SECTION III. — *De la vente nulle*

226. RENVOI. — Il suffit de mentionner ici la vente nulle. En effet, de tout ce qui précède, il résulte que c'est celle qui est atteinte d'un vice de consentement. Elle est inefficace, inexistante ; elle ne produit aucun effet juridique. L'objet vendu et le prix doivent être rendus.

En ce qui touche les risques, ils sont évidemment à la charge de celui qui détient physiquement la chose. La théorie est la même que pour la vente imparfaite qu'aucune circonstance ne rend parfaite.

SECTION IV. — *Du véhicule de prohibition*

227. GÉNÉRALITÉS. — Certains contrats sont formellement autorisés par la loi ; lorsqu'ils ne souffrent d'aucun vice de consentement, lorsqu'ils ne portent sur aucun objet réprouvé, ils sont *bien vus* par la loi religieuse, et la loi civile, en raison de leur perfection, leur attribue un caractère absolument obligatoire.

Souffrent-ils d'un vice de consentement — et nous savons la portée qu'il faut donner aux vices de consentement (1) — ils deviennent nuls.

Sont-ils atteints d'un vice juridique purement extérieur (2), ils sont imparfaits, annulables.

Mais, lorsqu'un contrat, que la loi ne frappe d'aucune réprobation,

---

(1) *Conf.* n°s 180, 218.
(2) *Conf.* n°s 181, 216, 217.

peut servir, en raison de sa nature même, de *véhicule* (1) à la violation d'un principe fondamental de la loi religieuse, il est, par voie indirecte, *mal vu* par cette même loi.

§ 1er. — *De la vente à terme*

228. Définition. — Il y a deux espèces de ventes à terme : la vente à terme proprement dite, et celle qui ne porte ce nom que par extension.

La première est celle où le prix, consistant en espèces monnayées, est payable à terme. Lorsque le prix ne consiste pas en espèces monnayées, le contrat devient un *selem* (2).

La seconde est celle où la chose, objet de la vente, est revendue au vendeur originaire, avant le paiement du premier prix.

229. *A*. Vente a terme proprement dite. — La vente à terme proprement dite n'est évidemment pas un véhicule de prohibition ; elle n'est donc pas en discussion ici. Elle est parfaite, imparfaite, nulle, comme la vente au comptant. Il est licite d'accorder terme

---

(1) J'essaie de traduire le mot arabe *d'eriâ* qui signifie, littéralement, *intermédiaire, moyen pour arriver à une chose*. Ainsi, lorsqu'une chamelle est d'humeur vagabonde, afin de l'empêcher de s'écarter du troupeau ou de la caravane, on lui donne, pour garde du corps, un âne qu'elle a l'habitude de suivre ; celui-ci s'appelle *d'eriâ*. Ce mot a été transporté dans la langue technique pour marquer les choses, les faits qui servent de *véhicule* à une chose, à un fait contraires à la loi. Accorder un terme à un individu n'a, en soi, rien de répréhensible ; mais lorsque ce terme est accordé, dans certaines circonstances déterminées, en matière de vente, il constitue un *véhicule de prohibition*.

Les auteurs nous enseignent que ces véhicules se divisent en trois catégories : 1° ceux que l'on est d'accord pour ne pas admettre comme répréhensibles ; ainsi, il est permis de planter de la vigne, bien qu'elle soit le véhicule du vin, boisson prohibée ; — 2° ceux que l'on est d'accord pour admettre comme répréhensibles ; ainsi, supposons un individu qui affecte d'injurier les faux dieux et qui, sous ce voile, est soupçonné de s'attaquer à Dieu lui-même ; il est punissable, car ses attaques sont un véhicule pour s'en prendre à la divinité ; — 3° ceux sur la valeur prohibitive desquels il y a controverse entre les jurisconsultes ou les écoles ; ainsi, regarder une femme, dont on n'est pas le mari ou le parent au degré prohibé, lui parler, est un véhicule de prohibition, parce que ces actes peuvent conduire à la fornication. La vente à terme est dans le même cas. Mais les malékites considèrent le fait de regarder une femme étrangère, de lui parler, et la vente à terme comme permis. D'où cette conséquence que, en droit malékite — et c'est celui que nous étudions, — la vente à terme est permise en elle-même, la controverse ayant pour effet de rendre valables les contrats que d'autres jurisconsultes ou d'autres écoles tiennent pour nuls. (*Conf.* n° 182.) Ne demeurent prohibées que les combinaisons vicieuses par elles-mêmes auxquelles ces contrats peuvent conduire.

(2) *Conf. infra,* n° 302.

et délai à l'acquéreur, pour se libérer de son prix, pourvu que cette concession résulte du contrat lui-même (1).

Le vendeur est tenu de livrer la chose vendue, dès que les consentements ont été échangés. L'engagement, en effet, n'est pas suspendu ; l'exécution en est seulement retardée, en ce qui touche l'obligation de l'acquéreur.

Quand le prix ne consiste pas en espèces monnayées, le contrat devient un *selem*. Nous étudierons ce contrat plus loin (2).

230. *B.* VENTE A TERME AINSI NOMMÉE PAR EXTENSION. — Rien de plus impropre que le nom donné, même par extension, à ce contrat. Voici, en effet, comment les choses se passent : Primus vend un cheval à Secundus, moyennant cinq cents francs payables, soit au comptant, soit à terme. Secundus, avant de se libérer de son prix, revend le cheval à Primus, soit au comptant, soit à terme égal, soit à terme moindre, soit à terme plus éloigné, moyennant un prix qui est, ou égal au premier, ou moindre, ou supérieur.

On le voit, si les deux prix sont payables au comptant, le deuxième contrat ne peut, à aucun titre, prendre le nom de *vente à terme.*

D'autre part, cette dénomination n'indique pas qu'il s'agit d'une *revente* ou d'un *rachat.*

C'est donc sans motif plausible que les auteurs ont appelé vente à terme ce qui n'est autre chose qu'une *vente suivie de rachat* (3).

231. VÉHICULE DE PROHIBITION. — Ce contrat, très rarement pratiqué, n'est pas toujours un véhicule de prohibition. Il faut, suivant l'expression pittoresque des commentateurs, pour que la combinaison soit défendue, que la marchandise revienne entre les mains de son propriétaire, de façon à ce qu'il ait *payé peu pour avoir beaucoup :* Le bénéfice qu'il réaliserait ainsi serait immoral ; de là la prohibition.

Le rachat par le vendeur peut avoir lieu de douze façons :

Au comptant....... { Au même prix,
A *prix moindre,*
A prix supérieur ;

A terme égal....... { Au même prix,
A prix moindre,
A prix supérieur ;

---

(1) En effet, si le terme était accordé postérieurement au contrat, par une stipulation nouvelle, il pourrait en résulter un bénéfice usuraire pour l'un des contractants, comme nous le verrons à propos de la théorie de l'usure.

(2) *Conf. infra,* n° 302.

(3) Nous verrons plus loin en quoi ce contrat se distingue de la *résiliation* et de la *cession. Conf. infra,* n°ˢ 276 et 279.

$$\text{A terme moindre...} \begin{cases} \text{Au même prix,} \\ \textit{A prix moindre,} \\ \text{A prix supérieur ;} \end{cases}$$

$$\text{A terme plus long .} \begin{cases} \text{Au même prix,} \\ \text{A prix moindre,} \\ \textit{A prix supérieur.} \end{cases}$$

De ces combinaisons, trois seulement sont prohibées (1) :

1º Celle par laquelle Primus vend une chose moyennant dix, payables au comptant, et la rachète moyennant huit ;

2º Celle par laquelle il vend la chose moyennant dix, payables le 1er mai, et la rachète moyennant huit, payables le 15 avril ;

3º Celle par laquelle il vend la chose moyennant dix, payables le 1er mai, et la rachète moyennant douze, payables le 15 mai.

En effet, dans le premier cas, Primus doit recevoir dix ; il recouvre la chose en ne la payant que huit; d'où, pour lui, un bénéfice mal acquis de deux.

Dans le second cas, le bénéfice illicite est d'une autre nature. Il touche, il est vrai, un prix moindre ; mais il le touche avant le terme fixé pour le paiement du premier prix. Le 15 avril, il verse huit à Secundus, et reçoit, de ce dernier, dix le 1er mai, d'où une sorte de prêt à intérêt.

Dans le troisième cas, la situation est la même, à cela près que les rôles sont intervertis.

J'en ai assez dit pour prouver que ce sont là des combinaisons juridiques plus théoriques que pratiques. Les musulmans proscrivent tout ce qui ressemble, de près ou de loin, à un prêt à intérêt. Nous le constaterons lorsque nous étudierons en détail la théorie du prêt. De plus, ici, nous nous trouvons en présence d'une vente qui se combine avec un prêt; d'où un conflit de droit en ce qui touche les règles spéciales à appliquer (2).

En résumé, lorsque les deux paiements ont lieu au même terme, le véhicule de prohibition disparaît, que les deux prix soient égaux, que l'un soit moindre que l'autre, que l'un soit supérieur à l'autre. De même, lorsque les deux prix sont égaux, il n'y a pas non plus de prohibition, que les deux termes soient égaux, ou moindres l'un que l'autre, ou plus éloignés l'un que l'autre. Dans les deux hypothèses, il suffit que la chose ne revienne pas dans les mains du vendeur originaire moyennant une prestation supérieure, pour que la combinaison soit *permise* (3). Les rigoristes prohibent abso-

---

(1) Ce sont celles imprimées en italiques.

(2) *Conf*. nº 224.

(3) Il ne faut jamais perdre de vue que, en droit musulman, le mot *permis* est synonyme de *toléré*. Un acte est, ou valable-obligatoire, ou valable, ou permis, ou mal vu, ou défendu.

lument la vente suivie de rachat, parce qu'elle peut devenir un véhicule de prohibition. Les autres, et Malik est du nombre, ne prohibent que les combinaisons qui conduisent à des résultats prohibés; mais ils tiennent le contrat en lui-même pour simplement *toléré*. Le bon musulman s'en abstient, de peur de pécher à son insu.

Il est encore certain que, le prix une fois payé, les contractants respectivement affranchis de toute obligation, rien ne s'oppose à ce que la chose soit revendue au vendeur originaire, à la simple condition de respecter certaines règles que nous étudierons en temps et lieu (1).

Enfin, ce qui est défendu entre le vendeur et l'acquéreur, ne l'est pas toujours entre ce dernier et un tiers (2).

§ 2. — *De la vente à la commission*

232. *Définition.* — La vente à la commission (aïna), est la vente d'une marchandise que l'on n'a pas (3).

Primus désire acheter un cheval. Il s'adresse à Secundus. Celui-ci, sachant que Tertius possède un animal de cette espèce, l'achète pour le vendre à Primus. Il est certain que Secundus ne possède pas le cheval dont Primus a besoin, qu'il n'en est pas propriétaire, que, bien mieux, il n'en est pas même détenteur ; *il ne l'a pas.*

Ce contrat, qui consiste à acheter un objet uniquement pour le revendre, éveille à un haut degré les craintes du législateur musulman : « Les gens de l'*aïna*, dit énergiquement Dsouki, sont des » gens *qui exposent leurs personnes* pour vendre des marchandises » qu'ils n'ont pas. Ils vont chez les négociants et achètent à tel prix » pour revendre à leur commettant. »

233. *Véhicule de prohibition.* — Ce contrat qui, suivant l'expression d'Ibn Arfa, rapporte le plus pour le moins, les services du commissionnaire n'étant pas gratuits, est susceptible de vingt-quatre combinaisons, dont voici le tableau :

Les deux prix étant égaux	sont tous deux au comptant,
	sont tous deux à terme,
	le 1er est au comptant, le 2e à terme,
	le 1er est à terme, le 2e au comptant.
Le 2e prix étant plus élevé	*ils sont tous deux au comptant,*
	ils sont tous deux à terme,
	le 1er est au comptant, le 2e à terme,
	le 1er est à terme, le 2e au comptant.

---

(1) *Conf.* infra, n° 279.

(2) *Conf.* infra, *ibid.*

(3) Je suis obligé de me servir de cette expression vague : *que l'on n'a pas*, pour me conformer au texte arabe. *Être possesseur, être propriétaire* seraient inexacts, d'ailleurs, car il s'agit ici d'un simple fait de détention.

Le 2ᵉ prix étant inférieur
$\begin{cases} \text{ils sont tous deux au comptant,} \\ \text{ils sont tous deux à terme,} \\ \text{le 1ᵉʳ est au comptant, le 2ᵉ à terme,} \\ \textit{le 1ᵉʳ est à terme, le 2ᵉ au comptant.} \end{cases}$

Dans chacune de ces douze combinaisons, le commettant peut donner l'ordre formel d'acheter pour lui — comme : « Achète *pour » moi* tel objet » — ou ne donner qu'un ordre implicite, — comme : « Achète tel objet à tel prix et je le prendrai à tel prix, » — d'où vingt-quatre combinaisons, desquelles quatre sont prohibées (1) :

1° Celle par laquelle les deux prix étant égaux, le premier est payable comptant, le second à terme. Le commettant dit : « Achète cette marchandise à dix au comptant, et je la prendrai de toi à dix à terme. » Il y a là une sorte de prêt à intérêt, car le commissionnaire prête dix au commettant, jusqu'à l'expiration du terme. Or, comme nous le verrons, le prêt à intérêt est sévèrement prohibé en droit musulman ;

2° Celle par laquelle, dans les mêmes conditions, le commettant donne l'ordre formel d'acheter : « Achète *pour moi,* etc., » et pour les mêmes motifs.

Ce qui distingue ces deux hypothèses l'une de l'autre, c'est que, dans la seconde, le commettant est tenu de prendre livraison de la chose et de la payer. En effet, il s'est engagé d'une façon positive. Quant au commissionnaire, la deuxième vente est annulée en ce qui le concerne ; il n'a d'autre droit que de réclamer la rétribution de ses peines et soins, et son émolument sera égal à la commission que l'usage accorde aux courtiers. Encore certains jurisconsultes lui refusent-ils toute rétribution, par respect pour les principes.

Dans la première hypothèse, c'est-à-dire en l'absence d'un ordre formel, le contrat est sujet à annulation, et la chose est rendue à son propriétaire originaire si elle existe encore, sinon le commettant en doit la valeur ;

3° Celle par laquelle, le deuxième prix étant plus élevé que le premier, et les deux prix étant payables au comptant, le commettant a donné l'ordre formel d'acheter. Ici encore, on se trouve en présence d'un véritable prêt à intérêt, bien qu'il soit moins caractérisé, les deux opérations ayant lieu au comptant. Le commettant est obligé de recevoir la chose au prix de la première vente, et le commissionnaire ne touche, comme salaire, que le prix fixé par l'usage ;

4° Celle par laquelle, le deuxième prix étant inférieur au premier, celui-ci est à terme, tandis que celui-là est payable au comptant. Il y a toujours un prêt à intérêt dans cette hypothèse.

Il est encore défendu de promettre un bénéfice déterminé au

_____

(1) Ce sont celles composées en italiques.

commissionnaire. Lorsque le quantum de ce bénéfice n'est pas précisé, le contrat est simplement mal vu.

En résumé, comme dans la vente à terme, les combinaisons défendues sont celles où se révèle un prêt à intérêt, ou la combinaison d'une vente et d'un prêt.

234. Transition. — La vente n'est pas toujours pure et simple. Elle peut être conditionnelle.

La condition elle-même peut être, soit suspensive, en vertu de la convention même, soit résolutoire, en vertu de la loi.

De là la division en ventes sous condition suspensive, et en ventes sous condition résolutoire.

Section V. — *De la vente sous condition suspensive*

235. Généralités. — La condition suspensive affecte une forme spéciale. Elle résulte de l'option que se réserve l'une des parties. Or, cette option peut avoir deux utilités :

1° Elle permet aux parties, dans une vente parfaite, de ne pas subir, dès le principe, les conséquences d'un contrat qui, sans cette réserve, serait irrévocable. C'est le *jus pœnitendi*.

2° Elle consolide les ventes imparfaites qui, grâce à cette précaution, sont sauvées de la ruine et produisent tous les effets d'un contrat parfait.

236. Définition. — La vente avec option est une vente dont la perfection est d'abord tenue en suspens, et qui deviendra probablement définitive.

237. Conditions. — L'option doit toujours résulter d'une stipulation formelle; aussi, porte-t-elle le nom caractéristique d'*option conventionnelle,* pour la distinguer de l'*option légale* dont nous nous occuperons plus loin.

La durée de l'option varie suivant l'objet auquel elle se rapporte, l'état de tel objet étant plus facile à vérifier que l'état de tel autre. La loi a pris soin, afin d'éviter que le sort d'une vente ne soit tenu abusivement en suspens, de fixer la durée maximum de l'option; rien ne s'oppose, d'ailleurs, à ce que les parties conviennent d'un délai moindre.

238. Applications. A. *Immeubles*. — L'option est d'un mois environ, afin que l'acquéreur ait le loisir de vérifier l'état des murs,

des fondations, la situation exacte de l'immeuble, ses utilités (puits, lieu où l'on lave, cuisine, etc.), ses tenants et aboutissants. Il n'y a pas lieu de distinguer entre une maison ou un fond de terre.

En thèse générale, l'acquéreur n'a pas le droit d'habiter l'immeuble pendant la durée de l'option, à moins qu'il ne se soit engagé à payer le prix de son occupation. En effet, il n'est pas permis d'accorder à l'acquéreur la disposition de la chose avant que la vente ne soit devenue définitive, ce qui n'a lieu qu'après l'option affirmative. Il faut donc qu'il paie une sorte de loyer qui affirme la précarité de son droit; sinon l'essence même de la condition suspensive se trouve vicié.

Si la vente ne se réalise pas, s'il y a lieu, par suite de la découverte d'un vice rédhibitoire, à option légale, il se trouve avoir réalisé un profit aux dépens du vendeur. Toutefois, lorsque les contractants ont convenu d'abréger la durée de l'option, de la réduire à quelques jours, par exemple, l'occupation gratuite est tolérée.

B. *Animaux domestiques*. — L'option est de trois jours, afin que l'acheteur puisse s'assurer de leur état physique.

C. *Bêtes de somme*. — L'option est d'un ou de deux jours. Par dérogation aux principes, l'acquéreur peut monter l'animal et lui faire parcourir, soit un berid, soit même deux berids (aller et retour) (1).

Il eût été difficile à l'acheteur de se rendre un compte exact des qualités d'un animal destiné à être monté, si cette faculté lui avait été refusée.

D. *Autres objets mobiliers*. — L'option est de trois jours pour les vêtements, les meubles, les livres, les denrées alimentaires, en un mot, pour tous objets mobiliers non compris dans les catégories précédentes. Et l'option est toujours de droit, alors même qu'elle n'aurait d'autre but que de comparer la chose vendue à d'autres de même espèce, ou de s'enquérir du prix moyennant lequel ces dernières se vendent.

239. MOMENT OU L'OPTION DOIT ÊTRE STIPULÉE. — En thèse générale, l'option doit être stipulée au moment même où les consentements sont échangés. C'est à ce moment-là, en effet, qu'il importe de savoir si la vente sera pure et simple ou conditionnelle, car il s'agit de régler les conséquences du contrat, de préciser si, en vertu du consentement, il y aura translation de la propriété, ou si cette translation demeurera en suspens par le fait de la condition.

---

(1) Pour le *berid*, conf., page 6, note.

Toutefois, rien ne s'oppose à ce que, la vente étant définitive parce qu'elle a été pure et simple, les parties s'entendent pour introduire, plus tard, dans le contrat, une clause d'option. Mais, dans cette dernière hypothèse, une difficulté se présente. En effet, par la seule énergie des consentements échangés, la propriété de la chose a passé du vendeur à l'acheteur; la chose est aux risques de ce dernier.

Comment concilier ces effets juridiques avec l'effet de la condition suspensive qui est précisément de retarder la translation de la propriété? Voici le procédé imaginé par les jurisconsultes musulmans. Par l'effet de la vente pure et simple, la propriété est transférée, les risques passent à la charge de l'acheteur. Rien ne peut modifier cette situation acquise; la stipulation postérieure du droit d'option ne déplace ni la propriété, ni les risques. L'optant opte-t-il affirmativement, la vente continue à produire tous ses effets. Opte-t-il négativement, il est considéré comme vendeur, et la chose ne retourne entre les mains du premier vendeur devenu acquéreur, qu'au moyen d'une nouvelle vente assujettie à toutes les formes de la première.

240. A QUI PEUT ÊTRE CONCÉDÉ LE DROIT D'OPTION. — Il peut être concédé, soit à l'acheteur, ce qui est le cas le plus fréquent, soit au vendeur désireux de s'enquérir s'il ne trouvera pas un prix plus rémunérateur, soit à un tiers.

241. STIPULATIONS ILLICITES EN MATIÈRE D'OPTION. — Il est défendu :

1º De stipuler que l'on consultera un tiers, trop éloigné pour se prononcer avant l'expiration du délai d'option ;

2º De stipuler un délai supérieur à ceux fixés par la loi pour chaque catégorie de choses vendues ;

3º De stipuler un délai indéterminé ;

4º De stipuler le déplacement, pendant la durée de l'option, d'une chose dont l'identité ne pourrait plus être reconnue, comme les choses fongibles;

5º De stipuler que l'optant aura la faculté d'user de la chose vendue. Un pareil abus est-il commis, il est dû un loyer, lorsque la vente est annulée par option négative ;

6º De stipuler le paiement au comptant, ne fût-il même pas réalisé, pendant la durée de l'option, lorsqu'il s'agit : 1º de choses hors vue (1) ; 2º de choses vendues avec garantie de vices rédhibitoires ; 3º de choses vendues à l'essai.

---

(1) *Conf.* suprà, nº 210, 4º.

242. DES EFFETS DE L'OPTION. — Le délai expiré, il faut distinguer entre le cas où l'optant opte affirmativement, et le cas où il opte négativement.

Lorsqu'il opte affirmativement, la vente devient pure et simple. Opte-il négativement, la vente n'a aucune existence ; la chose est rendue un jour après.

243. DE L'EXTINCTION DU DROIT D'OPTION. — Le droit d'option s'éteint :

1° Par l'usage positif ou négatif qui en a été fait ;

2° Par la renonciation expresse de celui qui avait la faculté de l'exercer ;

3° Par la renonciation tacite. Celle-ci résulte de tous les faits qui impliquent cette renonciation, car l'option est toujours stipulée en faveur de celui qui l'exerce. De là une série de présomptions dont voici les principales :

A. Donner en gage l'objet de la vente ;

B. La donner en location ;

C. La transformer, comme le fait de tailler une pièce d'étoffe ;

D. L'exposer en vente ;

E. La dégrader volontairement. La dégradation involontaire n'éteint pas le droit d'option ; elle n'a d'autre effet que d'assujettir l'optant à des dommages-intérêts proportionnels à la moins-value, et ceux-ci peuvent même atteindre la valeur entière de l'objet ;

F. En faire usage comme, par exemple, saigner un animal, ferrer un cheval.

Il va de soi que ces présomptions s'appliquent tout aussi bien au vendeur qu'à l'acheteur. Est-ce l'acheteur qui a agi ainsi, il est présumé avoir opté affirmativement, et la vente devient parfaite, si, d'ailleurs, elle n'est entachée d'aucun vice. Est-ce le vendeur, il est présumé avoir opté négativement, la vente est considérée comme non avenue. Il faut, toutefois, remarquer que le fait de donner la chose en location ne préjuge pas la décision du vendeur, car il a le droit de jouir de la chose jusqu'à l'expiration du délai d'option. Mais, dans le cas où la durée de la location dépasse la durée de l'option, il est incontestable que le vendeur est également présumé avoir opté négativement.

Les contractants peuvent encore renoncer à consulter un tiers, lorsque celui-ci ne devait donner qu'un simple conseil. Lorsque l'existence du contrat est expressément subordonnée à l'agrément de ce tiers, il n'est pas permis de déroger à la condition.

Il ne faut pas perdre de vue que l'énumération qui précède n'a rien de limitatif ; mais aussi, qu'il ne peut dépendre de celui qui devait opter, d'affirmer, après l'expiration du délai, qu'il avait tacitement opté négativement ou affirmativement. Une pareille prétention ne serait admise que si elle était appuyée sur une preuve juridiquement administrée.

244. Déplacement du droit d'option. — Il peut arriver que l'option, au lieu d'être exercée par celui des contractants en faveur duquel elle avait été stipulée, se déplace sous l'influence de certaines circonstances, soit que l'optant soit frappé d'interdiction, soit qu'il meure, après s'être réservé l'option, et avant l'avènement de la condition.

Supposons d'abord l'espèce la plus simple :

A. L'option appartient à l'acheteur. Il meurt, sans laisser aucun passif, ou ne laissant qu'un passif qui peut être couvert par les forces de la succession, indépendamment du prix de l'objet acheté sous réserve d'option. Les créanciers n'ont, évidemment, ni droit, ni intérêt à intervenir. Mais, il en est autrement des héritiers qui ont le droit d'exercer l'action qu'ils trouvent dans la succession de leur auteur. N'y a-t-il qu'un héritier, il opte affirmativement ou négativement comme l'aurait fait le *de cujus*. Y a-t-il plusieurs héritiers, et ceux-ci sont-ils d'accord, la solution est la même. Mais que décider lorsqu'ils ne s'accordent pas, les uns voulant opter affirmativement, les autres négativement? En droit strict, l'option étant indivisible, l'option négative des uns s'impose aux autres, à moins que le vendeur ne consente au fractionnement, et lorsque celui-ci est possible en fait. Mais la loi autorise, par tolérance, ceux qui optent affirmativement à prendre le lieu et place de ceux qui optent négativement, et à rendre ainsi la vente définitive pour le tout, de façon à sauver le principe de l'indivisibilité et à assurer le maintien de la vente, ce qui est le vœu de la loi.

B. L'option appartient au vendeur, dans les mêmes circonstances de fait. Ici de vives controverses se sont produites, non sur la solution elle-même, mais sur le point de savoir si, outre l'application rigoureuse de la règle, une tolérance peut également être admise, lorsque les héritiers du vendeur sont en désaccord. La règle, et non plus la tolérance, c'est que ceux qui prétendent opter négativement sont absorbés par ceux qui veulent donner à la vente son caractère définitif, à moins que l'acheteur ne consente au fractionnement, et lorsque celui-ci est possible en fait. C'est le contraire de ce qui a lieu pour les héritiers de l'acheteur qui avait le droit d'option; mais, le vœu de la loi est le même: assurer le maintien de la vente. Quant à la tolérance, elle consiste à autoriser les dissidents à prendre pour eux la totalité de la chose vendue, afin de ne pas léser les convenances ou les intérêts de ceux qui désiraient l'aliénation de l'objet. Ainsi, le principe de l'indivisibilité est sauf.

C. L'option appartient, soit au vendeur, soit à l'acheteur, et celui-ci est frappé d'interdiction avant l'expiration du délai. La faculté d'opter passe de l'optant au tuteur sous l'autorité duquel il est placé. La question n'offre aucune difficulté, lorsque l'optant est interdit avant l'expiration du délai. Mais, que faut-il décider dans le cas où, la cause de l'interdiction se produisant avant l'expiration du délai, l'interdiction n'est prononcée qu'après l'expiration de ce délai? Les auteurs sont en désaccord sur la solution à donner au problème. Pour les uns, le jugement d'interdiction est le point de départ du déplacement de l'option. Pour les autres, le jugement a un effet rétroactif; il régularise une situation préexistante, et l'option faite par l'optant lui-même est sujette à contrôle de la part du tuteur (1).

L'option appartenant au vendeur ou à l'acheteur, il devient insolvable, c'est-à-dire que son passif est supérieur à son actif. Ses créanciers exercent l'option, mais si l'option exercée affirmativement procure un bénéfice à l'insolvable, ce bénéfice augmente son actif; en résulte-t-il une perte, elle est à la charge personnelle des créanciers. Mais si un tiers paie le prix comptant à la décharge de l'insolvable, celui-ci profite du bénéfice et supporte la perte.

L'optant, vendeur ou acheteur, est frappé de folie pendant la durée du délai de l'option. Si sa folie n'offre pas d'intervalles lucides, le délégué judiciaire du pouvoir souverain exerce le droit d'option au mieux des intérêts de l'insensé. Si la folie offre des intervalles lucides, on sursoit à statuer, dût-on même prolonger le délai. Ce sont même, avec le précédent, les seuls cas dans lesquels ce délai puisse être prorogé.

L'optant est atteint d'une maladie grave, le délai peut être prorogé, après quoi le contrat est annulé d'office.

D. L'option appartient à l'acheteur ou au vendeur; celui-ci meurt laissant des créanciers et des héritiers. Il y a conflit entre eux. Les créanciers sont-ils d'accord pour exercer l'option affirmativement on négativement, les héritiers n'ont pas le droit d'intervenir, à moins que, sur le refus des créanciers d'opter affirmativement, les premiers ne s'accordent pour opter dans ce sens, et pour payer l'objet de leurs propres deniers. S'ils ne s'accordent pas pour ce faire, ceux qui acceptent la vente éliminent absolument les dissidents, à charge de les indemniser, de leurs deniers personnels, jusqu'à due concurrence (2).

245. DES RISQUES. — Dans la vente sous condition suspensive, la propriété n'est pas transférée à l'acheteur avant l'option affirmative, quel que soit le bénéficiaire du droit d'option. D'où la conséquence que le vendeur fait les fruits siens durant cettte même période. Mais, il ne faut pas confondre les fruits avec ce qui est con-

---

(1) *Conf. suprà*, p. 108, 2°.
(2) *Conf.* ci-dessus, même numéro, A.

sidéré comme l'accessoire de la chose vendue (1). Ainsi, le vendeur prendra le lait, les œufs, les fruits des arbres, les loyers de l'immeuble ; mais le croît des animaux, la laine des moutons, véritables dépendances de la chose vendue, appartiendront à l'acheteur ; dans le cas où il optera affirmativement, ils seront affectés par la condition suspensive comme la chose elle-même.

De même encore, les dommages-intérêts payés par un tiers pour dégradations commises à la chose demeureront au vendeur, par le motif qu'il doit entretenir la chose, veiller à sa conservation, et que les dommages-intérêts, s'il y lieu d'en allouer, sont la juste rétribution de ces soins, sauf, bien entendu, l'action de l'acheteur si, en raison de ces dégradations, la chose a péri en tout ou en partie.

En thèse générale, les risques sont à la charge du vendeur, s'il n'y a pas eu tradition de la chose pour l'examiner ou pour l'essayer.

Mais, si la chose a été livrée à l'acheteur, à la charge de qui seront les risques ? En d'autres termes, l'acheteur alléguant un cas fortuit, lorsqu'il détient la chose, qui sera responsable ?

Voici la théorie des risques :

A. Lorsque la chose est de celles qui peuvent être dérobées aux yeux (2), les risques sont à la charge de l'acheteur comme en matière de gage. Pour se rendre indemne, il doit prouver le cas fortuit qu'il allègue.

B. Lorsque la chose est de celles qui ne peuvent être dérobées aux yeux, les risques sont également à la charge de l'acheteur ; mais pour se rendre indemne, il suffit qu'il affirme sous la foi du serment le cas fortuit qu'il allègue. Mais il n'est pas admis à jurer, si sa mauvaise foi est évidente ; s'il refuse de jurer, il est présumé être de mauvaise foi. La mauvaise foi est évidente lorsqu'il est établi que ses allégations sont mensongères, lorsqu'il est prouvé

---

(1) *Conf. infrà*, n° 284.

(2) Il s'agit ici d'une importante division des choses, en droit musulman. Les choses qui peuvent être dérobées aux yeux (ou plus brièvement : *les choses cachées)* sont celles qui, en raison même de leur nature, sont susceptibles d'être dissimulées, et auxquelles, d'autre part, on doit plus de soin qu'aux autres, parce qu'il est facile de les porter sur soi et de les mettre ainsi à l'abri de toute entreprise du fait des tiers. De là, une responsabilité plus étroite pour celui qui les détient ; de là, aussi, la nécessité de justifier, d'une façon plus sévère, de leur perte. Ainsi une montre est une chose qui se dérobe aux yeux. Si on allègue l'avoir perdue, il serait trop commode d'en être cru sur sa simple affirmation. On doit d'ailleurs justifier des circonstances de la perte, car le détenteur pouvait la porter sur lui et la mettre à l'abri d'un vol, d'un incendie, d'une inondation.

Il n'en est évidemment pas ainsi d'une maison, d'un cheval, etc., dont il est à peu près impossible de dissimuler l'existence et qu'il est impossible d'emporter avec soi en cas de voyage. Ces dernières s'appellent, par opposition, *choses apparentes.*

qu'il a consommé, fait périr la chose, ou qu'il l'a aliénée à titre gratuit ou à titre onéreux.

Mais que doit-il au vendeur?

Il faut distinguer :

A. Quand l'option appartient au vendeur, l'acheteur, constitué débiteur des risques, doit, soit le prix stipulé, soit la valeur de la chose au jour où elle lui a été livrée, suivant que l'un est plus élevé que l'autre; en effet, il a privé le vendeur du droit d'option et du prix plus élevé qu'il aurait pu réaliser. Ce principe s'applique : 1° lorsque l'acheteur a succombé dans la preuve mise à sa charge, quand il s'agit de choses qui peuvent être dérobées aux yeux; 2° lorsque sa mauvaise foi est évidente, ou qu'il a refusé de prêter serment, quand il s'agit de choses qui ne peuvent être dérobée aux yeux. Sans pouvoir se rendre indemne, le principe de sa responsabilité étant irrévocablement acquis, il lui est toutefois possible de ne payer que le prix stipulé, en jurant que la perte de la chose n'a pas été causée par sa négligence ou sa faute.

B. Quand l'option appartient à l'acheteur, celui-ci étant constitué débiteur des risques, il ne doit que le prix stipulé, car, il est présumé opter affirmativement, conformément à son intérêt, et sans que le vendeur puisse lui en faire aucun grief, puisque son rôle, au point de vue de l'option, était purement passif.

C. Quand les deux contractants se sont réservé l'option, c'est *le dire* du vendeur qui l'emporte; il est présumé vouloir le maintien de la vente; l'acheteur est présumé vouloir la rescision; donc la vente étant maintenue, le prix seul est à la charge de l'acheteur.

D. Quand l'acheteur, auquel on a livré deux objets, dont il devait choisir l'un et rendre l'autre, allègue la perte des deux objets, il est admis à prouver ce qu'il allègue. Le prouve-t-il, il est indemne. Ne le prouve-t-il pas, il ne doit que le prix de l'une des deux choses. En effet, l'une des deux choses seulement était destinée à faire l'objet de la vente, l'autre est considérée comme ayant été simplement confiée à sa bonne foi (1). Allègue-t-il la perte d'une des deux choses et prouve-t-il sa prétention, il ne doit rien, et conserve l'option pour la chose non périe. Ne prouve-t-il pas sa prétention, il doit la moitié de la chose périe; en vertu du principe qui précède, il conserve également l'option pour la chose non périe.

E. Quant à l'acheteur, auquel on a livré deux objets, qu'il devait garder ou rendre tous deux, l'alternative ne porte pas sur les deux choses, mais sur la vente elle-même. Prouve-t-il la perte, il ne doit rien. Ne la prouve-t-il pas, il doit le prix des deux choses.

---

(1) Il n'est qu'un dépositaire.

246. DES FAUTES. — Il faut distinguer :

1° *L'option est au vendeur*.

A. La chose n'a subi qu'une détérioration partielle, mais par le fait volontaire du vendeur. Celui-ci est présumé avoir opté négativement, car il a disposé implicitement de la chose. S'agit-il du fait involontaire du vendeur, c'est l'acheteur qui a le droit d'opter entre le maintien ou la résolution de la vente, mais sans dommages-intérêts.

B. Quand la chose a subi une perte totale, il n'y a plus à distinguer entre le fait volontaire ou involontaire du vendeur ; l'obligation est éteinte sans que l'acheteur puisse se plaindre, puisqu'il dépendait de la volonté du vendeur d'opter négativement.

C. La chose n'a subi qu'une détérioration partielle, mais par le fait de l'acheteur, volontaire ou non. Le vendeur n'a qu'à user de son droit d'option pour ne subir aucun dommage. S'il opte affirmativement, il touche le prix stipulé. S'il opte négativement, l'acquéreur sera tenu de lui payer des dommages-intérêts proportionnels à la dégradation.

D. La chose a subi une perte totale, par le fait de l'acheteur, volontaire ou non. Ici encore le vendeur, armé de son droit d'option, choisit le maintien de la vente avec paiement du prix stipulé, ou l'annulation de la vente avec paiement de la valeur de la chose au jour de la perte.

2° *L'option est à l'acheteur*.

A. La chose n'a subi qu'une détérioration partielle, mais par le fait volontaire du vendeur. L'acheteur use de son droit pour exiger la résiliation du contrat ou son maintien avec dommages-intérêts. S'agit-il du fait involontaire du vendeur, l'acheteur use encore de son droit, mais sans dommages-intérêts.

B. La chose a subi une perte totale. S'agit-il du fait volontaire du vendeur, celui-ci supporte la différence entre le prix stipulé et la valeur de la chose au jour de la perte. S'agit-il de son fait involontaire, l'obligation est éteinte.

C. La chose n'a subi qu'une détérioration partielle, mais par le fait volontaire de l'acheteur ; il est présumé avoir opté affirmativement. Quand il s'agit de son fait involontaire, il est admis à opter négativement, mais en supportant le dommage causé.

D. La chose a subi une perte totale, par son fait volontaire ou involontaire, le prix stipulé demeure à sa charge.

SECTION VI. — *De la vente sous condition résolutoire*

247. GÉNÉRALITÉS. — Notre Code proclame le principe, en vertu duquel la condition résolutoire est toujours sous entendue dans les contrats synallagmatiques, pour le cas où l'une des parties ne satisfait pas à son engagement (1), et, par là, il a organisé un véritable droit d'option. En effet, celui des contractants, envers lequel l'engagement n'a pas été exécuté, a le choix ou de forcer l'autre à l'exécution de l'obligation, ou d'en requérir la résolution avec dommages-intérêts.

Tel est également le fondement de l'option légale, en droit musulman.

248. DÉFINITION. — L'option légale est la faculté qu'a l'acheteur de rendre la chose vendue au vendeur, en raison de la diminution de l'état dans lequel elle a été vendue. L'option ne peut pas être exercée lorsqu'il s'agit d'une diminution de quantité pour laquelle le vendeur s'est constitué garant.

Cette définition exige quelques éclaircissements. Une chose peut subir deux changements : l'un affectant sa qualité, l'autre sa quantité. Le premier n'est pas réparable du fait du vendeur. La chose étant ou devenant impropre à l'usage auquel l'acheteur la destine, il n'est pas au pouvoir du vendeur d'y remédier, se fût-il constitué garant de ce vice. Dès lors, l'acheteur, lésé dans ses intérêts ou déçu dans ses espérances, n'a plus qu'une ressource : rendre cette chose et exiger le remboursement du prix.

Il en est autrement d'un changement de quantité. La chose demeure propre à l'usage auquel l'acquéreur la destinait; elle est en quantité moindre, voilà tout. Si donc le vendeur se porte garant du manque et si, par conséquent, l'acquéreur a accepté l'alternative de recevoir un supplément de quantité ou un dédommagement en argent, il est évidemment irrecevable à user de l'option légale. Il faut que le vendeur n'ait promis aucune garantie pour qu'il y ait lieu à option au profit de l'acheteur.

Remarquons encore que Ibn Arfa, auquel cette définition est empruntée, dit : « En raison de la diminution de l'état *dans lequel elle » a été vendue,* » et qu'il s'est bien gardé de s'exprimer ainsi : « En » raison de la diminution de l'état dans lequel elle se trouvait » *avant la vente.* » D'où cette conséquence que si, ce qui est le cas le plus ordinaire, le vice ne se révèle qu'après la vente, l'option soit également ouverte à l'acheteur.

Quand y a-t-il diminution de qualité? Cette diminution est déterminée, soit par la convention, soit par l'usage.

---

(1) *Conf.*, Code civil, art. 1184.

249. Conditions générales de l'exercice de l'action résolutoire. — D'une façon générale, tout objet impropre à l'usage auquel on le destinait, en vertu de la convention, peut être rendu. Cette règle est à ce point impérative que si, par hasard, l'acheteur avait stipulé que la chose serait inférieure, eu égard aux données habituelles, aux choses de même nature pouvant faire l'objet d'une vente, elle pourrait être rendue si elle se trouvait être de qualité supérieure. Il n'y a d'exception que dans le cas où la stipulation est visiblement contraire aux intérêts de l'acheteur. C'est l'application dans toute sa rigueur du principe inscrit dans l'article 1134 du Code civil : « Les conventions légalement formées tiennent lieu de » loi à ceux qui les ont faites. »

Mais il est certain que, dans la pratique, l'option légale s'exercera surtout dans le cas où la chose n'est pas conforme à celles de même nature qui font ordinairement l'objet d'une convention. La loi, prévoyant les cas les plus fréquents de non conformité, a donc dressé la liste de certaines défectuosités qui, sous le nom de *vices,* autorisent l'exercice de l'action résolutoire ; ces vices prennent, pour ce motif, le nom de *vices rédhibitoires* (1).

Nous ne dirons rien de ceux qui se rapportent spécialement aux esclaves, l'énumération fournie par Sidi Khalil étant sans intérêt en Algérie.

Pour les animaux, on indique comme vices rédhibitoires : 1º les lésions internes du sabot ; 2º l'habitude de butter, de broncher ; 3º l'indocilité ; 4º l'impuissance de porter un fardeau de pesanteur moyenne, et, d'une façon générale, toutes les affections qui rendent l'animal impropre à l'usage auquel il est destiné, soit naturellement, soit conventionnellement.

Pour les immeubles, les dégradations d'importance majeure sont assimilées aux vices rédhibitoires, telles que les crevasses ou les lézardes à un mur extérieur, les détériorations graves survenues à un puits, ce qui arrive lorsqu'il se comble, lorsqu'il tarit, lorsqu'il est envahi par de l'eau saumâtre, et, en général, toutes les dégradations supérieures au tiers, au quart, au dixième du prix, les auteurs n'étant pas d'accord sur la qualité de la dépréciation.

Sont également considérées comme donnant ouverture à l'action rédhibitoire, les manœuvres tendant à tromper l'acheteur sur la quantité des produits de la chose, comme le fait de ne pas traire une vache pour persuader à l'acheteur que l'animal en fournit beaucoup. Mais il faut que ces manœuvres aient exercé une influence décisive sur le motif déterminant qu'avait l'acquéreur en contractant.

Ne sont pas considérés comme vices rédhibitoires :

1º Un défaut caché qui ne peut être révélé que par la destruction

_____

(1) *Conf. suprà*, page 97.

de la chose. Cette exception se rapporte à la pourriture interne des bois, aux noix gâtées, aux fruits amers ou non mûrs, ainsi trouvés après section ; aux légumes dans les mêmes conditions; le tout sauf stipulation contraire. L'exception ne se rapporte pas aux œufs cassés ou non, s'ils ne sont plus comestibles ; lorsqu'ils sont simplement sur le point de se gâter, et que l'acheteur se plaint dans les vingt-quatre heures, il y a lieu à une diminution proportionnelle de prix au cours du jour;

2° Les dégradations de minime importance dans une maison, c'est-à-dire les dégradations dont l'importance n'atteint pas le tiers, ou le quart, ou le dixième du prix. Telles sont les lézardes qui se produisent dans les murs intérieurs. Il n'y a alors lieu qu'à une diminution proportionnelle du prix.

250. EXERCICE DE L'ACTION RÉDHIBITOIRE. — Le principe, c'est l'exercice de l'action. Les exceptions ne résultent que de la loi.

Elle est refusée dans les ventes par autorité de justice, quand il s'agit de biens de débiteurs insolvables, d'absents, d'interdits, de biens dépendant d'une succession.

Il n'y a pas lieu à option légale, lorsque le vendeur a stipulé qu'il ne garantissait pas les vices cachés, pourvu, toutefois : 1° que la chose soit demeurée assez longtemps entre les mains du vendeur pour faire supposer que, si elle avait été atteinte d'un vice grave, il ne l'aurait pas conservée; 2° que le vendeur ait signalé les vices dont il avait connaissance, qu'il ait décrit ceux qui sont cachés, et déclaré ceux qui sont apparents, le tout en détail.

Il n'y a pas lieu à option légale, lorsque le vice a disparu depuis la vente, et qu'il n'est pas de nature à reparaître.

Il n'y a pas lieu non plus à l'option légale, lorsque l'acheteur y a renoncé expressément ou tacitement. Il est présumé y avoir renoncé : 1° lorsque son silence *non motivé* s'est prolongé au delà du délai légal, à moins qu'il n'affirme, sous la foi du serment, que son silence n'était pas volontaire; 2° lorsqu'il a appliqué la chose à son usage normal, comme dans le cas où il a porté un vêtement, à moins cependant que cet usage ne déprécie pas la chose, comme dans le cas où il a habité la maison achetée (mais la louer implique renonciation), sauf le cas où il s'est servi de la chose par nécessité, comme dans le cas où il a monté un cheval en voyage ou pour le ramener à son propriétaire. L'erreur n'est point non plus une cause de rescision quand la substance de la chose est celle qui est généralement désignée sous le nom que les contractants lui ont donné (1).

Il en est de même de la lésion qui ne donne jamais ouverture à l'option légale (2), à moins, d'après certains auteurs, que l'acheteur

---

(1) *Conf.* suprà, n° 198.
(2) *Conf.* suprà, n° 200.

s'en soit rapporté à la bonne foi du vendeur, qu'il lui ait dit, par exemple : « J'ignore le prix de cet objet, vends-le moi au prix que t'en offrirait un autre que moi. » Il est facile de se rendre compte que, dans cette hypothèse, la lésion se complique d'un véritable dol.

251. EXTINCTION DE L'ACTION RÉDHIBITOIRE. — L'action est éteinte : 1° quand la chose a péri par le fait de l'acheteur, qu'il s'agisse d'une perte physique, ou d'une perte de raison, comme le vol, comme le fait par l'acheteur d'avoir disposé de la chose à titre onéreux ou gratuit; 2° quand elle a subi une détérioration, lorsqu'elle n'est pas causée par le vice dont elle était atteinte; dans ce dernier cas, il y a lieu à diminution de prix ; 3° quand elle a subi une transformation, telle que la confection d'un vêtement avec l'étoffe vendue; 4° quand elle a été revendue à un tiers ou au vendeur originaire, à prix égal ou supérieur.

252. SUSPENSION DE L'ACTION RÉDHIBITOIRE. — Certains faits imputables, soit à l'acheteur, soit au vendeur, suspendent l'exercice de l'action, tels que : 1° la mise en gage; 2° le prêt de la chose par l'acheteur, ce qui entraîne la suspension de l'action jusqu'au retour de la chose entre les mains de l'acheteur; 3° la revente produit le même effet jusqu'à l'annulation de cette deuxième vente ou le retour de la chose en la possession de l'acheteur, par rachat, donation, succession, etc. Dans le cas où il surviendrait une détérioration nouvelle à la chose, il y aurait un décompte à faire; 4° l'absence du vendeur. Si celui-ci n'est pas trop éloigné, l'acheteur se fait donner acte par deux témoins de son intention d'exercer l'action rédhibitoire, et, faute de trouver à qui rendre la chose, il en refère au juge. Si le vendeur est éloigné ou sans résidence connue, le juge peut proroger le délai.

253. CONFLIT DE VICES RÉDHIBITOIRES. — Lorsque la chose vendue est atteinte d'un vice, qu'elle est atteinte d'un vice nouveau entre les mains de l'acheteur, et que ce second vice a une importance au moins moyenne, l'acheteur a le choix, soit de garder la chose en se faisant restituer une portion du prix, soit de la rendre en payant la valeur de la détérioration nouvelle.

254. CONFLIT D'UN VICE ET D'UNE PLUS-VALUE. — Lorsque la chose vendue est atteinte d'un vice et qu'elle a acquis une plus-value par le fait de l'acheteur, comme la teinture ou la mise en œuvre d'une étoffe, l'acheteur a le choix, soit de garder la chose en exigeant la restitution d'une part proportionnelle du prix, soit de provoquer la résolution du contrat, moyennant quoi il demeure propriétaire indivis de la chose avec le vendeur, dans la proportion de la plus-value.

255. CONFLIT D'UN VICE ANTÉRIEUR, D'UN VICE POSTÉRIEUR ET D'UNE PLUS-VALUE. — La chose vendue atteinte d'un vice subit-elle ensuite une détérioration nouvelle, et profite-t-elle d'une plus-value du fait de l'acheteur, il s'établit une compensation entre le vice nouveau qui diminue la valeur, et la plus-value qui augmente la valeur, lorsque le vice nouveau et la plus-value se balancent, et l'objet est rendu purement et simplement. La plus-value est-elle inférieure au vice nouveau, l'acheteur a le choix, soit de rendre la chose avec la différence entre le vice et la plus-value, soit de garder la chose en rendant la valeur du vice ancien. La plus-value est-elle supérieure au vice nouveau, il a le choix, soit de rendre la chose en partageant la différence avec le vendeur, soit de garder la chose en rendant la valeur du vice antérieur.

256. CONFLIT ENTRE UN VICE ANTÉRIEUR ET UNE MOINS-VALUE. — Lorsque la chose vendue, atteinte d'un vice antérieur à la vente, subit une moins-value chez l'acheteur, on distingue d'abord entre la moins-value considérable et la moins-value d'importance moyenne (1).

Dans le premier cas, l'acheteur n'est pas admis à exercer l'option, sans qu'il y ait lieu de rechercher si le vendeur a été ou non de mauvaise foi; l'acheteur n'a plus qu'une action en dommages-intérêts. Il se fait une sorte de compensation, jusqu'à due concurrence, entre le vice antérieur et la moins-value.

Dans le second cas, on examine si le vendeur a été de bonne ou de mauvaise foi (2).

A-t-il été de bonne foi, l'acheteur a le droit d'option, que la moins-value soit ou non de son fait. Lorsqu'il opte négativement, il paie des dommages-intérêts proportionnels au vendeur. Lorsqu'il opte affirmativement, c'est le vendeur qui paie des dommages-intérêts proportionnels.

A-t-il été de mauvaise foi, l'acheteur a également le droit d'op-

---

(1) *La moins-value considérable* est celle qui résulte d'un fait susceptible de rendre la chose impropre à son usage normal, comme la coupe d'une étoffe dans une forme insolite.

La moins-value moyenne résulte de tout fait que diminue simplement l'utilité, la valeur vénale de la chose, comme la maigreur ou l'embonpoint excessif chez un animal, la perte de la vue, le desséchement d'un membre, etc.

La moins-value minime résulte, par exemple, de la perte d'un ongle chez un animal, de la coupe d'une étoffe dans une forme conforme à l'usage.

(2) Le vendeur est de mauvaise foi, lorsque, connaissant le vice de la chose, il ne le déclare pas au moment du contrat. Je rappelle que le *contrat*, en droit musulman, n'est autre chose que *l'échange des consentements*.

Traité élémentaire de droit musulman.   12

tion. La moins-value n'est-elle pas du fait de ce dernier, il n'est passible, s'il opte négativement, d'aucune action en dommages-intérêts; s'il opte affirmativement, des dommages-intérêts proportionnels lui sont dus. La moins-value est-elle du fait de l'acheteur, et opte-t-il négativement, il paie des dommages-intérêts; s'il opte affirmativement, il en reçoit.

257. DE LA DIVISIBILITÉ EN MATIÈRE D'OPTION LÉGALE. — Les solutions qui précèdent s'appliquent : 1º dans le cas où la chose vendue forme une unité physique ou de raison, soit qu'elle consiste en un objet unique, soit qu'elle consiste en une collection d'objets qu'il est impossible d'individualiser, comme du blé, de l'orge; 2º dans le cas où il n'y a que deux contractants en présence, un vendeur et un acheteur.

Mais, il peut arriver que la vente porte sur un certain nombre d'objets qui, bien que vendus en bloc, moyennant un prix unique, sont susceptibles d'individualisation, ou qu'il y ait plusieurs contractants.

Dans la première hypothèse, l'acheteur est admis à exercer partiellement son droit d'option, lorsque le vice rédhibitoire dont il se plaint n'atteint qu'une partie des objets compris dans la vente, mais cette faculté n'est pas absolue. Quand les objets vicieux représentent plus de la moitié du prix, il doit opter pour le tout, et, s'il opte affirmativement, il n'a rien à réclamer sur le prix. Quand les objets forment une paire, comme des chaussures, les deux battants d'une porte, des pendants d'oreilles, la règle est la même.

Dans la seconde hypothèse, chacun des acheteurs peut exercer l'action, pour sa part et portion, contre l'un des vendeurs, à son choix, pourvu que l'obligation soit divisible.

258. CONTESTATIONS. — Il est de l'essence même de l'option légale qu'elle ne peut être exercée que dans le cas où le vice est antérieur à la vente. C'est donc sur ce terrain que se produisent toutes les contestations en cette matière. L'acheteur soutient l'antériorité du vice; le vendeur affirme que le vice est né postérieurement à la vente. A qui donner la préférence? Au vendeur, évidemment. En effet, la loi suppose toujours qu'un contractant, c'est-à-dire un homme exempt de toute incapacité, est soucieux de ses intérêts; elle suppose encore qu'un contrat est valable, aussi longtemps que le contraire n'est pas démontré; enfin, pour elle, la mauvaise foi ne se présume pas. Aussi, lorsque le vendeur affirme que l'objet par lui vendu n'était atteint d'aucun vice, son dire fait foi, sans qu'il soit même besoin de lui déférer le serment.

Mais si l'affirmation du vendeur manque de netteté, de pertinence, si, au contraire, les allégations de l'acheteur ont un caractère de sincérité, c'est ce dernier qui est cru sur parole, également sans serment.

Supposons maintenant que, la déclaration du vendeur n'étant pas pertinente, celle de l'acheteur n'inspire pas plus de confiance. Le serment est déféré au vendeur, en raison de la situation privilégiée que lui donne la nature même des choses.

Lorsque les circonstances de la cause détruisent la valeur des présomptions légales qui existent en faveur du vendeur, et que, d'autre part, les présomptions de fait sont favorables à l'acheteur, c'est lui qui est admis à prêter serment.

Il va de soi que si une preuve est offerte par l'un des contractants, ce moyen péremptoire de découvrir la vérité est préféréré à tous les autres.

Mais que décider à défaut de présomptions, à défaut de preuves? Dans ce cas, on recourt à une expertise, qui peut être confiée à une seule personne, lorsque sa compétence et son honnêteté son notoires. Il vaut mieux, toutefois, désigner deux experts. Ceux-ci sont-ils d'accord, leur avis est sanctionné par le juge. Y a-t-il partage, on écoute celui qui offre le plus de garanties d'expérience et de probité; sont-ils tous deux dignes de confiance, l'acheteur est débouté de sa demande (1).

Lorsqu'il y a lieu de recourir au serment du vendeur, la formule diffère suivant qu'il s'agit d'une vente translative de propriété par la seule énergie des consentements échangés (2), ou d'une vente où cette translation n'a lieu que par la tradition. Dans le premier cas, le vendeur jure, par le Dieu unique, que, au moment du contrat, la chose n'était pas atteinte de tel vice. Dans le second, cette formule serait évidemment inefficace; il doit donc jurer que, au moment de la tradition, la chose était exempte de tel vice. Il faut se reporter à la théorie des risques pour se rendre un compte exact de cette différence (3).

259. DES FRUITS. — L'acquéreur fait les fruits siens jusqu'au jour de la rescision. Nous verrons, plus loin, ce qu'il faut entendre par les fruits (4), par opposition aux accessoires de la chose, ceux-ci suivant le sort de la chose et faisant retour au vendeur.

Ce principe s'applique, d'une façon générale, à tous les cas analogues, en matière de retrait, de revendication, d'insolvabilité, etc.

Les fruits sont toujours considérés comme la juste rémunération du possesseur de bonne foi qui a eu la garde de la chose, qui a veillé à sa conservation.

260. DES RISQUES. — La chose passe aux risques du vendeur dès qu'il a consenti à la rescision, ou dès que le vice rédhibitoire a été

---

(1) C'est le *non liquet* des Romains. *(Aullu-Gelle,* Nuits attiques, xiv, 2.)

(2) *Conf.*, n° 216.

(3) *Conf.*, n° 225.

(4) *Conf.*, n° 284.

juridiquement constaté. D'où cette conséquence que si le vendeur conteste l'existence du vice, en tant qu'antérieur à la vente, la chose demeure sous la responsabilité de l'acquéreur jusqu'au moment où le vice est constaté. Quant au jugement qui serait prononcé, après cette constatation, il n'a qu'un effet déclaratif.

261. DU DÉLAI DANS LEQUEL L'ACTION DOIT ÈTRE EXERCÉE. — En thèse générale, l'acquéreur est toujours recevable à exercer l'option légale pourvu, toutefois, qu'il l'exerce aussitôt que le vice se révèle. En effet, tout retard pourrait faire supposer que l'on renonce à se plaindre, surtout si l'on continuait à se servir de la chose. Cependant, et à titre de tolérance, il est permis d'achever un repas commencé, d'attendre le retour du jour, si le vice se révèle pendant la nuit, ou pendant que l'on prend sa nourriture. Il en est de même si l'on se trouve au bain. Bien plus, on ne doit pas interrompre sa prière, son jeûne pour s'occuper d'intérêts purement terrestres.

Le délai peut, d'ailleurs, être fixé par la convention elle-même, et, à défaut, par la coutume locale.

Lorsque le vendeur est absent, c'est au juge que l'acheteur doit s'adresser. Il est sage d'appeler des témoins pour constater le vice et surveiller la chose jusqu'à ce que la sentence soit rendue.

Il est hors de doute qu'une simple déclaration faite au vendeur et acceptée par lui suffit, sans aucune intervention du pouvoir judiciaire.

262. TRANSITION. — Après avoir étudié la vente pure et simple et la vente conditionnelle, les auteurs musulmans passent à l'examen des obligations du vendeur. Ils ne s'occupent pas spécialement de celles de l'acheteur. Mais il nous sera facile de combler cette lacune, et de donner ainsi, à la théorie de la vente, une physionomie plus conforme aux règles imposées par la méthode scientifique moderne.

SECTION VII. — *Des obligations du vendeur et de l'acheteur*

263. GÉNÉRALITÉS. — Le vendeur a deux obligations principales, comme en droit français (1), celle de délivrer et celle de garantir la chose vendue.

Mais, à ce propos, quelques observations préliminaires sont indispensables.

Il serait dangereux de s'exagérer la valeur de la délivrance. En effet, il ne faut pas confondre la propriété avec la possession (2).

---

(1) *Conf.*, art. 1603, Code civil.
(2) *Conf.*, art. 1604, Code civil.

Comme nous l'avons vu, dans la vente parfaite, la propriété est transférée par la seule énergie du contrat, mais la possession n'est transférée que par la délivrance. Ces deux faits juridiques sont à ce point indépendants l'un de l'autre, qu'il arrive que l'acheteur n'a que la possession d'une chose dont il n'est propriétaire à aucun titre, tantôt qu'il a simplement la propriété d'une chose dont il n'est pas possesseur. C'est de cette indépendance même qui naît toute la délicate théorie des risques.

Dans la vente parfaite ces risques passent à l'acheteur dès que le contrat est formé, à moins toutefois : 1° que la chose n'ait été retenue par le vendeur, faute de paiement du prix; 2° que le vendeur n'ait été mis en demeure d'opérer la délivrance. Dans ces deux cas exceptionnels, les risques demeurent au vendeur, bien que la propriété ait été transférée, et cela est si vrai que ce n'est nullement comme propriétaire que le vendeur demeurera garant, c'est comme créancier gagiste.

Mais il n'est pas toujours exact de dire que, en dehors de ces deux circonstances, les risques passent à l'acheteur dans les ventes parfaites. En effet, certaines ventes, parfaites par elles-mêmes, ont besoin de quelque chose de plus pour produire, à cet égard, tous leurs effets juridiques. Et là, la délivrance seule transfère les risques.

Quelles sont ces ventes ? Ce sont celles qui concernent les choses qui se vendent à la jauge, au poids, au compte (1). Et rien de plus juste que cette restriction. Aussi longtemps que la chose n'a été ni jaugée, ni pesée, ni comptée, il règne une incertitude périlleuse sur la nature de la chose vendue; « il reste un droit à parfaire », comme le disent les auteurs. La chose n'a pas encore conquis la qualité juridique de *corps certain*, elle n'a pas été individualisée, isolée des choses de même espèce avec lesquelles elle se confond avant l'opération du jaugeage, du pesage, du comptage. Cette opération accomplie, la propriété est réellement constituée, condition essentielle pour qu'elle soit transférable.

Cela est si vrai que les frais de la délivrance sont à la charge du vendeur, parce qu'il doit mettre l'acheteur en situation de devenir propriétaire de la chose vendue, ce qui n'a lieu que par l'individualisation dont je viens de parler. Ainsi, encore les risques demeurent à la charge du premier, tant que la chose n'a pas quitté l'appareil de jaugeage, de pesage, l'acquéreur s'en fût-il rapporté à lui pour l'opération.

Remarquons-le toutefois, cette translation de la propriété et des risques s'accomplit, pour ainsi dire, par fractions. Primus a acheté cent litres de vinaigre à tant. Secondus, le vendeur, en a jaugé cinquante; ceux-ci se brisent en même temps que le vase contenant le surplus de la marchandise non encore jaugée. La perte des cin-

---

(1) *Conf.* art. 1585, Code civil.

quante premiers litres sera supportée par l'acheteur; le vendeur supportera la perte du surplus. Cette observation s'applique surtout à la vente en bloc.

Pour les choses hors vue, le principe est identique pour les mêmes motifs.

Nous verrons qu'il en est encore de même pour la vente des fruits pendants par racines.

Enfin, il ne faut pas oublier que si la chose périt pendant qu'elle est encore aux risques du vendeur, l'obligation de livrer est éteinte.

Nous pouvons aborder maintenant l'étude des obligations du vendeur et de l'acheteur.

264. OBLIGATIONS DU VENDEUR. — A. *Délivrance.* — L'obligation de délivrer les immeubles est remplie par tout fait qui implique le dessaisissement du vendeur (1), tels que la remise des clefs, l'octroi de la libre disposition de l'immeuble, alors même qu'il y serait resté un objet quelconque appartenant au vendeur.

Mais les auteurs se sont posé une question bizarre. Que décider dans le cas où le vendeur a donné à l'acquéreur la libre disposition d'une maison, sans lui en livrer les clefs? Le point est très vivement controversé. D'après l'opinion la plus rationnelle, la remise des clefs est un acte purement symbolique. La loi exige que l'acquéreur puisse disposer de la chose, voilà tout. Que le vendeur ait enlevé tout ce qui lui appartenait, que l'acquéreur y ait substitué son propre mobilier, le vœu de la loi est rempli, pourvu que le vendeur ait vidé lui-même les lieux, alors même que l'autre contractant différerait son installation personnelle dans l'immeuble. Il est possible, d'ailleurs, que les clefs soient perdues. Et puis, admettre le contraire, ce serait ouvrir la porte à mille difficultés, dans le cas, par exemple, où le vendeur n'aurait livré que telle clef, retenant telle autre.

Quant aux choses mobilières, la délivrance s'en opère conformément à l'usage local (2), comme la remise de la bride pour la délivrance d'un cheval.

J'ai déjà dit que les frais de la délivrance sont à la charge du vendeur (3), car il la doit efficace, complète ; ceux de l'enlèvement sont à la charge de l'acheteur, sauf stipulation contraire (4).

265. B. *Garantie.* — La garantie que le vendeur doit à l'acheteur a quatre objets : 1° la disparition de la chose; 2° sa perte ; 3° sa revendication; 4° sa détérioration.

---

(1) *Conf.*, Code civil, art. 1606.
(2) *Conf.*, Code civil, art. 1606.
(3) *Conf.*, le numéro précédent.
(4) *Conf.*, Code civil, art. 1608.

266. 1° *Disparition*. — Il ne faut pas confondre la disparition avec la perte. Dans le premier cas, le vendeur allègue que la chose a disparu, qu'il ignore ce qu'elle est devenue ; en d'autres termes, qu'elle a péri par un événement de force majeure. Dans le second cas, la chose a péri par le fait volontaire de l'un des contractants ou d'un tiers.

Lorsque le vendeur prétend que la chose a disparu, rien n'empêche l'acheteur de le croire sur parole, et alors l'obligation est éteinte faute d'objet.

Mais il est rare évidemment que l'acheteur se montre à ce point crédule. C'est assez dire que cette situation se produit surtout en matière de choses cachées (1) et que, pour certaines choses apparentes au moins, il est malaisé de soutenir qu'elles ont disparu, sauf le cas où elles n'auraient jamais existé. Prétendre qu'une maison a disparu, n'est-ce pas s'exposer à une vérification matérielle qui tourne à la confusion du vendeur?

Quoiqu'il en soit, le vendeur est légitimement soupçonné de dissimuler la chose. Il n'est pas admis à faire la preuve de son dire; il est astreint au serment, ce qui est bizarre; car on s'en rapporte ainsi à la conscience d'un homme qui paraît peu digne de confiance. Refuse-t-il de jurer que la chose a disparu sans sa participation, l'acheteur a le choix, soit de provoquer l'annulation de la vente pour défaut de délivrance, soit d'en exiger le maintien, moyennant la livraison d'une chose semblable, s'il s'agit d'une chose fongible, ou le paiement de la valeur de la chose stipulée (2), si celle-ci est non-fongible. Jure-t-il, l'obligation est éteinte comme n'ayant plus d'objet.

267. 2° *Perte*. — Lorsque la perte est imputable au vendeur, il doit livrer une chose semblable, ou la valeur de celle stipulée, selon qu'elle est fongible ou non-fongible. Il n'y a pas lieu à rescision, parce qu'il y a faute, et que le prix peut être inférieur à la valeur.

Quand la chose, quelle que soit sa nature, a péri par le fait de l'acheteur, la perte tient lieu de délivrance et le paiement du prix est obligatoire.

Le fait d'un tiers rend celui-ci responsable dans les mêmes termes que le vendeur.

268. 3° *Revendication*. — L'éviction d'une portion indivise, même minime, de la chose attribue l'option à l'acheteur. Il a le droit d'exiger le maintien de la vente pour le surplus, moyennant son recours pour une portion correspondante du prix, ou la rescision moyen-

---

(1) *Conf.*, *suprà*, page 154, note 2.

(2) L'autoriser à retenir ou à répéter le prix, serait illusoire, car il peut se faire que le vendeur dissimule la chose parce qu'elle a augmenté de valeur, depuis le contrat.

nant le prix entier. Choisit-il le maintien du contrat, il devient copropriétaire de la chose avec le revendiquant.

Lorsque l'éviction est de plus de moitié, tout change ; plus d'option pour l'acquéreur, à moins qu'il ne soit question de choses fongibles. La vente doit être annulée parce que, selon les auteurs, il n'y a, pour ainsi dire, plus de contrat, faute d'un objet suffisant ; il se forme, par conséquent, une nouvelle convention dont le prix n'est pas déterminé. On ignore, au juste, la relation qui existe entre la partie revendiquée et celle qui ne l'est pas, et il faudrait, pour faire disparaître toute incertitude, procéder à l'estimation de chacune des parties de la chose prise isolément. Je donne cet argument pour ce qu'il vaut, en ajoutant qu'il s'applique également au cas où la chose est atteinte d'une détérioration qui lui enlève plus de la moitié de sa valeur (1). Quant à la restriction qui porte sur les choses fongibles, elle s'appuie sur ce même raisonnement. En effet, ces choses se vendent toujours à la jauge, au poids, au compte ; d'où cette conséquence que l'on sait exactement quelle fraction du prix s'applique à chaque fraction de la chose. Aussi, dans ce cas particulier, l'acheteur a la faculté, soit de provoquer l'annulation de la vente, soit de garder ce qui reste de la chose, moyennant une fraction proportionnelle du prix.

269. 4º *Détérioration.* — Quand la détérioration a pour cause un événement fortuit, l'acheteur est admis à maintenir ou à repousser la vente, mais sans dommages-intérêts.

S'agit-il d'un fait volontaire du vendeur ou d'un tiers, l'auteur de la détérioration en est responsable à l'égard de l'acheteur. Celui-ci jouit encore du droit d'opter, soit pour l'annulation du contrat, moyennant la retention ou le remboursement du prix, soit pour le maintien de la vente ; dans ces deux cas, il lui est alloué un juste dédommagement. Lorsque l'acquéreur a causé la détérioration, elle équivaut à la délivrance.

270. OBLIGATIONS DE L'ACHETEUR. — La principale obligation de l'acheteur est de payer le prix au jour et au lieu réglés par le contrat (2).

Il est certain que s'il est troublé ou s'il a sujet de craindre d'être troublé par une action quelconque, il est autorisé à différer le paiement (3). Par voie corrélative, le vendeur peut suspendre la délivrance, en vertu du droit de rétention, aussi longtemps que le prix

_____

(1) Combien la théorie du Code civil (art. 1626-1640) est plus rationnelle et plus conforme aux véritables intérêts des contractants ! Rien de plus arbitraire que ce contrat résilié, *faute d'un objet suffisant.*

(2) *Conf.*, Code civil, art. 1650.

(3) *Conf.*, Code civil, art. 1653.

n'est pas payé, à moins qu'un terme n'ait été stipulé au profit de l'acheteur (1).

Celui-ci est tenu de remplir le premier son obligation. En cas de contestation, aucun des contractants n'ayant confiance dans l'autre, et chacun d'eux refusant de se libérer, le juge charge un tiers honorable de recevoir le prix et la chose pour le compte des deux parties.

271. TRANSITION (2). — La vente est un contrat consensuel; la propriété de la chose vendue est donc transférée par la seule énergie du contrat, lorsque celui-ci est parfait ou considéré comme tel (3). Sidi Khalil, après avoir traité des obligations du vendeur et notamment de la délivrance, examine la question de savoir dans quels cas l'acheteur, propriétaire de la chose par le seul fait de l'échange des consentements, peut aliéner cette chose avant qu'elle soit entrée dans sa possession et puissance.

SECTION VIII. — *De la vente avant la prise de possession*

272. GÉNÉRALITÉS.— Être propriétaire d'une chose, c'est avoir le droit d'en disposer d'une façon complète, absolue. Il est donc évident que, toutes les fois que la propriété de la chose est transférée du vendeur à l'acheteur par la seule énergie du contrat, ce dernier peut en disposer à titre onéreux ou à titre gratuit, indépendamment de toute tradition. La vente avant la prise de possession est donc admise par la loi, chaque fois que la propriété a été transférée par le seul fait de l'échange des consentements. Nous n'avons donc ici qu'à rappeler des principes qui nous sont déjà connus.

Il est presque superflu de remarquer que, si la vente à terme, celle ainsi appelée par extension (4), n'est pas permise, ce n'est nullement parce que le premier acheteur revend une chose *qu'il n'avait pas*.

273. CONDITIONS DE VALIDITÉ. — La règle générale, en cette matière, c'est qu'il suffit d'être devenu propriétaire de la chose pour avoir le droit de la vendre avant d'en avoir pris possession.

---

(1) *Conf.*, Code civil, art. 1612.

(2) Je m'applique, autant que possible, à suivre la méthode arabe dans le classement des matières. Procéder autrement, ce serait ôter au droit musulman sa physionomie propre.

(3) *Conf.*, nos 225 *et passim*.

(4) *Conf.* n° 230.

Quel que soit, par conséquent, le procédé en vertu duquel on a acquis la propriété, cette aliénation est irréprochable en droit. Ainsi, que ce soit à titre onéreux, ou à titre gratuit que le fait juridique de la translation de la propriété s'est produit, le principe trouve son application.

Je dois, toutefois, prévoir, dès à présent, une objection. Nous verrons que la donation n'est parfaite qu'à partir du moment où le donataire a été mis en possession; en d'autres termes, que la propriété de l'objet donné ne se transfère que par la prise de possession. Comment, dès lors, concilier cette exigence de la loi avec la règle que j'ai formulée ? Rien de plus facile. Qu'est-ce que le fait de vendre la chose donnée, sinon une prise de possession, puisque, précisément, on ne peut vendre que ce dont on est devenu propriétaire ? Dans cette hypothèse, la prise de possession est donc virtuelle.

Il est à peine nécessaire d'ajouter que l'on peut aliéner tout objet dont on s'est borné à concéder la jouissance temporaire, ou même la simple détention à un tiers. Il en est ainsi d'un dépôt, des fonds versés dans une société, d'un objet donné en nantissement, de celui dont on a hérité, de celui que l'on a prêté à usage.

Enfin, la théorie qui précède s'applique tout aussi bien à la chose qu'au prix, pourvu que celui-ci soit déterminé.

274. *Exceptions.* — Par une disposition arbitraire de la loi, les denrées alimentaires, usuraires ou non (1) ne peuvent jamais être aliénées avant leur prise de possession, lorsqu'elles ont été acquises à titre onéreux. Les auteurs ne sont pas d'accord sur la source de cette prohibition. « La prohibition de la vente des denrées alimen-
» taires provenant d'échange, avant leur prise de possession, a,
» d'après les uns, une source religieuse; d'après les autres, une
» source humaine; elle repose sur ce qu'elle conduit à des combi-
» naisons vicieuses, et, si la vente en est défendue, c'est parce
» qu'elle constitue un véhicule de prohibition (2). »

Cette défense est à ce point impérative, qu'elle s'applique même aux appointements en nature touchés par les fonctionnaires, que ceux-ci soient appointés par le trésor public, ou par une fondation pieuse. Ainsi, lorsqu'un cadi ou un commandant d'armée, ou un instituteur, ou un imam, ou un mouezzin, est rémunéré en nature, il lui est interdit d'aliéner ces prestations avant de les avoir réellement reçues. Les services que rend le fonctionnaire sont considérés comme l'équivalent du traitement en nature qui lui est alloué, et, par conséquent, ce dernier est considéré comme acquis à titre onéreux.

---

(1) *Conf. infrà*, n° 277, note 4.
(2) *Conf. suprà*, page 143, note.

La prohibition ne s'applique, d'ailleurs, qu'à la vente (1); ce qui signifie que l'on peut aliéner à titre gratuit les denrées alimentaires acquises à titre onéreux avant de les avoir reçues, et, encore, que l'on peut en aliéner la jouissance temporaire, sous forme de prêt.

275. TRANSITION. — Après avoir examiné dans quels cas il est licite de vendre une chose avant d'en avoir pris possession, les auteurs s'occupent de rechercher à quelles conditions les contractants sont admis à renoncer aux effets d'une vente (2).

SECTION IX. — *De la résiliation*

276. DÉFINITION. — La résiliation est l'abandon de l'objet vendu au vendeur, moyennant le prix, avant la prise de possession.

Ibn Arfa, auquel cette définition est empruntée, recherche la concision et ne l'obtient souvent qu'aux dépens de la clarté. Voici ce qu'il veut dire: Primus a vendu une chose, moyennant cent à Secundus. Les parties se ravisent et s'accordent pour se replacer respectivement dans la position où elles étaient avant le contrat. Primus redevient prepriétaire de la chose, Secundus du prix.

Si le prix était différent, supérieur ou inférieur, ce ne serait plus une résiliation, ce serait une nouvelle vente.

Il ne faut, d'ailleurs, pas attacher une importance exagérée à ces mots: *avant la prise de possession*. Rien ne s'oppose à ce que la résiliation se produise après la tradition. Le jurisconsulte musulman a simplement visé, dans sa définition, l'hypothèse la plus ordinaire dans la pratique.

Ce contrat, car il s'agit d'un véritable contrat (3), offre une analogie de pure apparence avec la vente à terme (4). En effet, dans les deux cas, l'acquéreur *revend* la chose au vendeur. Mais, dans la vente à terme, le premier contrat diffère presque toujours du second, en ce que le prix ou le terme du payement a subi une modification; c'est même là le but auquel tendent les contractants et la loi prend souci de frapper de nullité celles de ces modifications qui lui paraissent immorales; il n'est nullement question, d'ailleurs, d'un abandon de la chose vendue; il y a deux contrats distincts de vente et de revente.

---

(1) *Odiosa restringenda.*

(2) *Conf.*, page 168, note 5.

(3) Une convention est le consentement de deux ou de plusieurs personnes, pour former entre elles quelque engagement, *ou pour en résoudre un précédent, ou pour le modifier* (Pothier, tome II, page 4).

(4) *Conf. suprà*, n° 230.

Dans la résiliation, au contraire, il n'y a deux contrats que par une sorte de fiction légale, en ce sens qu'il faut le consentement mutuel des parties, le concours de deux volontés, pour *défaire* ce qui a été fait. Mais, en réalité, il n'y a que la destruction par consentement mutuel d'un contrat préexistant.

277. CONDITIONS DE VALIDITÉ. — Rien de plus simple que la théorie de la résiliation; elle est l'application pure et simple des principes qui régissent les contrats.

Lorsqu'une vente est *parfaite-obligatoire* (1), elle est définitive; d'où cette conséquence que la propriété de la chose vendue est transférée par la seule énergie du contrat (échange des consentements). Que, dans cette hypothèse, les contractants soient disposés à *résilier* la vente, ils ne le peuvent que sous la forme d'une deuxième vente, soumise à toutes les règles que nous avons étudiées. Ce n'est donc plus une résiliation qu'ils consentent, dans la rigueur des principes, car ils sont libres de modifier les conditions du premier contrat, à leur gré.

Quand la vente est *parfaite-non-obligatoire,* ce qui arrive dans la vente des choses hors vue (2), l'acheteur n'est pas admis à accepter une résiliation parce que la loi ne met pas à la disposition des contractants deux procédés de rupture à la fois, et qu'il dispose déjà de l'*option d'examen* (3).

Enfin, lorsqu'une vente est nulle, elle ne produit aucun effet; elle ne saurait être résiliée, puisqu'elle n'existe même pas.

Il n'y a donc lieu à résiliation que dans un cas unique : quand il s'agit de choses qui se vendent au poids, à la jauge, au compte. En effet, dans cette espèce, la propriété n'est transférée que par la tradition. Aussi longtemps, par conséquent, que cette opération complémentaire du pesage, du jaugeage, n'est pas accomplie, la vente n'a pas acquis toute sa perfection : les contractants sont admis à la résilier.

En d'autres termes, on ne peut résilier que la vente qui n'est pas définitive, quand la loi ne met, d'ailleurs, à la disposition des parties aucun autre mode de rétractation; la résiliation ne peut donc, en thèse générale, avoir pour objet que les ventes des choses fongibles (4) avant leur tradition. Pour toutes les autres choses, la ré-

---

(1) *Conf.*, *suprà*, n° 209, page 127.

(2) *Conf.*, *suprà*, n° 209. Il ne faut pas perdre de vue que je n'entends parler ici que du contrat parfait-non-obligatoire par sa nature même. Il n'en serait pas ainsi de celui qui serait tel par le fait des contractants (*Conf.*, *suprà*, page 108, 1°).

(3) *Conf.*, n° 209.

(4) Le moment est venu d'exposer en détail la théorie de la fongibilité et de la non-fongibilité, qui joue un rôle capital en droit musulman. Je l'ai déjà dit (*conf.*, page 129, note 1) : toute chose est fongible ou non-fongible, à l'exception des espèces monnayées. Les *choses fongibles (mitsly)* se composent exclusivement des

siliation n'est pas admise et les contractants n'ont, pour revenir en arrière, d'autre ressource que de contracter une nouvelle vente (1).

Mais que décider pour le cas où un copropriétaire indivis exerce le retrait d'indivision? La vente consentie au mépris de ses droits est-elle anéantie par voie de résiliation, ou par une deuxième vente? Évidemment la première vente ne peut être définitive, aussi long-temps que le copropriétaire n'a pas manifesté son intention, et, à ce titre, la résiliation devrait être autorisée. Il n'en est rien pour-tant parce que cette vente comprend, *parte in qua,* la chose d'au-trui ; elle est donc nulle (2), et, partant, non résiliable.

Quant à la cession onéreuse (3), elle n'a aucun des caractères de la résiliation, puisque le prix subit un changement.

---

grains produits par la terre, servant à l'alimentation indispensable des êtres ani-més et susceptibles d'être conservés en provision. Leur caractère est d'être *semblables* les unes aux autres, de telle sorte qu'elles peuvent, en quelque sorte, se substituer les unes aux autres et remplir, par conséquent, la *fonction* l'une de l'autre, pourvu qu'elles appartiennent à la même espèce, toutes les choses fon-gibles constituant le genre. Aussi, quand on est empêché de remplir une obliga-tion, de livrer telle quantité de blé, par exemple, on est débiteur, non pas de la valeur de la marchandise, mais d'une quantité égale de blé de même qualité. Il n'y a d'exception à ce principe général que : 1° lorsque l'espèce entière a péri dans le pays ; 2° lorsqu'on est débiteur d'une quantité déterminée de tel blé déterminé.

Toutes les autres choses sont *non-fongibles (mokaououam)*, sauf les espèces mon-nayées qui ne sont qu'un instrument d'échange. Parmi les choses non-fongibles figurent donc des choses qui seraient fongibles en droit français, comme les noix, les grenades, les fruits en général, les œufs, les légumes. Il est vrai que ces choses *remplissent leur fonction* quand on les consomme ; mais, elles ne constituent pas une nourriture indispensable et il n'est pas possible de les conserver en pro-vision. On n'admet pas, d'ailleurs, qu'une noix offre, dans la nature, son *sem-blable* exact, d'autant plus que son écorce empêche d'en apprécier la qualité ; que telle noix, vérification faite, se trouvera saine, telle autre pourrie. On doit toujours la valeur d'une chose non-fongible quand on est empêché de la livrer.

Les choses fongibles sont toutes susceptibles d'être vendues au poids, à la jauge, au nombre. Mais certaines choses non-fongibles sont dans le même cas.

Les denrées alimentaires (t'aam) se distinguent des choses fongibles, en ce qu'elles sont toutes des denrées alimentaires, tandis que la réciproque ne serait pas exacte. Les denrées alimentaires sont liquides ou solides. Ce sont des aliments, tels que la nature les fournit, comme les fruits, les légumes, ou préparés par la cuisson ou par un procédé industriel, comme la viande cuite, le pain. Certaines de ces denrées sont *usuraires*, en ce sens qu'il est défendu de les échanger, de les vendre, sans observer une stricte équivalence ; c'est même là l'utilité juridique de cette subdivision des choses. Pourquoi sont-elles usuraires? Il faut ranger cette défense parmi celles qui sont d'obligation étroite, sans motif donné, et qu'on doit respecter *les yeux fermés,* par opposition avec celles dont la loi explique la raison.

(1) Ces explications démontrent que l'expression *réméré*, appliquée à ce contrat, manque absolument de précision. Le mot *dédit* peut, d'ailleurs, être employé au même titre que celui de *résiliation.*

(2) *Conf. suprà.*, n° 226.

(3) *Conf. infrà,* n° 287.

278. Transition. — Après avoir examiné dans quels cas et à quelles conditions une vente est susceptible de résiliation, les jurisconsultes musulmans se posent la question de savoir s'il est conforme aux principes d'autoriser l'acquéreur à céder son marché.

Section X. — *De la cession*

279. Division. — La cession d'un marché n'étant pas interdite par la loi, il est évident que ce contrat peut se manifester sous deux aspects différents. En effet, l'acquéreur peut céder la chose achetée sans prélever aucun bénéfice, ou, au contraire, en en prélevant un plus ou moins considérable : d'où la cession gratuite et la cession onéreuse.

§ 1er. — *De la cession gratuite*

280. Définition. — La cession gratuite est celle opérée par l'acheteur, de la chose par lui acquise, à un autre que le vendeur, moyennant le prix stipulé dans la vente originaire.

281. Conditions de validité. — La cession gratuite doit avoir lieu avant la prise de possession, quand il s'agit de denrées alimentaires. En effet, la prudence exige, quand il s'agit de marchandises sujettes à un prompt dépérissement, que le nouvel acquéreur soit promptement mis en possession. Mais ce n'est là qu'une concession de la loi.

Tout au contraire pour toutes les autres choses, la prise de possession du premier acquéreur est indispensable.

Elle peut revêtir la forme d'une association, en ce sens que l'acquéreur cède à un tiers une portion de ce qu'il avait acquis lui-même, moyennant une contribution proportionnelle dans le paiement du prix.

Il ne doit pas être stipulé que le cessionnaire payera le prix au lieu et place de l'acquéreur ; car, ce serait compliquer la vente d'un véritable prêt, ce qui est interdit (1). Cette combinaison n'est permise que pour le cas où l'acquéreur est déclaré judiciairement insolvable (2).

Les conditions de la cession doivent être identiquement les mêmes que celles de la vente originaire, en ce qui touche, notam-

---

(1) *Conf. suprà.*, n° 224.

(2) *Conf. suprà.*, n° 190. En d'autres termes, le créancier, dans ce cas, exerce les droits de son débiteur.

ment, le terme du paiement, le prix et même la caution, s'il en a été exigé une.

Le paiement doit avoir lieu en espèces monnayées.

L'une de ces conditions venant à manquer, le contrat n'est plus une cession, mais une nouvelle vente, et celle-ci est nulle comme illicite.

Il est, d'ailleurs, permis de céder un marché, sans spécifier la marchandise ou le prix. Mais alors il est indispensable que le droit d'option soit réservé au cessionnaire, même s'il a agréé la chose et qu'il trouve simplement le prix trop élevé, l'eût-il même accepté d'abord.

Il ne faut pas oublier, en effet, que la cession gratuite est un acte de bienveillance, tandis que la vente est un contrat à titre onéreux.

§ 2. — *De la cession onéreuse*

282. DÉFINITION. — La cession onéreuse est une vente dont le prix est fixé d'après celui de la vente précédente et où l'équivalence des deux prix n'est pas obligatoire.

C'est proprement une vente avec bénéfice.

283. CONDITIONS DE VALIDITÉ. — Il est *permis* (1) de céder un marché à un prix supérieur, ou même à un prix inférieur. Mais la loi considère ce contrat avec une défaveur marquée. En effet, il est contraire à ce principe fondamental que l'*on ne doit pas donner peu pour recevoir beaucoup* (2). De là de minutieuses précautions.

Ainsi : 1° le cédant est tenu de fournir un état détaillé du prix et des frais par lui payés, en indiquant, pour chaque article, le bénéfice qu'il exige ou, au moins, le bénéfice total;

2° Il doit déclarer avec sincérité tout ce qui est de nature à déterminer ou à modifier l'intention du cessionnaire, comme le prix réel de la chose ou des choses cédées, le terme fixé pour lui ou à son préjudice, le temps pendant lequel il a joui de la chose, l'usage spécial auquel il l'a appliquée, l'origine exotique ou indigène de cette chose, sa provenance par voie d'achat ou autrement, la nature des fruits par lui perçus, l'existence d'une résiliation antérieure s'il échet, etc., etc.

Il lui est permis, à titre de tolérance, de stipuler que le cessionnaire lui remboursera avec bénéfice le montant des impenses productives dont la chose a profité, mais seulement quand il a eu lui-même à en tenir compte au vendeur.

Il peut encore stipuler le remboursement, mais sans aucun béné-

---

(1) Sur le mot *permis*, *conf.*, page 142, note 3.
(2) *Conf. suprà*, n° 231.

fice, des dépenses improductives qu'il a faites, si elles ont été au moins nécessaires, et si elles ne sont en rien contraires à l'usage.

Ici encore, et tout à fait exceptionnellement, l'erreur joue un rôle spécial. Commise aux dépens du cédant, elle donne au cessionnaire l'option entre l'annulation du contrat ou son maintien, moyennant la réparation du préjudice constaté. Commise aux dépens du cessionnaire, elle oblige le cédant à restituer ce qu'il a reçu en trop, faute de quoi la cession est rescindable. Quant au dol, il produit, dans le contrat, les mêmes effets que dans la vente (1).

284. TRANSITION. — Cet exposé succinct des principes qui régissent le contrat de vente serait incomplet, s'il n'était pas suivi de quelques observations sur ce qu'il faut entendre par les accessoires de la chose vendue, par opposition avec les fruits. En effet, les fruits peuvent ne pas être perçus par l'acquéreur, surtout dans le cas où, la vente devenant caduque, il est considéré comme un possesseur de mauvaise foi (2). Il en est autrement des accessoires de la chose, ceux-ci suivent toujours le sort de la chose principale. De là la nécessité de faire une distinction utile entre les uns et les autres (3).

SECTION XI. — *Des accessoires de la chose vendue*

285. GÉNÉRALITÉS. — Le vendeur est tenu de délivrer la chose vendue (4). Cette obligation ne serait pas remplie d'une façon complète, s'il ne délivrait pas en même temps *tout ce qui a été destiné à son usage perpétuel* (5). Bien que la législation musulmane diffère notablement de la nôtre, elle ne pouvait pas méconnaitre un principe aussi rationnel. La loi se borne, d'ailleurs, à établir des présomptions à cet égard et il est toujours permis de les détruire, au moyen de stipulations contraires.

---

(1) *Conf. suprà*, n° 199. Si je n'ai rien dit de la *capacité*, à l'occasion des contrats spéciaux qui précèdent, c'est qu'ils sont une simple dépendance de la vente. La capacité requise des contractants est donc la même que pour la vente.

(2) Je rappelle de nouveau que je suis strictement l'ordre des matières adoptées par Khalil.

(3) Je mentionne, à titre de curiosité, la transition immaginée par Mohammed Kharchi ; la cession onéreuse est un augment du prix ; les accessoires de la chose vendue sont un augment de la chose ; voilà pourquoi, d'après ce jurisconsulte, cette section doit se placer ici.

(4) *Conf., suprà*, n° 263.

(5) *Conf.*, Code civil, art. 1615.

286. 1° *Sol.* — La vente du sol fait présumer celle des constructions et des plantations qui s'y trouvent, celle des semences non encore sorties de la terre, non celle des récoltes pendantes, celle des choses qui y sont enfouies par le fait même de la nature, comme les pierres, les mines, non celle des choses qui y ont été enfouies par le vendeur ou ses auteurs, non celle des choses enfouies à l'insu du vendeur et dont il ignorait l'existence.

2° *Constructions.* — La vente d'une construction fait présumer celle du sol, des portes, des fenêtres, des étagères scellées dans les murs, du moulin dressé sur pilier, des escaliers fixes, non celle des objets mobiles, comme les sceaux et la poulie du puits, les matériaux accumulés pour opérer des améliorations, etc.

3° *Arbres.* — La vente d'un arbre fait présumer celle du sol, celle du fruit non noué, non celle du fruit noué. Dans le cas où telle portion des fruits serait nouée, et où telle autre ne le serait pas, le vendeur et l'acquéreur demeurent chacun propriétaire d'une partie équivalente de ces fruits, et les frais d'arrosage sont supportés dans la même proportion.

4° *Récoltes.* — La vente d'une récolte ne fait pas présumer celle du regain, sauf stipulation contraire, et celle-ci est soumise à quatre conditions : 1° il faut qu'il s'agisse d'un terrain arrosé artificiellement; 2° le regain doit être compris dans la vente en totalité; 3° il ne doit pas être stipulé que la première crue sera vendue quand elle sera montée en graine, car, alors il ne croîtra pas de regain et l'on vendrait ainsi un produit non existant; 4° il est nécessaire que la première crue ait déjà acquis un certain développement.

5° *Animaux.* — La vente d'un animal fait présumer celle du lait, des œufs, etc., non celle de la laine pour la tonte, à moins de stipulation expresse.

6° *Impôts.* — Ils ne peuvent être mis à la charge de l'acquéreur d'un immeuble rural, quand les fruits sont encore verts; car, on ignore s'ils parviendront à maturité et quelle sera leur qualité. Il risquerait donc de subir une charge sans compensation.

287. TRANSITION. — Les deux variétés de la vente dont il me reste à parler se présentent si rarement dans la pratique que je me bornerai à quelques courtes observations, dans le seul but de ne rien omettre.

SECTION XII. — *De la vente des récoltes pendantes par racines*

288. GÉNÉRALITÉS. — Les produits de la terre ne peuvent devenir l'objet d'un contrat que lorsqu'ils ont acquis un degré de maturité relatif; jusque-là ils sont considérés comme ayant une existence incertaine. Il est donc naturel que, pour les vendre valablement, on soit soumis à des règles de précaution. C'est pour cela que le trafic de ces choses est traité, sous une rubrique spéciale, par les auteurs musulmans.

289. CONDITIONS DE VALIDITÉ. — On ne peut pas, en thèse générale, vendre les récoltes et les fruits avant qu'on ne soit assuré qu'ils sont à l'abri de toute perte naturelle.

Il n'est pas permis de vendre ceux de ces produits qui sont cachés sous une écorce avant leur pleine maturité, l'incertitude étant plus grande encore en ce qui les concerne.

Mais cette défense ne concerne ni celui qui achète en même temps l'arbre avec ses fruits, ni celui qui vend ces mêmes fruits au précédent propriétaire de l'arbre. En effet, dans le premier cas, les fruits sont considérés comme une simple dépendance de l'arbre. Dans le second cas, l'acheteur possède sur la qualité des fruits des renseignements qui le mettent à l'abri d'une surprise.

SECTION XIII.— *Du rachat des fruits abandonnés à titre secourable*

290. GÉNÉRALITÉS. — Il est dans les mœurs arabes d'abandonner aux pauvres, à titre de secours, tout ou partie des fruits d'un arbre ou même d'un jardin. Or, il est de l'essence de ces actes de bienfaisance d'être irrévocables. Aussi, les jurisconsultes musulmans se sont-ils demandé si ce n'était pas violer ce principe que d'en autoriser la révocation par la voie détournée du rachat. De là la théorie qui suit.

291. CONDITIONS DE VALIDITÉ. — Il est permis, par tolérance, de racheter tout ou partie des fruits abandonnés à un tiers à titre secourable. Mais il ne faut pas que, en accomplissant cet acte de générosité agréable à Dieu, on se soit servi des expressions : « *Je te fais donation de*....., *je te fais présent de* ....., *je te concède la jouissance de*....., » car l'attribution serait définitive. On doit s'être servi de ces formules plus vagues : « *Je t'abandonne tels fruits, je te fais l'abandon de.. ..* »

Il faut que les fruits, ainsi rachetés, soient de ceux qui se gardent à l'état sec, comme les amandes, les noix, les raisins, les figues, les olives. Racheter des bananes, des grenades, des pommes, serait absolument illicite. Pourquoi cette différence? On n'en donne aucune raison satisfaisante.

292. TRANSITION. — Nous avons épuisé toutes les matières de la vente et nous pourrions clore ici cette longue étude. Toutefois, le précis de Khalil contient encore une section consacrée aux contestations auxquelles la vente donne lieu. Nous respecterons le classement adopté par le grand imam, bien que nous ayons déjà indiqué un grand nombre de solutions se rapportant à cette section.

SECTION XIV. — *Des contestations en matière de vente*

293. GÉNÉRALITÉS. — Il est d'autant plus nécessaire d'étudier la façon dont se règlent les conflits qui naissent entre le vendeur et l'acheteur que les solutions adoptées par Khalil s'appliquent à tous les contrats de réciprocité, sans distinction.

Ainsi que je l'ai déjà fait pour le mariage, je m'applique à suivre l'ordre même des matières de la vente dans le classement des contestations auxquelles elle peut donner lieu.

294. A. *Contestations sur l'existence même de la vente.* — Lorsque, des deux contractants, l'un, vendeur ou acheteur, nie l'existence même de la vente, il est astreint au serment. Jure-t-il, la vente est considérée comme non existante. Refuse-t-il de prêter serment, la vente est obligatoire pour lui.

295. B. *Contestations sur la nature ou l'espèce du prix.* — Primus a acheté tel objet, moyennant telle somme. Une contestation se produit entre lui et Secundus ; l'un soutenant que le prix est payable en pièces d'or, l'autre qu'il est payable en monnaie d'argent ; ou bien l'un affirmant qu'il est payable en pièces d'or de telle espèce, l'autre qu'il est payable en pièces d'or de telle autre espèce. Chacun des contestants est requis de jurer la fausseté du dire de l'autre. Jurent-ils tous deux, les serments s'entredétruisent comme inconciliables, et la vente est annulée pour défaut de prix ; la chose est restituée si elle existe encore ; sinon, l'acquéreur en paie la valeur, quand il s'agit de choses non-fongibles. Lorsqu'il s'agit de choses fongibles, l'acquéreur doit se libérer en choses de même espèce et qualité.

Quand l'un des contractants refuse de prêter serment, l'autre obtient gain de cause.

Si tous les deux refusent de jurer, la vente est considérée comme inexistante, à défaut de prix.

Mais le serment n'est jamais qu'un moyen désespéré, auquel on n'a recourt que dans le cas où il est impossible aux contractants, ou à l'un d'eux, d'administrer la preuve de ses allégations.

296. C. *Contestations sur la quotité du prix*. — Lorsque le conflit porte sur la quotité dù prix, les deux parties sont également soumises au serment, faute par l'une d'elles d'offrir une preuve pertinente. Qu'elles jurent ou refusent toutes deux le serment, la vente est annulée au même titre ; que l'une d'elles jure, elle triomphe.

Mais cette solution ne s'applique que dans le cas où la chose existe encore. Quand elle a péri, soit entre les mains du vendeur, soit entre celles de l'acheteur, c'est ce dernier qui est cru sur son serment, pourvu que son allégation soit vraisemblable, en ce qui touche la quotité du prix. Son dire manque-t-il de vraisemblance, et celui du vendeur est-il préférable à cet égard, ce dernier est admis à prêter serment. Lorsque les dires des deux parties sont invraisemblables, elles sont toutes deux soumises au serment. Jurent-elles ou refusent-elles de le faire, le prix est fixé conformément à la valeur de la chose au jour de la perte. L'une d'elles prêtant serment, elle obtient gain de cause.

297. Contestations sur la quantité de la chose. — Lorsque, par exemple, l'acheteur allègue que la chose vendue se composait de deux vêtements, ou d'un vêtement et d'un cheval, et que le vendeur soutient n'avoir vendu qu'un vêtement, ou qu'un cheval, on applique également les règles qui précèdent.

298. Contestations sur la modalité de l'obligation. — Il en est de même dans le cas où le conflit porte sur la modalité de la vente, l'un des contractants affirmant qu'elle est pure et simple ou à terme, ou moyennant une sûreté accessoire, comme un gage, une caution, et l'autre soutenant le contraire (1).

299. Contestations sur l'étendue du terme. — Ici, le terme n'est pas en discussion. Il s'agit simplement d'une contestation sur l'étendue du terme accordé. Dans cette hypothèse, on donne la préférence à celui des contractants au profit duquel le terme a été stipulé ; à défaut de preuve, il est autorisé à prêter serment.

300. Contestations sur le paiement du prix. — Le vendeur déclarant n'avoir pas touché le prix, la présomption légale est qu'il ne l'a pas reçu. L'acheteur est, bien entendu, admis à faire la preuve de sa libération. Il n'y a d'exception que pour le cas où il existe, dans le pays, un usage contraire à la présomption établie par la loi et pour le cas où il s'agit de menues marchandises que

---

(1) Je néglige ici une controverse résultant de l'antagonisme qu'il y a entre ces règles de procédure et la présomption, en vertu de laquelle toute obligation est réputée pure et simple jusqu'à preuve du contraire.

l'on n'emporte qu'après les avoir payées, comme la viande de boucherie, les fruits, les épices, etc.

301. CONTESTATIONS SUR LA DÉLIVRANCE DE L'OBJET. — C'est là l'hypothèse corrélative à la précédente ; les mêmes règles s'y appliquent. Mais, supposons le cas où l'acheteur reconnaît devoir le prix ; dans ce cas, il est présumé avoir reçu la chose ; il lui est permis, toutefois, de déférer le serment au vendeur, dans les dix jours ; ce délai expiré, il y a déchéance.

302. CONTESTATIONS SUR LE LIEU DE LA LIVRAISON. — Lorsque les parties ne sont pas d'accord sur le lieu où doit s'opérer la livraison, on présume que la chose est livrable au lieu où la convention s'est faite, et le contractant qui s'appuie sur cette présomption obtient gain de cause. A défaut, le dire du vendeur est prépondérant, lorsqu'il est conforme à la vraisemblance. Mais si, de part et d'autre, les allégations produites sont invraisemblables, le vendeur et l'acheteur sont soumis à la formalité du serment. Prètent-ils ou refusent-ils le serment, la vente est annulée. Celui qui s'y soumet à l'exclusion de l'autre obtient gain de cause.

Enfin, les parties étant d'accord sur la ville ou le village, mais ne l'étant pas sur le point déterminé de cette localité, où la livraison doit s'effectuer, celle-ci a lieu dans un entrepôt public, comme la halle ; à défaut de halle, le dire de l'acquéreur l'emporte.

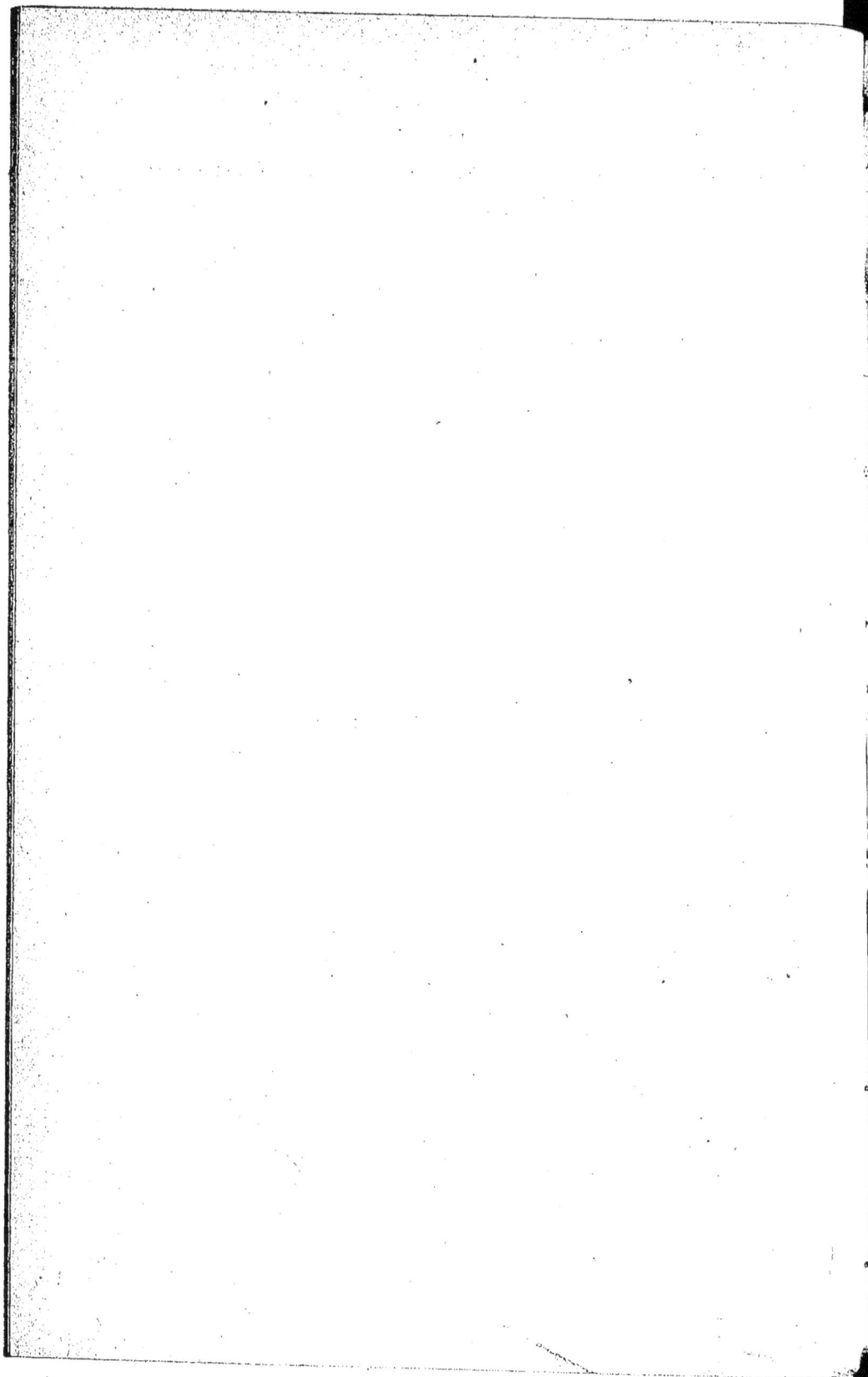

CHAPITRE II

DE LA VENTE AVEC AVANCE DU PRIX

(SELEM) [1]

—

303. GÉNÉRALITÉS. — Dans les premiers temps de l'Islamisme, la société arabe a vécu dans un état violent : Guerre sainte où chacun devait combattre pour la propagation de la foi; luttes particulières de tribu à tribu, d'homme à homme, ce n'était partout que la mise en pratique du sinistre principe, en vertu duquel la force prime le droit. Le cultivateur voyait sa terre foulée et ravagée par des bandes armées, par des pillards isolés, qui lui enlevaient le produit de son travail. L'autorité locale, trop faible pour le protéger efficacement, trop vénale surtout pour accueillir les plaintes du faible et du pauvre, ne révélait son existence que par ses exactions. Sous prétexte d'impôts, de réquisitions, de corvées, d'amendes, le gouverneur provincial et ses agents, assurés de l'impunité par l'éloignement et l'indifférence du pouvoir central, razzaient administrativement ceux que la guerre n'avait pas ruinés déjà. Aussi, l'habitant des campagnes, impuissant à défendre ses biens, en fut-il réduit à chercher dans la loi des ressources contre ses oppresseurs : c'est de cette nécessité que sont nés la vente avec avance de prix et le habbous.

Le colon, pour mettre ses récoltes à l'abri du pillage, imagina de les vendre à l'avance à quelque marchand de la ville. Celui-ci, assez riche pour acheter la protection du pacha, assez influent, par sa richesse, pour se faire écouter dans le cas où il serait victime d'une injustice, achetait la récolte sur pied, en payait le prix à l'avance, afin de rendre ses droits indiscutables, et, somme toute, trouvait de grands avantages dans cette combinaison. Il se procurait ainsi des marchandises en quantité suffisante pour alimenter son commerce dans la proportion des demandes qu'il prévoyait; d'autre part, il payait à très bas prix l'orge, le blé dont il avait besoin, car, il n'était pas sans exploiter, à son tour, les chances aléatoires de ces achats et la sécurité indirecte qu'il donnait au producteur.

. (1) *Conf. Perron*, traduct. de Sidi Khalil, tome III, page 579.

Mais, et c'était là la difficulté, il fallait attribuer à ces marchés à terme un caractère légal. Nous l'avons vu, la loi tolère, moyennant de minutieuses précautions, certains contrats dans lesquels la quantité ou la qualité de la chose vendue est insuffisamment déterminée (1); mais ici, l'existence même de la chose est incertaine, et l'*aléa* (2) est réprouvée en droit musulman. Il parut donc nécessaire d'appeler la loi et le prophète au secours de cette nouvelle combinaison. On trouva, dans le Coran, un texte d'autant plus commode qu'il était moins précis : « O ceux qui croient ! lorsque » vous vous serez engagés mutuellement à credit, à un terme déter- » miné, mettez-le par écrit.... (3). » Et les plus illustres commentateurs du Coran, Jelal-ed-Din, Ibn Abass, déclarèrent que le livre sacré entendait par là autoriser la vente avec anticipation du prix. Et l'on découvrit, dans les innombrables haddits du prophète, cette consultation beaucoup plus nette : « Quand vous contractez sous » la forme du *selem* (4), le poids ou la jauge de la marchandise, le » terme de la livraison doivent être déterminés. » C'était plus qu'il n'en fallait pour légitimer cette forme de la vente.

Il a fallu de puissantes considérations pour qu'elle ait reçu la sanction de la loi. En effet, si elle se rapproche beaucoup de la vente à terme et du prêt, qui ne sont permis qu'à certaines conditions de précaution, elle offre une redoutable *aléa*, en ce sens, comme je l'ai déjà dit, que l'existence même de la chose est problématique : l'acquéreur se dépouille immédiatement et irrévocablement de son prix pour devenir propriétaire éventuel d'une marchandise qui est encore dans le domaine des choses purement contingentes, et dont la qualité elle-même est exposée à des chances de toute espèce.

304. DÉFINITION. — Le selem est un contrat de reciprocité, créant une obligation personnelle de livrer une chose qui n'est pas entièrement déterminée. Il ne peut avoir pour objet une simple jouissance, ni deux choses de même espèce.

On peut encore le définir ainsi : Un contrat comprenant une tradition immédiate en échange d'une tradition différée (5).

C'est pour le distinguer de la vente à terme que la chose à livrer ne doit pas être déterminée. En effet, vendre à terme consiste sim-

---

(1) *Conf. suprà*, n⁰ˢ 203 et 208.

(2) *Conf. suprà*, n° 219.

(3) Coran II, 282.

 (4) Le mot *selem* signifie simplement *livraison, remise, réception*. D'après Karafi, le selem tire son nom de ce fait qu'il implique la livraison du prix sans celle de son équivalent.

(5) Ou même « la vente d'une chose future » (Code civil, art. 1131). Mais il serait excessif de considérer le selem comme une vente *sine re (aliquando tamen sine re venditio intelligitur, veluti cum quasi alea emitur)* ; il serait alors contraire aux règles fondamentales des contrats musulmans (*conf.*, n° 194).

plement à concéder un délai, soit à l'acheteur, soit au vendeur, la chose et le prix étant, d'ailleurs, déterminés de toutes façons (1). Ici, la chose est bien déterminée en quantité et en espèce, comme nous le verrons; de plus le moment de la livraison est également précis; mais elle n'est pas moins frappée d'une indétermination dont il a été parlé plus haut; aussi, dit-on, dans la langue du droit qu'elle est simplement *décrite* (2).

Si le selem ne peut avoir pour objet une simple jouissance, la raison en est simple : le contrat ne serait plus une vente, mais un louage.

Enfin, si les deux équivalents étaient de même espèce, on se trouverait en présence d'un échange ou d'un prêt, et, bien mieux, comme nous le verrons, d'un prêt illicite.

Il est à remarquer que le selem est un contrat d'une nature mixte, en ce qu'il change de physionomie dans la période de temps qui s'écoule entre la première entrevue des parties et l'exécution complète de la convention. En effet, au début, il s'agit bien d'un contrat de réciprocité, Primus offrant une somme de tant, Secundus promettant, *en échange,* de livrer telle chose. Mais, Primus ayant versé le prix, tout change; ce prix est devenu la propriété de Secundus, et il ne subsiste plus qu'une obligation unilatérale à la charge de celui-ci, de livrer, à l'expiration du terme, la chose vendue, et Primus n'a plus qu'un droit de créance à exercer à l'encontre de Secundus. Il en est tout autrement dans la vente des choses hors vue, par exemple; là, l'acquéreur a un droit réel sur la chose, dès que les consentements sont échangés, et le caractère bilatéral du contrat se maintient jusqu'au bout.

305. CONDITIONS DE VALIDITÉ. — Les conditions de validité du selem ont toutes un but unique : cantonner l'*aléa* avec une rigueur extrême. Elles sont au nombre de sept :

1° La prise de possession intégrale et immédiate du capital (3) par le vendeur est obligatoire. En effet, déjà la chose est livrable à terme; il n'est donc pas possible d'admettre qu'il en soit de même pour le prix. Deux prestations, réciproquement consenties, ne peuvent pas, en principe, être échangées aussi longtemps qu'elles

---

(1) *Conf., supra*, nᵒˢ 228, 229.

(2) C'est encore une division caractéristique des choses : *La chose déterminée* est un *corps certain*; — *la chose décrite* est celle, par exemple, qui fait l'objet de la vente des choses hors vue *(conf.*, nᵒ 208). On en a donné le signalement, pour ainsi dire, mais sans l'individualiser complètement; elle est en instance pour devenir un corps certain; ainsi, quand, exerçant l'option d'examen *(conf.*, nᵒ 209), l'acheteur a opté affirmativement, la chose est déterminée. C'est donc moins que la chose déterminée, plus que la chose indéterminée; c'est, toute proportion gardée, une chose masquée.

(3) Le prix, en arabe : *la tête du bien. Capital* vient également de *caput,* comme *cheptel*.

ne sont pas déterminées. Or, le selem, fondé sur des nécessités politiques et économiques, contient déjà une grave dérogation à ce principe fondamental, en ce sens que la chose vendue avec anticipation du prix et livrable dans l'avenir n'est pas rigoureusement déterminable; elle est simplement décrite ; par la force des choses, elle est exposée à une *aléa* ; aussi la loi, par une réaction naturelle, a-t-elle reporté toute sa sévérité sur le prix, qu'elle fait même entrer, dès le début, dans le patrimoine du vendeur, rompant ainsi tous les liens de réciprocité et ne laissant plus subsister qu'une créance au profit de l'acquéreur (1). Le capital doit être, par conséquent, versé séance tenante, intégralement, au débiteur. Les hanéfites n'admettent aucun tempérament à cette règle. Les malékites, plus tolérants par hasard, admettent un retard de trois jours, dans le but d'accorder aux parties, et même à un tiers, un droit d'option facultatif de même durée, à la condition formelle que la capital ne sera pas versé avant l'expiration du délai d'option ;

2° La prestation et l'obligation personnelle qui en résulte ne doivent pas consister en choses de même espèce. Cette règle n'offre aucune difficulté. On y voit le souci constant des jurisconsultes d'individualiser les contrats. En effet, s'il s'agit de choses de même espèce, non-fongibles, le contrat est un échange ; de choses fongibles, un prêt de consommation ; de numéraire, un change. Bien plus, ce change serait nul ; car, l'essence du change, c'est la prestation immédiate, concomitante, des deux équivalents, et ici l'un est livré de suite, l'autre à terme ;

3° Le terme de la livraison doit être déterminé, soit par la convention, soit par l'usage. Le défaut de détermination entraînerait la nullité du contrat. Ce délai ne peut être moindre de quinze jours. Les termes d'usage sont, par exemple, le commencement de la moisson ou du printemps, le retour du pèlerinage. Exceptionnellement, le terme est considéré comme suffisant, lorsqu'il a pour cause la nécessité de se rendre, pour opérer la livraison, dans une localité autre que celle où les consentements ont été échangés. Mais alors la réunion des cinq conditions suivantes est exigée : 1° que la distance entre les deux localités soit d'au moins deux jours de marche; 2° que les parties aient prix l'engagement de se mettre en route aussitôt après l'échange des consentements; 3° qu'il soit stipulé que la prise de possession aura lieu dès leur arrivée dans la localité désignée pour la livraison; 4° que le capital soit versé séance tenante au moment du contrat, ou au moins dans un très bref délai; 5° que le voyage ait lieu par terre, ou par mer sans l'aide du vent. Ces restrictions ont toutes pour but de laisser au selem

---

(1) Pour ne laisser aucun doute à cet égard, les auteurs ont poussé le rigorisme jusqu'à refuser à l'équivalent en numéraire le nom de prix ; ils en font un capital. De même pour le vendeur qui devient un débiteur, et pour l'acheteur qui est appelé le créancier, ce qui est une véritable querelle de mots.

sa physionomie propre. En effet, si la livraison est trop prompte, il n'est plus besoin de recourir à ce mode de contracter ; la vente ordinaire, ou celle qui est spéciale aux choses hors vue, sont d'un emploi plus rationnel (1) ;

4° L'objet à livrer doit être déterminé en quantité. La chose, en raison même de ce qu'elle est livrable à une époque ultérieure, est atteinte déjà d'une indétermination fâcheuse ; il ne faut donc pas qu'il en soit de même pour la quantité. De là cette conséquence, que les choses de quantité inconnue, comme les maisons, les champs, ne peuvent pas faire l'objet d'un selem, pas plus que celles pour la détermination desquelles on a stipulé un étalon de poids ou de mesure inconnu (2) ;

5° Il doit l'être en qualité, pour les mêmes motifs. Il est donc nécessaire de déterminer la chose en genre, en espèce, d'indiquer son origine, sa race, s'il s'agit d'un animal, sa couleur, s'il s'agit d'une étoffe, etc., de fournir, en un mot, tous les renseignements susceptibles d'éclairer le créancier. D'où l'exclusion de toutes les choses dont la qualité ne peut être précisé d'avance, comme du minerai, une maison ;

6° Le contrat ne doit faire naître qu'une obligation personnelle, à la charge du débiteur. Ce n'est pa là une condition de validité ; c'est une simple application des principes. Comment supposer un instant que le selem donne une action réelle au créancier ? Il s'agit d'une chose décrite, c'est-à-dire insuffisamment déterminée, dont l'existence même est problématique ;

7° L'objet du contrat doit être possible ; en d'autres termes, il faut que la chose soit de celles qu'il est possible de se procurer au moment de la livraison, fût-elle introuvable dans l'intervalle. De là, les applications suivantes : Il est interdit de stipuler : 1° le produit à naître d'un animal déterminé, cette détermination même étant un obstacle éventuel à l'exécution du contrat; 2° le produit à naître d'un petit nombre d'animaux, par les mêmes raisons; 3° les fruits d'un verger déterminé, toujours pour les mêmes motifs. En effet, ce serait créer un véritable conflit de droit : d'une part, la détermination du verger, de l'autre l'indétermination relative des fruits, tirée de l'incertitude qui règne sur leur existence au moment du contrat. Bien plus, cette détermination, malgré son insuffisance, serait contraire à l'essence du contrat; le débiteur se trouverait libéré par la perte de la chose, et, celle-ci ne périssant pas, le créancier aurait, jusqu'à un certain point, le droit d'exercer une action réelle, le contrat portant sur les fruits de tel verger déterminé.

---

(1) Nous avons déjà vu que le procédé de la vente des choses hors vue n'est plus légitime, lorsque la chose est trop rapprochée (Conf. suprà, n° 210, 3°).

(2) Les maisons, les champs sont dits de quantité inconnue. (Conf. suprà, page 124, note 1).

Toutefois, la loi tolère cette vente, mais en l'entourant de précautions nouvelles. Il est nécessaire : 1° que les fruits soient en voie de maturité; 2° que le jardin soit assez grand pour assurer l'exécution du contrat; 3° que le mode de la livraison soit réglé à l'avance; 4° que le débiteur soit propriétaire du verger, de peur qu'il ne surgisse un conflit entre lui et le propriétaire; 5° que l'exécution du contrat commence dans la quinzaine, afin d'éviter un changement d'état de la marchandise; 6° que le contrat soit complètement exécuté avant la dessication des fruits. Si, d'ailleurs, le fruit vient à manquer alors que la livraison est commencée, le créancier doit accorder terme et délai pour le surplus, jusqu'à la récolte suivante, à moins que les contractants ne s'entendent pour procéder à un réglement amiable.

306. CAPACITÉ. — Les parties doivent jouir de la même capacité que pour la vente propremeni dite, dont le selem n'est qu'une variété.

307. DES CHOSES QUI PEUVENT FAIRE L'OBJET DU SELEM. — Peuvent faire l'objet du contrat :

1° Les choses manufacturées ;
2° Les choses non manufacturées ;
3° Les denrées alimentaires, préparées ou non ;
4° Les perles, les diamants, l'ambre, la verroterie ;
5° Le plâtre, l'arsénic, le bois en fagots ;
6° Les cuirs, les laines, les armes, etc., et, en général, toutes les choses qu'il est possible de décrire avec précision, au double point de vue de la quantité et de la qualité.

D'où cette conséquence qu'on en exclut :

1° Une fourniture continue de la part d'un fabricant;
2° Un objet à fabriquer avec un corps certain, par un ouvrier désigné;
3° Un objet quelconque dont la qualité ne peut être précisée à l'avance, comme du minerai, un champ, une maison;
4° Un objet de quantité inconnue.

308. DE L'EXÉCUTION DU CONTRAT. — Le créancier est tenu de recevoir la chose au jour et au lieu stipulés; sinon on a recours à l'intervention du juge.

Le créancier est admis à renoncer à une partie du terme stipulé, pourvu qu'il ne reçoive ni plus, ni moins que la quantité stipulée, de peur que sa renonciation ne lui procure un bénéfice considéré comme illicite.

Il peut accepter la livraison dans un autre lieu que celui convenu, mais sans indemnité, et seulement à terme échu pour les denrées alimentaires, celles-ci étant des choses usuraires (1).

Il lui est loisible d'accepter une qualité inférieure ou supérieure, non une quantité moindre, et toujours à terme échu. Toutefois, la loi tolère qu'il fasse remise d'un manque peu considérable, sans indemnité.

Le débiteur ne peut pas être tenu de livrer en un autre lieu que celui convenu, encore que la chose soit peu coûteuse à transporter.

Le créancier est admis à recevoir, au lieu de la chose stipulée, une chose d'espèce différente, à condition : 1° que la chose soit de celles que l'on peut vendre avant de les avoir en sa possession (2); 2° qu'elle soit de celles qui sont de nature à former l'équivalent du capital, ce qui exclut le numéraire.

Le créancier est autorisé à payer un supplément de prix, pour recevoir une quantité supérieure de marchandise.

309. TRANSITION. — Je ne crois pas utile d'entrer dans de plus longs développements au sujet d'un contrat que bien peu de musulmans pratiquent aujourd'hui, nos combinaisons commerciales étant entrées dans les mœurs des négociants indigènes. Je me serais même abstenu d'en parler, si je ne m'étais pas promis d'indiquer au moins toutes les matières du droit musulman, sauf à ne m'appesantir que sur celles qui ont un intérêt véritable. Il ne m'était, d'ailleurs, pas permis de passer le selem sous silence; car, il offre de grandes analogies avec le prêt de consommation, à tel point que Sidi Khalil a placé ce dernier à la suite du selem, comme une dépendance naturelle.

APPENDICE

DU PRÊT DE CONSOMMATION

(KARD')

—

310. GÉNÉRALITÉS. — Dans le selem comme dans le prêt de consommation, le créancier se dépouille irrévocablement de la propriété d'une chose, afin d'en recevoir une autre pour le paiement de laquelle il n'est armé que d'une action personnelle. D'autre part,

---

(1) *Conf. suprà*, n° 277, note 4, et *infrà*, n° 314, note 3.
(2) *Conf. suprà*, n° 272.

toutes les choses qui peuvent faire l'objet d'un selem sont également susceptibles de faire l'objet d'un prêt de consommation. Telles sont les principales analogies qui existent entre les deux contrats.

Mais, dans le selem, le créancier est un véritable acheteur ; il doit recevoir, par conséquent, une chose différente de celle qu'il a livrée, tandis que, dans le kard', il reçoit une chose de même espèce. En d'autres termes, ce qui est de l'essence même de l'un, vicierait radicalement l'autre. Ce n'est pas tout. Le selem est une aliénation à titre onéreux ; le kard' n'est qu'une aliénation de raison. En effet, si le créancier se dépouille de sa propriété, c'est pour la recouvrer, non pas *in individuo,* il est vrai, la nature des choses s'y opposant (1), mais *in spécie,* ce qui est loin de l'équivalence imposée par les règles du selem. Et encore cette aliénation est-elle purement temporaire, malgré son caractère définitif. Aussi, le kard' est-il bien plutôt une libéralité qu'un contrat de réciprocité, d'autant plus que, en droit musulman, il est absolument interdit de prélever un profit quelconque sur le débiteur. Le prêt de consommation est une œuvre pie ; il a pour but de secourir un frère malheureux, en vertu de la grande loi de solidarité religieuse imposée à tous les croyants. Dieu récompense le prêteur ; mettre un prix au service rendu, ce serait lui enlever tout son mérite (2).

311. DÉFINITION. — Le prêt de consommation (3) est une prestation (4) mobilière (5), gratuite, remboursable à terme, en choses de même espèce et créant une obligation personnelle (6).

Le prêt doit surtout être gratuit et n'avoir pour but ni l'avantage

---

(1) Voyez, toutefois, *infrà.*, n° 313.

(2) Le Coran revient jusqu'à six fois à la charge pour recommander aux fidèles l'aumône et *le prêt généreux* ; il leur promet que Dieu *les payera le double* (*conf.,* Coran, II, 246 ; V, 15 ; LVII, 11, 17 ; LXIV, 17 ; LXXIII, 20). Payer le double, ce serait de l'usure pour les hommes.

(3) *Kard'* signifie *coupure, retranchement ;* le prêteur retranche quelque chose de son bien pour l'abandonner à l'emprunteur.

(4) Ibn Arfa dit textuellement *le versement d'une valeur.* Il s'agit encore d'une division des choses, en droit musulman. Les unes sont des *valeurs (moutamaououel),* les autres des *non-valeurs.* Les premières sont celles qui sont susceptibles d'enrichir une personne, d'augmenter sa fortune. Les secondes sont celles qui n'ajoutent rien à son patrimoine, qui n'y entrent pas, alors même qu'elles lui procureraient un avantage, une jouissance physique ou morale, comme, par exemple, une certaine quantité de chaleur. La chaleur est agréable pour l'homme qui souffre du froid ; lui accorder le droit de se chauffer à un feu, c'est lui procurer une jouissance ; lui permettre d'emporter chez lui quelques charbons allumés pour cuire son repas, c'est lui procurer un avantage ; il n'en est pas moins certain que sa fortune n'en sera pas augmentée.

(5) Je complète ainsi le texte d'Ibn Arfa, le kard' ne pouvant pas porter sur un immeuble.

(6) Comparez Code civil, art. 1892.

du prêteur, ni l'avantage combiné du prêteur et de l'emprunteur, ni l'avantage d'un tiers. En droit français, lorsque le prêteur exige une redevance quelconque, le contrat change simplement de nom et prend celui de prêt à intérêt. Nous reviendrons, plus loin, sur cette condition fondamentale de validité du kard'.

Si le remboursement avait lieu immédiatement, le contrat deviendrait un échange ou un change, suivant la nature de la chose prêtée.

Le prêt de consommation crée une simple obligation personnelle. En effet, l'emprunteur, comme le débiteur dans le selem, devient propriétaire de la chose prêtée; il a le droit d'en disposer, de la consommer. Il ne saurait donc être tenu de la rendre *in individuo* : il n'a à restituer qu'une chose de même espèce, et celle-ci ne deviendra un corps certain que le jour où elle sera restituée. Le prêteur n'a donc qu'une action personnelle contre l'emprunteur.

Il est à remarquer encore que, sous la réserve de ce qui a été dit plus haut (1), la loi considère la chose restituée comme un véritable équivalent de la chose prêtée, en ce sens que le prêteur doit rendre exactement une quantité égale à celle qu'il a reçue. S'il en était autrement, le contrat serait une donation.

312. CAPACITÉ. — La capacité exigée des parties est la même que pour la vente (2).

313. CHOSES QUI PEUVENT ÊTRE PRÊTÉES. — Toutes les choses qui peuvent faire l'objet de la vente avec anticipation du prix peuvent également être l'objet du prêt de consommation. Ainsi, on peut prêter : les objets mobiliers, les animaux, les grains, non les terres, les maisons, les arbres.

On voit que la notion du kard' diffère de celle de notre prêt de consommation (3). Il serait facile, toutefois, de diminuer notablement cette différence qui est de pure apparence. En effet, en droit musulman, si l'on peut prêter des meubles meublants, des animaux, des étoffes, c'est en vertu de cette présomption, fondée sur la nature même des choses, que les meubles, quels qu'ils soient, sont exposés à des changements plus ou moins rapides d'état ou de qualité; d'où cette conséquence que, si l'emprunteur s'engage à restituer l'objet même qui lui a été prêté, le contrat devient un véritable commodat. L'intention du prêteur d'aliéner, soit la chose elle-même, soit l'usage de cette chose, est donc, à proprement parler, le seul point à considérer pour faire du contrat un *mutuum* ou un commodat. Il va de soi, d'ailleurs, que pour les

---

(1) *Conf.*, le numéro précédent.

(2) *Conf. suprà*, n° 196.

(3) *Conf.* Code civil, art. 1892 et suivants.

denrées alimentaires et le numéraire, les parties n'ont plus la même liberté, le prêt de ces objets est toujours un kard', la présomption de changement d'état s'imposant toujours. Il est encore évident que si, au moment de la restitution de la chose prêtée, celle-ci existe encore sans avoir subi aucun changement d'état, l'emprunteur est admis à en opérer la restitution, ainsi que nous le verrons, sans que le contrat cesse d'être un prêt de consommation.

Ces principes posés, il suffit de se reporter à la théorie du *mutuum* en droit français, et aux applications dont elle a été l'objet, pour se convaincre que les idées musulmanes ne diffèrent pas, sur ce sujet, sensiblement des nôtres (1).

314. CONDITIONS DE VALIDITÉ. — La condition essentielle du kard', c'est la gratuité. Et, si elle était violée, le contrat ne deviendrait pas, comme en droit français, un prêt à intérêt (2); il serait frappé d'une nullité absolue. A-t-on fait un cadeau ou procuré un avantage au prêteur, on est tenu de le restituer en nature si c'est possible, ou d'en restituer la valeur dans le cas contraire. Ce principe est si rigoureux qu'il est défendu, à peine de nullité :

1° De stipuler une denrée saine pour une denrée avariée ; ce serait commettre une véritable usure (3);

---

(1) *Conf.* la division des choses qui se consomment par l'usage (Pothier, tome v, pages 49 et 50). Le blé se consomme *naturellement*; le numéraire, *civilement*; le papier, les étoffes se consomment *par changement de forme*. Des animaux même peuvent se consommer, sans qu'ils soient destinés à l'alimentation. Ainsi, lorsqu'un marchand de chevaux emprunte à un de ses confrères les chevaux dont il a besoin pour une fourniture à faire, et qu'il s'engage à rendre des chevaux de même âge, de même taille, il contracte un véritable prêt de consommation.

(2) *Conf.* Code civil, art. 1905.

(3) Le moment est venu de dire quelques mots de l'usure *(riba)*, en droit musulman. Il m'est impossible — et ce serait, d'ailleurs, inutile dans un ouvrage élémentaire destiné spécialement à l'Algérie, où le voisinage des Européens et les nécessités d'un commerce cosmopolite ont, depuis longtemps, imposé une grande tolérance aux négociants indigènes — d'entrer, à ce propos, dans les compendieux développements auxquels les jurisconsultes se sont complus.

Pour nous, l'usure ne se manifeste que dans le cas où le taux légal est dépassé (loi du 19 décembre 1850); elle constitue un véritable délit. Pour les musulmans, plus intolérants que nos lois canoniques, ils proscrivent non seulement l'*intérêt compensatoire*, mais encore l'*intérêt lucratif*; à leurs yeux, il y a usure toutes les fois que l'une des parties perçoit un bénéfice quelconque aux dépens de l'autre. Il faut s'entendre, pourtant, sur la portée du mot *bénéfice*. Tantôt, il est licite de retirer un avantage de la convention elle-même, celle-ci devant naturellement procurer un profit aux contractants; c'est ainsi que la vente est une lutte de finesse (*conf. suprà*, n° 199), le vendeur s'efforçant de vendre peu à haut prix, l'acheteur d'acheter beaucoup à bas prix; il n'y aurait plus de commerce sans cette tolérance; mais, une fois d'accord sur la chose et sur le prix, les contractants ne sont

2° De stipuler que la chose prêtée sera rendue dans un autre lieu que celui de la livraison, le changement de lieu pouvant être avantageux au prêteur ou onéreux pour l'emprunteur;

3° De stipuler que ce dernier rendra du pain de boulanger pour du pain de ménage, à cause de la différence de qualité qui peut exister entre ces deux produits;

4° De stipuler le paiement, dans une localité éloignée, au moyen d'une lettre de change, d'une somme considérable et coûteuse à transporter; en sorte que le prêteur, sous prétexte de rendre un bon office à l'emprunteur, s'assure ainsi le transport gratuit, et sans courir aucun danger, du numéraire qu'il semble prêter;

5° De stipuler le paiement, dans la même localité, d'une somme dangereuse à garder et que l'emprunteur lui remboursera quand le péril sera passé; ici encore, c'est le prêteur qui, sous le voile d'un service à rendre, en reçoit un.

Toutes ces stipulations sont interdites, comme usuraires, à moins qu'il ne soit démontré qu'elles ont eu pour but l'intérêt exclusif de l'emprunteur. C'est ainsi que, par une dérogation évidente aux lois de ce contrat, il est permis à un propriétaire de *prêter* à un individu une certaine quantité de blé à récolter, pourvu que cette récolte n'entraîne ni difficultés, ni dépenses considérables, et à la charge de rendre une quantité égale de blé.

Les autres règles du kard' sont les suivantes :

Par le seul échange des consentements, la chose entre dans le patrimoine de l'emprunteur, et, en conséquence, les risques sont à sa charge.

---

plus admis, *extérieurement au contrat*, à se faire des concessions intéressées; ainsi, ils ne peuvent plus, sous peine de commettre l'usure, *acheter* la renonciation à un terme stipulé en consentant une atténuation du prix. Tantôt, il est illicite de retirer un avantage de la convention elle-même; ainsi, un change doit avoir lieu avec une stricte équivalence; ainsi encore le prêt doit être rigoureusement gratuit.

Cette interdiction est encore plus sévère, lorsqu'il s'agit de numéraire, de denrées alimentaires; on a voulu évidemment empêcher l'accaparement des objets de première nécessité dans un pays pauvre comme l'Arabie. La loi a rangé les denrées alimentaires en un certain nombre de catégories *(conf.* Seignette, *Code musulman*, art. 59 et suivants), en souvenir d'un haddits du prophète, et a indiqué, avec une désespérante minutie, dans quelles conditions le trafic de ces denrées est autorisé. Comme sanction à ces puérilités, le Coran est rempli de menaces terribles contre ceux qui se rendent coupables d'usure *(conf.* Coran, II, 276, 277; III, 125; XXX, 38).

L'usure est de deux espèces : 1° l'*usure de retard*. Primus vend un objet, moyennant mille. Après le contrat, Secundus sollicite terme et délai; Primus consent, à la condition que le prix sera élevé à onze cents; 2° l'*usure d'excédant*. Primus prête cent à Secundus, à la condition que ce dernier lui rendra cent dix.

Ces notions sont suffisantes. Elles seront complétées dans l'*Essai d'un traité méthodique de droit musulman.*

Il peut user de la chose à son gré, à titre gratuit, à titre onéreux, la consommer, la dénaturer, etc.

Il doit la rendre, soit au jour fixé par le contrat, soit au terme déterminé par la coutume locale.

Il est admis à rendre la chose elle-même, si elle n'a subi aucun changement, à moins qu'il ne s'agisse de choses qui se consomment naturellement par l'usage qu'on en fait; car, dans ce cas, il existe une présomption de changement d'état.

Il peut rendre la chose avant le terme stipulé, car le terme n'est stipulé que dans son intérêt exclusif. D'où la conséquence que le prêteur n'a pas le droit de refuser de la recevoir, ce qui serait contraire à l'essence même du contrat. D'où cette seconde conséquence que le prêteur ne peut jamais exiger la restitution de la chose avant l'expiration du terme stipulé ou déterminé par l'usage.

L'emprunteur n'est pas admis, sauf le consentement du prêteur, à la rendre dans un autre lieu que celui qui a été désigné, abstraction faite de l'avantage illicite qui en résulterait.

CHAPITRE III

DE LA COMPENSATION

(MOCAÇÇA)

—

315. GÉNÉRALITÉS. — En droit français, la compensation est un mode d'extinction des obligations (1); elle a lieu de plein droit, à l'insu même des parties (2). En droit musulman, elle est un véritable contrat; elle est facultative, et il n'y a rien de plus rationnel que ce concept juridique. Deux obligations, créées par le consentement, ne peuvent plus, en thèse générale, être détruites que par un nouveau contrat; c'est pour ce motif que le domaine de la résiliation est si étroit (3). Aussi, tant qu'un contrat n'est pas devenu définitif, il n'a qu'une existence précaire; celui au profit duquel il a été formé n'a aucune qualité pour s'en faire un titre opposable à son créancier. Lorsque, au contraire, le contrat est devenu définitif, il doit être exécuté, réellement, physiquement, ou transformé par consentement mutuel; dans cette dernière hypothèse, la compensation est possible; mais, comme elle ne constitue pas une exécution normale, elle n'est admissible que par la voie d'un contrat nouveau, seule transformation légale de la première obligation (4).

---

(1) *Conf.* Code civil, art. 1234.

(2) *Conf.* Code civil, art. 1290. Il n'en a, d'ailleurs, pas toujours été ainsi, surtout en pays coutumier : « *Une dette n'empêche point l'autre,* » disait Loysel (*Inst. Coutum.*, livre v, titre 4, règle 3). Aujourd'hui encore, la compensation légale est la seule qui ait lieu de plein droit; il n'en est pas ainsi de la compensation facultative ou de la compensation reconventionnelle. En droit musulman, elle est toujours facultative, ou, mieux, *conventionnelle, conf.* Demolombe, tome xxviii, pages 344 et suivantes). Quant à la théorie du droit romain *conf.* Accarias, *Précis de droit romain*, tome ii, page 1266.

(3) *Conf. suprà.* n° 277.

(4) *Conf.* Seignette, *Code musulman*, art. 105. Ce n'est qu'une exception dont la cause est facile à comprendre. En effet, comme nous l'avons vu, la vente à terme, celle ainsi appelée par extension, est un véhicule de prohibition *(conf. suprà*, n° 231.) Il est donc naturel que la loi, qui prend les plus minutieuses précautions pour cantonner ce véhicule, interdise aux parties une stipulation qui aurait précisément pour effet de produire une combinaison illicite.

Cette théorie est irréprochable; mais elle laisse subsister une grave difficulté.

Sans aucun doute, aussi longtemps que deux contrats ne sont pas définitifs, ou que l'un d'eux ne l'est pas, on conçoit que la compensation ne puisse pas se produire, les deux dettes n'étant ni liquides, ni exigibles, ou l'une d'elle ne l'étant pas; dès lors, c'est par le consentement des parties seulement, et sous forme d'un nouveau contrat, que la compensation est possible. Il en sera de même lorsque les deux dettes sont dissemblables.

Mais, supposons le cas où les deux dettes sont liquides et exigibles, où elles consistent en choses fongibles entre elles, il est certain que, malgré la rigueur des principes, malgré le formalisme puéril des musulmans, et, bien mieux, malgré la résistance de l'une des parties, la compensation doit être possible, non pas en vertu de la loi, celle-ci s'y opposant absolument, mais par la force des choses. Le débiteur, poursuivi en paiement d'une dette, aura le droit incontestable d'opposer, à la demande dirigée contre lui, une demande reconventionnelle fondée sur sa qualité de créancier pour pareille somme. Que le demandeur principal accepte la compensation, le contrat se forme et la loi est observée. Mais il en sera bien rarement ainsi; car, si les parties ont eu besoin de s'adresser à la justice, c'est précisément parce que le demandeur aura refusé de compenser sa créance avec sa dette. Il y a donc un conflit. Que fera le juge? Esclave de la loi, repoussera-t-il, à son tour, la compensation repoussée par l'un des plaideurs? Non, personne ne va jusque-là. Il est saisi d'un différend; son devoir est de le trancher. Mais alors donnera-t-il gain de cause au défendeur qui propose la compensation, ou bien au demandeur qui la rejette? Une controverse ardente divise les auteurs sur ce point, les uns s'appuyant sur l'équité, les autres sur la lettre même de la loi. Pour nous le doute n'est pas permis, et nous préférerons toujours les solutions conformes à notre droit plus éclairé, moins formaliste que le droit musulman.

Il est à remarquer que les jurisconsultes musulmans n'indiquent jamais que la vente et le prêt de consommation comme causes de la compensation. Voici pourquoi. Le mot *beïa,* comme je l'ai dit déjà (1), signifie, à la fois, *contrat de réciprocité* en général, et *vente* en particulier. On pourrait donc soutenir, avec quelque raison, qu'il est pris ici dans son acception étendue, pour marquer que la compensation a lieu dans les contrats à titre onéreux. En effet, elle est admise, par exemple, en matière de mariage, pour le *kali* (2) de la dot, et même pour la dot entière, si elle est payée après la consommation. Mais il est préférable d'employer le mot *beïa* dans sa signification restreinte parce que la compensation n'est possible, en dehors de la vente, que dans des hypothèses exceptionnelles.

---

(1) *Conf. suprà,* n° 218.
(2) *Conf. suprà,* n° 33.

Quant au prêt de consommation, on pourrait également le consi-dérer comme le type du contrat à titre gratuit; car, il est certain qu'un donateur, mis en demeure de délivrer l'objet de la libéralité par lui faite, est autorisé à la compenser avec la créance qu'il a contre le donataire, à la seule condition d'obtenir le consentement de ce dernier. Bien mieux, s'il entend faire donation du montant de cette même créance, il s'en suit une véritable compensation légale, bien que les jurisconsultes musulmans, pour laisser à celle-ci son caractère conventionnel, soutiennent que la donation d'une créance équivaut simplement à une quittance. Mais, ici encore, il faut con-sidérer le prêt de consommation comme le terrain où la compen-sation se produit le plus fréquemment.

Somme toute, la compensation peut avoir lieu pour les dettes de corps certains; elle le peut pour les dettes de choses fongibles ou non-fongibles. Il n'y a d'exception que pour les immeubles, ceux-ci ayant une valeur de convenance qui met obstacle à ce que l'on détermine exactement leur valeur vénale (1).

On le voit, la compensation occupe un terrain beaucoup plus étendu qu'en droit français, et elle offre de grandes analogies avec la compensation romaine (2). Mais il n'y a pas lieu de s'en étonner, puisqu'elle est toujours conventionnelle; dès lors, la règle, en vertu de laquelle le créancier ne peut être *contraint* de recevoir une autre chose que celle qui lui est due (3), ne trouve pas son application en cette matière.

Remarquons-le encore, et ceci est une restriction, les musul-mans n'admettent, en thèse générale, la compensation que dans le cas où les deux dettes sont égales en quantité, non pas qu'elle soit défendue en dehors de cette condition, mais alors ce n'est plus la compensation juridique (4).

316. Définition. — La compensation est la remise réciproque, par le demandeur et par le défendeur, chacun de ce qui lui est dû, à concurrence de ce qu'il doit, en choses de nature semblable.

Ces mots *remise réciproque* démontrent péremptoirement qu'il s'agit d'un véritable contrat, d'un échange de consentements.

Mais les expressions *demandeur, défendeur,* qui indiquent un conflit judiciaire, s'accordent mal avec la notion d'une remise réci-proque. Il faut donc adresser deux critiques à la définition d'Ibn Arfa :

1° Il y a une contradiction, au moins apparente, entre les termes

---

(1) *Conf. suprà*, page 124, note 1, et page 187, 4° et note 2.

(2) *Conf.* Accarias, *Précis de droit romain*, tome II, page 1245 et suivantes.

(3) Code civil, art. 1243.

(4) *Compensatio, debiti et crediti inter se contributio.* C'est une balance, rigou-reusement parlant *(pensare... cum)*.

qu'il emploie ; pour les concilier, il est nécessaire de supposer le cas où le juge, usant de son ascendant moral, amène les parties à consentir la compensation *in limine litis,* ce qui est une notion peu juridique ;

2° La définition n'est pas assez générale; elle ne vise que l'hypothèse dans laquelle les deux dettes, coexistant jusqu'au seuil du prétoire (ce qui rappelle la donnée romaine), la compensation s'opère *officio judicis.*

Aussi, vaut-il mieux adopter la définition de Derdir : « La com- » pensation est l'abandon mutuel de deux créances moyennant » deux créances semblables, en sorte que chacun des contractants » abandonne ce qui lui est dû, en échange de ce qu'il doit. »

317. CAPACITÉ. — Puisque la compensation est un contrat de réciprocité, la capacité requise des parties doit être la même que celle exigée pour la vente, type de tous les contrats de réciprocité.

318. CAUSE. — La compensation peut avoir lieu, soit que les deux dettes procèdent de causes identiques, soit qu'elles procèdent de causes différentes (1). Ainsi, un prix de vente est compensable avec un prix de vente, avec une créance résultant d'un prêt, etc.

319. LIEU. — La compensation a lieu entre deux dettes consistant en numéraire, en choses fongibles, en choses non-fongibles, et même en choses de genres différents, mais à des conditions différentes, suivant la nature des dettes.

320. A. *Les deux dettes consistent en numéraire.* — Dans cette hypothèse, la compensation a lieu, quelle que soit la cause des deux dettes, pourvu que : 1° les deux sommes soient égales en quotité, nombre ou poids; 2° qu'il y ait identité de titre et d'espèce, alors même que leur exigibilité serait différente, c'est-à-dire, les deux sommes étant exigibles, l'une l'étant et l'autre ne l'étant pas, aucune des deux ne l'étant.

Lorsque le titre est différent, mais que l'espèce est identique (or ou argent), l'exigibilité est exigée. Mais, dans ce cas, le contrat est un échange, non plus une compensation; c'est pourquoi la loi exige que les deux prestations soient échangées sans désemparer, afin qu'aucune des parties ne réalise un bénéfice réputé usuraire.

Quand le titre est différent et que l'espèce est également différente, l'exigibilité des deux dettes est encore exigée, le contrat constituant un change, et non plus une compensation, et le même péril de profit usuraire subsistant.

(1) *Compensatio... licet ex causâ dispari, admittitur* (Paul).

Donc, si les deux dettes n'ont pas, dans ces deux hypothèses, une échéance identique, ce n'est pas la compensation qui est illicite, ce sont les deux contrats spéciaux d'échange et de change qui sont illicites comme constituant un véritable véhicule de prohibition, la remise réciproque étant impossible sans que l'un des contractants subisse un préjudice.

Il en est de même lorsque les deux sommes sont inégales en quotité, fussent-elles, d'ailleurs, toutes deux exigibles.

321. B. *Les deux dettes consistent en choses fongibles.* — Quatre combinaisons peuvent se produire :

1° Les deux dettes sont de quantité égale et d'espèce identique ; elles ont toutes deux pour cause un prêt de consommation. La compensation est admise, quelle que soit l'exigibilité des deux prestations. En effet, le délai est stipulé en faveur du débiteur, le *mutuum* est essentiellement gratuit ; il n'y a donc aucun préjudice à craindre ;

2° Les deux dettes sont égales en quantité, d'espèce identique, mais elles ont, toutes deux, pour cause une vente. Ici, fussent-elles exigibles, la compensation est illicite. Prenons un exemple. Je vous dois cent kilogrammes de blé que je vous ai vendus ; vous m'en devez autant que je vous ai achetés. Il est évident que la tradition n'a pas eu lieu, puisqu'il s'agit de compenser les deux prestations. Les deux contrats ne seront donc définitifs qu'après l'opération du jaugeage. Jusque-là, nous violerions, par le fait de la compensation, les règles fondamentales de la vente avant la tradition de la chose vendue (1) ;

3° Les deux dettes sont de qualité identique, d'espèce identique, elles sont toutes deux exigibles. La compensation est licite, lorsque la cause des deux obligations est une vente et un prêt de consom-

---

(1) J'abrège, et surtout je simplifie, autant que possible, cette matière qui est traitée avec une grande prolixité par les auteurs. Ainsi, Dsouki procède par voie de statistique ; il compte les hypothèses dans lesquelles deux dettes se trouvent en présence, afin d'éliminer ensuite celles où la compensation serait illégale. Il procède ainsi :

1° Les dettes consistent en numéraire :

Elles peuvent provenir toutes deux de vente, ou toutes deux de *mutuum*, ou l'une de vente et l'autre de *mutuum*.

Dans le premier cas, elles peuvent être toutes deux exigibles, ou ne l'être ni l'une ni l'autre, ou l'être d'une part seulement.

Dans chacune de ces trois hypothèses, il peut y avoir identité de quotité et d'espèce, ou identité de quotité seulement, ou identité d'espèce seulement, ou dissemblance de quotité et d'espèce, etc., etc.

D'où 48 combinaisons pour le numéraire, 48 pour les choses fongibles, 48 pour les choses non-fongibles. Total général : 144 combinaisons que l'on peut doubler en faisant entrer la qualité en ligne de compte. Dans un ouvrage élémentaire, il est impossible d'entrer dans de pareils développements.

mation. En effet, supposons que vous m'ayez prêté un kilogramme de blé, et que je vous en aie acheté autant; vous êtes tenu de me livrer précisément ce que je vous dois; il ne peut résulter aucun danger d'une remise réciproque;

4° Il n'en est plus de même si l'exigibilité des deux dettes est différente; le véhicule de prohibition est évident.

322. C. *Les deux dettes consistent en choses non-fongibles* (1). — Pour les choses non-fongibles, la compensation est licite pourvu que les deux choses soient de même espèce et de même qualité. Il importe peu, d'ailleurs, que les deux dettes proviennent toutes deux de vente, toutes deux de *mutuum,* l'une de vente et l'autre de *mutuum.* L'exigibilité est également sans influence sur la validité du contrat. Primus doit un kissa (2), Secundus doit aussi un kissa; ces deux vêtements sont livrables à la même échéance, ou ils le sont à une échéance différente, peu importe. En effet, disent les auteurs, aucune raison de droit ne peut faire obstacle à la compensation, dès que les deux parties y ont consenti.

Examinons d'abord l'hypothèse où les deux dettes ont pour cause deux ventes. Comme il s'agit de choses dont la propriété est transférable par le seul effet du contrat (3), abstraction faite de la tradition, chacun des deux débiteurs peut en disposer valablement, avant d'en avoir obtenu la délivrance, ce qui est essentiel, car si la délivrance avait eu lieu, même pour l'une des choses, il n'y aurait évidemment pas lieu à compensation. D'autre part, comme chacun des vendeurs est débiteur d'un corps certain, aucun d'eux n'est en situation de se procurer un avantage usuraire, puisque l'on suppose les deux objets en parfait équilibre de qualité. L'un des débiteurs dût-il, par conséquent, renoncer à un terme stipulé en sa faveur lors de la vente, cette renonciation est purement gratuite, on ne la lui *achète* pas, il l'abandonne. Quant à celui qui bénéficie de cette même renonciation, il était, il est vrai, — je suppose sa dette exigible — tenu de livrer immédiatement sa chose, et il ne devait recevoir la chose à lui due qu'à l'expiration d'un terme plus ou moins long. D'où cette conséquence que, par l'effet de la compensation, il continuera à jouir de sa chose, tandis qu'il en serait dépouillé s'il n'intervenait aucune compensation. Il semble donc

---

(1) Le texte dit *aouroud'*. Il s'agit encore ici d'une division des choses en droit musulman. Elles se divisent en : 1° *immeubles (akar)*, ce qui comprend les maisons, les champs ; 2° *meubles autres que l'or et l'argent (aouroud')*, ce qui comprend toutes les choses *mobiles* et *se moventes,* meubles meublants, animaux, etc., etc. (*Conf.* mon *Essai d'un traité méthodique de droit musulman*, tome ɪ, page 25, note 1); 3° *Denrées alimentaires (conf. suprà,* n° 277, note 4); 4° *le numéraire (aïn)* d'or, d'argent, de billon (*conf. ibid*). Il saute aux yeux que je ne prends pas ici l'expression *non-fongible* dans son sens musulman *(conf. suprà,* page 172, note 4).

(2) *Conf. suprà*, page 136, note 2.

(3) *Conf. suprà*, nᵒˢ 272, 277.

qu'il tire un avantage de cette combinaison. Mais, d'une part, le profit que l'on retire d'un contrat n'est jamais usuraire quand il est gratuit et volontairement consenti, ce qui a lieu ici (1), et, d'un autre côté, l'autre partie continue à jouir de sa propre chose et on la dépouille seulement, jusqu'à l'expiration du terme, de la jouissance concomitante des deux objets, à laquelle elle avait droit. Or, elle aurait mauvaise grâce à s'en plaindre, puisqu'elle y a librement consenti. C'est une véritable libéralité. Remarquons que j'ai choisi l'hypothèse la plus défavorable; si les deux dettes ont une échéance identique, il n'y a plus ni abandon, ni libéralité (2).

Quand les deux dettes proviennent de deux prêts de consommation, le raisonnement est presque le même. Chacun des emprunteurs conquiert la propriété de la chose empruntée par la seule énergie du contrat. Il importe donc peu que la compensation soit proposée et acceptée avant la délivrance ou après, c'est-à-dire au moment déterminé pour la restitution; c'est la seule différence sérieuse à noter entre cette hypothèse et celle où les deux dettes procèdent de deux ventes.

Lorsque l'une des dettes a pour cause une vente, et l'autre un *mutuum*, on applique les principes qui précèdent. Il ne faut pas oublier, par conséquent, que la chose vendue ne devra pas avoir été livrée, tandis que la chose prêtée pourra l'avoir été.

Mais supposons que les deux objets diffèrent d'espèce (3). Pri-

---

(1) C'est une notion à ajouter à celles de l'usure que nous connaissons déjà. C'est principalement le profit *exigé*, *stipulé* qui est réprouvé. Librement consenti, et sans équivalent, un avantage est une libéralité toujours licite.

(2) Le juge ne pourra, évidemment, imposer la compensation que si l'échéance est identique, en admettant que le juge ait le pouvoir d'admettre la compensation (*conf. supra*, n° 314).

(3) Je rappelle que l'espèce est une réunion d'objets ou d'individus sous un caractère commun qui les distingue de ceux qui appartiennent au même genre. Deux objets appartenant à deux genres différents ne sont compensables que dans des conditions spéciales (*conf. infrà*, n° 322), leur disparité étant très accusée. Il en est de même des objets appartenant à des espèces différentes, bien que leur disparité soit moins accentuée. Il faut donc entendre ici le mot *espèce*, employé par les auteurs, dans le sens de *variété*. Les choses non-fongibles constituent un genre, dont les vêtements, les meubles meublants, les animaux sont les espèces. Or, les vêtements, par exemple, comprennent, à titre de sous-espèces, des vêtements de drap, des vêtements de soie, des vêtements de laine, de coton; ceux-ci, à leur tour, s'individualisent en variétés; ainsi, parmi les vêtements en laine, les uns sont cousus, ont des manches; ils forment une variété; les autres sont de simples pièces d'étoffe dans lesquelles les Arabes s'enveloppent ou se drapent. Quand on parle de l'identité d'espèce, on veut parler, par exemple, de vêtements de laine cousus; la disparité d'espèce vise les simples pièces d'étoffe de laine et les vêtements de même étoffe cousus et pourvus de manches. Les premiers se nomment *kissa*, les seconds *tsaoub*. Le bon sens indique, d'ailleurs, qu'une table de sapin et une table d'acajou sont de même *espèce*, mais ne sont ni de même sous-espèce, ni de même variété, et qu'une table et une chaise ne sont même pas de même espèce.

mus doit un *kissa* (1), Secundus doit un *tsaoub* (2). Si ce nouvel élément de disparité se rencontrait avec une différence d'échéance, l'écart serait trop grand. Il faut donc ici que les deux dettes soient exigibles, ou payables à la même échéance, et, de plus, comme dans les hypothèses précédentes, en équilibre de qualité. Il est certain, d'ailleurs, et les auteurs ne le contestent pas, qu'il s'agit ici d'un véritable échange, ou, si l'on préfère, d'une vente à terme (3), et que c'est par un véritable abus de mots que cette combinaison figure au chapitre de la compensation. Il suffit donc de se reporter à la théorie de la vente à terme ainsi appelée par extension (4).

Supposons, enfin, que les deux objets soient identiques d'espèce, comme un *tsaoub* et un *tsaoub,* et que les deux dettes aient la même échéance; rien ne s'oppose à la compensation, alors même que l'un des objets serait de meilleure qualité que l'autre. C'est toujours l'application des mêmes principes. Il n'y a ici qu'un élément de disparité, et il est de peu d'importance, surtout aux yeux des musulmans pour lesquels la qualité est de médiocre intérêt, les deux objets pouvant remplir leur fonction au même titre.

323. Les deux dettes consistent en choses de genres différents. — Ici l'hypothèse est aussi défavorable que possible. Primus doit cent, Secundus doit un cheval; admettons même que la valeur du cheval soit exactement de cent, il n'en est pas moins évident que l'une des dettes (le cheval) porte sur un corps certain, alors que l'autre porte sur une chose imparfaitement déterminée. Comment la compensation pourra-t-elle se produire, surtout en droit musulman, où le formalisme le plus puéril règne en maître ? Aussi les jurisconsultes sont-ils à peu près d'accord pour enseigner qu'elle ne sera possible que si le cheval n'est pas déterminé, ce qui aura lieu si la dette a pour cause un prêt de consommation. Dès lors la question ne se pose même pas. En effet, aussi longtemps qu'il s'agit d'une créance purement personnelle, elle se transforme toujours, en dernière analyse, en une somme d'argent. Or, malgré la physionomie particulière de la compensation chez les musulmans, il n'est pas douteux que celle qui s'opère entre deux sommes est la plus rationnelle, la plus naturelle. Quelle que soit, par conséquent, la nature des deux dettes, dès qu'elles n'engendrent que des obligations personnelles, elles sont compensables dans les conditions où deux sommes d'argent sont sujettes à compensation (5). Si l'on veut aller plus loin, et suivre les errements de

(1) *Conf.* la note précédente.

(2) *Conf. ibid.*

(3) *Conf. suprà*, n° 230.

(4) *Conf. ibid.*

(5) *Conf. suprà*, n° 320.

quelques auteurs dont l'enseignement a éveillé les méfiances des orthodoxes, il faudra adopter ce principe : lorsque les deux dettes consistent en choses de genres différents, la compensation sera soumise aux règles spéciales à l'espèce où les prohibitions sont les plus sévères. Ainsi, s'agit-il de choses fongibles et de choses non-fongibles, ce seront les règles particulières à la compensation des choses fongibles qui devront être appliquées.

324. Résumé. — En résumé, chez nous, la compensation légale, celle qui a lieu de plein droit, est impossible entre deux dettes qui ne remplissent pas les conditions imposées par la loi. Mais la compensation facultative est toujours permise quelle que soit l'inégalité des deux dettes, chacun ayant le droit de renoncer à tout ou partie de ce qui lui est dû et d'attribuer, par sa libre volonté, le caractère d'égalité à deux dettes inégales en fait, ou dissemblables à un titre quelconque.

Il n'en est pas de même chez les Musulmans ; la compensation est, il est vrai, toujours facultative, en ce sens qu'elle n'est jamais légale. Mais elle est toujours défendue lorsqu'elle inflige une perte ou procure un avantage *extérieur* ou *intérieur* (1) à l'une des parties, celle-ci ne pouvant accepter ou offrir une stipulation contraire à la loi.

Tout se réduit, en somme, à ce principe : dans notre droit, comme dans le droit musulman, on ne peut déroger, par des conventions particulières, aux lois qui intéressent l'ordre public et les bonnes mœurs (2) ; mais les Musulmans ont de l'ordre public une notion qui diffère de la nôtre : enfreindre une prohibition religieuse, et, notamment, *manger l'usure,* comme le dit énergiquement un haddits du Prophète, c'est déroger à une loi qui intéresse l'ordre public et les bonnes mœurs (3).

---

(1) *Conf. suprà*, page 192, note 3.

(2) Code civil, art. 6.

(3) L'usure est également contraire aux bonnes mœurs, en droit français, mais le mot n'a pas le même sens. Est-il besoin d'ajouter que même la notion française de l'usure est anti-économique, anti-rationnelle, au premier chef. C'est, évidemment, un souvenir du droit canonique.

CHAPITRE IV

DU NANTISSEMENT

(RAHN)

—

325. GÉNÉRALITÉS. — Le nantissement est surtout un contrat de procédure. Le gage est un véritable *témoin* de l'existence de la dette, mieux encore, de son importance.

Lorsqu'un fidèle contracte une dette, son engagement doit être constaté par écrit (1). Tout homme lettré doit lui prêter son ministère, dès qu'il en est requis, car il tient sa science de Dieu pour la mettre au service de son prochain. C'est au débiteur à dicter l'acte, puisqu'on le suppose incapable de l'écrire et même de le signer; grâce à cette précaution, il existera contre lui une présomption légale qu'il devra détruire, s'il conteste la nature de l'engagement pris, s'il allègue que ses intentions ont été dépassées. Lorsqu'il ne jouit pas de sa capacité contractuelle, c'est son représentant légal, son *ouali* (père, tuteur) (2), qui dicte l'acte. Des témoins sont appelés, sans que le Coran indique clairement s'ils n'interviennent qu'à défaut d'acte écrit, mais le bon sens l'indique. Telle est la marche tracée par la loi religieuse, dès qu'il s'agit d'un engagement à terme, c'est-à-dire quand le contrat n'est pas exécuté séance tenante.

Mais lorsqu'on est en voyage, on n'a ni scribe, les conducteurs de caravanes étant illettrés, ni témoins dont l'irréprochabilité soit notoire ou facile à vérifier. Que faire? Il faut recourir à un *gage livré* (3). Quel rôle ce gage est-il destiné à jouer? Pour quiconque a suivi avec attention la suite des idées énoncées dans ces deux versets, il est un véritable moyen de preuve; il remplace l'acte

---

(1) *Coran*, ii, 282.

(2) *Coran, ibid.*, Kazimirski traduit : *son patron ou son ami*, ce qui est inexact. Le *Coran*, fondement de la loi civile, emploie toujours les mots dans leur sens juridique, ou plutôt les mots qui y sont employés sont devenus juridiques, mieux encore, *sacramentels*.

(3) *Coran, ibid.*, Kazimirski, le plus léger des traducteurs, dénature ainsi ce passage : « *Il y a lieu à nantissement.* » On verra de quelle importance est le mot *livré (macboud'oun)* dans cette discussion.

écrit et les témoins. Il est lui-même un témoin irrécusable et irréprochable, à un double titre : il dépose contre le débiteur et affirme péremptoirement l'existence de la créance, et surtout l'importance de celle-ci (1).

Ce n'est donc que très accessoirement, et à titre de conséquence, que le gage est une sûreté destinée à assurer le paiement de la dette; la sûreté qu'il procure d'une façon éminente, c'est, comme je viens de le démontrer; de *prouver* la dette.

Voici, en effet, comment les choses se passent.

Je puis être créancier de deux façons, ou bien mon droit a pour objet une chose déterminée, ou bien il porte sur une simple créance.

Dans le premier cas, la chose elle-même témoigne en faveur de mon droit. Consiste-t-elle en une chose cachée (2), la responsabilité de mon débiteur est plus étroite; il doit justifier, s'il prétend qu'elle a péri, d'abord, qu'elle a, en effet, cessé d'exister, ensuite qu'il est étranger à cet événement. S'agit-il d'une chose apparente (3), comme la vérification des allégations de mon débiteur est aisée, sa responsabilité, en cas de perte, est moins étroite. Mais, dans les deux hypothèses, ai-je, pour obtenir la délivrance, si j'ai affaire à un insolvable, plus de facilité que si j'étais créancier d'une simple dette? Nullement. La loi devrait donc, même ici, m'accorder la faculté d'exiger un gage de mon débiteur, si le gage avait pour but d'assurer le paiement de la chose due. Il n'en est rien pourtant, car la chose étant déterminée, aucune contestation n'est admissible sur le *quantum* de mon droit. C'est telle maison, c'est tel cheval, c'est telle montre que l'on doit me livrer, l'erreur est impossible. La détermination même de la chose me fournit la preuve dont j'ai besoin; m'accorder un gage, en pareille matière, serait l'organisation d'un véritable conflit de droit. En effet, ou bien la chose parle assez haut pour que le gage ne soit qu'une vaine répétition du témoignage qu'elle me rend, et alors le gage est superflu; ou bien la chose est muette, le gage est mon seul témoin, et alors la détermination est un vain mot.

Dans le second cas, la chose n'apporte aucune preuve en ma faveur. J'affirme que Primus me doit mille; il répond qu'il ne me doit que cinq cents. Comment prouver mon dire? Si je possède un acte écrit, je suis à l'abri de toute contestation; mon dé-

(1) La valeur du gage est comme un témoin de la valeur de la créance.... « Ainsi, en cas de contestation sur le chiffre de la dette, et, faute par le débiteur » de libérer le gage, il sera vendu *et le produit sera attribué au* créancier. » (Sidi Khalil). Ce n'est pas une portion du prix qui est attribuée au créancier, c'est le prix tout entier. Le gage déposé, il n'y a plus de preuve à administrer; nous verrons que le créancier est simplement astreint au serment, sa preuve n'étant faite que par un témoin unique.

(2) *Conf. supra,* page 154, note 2.

(3) *Conf. ibid.*

biteur a dicté l'acte, ou bien son ouali a rempli cet office; la preuve est irréfutable. Mais je n'ai rien de pareil, me voilà désarmé. Aussi, la loi prend-elle soin de me soustraire aux conséquences désastreuses de cette situation. Elle m'enjoint d'exiger un gage. Si je lui désobéis, je n'ai à m'en prendre qu'à moi-même des suites de mon imprudence. Si je lui obéis, elle me procure ce témoin qui me faisait défaut. Primus m'a remis une maison en nantissement; s'il conteste le chiffre de ma créance, tant pis pour lui; le prix intégral de l'immeuble me sera attribué, car j'ai, en ma faveur, cette présomption qu'il ne m'aurait pas engagé une chose valant mille ou davantage, s'il ne m'avait dû que cinq cents (1).

On peut donc résumer cette théorie en ces termes : La détermination de l'objet dispense de toute preuve à l'égard de la quotité de l'obligation; le nantissement est donc inutile, dans cette hypothèse, car il ferait double emploi. Dans l'hypothèse contraire, le nantissement est nécessaire; il a pour effet d'attribuer, toute proportion gardée, le caractère de corps certain à un objet qui en était dépourvu.

326. DÉFINITION. — Le nantissement (2) est la remise, faite pour sûreté d'une obligation, par une personne capable d'aliéner, d'une chose susceptible d'être aliénée, fût-elle aléatoire, fût-elle même stipulée telle dans le contrat.

Cette définition de Khalil, malgré ses lacunes, a le mérite d'être plus juridique que celle d'Ibn Arfa (3), en ce qu'elle résume les principales règles du nantissement.

Cette expression « *la remise* » indique-t-elle que la mise en possession est une condition essentielle du contrat? Des quatre écoles orthodoxes (4), les hambalites seuls enseignent nettement l'affirmative. Quant aux malékites, ils sont unanimes dans le sens contraire, et ils me semblent être dans la vérité de la situation. Rappelons-nous, en effet, que le rahn est une preuve de l'importance de la dette (5). Ce témoignage est fourni alors même que la chose n'est

---

(1) Il est à remarquer que, même dans le cas où la dette d'un corps certain se transforme en un simple droit de créance *(conf. suprà*, n° 245, *passim)*, le nantissement, bien qu'il soit théoriquement admissible, n'a aucune utilité. La chose ayant péri, et l'un des contractants étant tenu d'en payer la valeur, *le témoin* fournit rétrospectivement son témoignage.

(2) Je traduis *rahn* par *nantissement,* parce qu'il embrasse à la fois le gage et l'antichrèse *(conf.* Code civil, art. 2072).

(3) Voici celle d'Ibn Arfa : « Le nantissement est ce qui est remis pour sûreté d'une créance. »

(4) *Conf.* Introduction.

(5) Cha'rani : « Malik dit que le contrat de rahn est obligatoire par l'acceptation, même s'il n'y a pas prise de possession; mais le constituant est contraint à la délivrance. » — Dsouki : « Un point qui est hors de controverse dans notre

pas livrée. La délivrance n'a qu'un intérêt secondaire. Le contrat se forme par la seule énergie des consentements échangés, comme tout autre contrat. Ibnou El-Hadjib le déclare en termes précis : « Le rahn est valable avant la prise de possession ; il n'est parfait » que par elle. Ainsi, on le voit, la prise de possession, la tradition » sont des faits postérieurs au rahn, et ce qui est postérieur à une » chose est autre que cette chose nécessairement, *car cela n'en* » *constitue pas l'essence* (1). »

Le bon sens indique, tout d'abord, que la tradition n'est pas exigée quand le créancier est déjà nanti de la chose à un autre titre, bail, cheptel, dépôt, prêt de consommation, etc. Mais, en dehors de cette hypothèse exceptionnelle, la mise en possession n'est qu'une conséquence du contrat, conséquence obligée, je l'accorde volontiers. En effet, tout contrat doit produire son effet spécial, afin de ne pas demeurer dans le domaine des abstractions, et de se distinguer des autres contrats. Bien que tout contrat consensuel soit, en thèse générale, parfait par le seul échange des consentements, quel avantage procurerait-il aux parties, si l'on s'arrêtait là ? Enrichi d'une acquisition purement idéale, le créancier d'un droit n'aurait aucun intérêt tangible à contracter. Ainsi, le mariage est valable, obligatoire, par le seul échange des consentements; il en est de même de la vente. Mais, dans le premier cas, le mari doit tendre, de toutes ses forces, à la prise de possession de la femme; dans le second, l'acheteur doit s'efforcer d'obtenir la délivrance de la chose vendue, faute de quoi leur droit, à tous deux, serait illusoire. C'est par l'octroi de la personne de la femme, c'est par la délivrance de la chose que le mariage et la vente seront vraiment complets, parce qu'ils auront produit leur effet spécial. En d'autres termes, c'est le fait du consentement de conférer un droit éminent à la délivrance de la personne ou de la chose qui forme l'objet du contrat. Jusque-là, il y a bien, par l'énergie du contrat, un *dépouillement théorique,* plus ou moins complet, accompli au préjudice de l'un des contractants et au profit de l'autre, mais jamais l'échange

---

» école c'est que la prise de possession n'est ni une condition essentielle du rahn, » ni une condition de sa validité et de son caractère obligatoire; au contraire, il est » *noué*, il est valable, il est obligatoire par la seule énergie de la parole, après » quoi le créancier a le droit d'exiger la tradition de la chose. » — Ibn Acem : « La mise en possession donne au contrat son complément. » Et le commentateur » de ce dernier s'exprime ainsi : « Le rahn n'est complet que par la prise de possession. Et l'expression de l'auteur : *est complet* indique que le rahn, avant la » prise de possession, est valable, aussi longtemps qu'il n'existe aucun empêchement légal à contraindre le constituant à livrer. »

(1) Nous avons vu les auteurs établir une distinction entre le contrat *parfait* et le contrat *parfait-obligatoire (conf. suprà,* n° 209). Mais elle ne s'applique pas ici. Tous les contrats consensuels existent, sont *noués* dès que les consentements sont échangés; la mise en possession n'est qu'une conséquence de cette situation légale; le créancier est armé d'un droit de contrainte pour obtenir la délivrance, surtout lorsque la chose est déterminée.

des consentements ne donne la personne ou la chose, objet du contrat. C'est par la tradition seulement que cette personne ou cette chose passera en la possession et puissance du créancier. Le contrat valable confère, purement et simplement, à ce créancier le droit d'exiger, par toutes les voies de droit, la délivrance qui lui a été implicitement promise. Le mari pourra contraindre sa femme à se livrer à lui (1); l'acheteur pourra contraindre le vendeur à lui délivrer la chose vendue (2). Bien mieux, et par une dérogation remarquable au principe en vertu duquel nul ne se rend justice à lui-même, le créancier, quel qu'il soit, mari, acheteur, aura, en vertu de son titre, la faculté de s'emparer de la personne ou de la chose, partout où il la trouvera, et même, s'il s'agit d'une chose, d'une chose équivalente (3).

Il en est de même en matière de nantissement. Le gage est un témoin; par l'échange des consentements, le créancier a le droit d'en obtenir la délivrance, non plus pour en devenir propriétaire ou même possesseur, mais pour en devenir *détenteur*. Si ce témoin restait entre les mains du débiteur, celui-ci pourrait en modifier le témoignage en y substituant un témoin de moindre importance, et même le faire disparaître complètement. Ce témoin doit donc lui être arraché. Mais, dira-t-on, en le confiant au créancier, c'est s'exposer à ce qu'il soit modifié dans le sens inverse. Oui; aussi, le débiteur a-t-il le droit d'en exiger la consignation entre les mains d'un tiers (4).

Voilà la vraie signification de ces mots du *Coran* : « *Il faut des gages livrés* (5), » et voilà pourquoi la livraison, sans être une condition essentielle de la validité du contrat, en est le complément nécessaire.

Est-il utile, à titre de conclusion, de démontrer que l'hypothèque ne peut pas exister en droit musulman ? Cette démonstration ressort de tout ce qui précède. Une législation qui, s'appuyant sur un livré révélé, proclame la nécessité de livrer le gage, admettra-t-elle jamais la fiction d'un nantissement opéré par de simples paroles (6)?

---

(1) *Conf. suprà*, nº 172, C.

(2) *Conf. suprà*, nº 263.

(3) Les auteurs donnent le nom de *d'afar* (prise de possession violente) à ce droit reconnu à un créancier de se faire justice à lui-même en prenant possession, par la force, de ce qui lui est dû. Il suffit qu'il ne provoque par là ni trouble, ni scandale, et qu'il ne s'attire aucune accusation déshonorante, ce qui revient à dire que son titre doit être incontestable.

(4) *Conf. infrà*, nº 331. Cette théorie est si vraie que la prise de possession peut être vicieuse ou nulle, notamment lorsqu'elle a été opérée par l'intermédiaire d'un tiers incapable, sans que le contrat soit nul pour cela. Ce sont deux faits distincts (*conf. infrà*, nº 331).

(5) *Conf. infrà*, n° 325.

(6) L'hypothèque est un raffinement de la civilisation. Les Romains n'y sont parvenus que très tard, après avoir passé par l'*aliénation fidu-*

Traité élémentaire de droit musulman.   15

Il est remarquable, d'ailleurs, que ce droit civil, si imprégné de religiosité, n'a rien d'idéal ; il s'inspire toujours des idées les plus positives et n'admet jamais, entre plusieurs raisonnements, que le plus matériel ; la fiction légale n'y joue un rôle qu'à titre exceptionnel, lorsqu'il s'agit de pousser à l'extrême les conséquences d'un principe. *Payer, donner, livrer,* sont ses procédés de prédilection, et c'est à peine si les biens incorporels y sont considérés comme des biens. Ils sont *mal vus* parce que la transmission s'en opère par des moyens intellectuels.

Sidi Khalil emploie le terme vague : *une personne* (littéralement *par celui qui est capable d'aliéner*), parce que le gage peut provenir d'un autre que le débiteur, notamment d'un tiers qui prête un objet au débiteur, en vue d'un gage à livrer au créancier.

327. CAPACITÉ. — Le constituant doit être capable d'aliéner, car le nantissement est un véritable acheminement vers l'aliénation, dans le cas où la dette, ainsi garantie, ne serait pas payée à l'échéance. Il suffit donc de se reporter à la théorie générale de la capacité contractuelle (1).

328. CHOSES QUI PEUVENT ÊTRE ENGAGÉES. — La chose engagée doit être de celles qu'il est permis de vendre. Il faut donc qu'elle soit pure, utile, non frappée de prohibition totale ou partielle, disponible, déterminée (2).

Il résulte de là que toutes les exceptions, toutes les tolérances admises en matière de vente le sont également ici.

Ainsi, il est licite de donner en gage une chose affectée d'une impureté accidentelle (3).

---

ciaire (conf. Accarias, *Précis de droit romain,* tome ɪ, page 694), qui offre de grandes analogies avec la vente à terme des musulmans (*conf. suprà,* n° 228). Chez nous également, l'hypothèque n'apparaît qu'à une époque récente (Ordonnance de Philippe le Bel, de mars 1303), et, d'abord, à l'état rudimentaire. Loysel a très bien analysé ce point de l'histoire générale du droit : « L'ambition des hommes étant » augmentée à faire de plus grandes entreprises et à contracter de plus grandes » dettes, il fallait mettre la main aux héritages et les engager aussi bien que les » meubles, c'est-à-dire bailler et délaisser un créancier, pour en demeurer nanti » et jouissant jusqu'à ce qu'il fût payé. Puis, comme on trouva incommode de se » dessaisir de ses héritages, on en vint à feindre seulement de les remettre au » créancier et à les lui engager par simples paroles.... » (*Du déguerpissement,* livre ɪɪɪ, chapitre 1ᵉʳ). Or, les Musulmans n'ont jamais, n'auront jamais cette ambition. La guerre sainte, le pèlerinage, le respect de leur religion, jusque dans ses préceptes les plus puérils, les ont maintenus au point où ils en étaient il y a treize siècles. (*Conf. Essai d'un traité méthodique de droit musulman,* introduction, pages 6 et 7).

(1) *Conf. suprà,* n° 196.

(2) *Conf, suprà,* n° 201, 1°, 2°, 3°, 4°, 5°.

(3) *Conf. suprà,* n° 201, 1°.

La validité de la mise en gage de la chose d'autrui est subordonnée à la ratification du propriétaire (1). Il va de soi que l'on peut engager un objet emprunté pour le mettre en gage. Le gagiste aura évidemment droit de le vendre, si le constituant ne s'acquitte pas de sa dette à l'échéance. Quant au prêteur, il exerce son recours contre l'emprunteur pour la valeur qu'avait la chose, le jour du prêt (2).

Par dérogation aux principes qui régissent la vente, le nantissement peut porter sur une chose aléatoire (3), un chameau égaré, des fruits non mûrs, etc., pourvu que l'*alea* soit de minime importance. La raison en est que le gage n'est qu'une sûreté de preuve, et que le contrat principal serait valable sans aucune garantie (4). Le gage est une sorte de libéralité surérogatoire faite au créancier qui, dans la réalité des choses, n'a qu'un droit : celui d'exiger que l'obligation principale soit acquittée par le débiteur, à l'échéance stipulée, et d'y contraindre ce dernier en cas de résistance. Une vente, un *mutuum* sont parfaits indépendamment de toute garantie accessoire de preuve (5). Il y a mieux : le contrat de gage lui-même étant parfait dès l'échange des consentements, son utilité pratique étant produite dès lors, puisque la valeur du gage est connue, la délivrance n'offre plus qu'un intérêt secondaire. Je dois mille, je donne en gage un chameau de valeur égale; que celui-ci soit livré ou non, le témoin irrécusable sera fourni à mon créancier par le seul fait de la constitution du gage (6). C'est pour cela que la chose ne doit pas comporter une *alea* trop considérable. Ainsi, donner en gage le produit à naître d'un animal est contraire à la loi. L'animal aura-t-il un produit, ce produit sera-t-il viable, quelle sera sa qualité et, dès lors, sa valeur, autant d'inconnues à dégager; d'où l'insuffisance du témoin et la négation même du contrat de gage.

On peut engager tout objet, quel qu'il soit, meubles, immeubles, même des choses fongibles, même du numéraire, même une dette. Pour le numéraire, il doit être enfermé sous scellé, surtout quand il est confié au créancier lui-même. Sans cette précaution, la nature du droit du créancier serait douteuse; il pourrait être considéré

---

(1) *Conf. suprà*, n° 201, 4°; D.

(2) Je donne la solution la plus rationnelle. La question est controversée.

(3) *Conf. suprà*, n° 219.

(4) Cette tolérance existe également en matière de khola *(conf. suprà*, n° 91, 3°), de donation, de transaction, bien que ce soient des contrats principaux.

(5) *Conf. infrà*, n° 325.

(6) On pourrait encore compléter cette théorie par un argument philologique. Ibn Acem se sert du mot *haouz*, et non pas du mot *kabd' ;* le second implique seul l'idée de recevoir; le premier signifie *l'action de pouvoir disposer à l'exclusion de tout autre.* S'agit-il d'un chameau égaré, j'ai sur lui un droit exclusif, j'en dispose seul, théoriquement parlant, bien que je ne l'aie pas reçu. Je m'empresse d'ajouter que les autres auteurs emploient indifféremment l'une ou l'autre de ces expressions. Mais je ne puis dédaigner aucun argument en matière aussi délicate

comme un emprunteur, et non comme un gagiste. Quant à la dette, les auteurs en conçoivent la mise en gage de deux manières : 1° de la part du débiteur. Exemple : J'ai une créance en argent contre Zeïd, et il a contre moi une créance en denrées alimentaires ou en choses non-fongibles; il lui est permis d'engager sa créance entre mes mains pour sûreté de la créance que j'ai contre lui. Il est indispensable, dans cette hypothèse, que le terme de la créance donnée en gage soit au moins égal à celui de la créance à laquelle elle sert de sûreté ; 2° de la part d'un tiers. Exemple : J'ai une créance contre Zeïd, et celui-ci en a une sur Amr; Zeïd me donne en gage sa créance sur Amr, ou plutôt il me consigne son titre de créance. Il faut nécessairement que j'aie été mis en possession réellement du titre et que, au besoin, cette remise soit affirmée par des témoins *de visu,* afin d'éloigner tout son soupçon de connivence entre moi et Zeïd. C'est là une exception évidente au principe de l'inutilité de la tradition pour créer le contrat de gage. Aussi longtemps que le titre demeure entre les mains de Zeïd, rien ne prouve, sinon sa déclaration qui peut être suspecte, que le gage m'a été transporté; il est, d'ailleurs, utile de préciser le moment où ce transport a eu lieu, en raison d'un conflit éventuel entre nos créanciers respectifs.

On peut aussi engager une portion indivise d'une chose. Si celle-ci appartient tout entière au débiteur, il doit s'en dessaisir en totalité, de peur qu'il n'use de la portion donnée en gage. Si la chose ne lui appartient qu'en partie, il suffit qu'il se dessaisisse de cette portion, sans qu'il ait, d'ailleurs, à solliciter le consentement du copropriétaire. En effet, celui-ci ne souffre aucun préjudice, autorisé qu'il est à jouir de sa part de la chose, à en requérir le partage, la vente. Y-t-il lieu à partage, l'opération a lieu en présence du créancier, ou lui dûment appelé. Il est encore permis au débiteur, dans cette deuxième hypothèse, de prendre à bail la portion qui ne lui appartient pas; mais alors il doit s'en dessaisir au profit du créancier, sauf à jouir de la chose avec ce dernier, dans la proportion de son droit.

329. CONDITIONS ILLICITES. — Toute condition incompatible avec la notion juridique du nantissement est une cause de nullité de ce contrat (1). Ainsi, la clause de ne pas mettre la chose à la disposition du créancier, celle en vertu de laquelle la chose ne devrait pas être vendue à défaut du paiement de la dette à son échéance, celle de ne constituer le gage que pour un temps limité, rendent le contrat de nantissement radicalement nul.

Il en est de même : 1° lorsque le gage a été constitué pour sûreté du prix d'une vente entachée de nullité et que le débiteur a cru valable; en effet, dès que le contrat principal est annulé, le nantisse-

(1) *Conf. suprà,* n° 180, 3° alinéa; n° 204, 4° alinéa; page 127, 4° alinéa; n° 212, n° 216, n° 218.

ment n'a plus de cause; 2° lorsque le débiteur d'un prêt de consommation contracte un second prêt de même nature et que le créancier exige un gage destiné à garantir les deux dettes, l'ancienne et la nouvelle; dans ce cas, le créancier se procure rétrospectivement un avantage qui, bien que purement intellectuel, n'en est pas moins usuraire; grâce à cette exigence, il pourrait prouver la quotité du premier prêt, alors que celui-ci avait été consenti sans aucune sûreté.

Dans ces diverses hypothèses, le gage est sujet à restitution (1).

330. DE LA PERTE DU PRIVILÈGE. — Les biens du débiteur sont le gage commun de ses créanciers (2). Le nantissement est une cause de préférence (3). Encore faut-il que cette préférence soit accordée valablement, légalement.

Or, si le débiteur meurt est déclaré judiciairement insolvable (4), est frappé de folie, est atteint d'une maladie généralement mortelle (5), avant la tradition du gage, il est certain que cette tradition est empêchée par un obstacle naturel ou juridique.

Quand le débiteur meurt, l'obstacle est invincible, et le contrat ne peut plus recevoir sa perfection. Les obligations de faire ne se transmettent pas par succession; la maladie n'a pas le même effet; elle tient simplement le sort du nantissement en suspens. Le malade meurt-il, la perte du privilège est définitive; guérit-il contre toute attente, il est tenu d'exécuter son engagement.

L'interdiction du débiteur soulève une question délicate : le tuteur est-il contraint à la tradition du gage? Il est évident que les principes généraux, posés précédemment en matière de capacité contractuelle (6), ne sauraient recevoir leur complète application ici. En effet, le nantissement est un contrat hybride; parfait dès l'échange des consentements, il a besoin d'une dernière consécration, la prise de possession (7). Pour l'insolvable, il est certain que l'objet, dont la mise en possession a été promise, redevient le gage commun des créanciers, et cela quand même le créancier gagiste aurait fait les diligences les plus actives pour être nanti. En effet, le débiteur ne perd ni la propriété, ni la possession de la chose par le nantissement (8), et il serait vraiment trop commode d'alléguer

---

(1) Code civil, art. 1376.

(2) Code civil, art. 2093.

(3) Code civil, art. 2073.

(4) *Conf. suprà*, n° 190.

(5) *Conf. suprà*, n° 191.

(6) *Conf. suprà*, page 108, 1° et 2°.

(7) *Conf. suprà*, n° 325.

(8) Il en serait autrement en matière de donation, par exemple, par la raison contraire. En effet, la chose donnée sort du patrimoine par le seul fait du consentement; aussi, le moindre indice suffit-il pour affirmer la réalité du droit du dona-

qu'on est d'accord pour la distraire de la masse; la loi exige donc qu'il y ait, à cet égard, une certitude complète, et celle-ci ne résulte que de la tradition.

Mais pour les autres interdits, pourquoi ne pas décider que le tuteur, se trouvant en présence d'un contrat régulier auquel il ne manque, pour être complet, que la tradition de la chose, doit exécuter l'engagement pris par une personne qui jouissait, il faut le supposer, de sa capacité contractuelle, au moment où les consentements ont été échangés? Admettre le contraire n'est-ce pas battre en brèche la théorie même de ce contrat, telle qu'elle a été exposée plus haut (1)? Eh bien non, les auteurs sont inflexibles sur ce point; le contrat n'a pas reçu son complément en temps utile, la folie du débiteur, survenue avant la prise de possession, réduit tout à néant. Si le tuteur estime la remise d'un gage utile ou légitime, il devra reprendre les choses au début, contracter, puis délivrer l'objet par lui promis. Il s'agit d'une obligation de faire.

De même, si le créancier autorise le débiteur à habiter ou à faire habiter par un tiers la maison engagée, à louer un animal ou tout autre objet donné en gage, il en résulte la perte du privilège. En effet, ces concessions dénaturent absolument le contrat, en ce sens que le créancier, chargé de l'administration du gage par le compte du débiteur, tenu d'exercer effectivement son droit de rétention, se met lui-même dans la situation de ne pouvoir plus remplir sa double mission légale. Alors même que le débiteur n'aurait pas usé de cette autorisation, le résultat serait le même (2).

De même encore, lorsque le créancier a autorisé le constituant à vendre le gage et le lui a livré à cet effet, le nantissement est nul, et le gagiste n'est pas admis à soutenir que le prix de l'objet devait lui être consigné au titre du gage originaire. Mais si, tout en accordant cette autorisation, il ne s'est pas dessaisi de la chose, son dire est recevable, et le prix peut lui être engagé, à moins que le débiteur ne préfère constituer un gage nouveau.

Enfin, le contrat est encore nul si le créancier a prêté à usage la chose engagée, au débiteur ou à un tiers, avec l'autorisation du débiteur, sans avoir nettement déterminé, soit l'usage auquel la chose sera affectée, soit le moment de sa restitution. Mais rien ne s'oppose à ce que la chose soit ainsi prêtée, si le délai dans lequel elle sera restituée est déterminé, et s'il ne dépasse pas l'échéance de la dette principale. En effet, le prêt à usage n'entraîne pas l'aliénation de la chose, et ne nuit par conséquent pas au droit de propriété du débiteur; quant au contrat de nantissement en lui-même, les règles n'en sont pas violées, puisqu'il y a tradition de la chose et que le droit de rétention du créancier est simplement sus-

---

taire. Les diligences qu'il fait sont considérées comme des indices largement suffisants.

(1) *Conf. suprà*, nos 325 et 326.
(2) Code civil, art. 2076.

pendu par l'effet d'un contrat régulier. Au surplus, on peut considérer le bénéficiaire du prêt comme un tiers dépositaire.

Mais que décider dans le cas où, après avoir été mis en possession du gage, le créancier en est violemment dépouillé, soit par le
constituant, soit par un tiers ? La loi autorise le créancier à se faire
justice à lui-même, en vertu du droit de *d'afar* (1).

331. DU TIERS DÉPOSITAIRE. — Il n'est pas indispensable que la
consignation du gage ait lieu entre les mains du gagiste lui-même.
Dans bien des circonstances, il est même préférable que la chose
soit consignée à un tiers, comme nous l'avons vu (2).

Celui-ci doit remplir toutes les conditions désirables d'honnêteté,
de moralité, et c'est là ce qui fonde précisément la sécurité des
deux contractants, qui peuvent avoir de légitimes sujets de se mé-
fier l'un de l'autre.

Il faut que ce tiers dépositaire, est-il nécessaire de le dire, soit
pourvu de la pleine capacité contractuelle. Un fou, un impubère
n'offriraient aucune garantie ; de plus, ce mandataire — il est celui
des deux parties — encourt une véritable responsabilité, dans certains cas ; enfin, il joue un rôle actif qu'une personne *sui juris* peut
seule jouer valablement.

Ce n'est pas tout. Le tiers dépositaire doit être indépendant, légalement parlant, du constituant, faute de quoi il n'y aurait aucun
dessaisissement de la part de ce dernier. Confier le gage à la femme,
au fils impubère, au fils pubère frappé de folie ou de faiblesse d'esprit, du constituant, serait illusoire, au point de vue de la prise de
possession du gagiste, ces incapables n'ayant pas le droit de disposer de leurs biens (3).

La consignation à un tiers est toujours ordonnée, lorsque les
deux contractants sont en conflit, c'est-à-dire lorsque le créancier
prétend que le gage doit lui être livré, et que le débiteur soutient
qu'il doit être remis à un tiers et *vice versa*. Dans le premier cas,
c'est le débiteur qui n'a aucune confiance dans le créancier ; dans
le second, le créancier repousse une responsabilité qu'il juge trop
lourde ; ces motifs sont légitimes, et il est légitime de les accueillir.

Il va de soi que si l'un des contractants excipe d'une convention
formelle, celle-ci tient lieu de loi (4), pourvu qu'il rapporte la preuve
de son allégation.

Quand la contestation porte sur le *choix* du tiers, il appartient au
juge de trancher le différend, en s'inspirant des règles suivantes.
A défaut de toute cause de préférence, il est libre dans son choix,
il lui est même permis de confier le gage aux deux dépositaires

---

(1) *Conf. suprà*, page 209, note 3.
(2) *Conf.* page 209.
(3) *Conf. suprà*, page 209, note 4.
(4) Code civil, art. 1134.

respectivement indiqués par les parties. Existe-t-il une cause de préférence, elle doit être déterminante pour lui. Il ne serait, d'ailleurs, pas autorisé à imposer aux contestants un tiers de son choix, alors même que les deux personnes proposées ne lui paraîtraient, ni l'une, ni l'autre, irréprochables (1).

Si, le tiers dépositaire une fois désigné, celui-ci livre le gage au créancier, sans l'assentiment du débiteur, il est responsable de la valeur du gage, pour le cas où la chose engagée se perdrait ou subirait une détérioration. Mais, la valeur du gage égalant strictement la dette, et celle-ci étant échue, elle serait éteinte par l'effet d'une véritable compensation légale (2). La valeur du gage étant supérieure à la dette, la responsabilité du tiers dépositaire est évidente, sous réserve de son recours contre le créancier. Le constituant ayant connaissance de la perte totale ou partielle du gage avant l'échéance de la dette, le gagiste et le tiers dépositaire sont tous deux débiteurs solidaires de la valeur du gage (3). La décision rendue, le montant de la condamnation est consignée entre les mains d'un nouveau dépositaire, si mieux n'aime le débiteur constituer une sûreté nouvelle.

Quand le tiers dépositaire a remis le gage au débiteur, avant l'échéance de la dette principale, il est responsable envers le créancier.

332. DE L'ACCESSION EN MATIÈRE DE GAGE. — La laine prête pour la tonte, le part des animaux, les essaims d'abeilles, les rejetons des dattiers font partie intégrante du gage par une sorte d'accession légale, et comme tels ils ne peuvent être distraits des mains du créancier au profit du constituant, à moins de stipulation contraire.

Quant aux fruits naturels, comme le beurre, les œufs, le miel, les fruits murs, et aux fruits civils, comme les loyers, ils ne sont jamais présumés compris dans le nantissement; il faut, pour qu'ils le soient, une stipulation formelle (4).

333. DE LA JOUISSANCE DU GAGE. — Rien ne s'oppose à ce que le gagiste stipule qu'il jouira gratuitement des fruits naturels ou civils de la chose, mais à la condition de ne pas violer les principes généraux qui régissent les contrats.

Ainsi, il faut d'abord que cette jouissance soit stipulée pour une

---

(1) Code civil, art. 1134.

(2) Bien que la compensation soit toujours facultative, il n'en est pas moins vrai qu'il est impossible d'échapper aux conséquences d'un fait juridique. Nous avons, d'ailleurs, déjà vu un exemple de compensation légale (conf. suprà, n° 315, note 4).

(3) Code civil, art. 1200, 1202, 1208

(4) Conf. suprà, n° 285 et suiv.

durée déterminée, car il s'agit d'un véritable louage et celui-ci doit toujours avoir une durée déterminée.

Ainsi encore, la dette principale provenant d'une vente, la stipulation de jouissance du gage est licite, pourvu qu'elle soit insérée dans le contrat de vente; car, il n'est pas défendu de combiner une vente avec un louage. Il en serait tout autrement si la dette principale provenait d'un prêt de consommation, alors même que la clause de jouissance serait insérée dans le contrat, celui-ci étant gratuit de son essence et ne pouvant se combiner avec un louage, contrat à titre onéreux, sous peine de procurer un bénéfice usuraire au créancier.

D'autre part, il faut encore que la chose engagée soit de celles dont le louage est permis. C'est ainsi qu'on ne peut pas louer les fruits d'un arbre, à moins qu'ils ne soient mûrs (1), et que la location ne porte que sur une durée d'un an. En effet, louer des fruits pour une période plus longue, c'est disposer d'une chose qui n'a encore aucune existence, d'où une *alea* prohibée. Il n'est donc pas valable de stipuler que le gagiste jouira de ces fruits pendant plus d'une année.

Ce n'est pas tout. Le gage, rien ne s'y oppose, peut être consenti dans le *cœur* même du contrat principal, comme disent les auteurs, ou postérieurement à ce contrat. Mais il n'est pas permis, dans la seconde de ces situations, d'accorder la jouissance du gage au créancier, quand le contrat principal est une vente ou un *mutuum*. En effet, si le créancier ne donne rien au débiteur, en échange de la jouissance concédée, il en résulte pour lui un avantage non stipulé au moment du contrat principal, c'est-à-dire un avantage usuraire (2).

Si, au contraire, le créancier *paie* la jouissance qui lui est accordée, il en résulte, le contrat principal étant une vente, que le débiteur se trouve être à la fois acheteur et vendeur, d'où une combinaison réprouvée; lorsque le contrat principal est un *mutuum*, celui-ci cesse d'être gratuit, ce qui, nous venons de le voir ci-dessus, est contraire à l'essence même du prêt de consommation.

334. De la vente du gage. — Cette question de la vente du gage se présente sous trois aspects bien différents :

1° C'est le débiteur lui-même qui peut consentir la vente. En principe, cette aliénation devrait être frappée de nullité, car manquer à ses engagements est toujours blâmable, alors surtout que l'on se trouve en présence d'une législation qui subit hautement l'influence religieuse. Mais le nantissement est si bien une libéralité (3)

---

(1) *Conf. suprà*, n° 288.
(2) *Conf. suprà*, n° 314, note 3.
(3) *Conf. suprà*, n° 328.

que les auteurs, pour résoudre ce problème, cherchent leurs arguments dans la théorie de la donation (1), et admettent la validité de l'aliénation quand elle a eu lieu avant la prise de possession du gage, et que le créancier n'a fait aucune diligence pour en obtenir la délivrance. Quand, au contraire, il n'a aucune négligence à se reprocher, il est armé d'un véritable droit de suite, en vertu duquel il provoque la rescision de la vente et exige la remise du gage, lorsqu'il existe encore en nature, ou de sa valeur s'il a péri (2).

Après la prise de possession, le créancier est mieux placé pour critiquer la vente du gage, consentie en fraude de ses droits. Il fera donc annuler cette vente, si le prix ne couvre pas sa créance. Il est, d'ailleurs, libre de ratifier l'aliénation, mais alors la dette est immédiatement exigible.

2° A l'échéance de sa créance, le créancier est autorisé à vendre le gage, mais à certaines conditions qui ont pour but d'empêcher que le débiteur ne subisse une violence ou une intimidation, en raison même de sa position. Il est certain, tout d'abord, que si le débiteur a autorisé la vente, postérieurement au contrat principal, sans formuler aucune réserve, aucune autorisation nouvelle n'est exigée. Au contraire s'il a stipulé qu'on ne pourrait vendre que dans le cas où il ne se présenterait pas pour se libérer au jour de l'échéance, il est indispensable d'en référer au juge qui, seul, a le droit d'autoriser la vente, après avoir, pour ainsi dire, donné défaut contre le défendeur et apprécié les motifs de son absence. On est d'accord sur ces points-là. Mais si l'autorisation de vendre est contenue dans le contrat principal, quelques auteurs, craignant que le constituant n'ait été contraint d'accepter la loi du gagiste, exigent également qu'il en soit référé au juge. Mais cette opinion paraît excessive. Dès que l'autorisation est donnée sans réserve, le débiteur a perdu le droit de se plaindre, quel que soit le moment où le mandat a été conféré.

3° Lorsque le gage est déposé en mains tierces, et que le dépositaire a reçu une autorisation absolue de vendre, il n'est besoin d'aucune autorisation nouvelle. Son mandat est irrévocable, aussi longtemps que les deux parties ne s'accordent pas pour le révoquer (3); mais il ne peut pas le transmettre, car c'est lui personnellement qu'elles ont eu en vue, quand elles lui ont confié le gage.

Il est presque superflu d'ajouter que la vente n'a jamais lieu que par voie judiciaire, quand le constituant s'oppose à ce que le gage soit vendu, ou quand aucune autorisation n'a été donnée par lui.

---

(1) Nous verrons que la donation est nulle si le donateur vend la chose donnée avant que le donataire ait eu connaissance de la libéralité, et que ce dernier n'a droit au prix que dans le cas où il a eu connaissance de l'aliénation avant sa conclusion.

(2) Toutefois, la question est controversée. J'indique l'opinion la plus rationnelle et la solution la plus équitable.

(3) Code civil, art. 2078. Il en était de même en droit romain.

Le pacte commissoire est interdit en droit musulman (1).

335. DE LA CONSERVATION DU GAGE. — Le créancier est triplement intéressé à veiller à la conservation du gage, d'abord pour ne pas perdre le témoin de sa créance, et puis pour être en mesure de le restituer intact si le débiteur se libère, et, enfin, pour mieux assurer le paiement de sa créance par une vente avantageuse, si le débiteur ne se libère pas.

D'autre part, l'intérêt du débiteur est identique.

Aussi, le créancier est-il un véritable *negotiorum gestor,* tenu de faire l'affaire d'autrui en faisant la sienne (2). Il y est tenu même, sans autorisation du constituant, que celui-ci soit présent ou absent, solvable ou insolvable.

Il a une action personnelle pour exiger le remboursement des dépenses faites dans ce but (3), ce qui revient à dire qu'il n'a pas le droit de s'en indemniser sur le gage lui-même, et que son privilège ne s'étend à ces dépenses que si le contrat le porte formellement.

A première vue, on peut s'étonner de voir le constituant les supporter seul, puisque le gagiste est, comme lui, intéressé à la conservation du gage. Mais cette solution est équitable parce que le constituant est propriétaire de la chose, que les fruits lui appartiennent exclusivement et que, par voie corrélative, les dépenses d'entretien sont à sa charge avec d'autant plus de raison que, procéder autrement, ce serait diminuer la valeur du gage.

Toutefois, il n'en est ainsi que pour ce qui concerne véritablement l'entretien du gage; aussi, importe-t-il de distinguer entre les dépenses ordinaires, urgentes ou inutiles.

A. *Dépenses ordinaires.* — Ce sont les dépenses d'entretien, celles qui sont causées par la nécessité de maintenir la chose en bon état. Elles sont toutes supportées par le constituant.

B. *Dépenses urgentes.* — Lorsque le gage est en péril, lorsque, par exemple, un animal a pris la fuite ou a été volé, lorsque des arbres sont exposés à périr faute d'arrosage, les dépenses occasionnées par ces accidents sont prélevées sur les fruits ou sur le prix de la chose, même avant la créance elle-même. Si le gage ne suffit pas, le créancier n'a pas d'action pour le surplus, car la chose

---

(1) D'après un autre système, le tiers dépositaire ne serait que le mandataire du constituant, et, par voie de conséquence, il pourrait le révoquer. J'ai peine à comprendre comment il en serait ainsi, car il dépendrait de la volonté du constituant de se faire remettre le gage et d'annuler ainsi le contrat. Nous avons vu le contraire *(conf.* n° 331). La vérité c'est que le tiers est le mandataire des deux parties ou même leur dépositaire *(conf. infrà,* n· 336).

(2) Code civil, art. 1371, 1372 et suiv., et 2080.

(3) Code civil, art. 2080.

aurait péri, si l'on n'avait pas pris ces mesures d'urgence aux dépens des deux parties. Si, les dépenses payées, il reste quelque chose du gage, cet excédant est employé à l'extinction de la dette jusqu'à due concurrence.

C. *Dépenses inutiles.* — Lorsque les dépenses faites par le créancier n'ont produit aucun résultat utile, soit pour l'entretenir et la conserver, soit pour la sauver d'une perte totale, elles demeurent à la charge personnelle du gagiste (1).

336. DES RISQUES. — Le constituant est, en thèse générale, comptable des risques, malgré toute stipulation contraire, puisqu'il ne cesse pas d'être propriétaire de la chose et qu'il en perçoit les fruits (2).

Cependant, lorsqu'il s'agit d'une chose cachée (3), le gagiste répond de la perte, en ce sens qu'il doit prouver qu'elle n'a eu lieu par son fait, qu'elle a péri par cas fortuit. On s'en rapporte à son serment à cet égard (4), à moins que, s'agissant d'un incendie, il ne rapporte les débris de la chose brûlée, ce qui est une présomption suffisante en sa faveur.

Après l'extinction du contrat, le créancier devient encore responsable du gage, aussi longtemps qu'il ne l'a pas exhibé ou qu'il n'a pas mis le constituant en demeure de le reprendre.

Quand le gage a été remis à un tiers, il est évident que le gagiste n'encourt plus aucune responsabilité. Pour ce tiers, comme il rend un véritable service aux deux parties, que ce service est gratuit, et que son désintéressement est certain — nous avons vu qu'il doit offrir de grandes garanties de moralité — il serait inique de le soumettre à une responsabilité étroite. Aussi, n'est-il tenu que dans la mesure où un dépositaire le serait.

337. DE L'INDIVISIBILITÉ DU GAGE. — Nous avons déjà enregistré, plus haut, quelques principes d'où résulte l'indivisibilité du gage (5); elle est tellement complète que, une portion de la dette étant éteinte, il n'en résulte pas une *libération* proportionnelle du gage; celui-ci demeure engagé pour le tout, qu'il se compose d'un ou de plusieurs

---

(1) Toute cette théorie est controversée, et non sans une apparence de raison. Quelques auteurs n'admettent pas que le débiteur soit forcément tenu du remboursement des dépenses quelles qu'elles soient.

(2) Mais il ne les perçoit pas quand il en a accordé la perception au gagiste. Néanmoins, le principe reste le même, puisque la jouissance des fruits doit être gratuite.

(3) *Conf. suprà*, page 154, note 2.

(4) *Conf. suprà*, page 154, A et B.

(5) *Conf. suprà*, n° 328, *in fine*.

objets isolés. En effet, toute la chose est en gage pour toute la dette, et non une partie de la chose pour une partie de la dette.

Mais ce principe souffre quelques exceptions ; il est nécessaire de distinguer entre le cas où il y a plusieurs débiteurs et celui où il y a plusieurs créanciers.

Dans la première hypothèse, celui des débiteurs qui paie sa part de la dette, retire sa part du gage.

Dans la seconde, celui des créanciers qui est payé de sa part de la dette, remet au débiteur sa part du gage.

Lorsqu'une portion du gage est utilement revendiquée, la divisibilité du gage s'impose, le surplus demeure seul engagé.

338. CONTESTATIONS. — En principe, celui des contractants qui nie le gage en est cru sur son serment, à défaut de preuve contraire. En effet, la non-existence d'un gage est un fait conforme à la nature même des choses. Il est à présumer que la créance n'a pas été garantie par la consignation d'un gage, alors même que le créancier serait nanti, car il est possible qu'il détienne la chose à titre de prêt ou de dépôt. Affirmer qu'on la détient à titre de gage, c'est lui attribuer une destination beaucoup plus grave, puisque c'est affirmer du même coup l'existence d'une dette.

Sans doute le gage est le témoin de la dette (1), mais encore faut-il qu'il soit établi qu'il a été remis pour remplir ce rôle. Dès que cette preuve indispensable est faite, la chose accomplit sa fonction légale ; mais, bien entendu, la réciproque ne serait pas vraie ; le chiffre de la dette n'est jamais le témoin de la valeur du gage, car le bon sens indique que tel n'est pas le but du contrat.

Au surplus, voici les trois hypothèses qui peuvent se présenter :

1° *Le gage témoigne en faveur du créancier*. — Le débiteur déclare devoir dix, le créancier affirme qu'on lui doit vingt. On procède à l'estimation du gage, et il est établi qu'il vaut vingt. Le créancier a donc un témoin en faveur de son dire ; cette preuve n'étant pas suffisante, puisqu'elle doit résulter de deux témoignages, il prête serment. Dès lors sa preuve est complète. Le gage lui est attribué, à moins que le débiteur ne préfère payer vingt. Ce n'est que dans le cas où il refuserait le serment que le débiteur, en s'y soumettant, obtiendrait gain de cause (2).

2° *Il témoigne en faveur du débiteur*. — Le débiteur déclare de-

---

(1) *Conf. suprà*, n° 325.

(2) Au demandeur la preuve, au défendeur le serment, est un principe de la procédure musulmane. En matière criminelle, la preuve est faite par quatre témoins ; dans les questions d'état, elle est administrée par deux témoins mâles. En toute autre matière, mais suivant certaines distinctions, la preuve est complète par le témoignage, soit d'un homme et de deux femmes, soit d'un homme, soit de deux femmes, mais, dans ces deux derniers cas, avec le serment du demandeur.

voir dix, le créancier réclame vingt. Le gage estimé est trouvé ne valoir que dix. C'est le débiteur qui a un témoin à l'appui de sa prétention; moyennant son serment, il triomphe et reprend le gage en payant dix. De même, il refuse de jurer, et si le créancier accepte le serment, c'est ce dernier qui obtient gain de cause.

3° *Il ne témoigne pour personne.* — Le débiteur prétend ne devoir que dix, le créancier affirme qu'il lui doit vingt. Or, le gage est estimé à quinze; son témoignage est donc défavorable aux deux parties. Celles-ci sont astreintes toutes deux au serment. Jurent-elles, les serments s'entredétruisent; il reste un témoin en faveur du créancier qui triomphe. Refusent-elles toutes deux, le résultat est le même. Un seul des plaideurs, demandeur ou défendeur, consent-il à prêter serment, il obtient également gain de cause.

Mais le gage a péri. Le témoin est, pour ainsi dire, décédé. Que faire? Les deux parties donnent la description de la chose; elles rapportent, à leur manière, le témoignage qu'elle aurait fourni. La description est-elle uniforme, on charge des experts de fixer la valeur du gage, et la décision est conforme à leur appréciation. La description est-elle différente, le dire et le serment du créancier l'emportent, car il est ici un véritable défendeur. Si, bien entendu, le débiteur est en mesure de prouver que son adversaire a menti, il gagne son procès. Aucune des parties n'est-elle en mesure de décrire le gage, la loi pose en principe, à titre de présomption, que la valeur du gage était égale à la quotité de la dette.

Il reste un dernier point à examiner. A quel moment apprécie-t-on la valeur du gage. Il faut distinguer :

1° Si le gage est *présent* au moment de l'instance, c'est à ce moment-là que la valeur en est appréciée. En effet, le gage est un témoin, et un témoin ne dépose utilement qu'à l'heure où son témoignage est requis en justice. On voit combien il est exact de considérer le gage comme un témoin, et avec quelle persévérance les auteurs tirent toutes les conséquences les plus extrêmes du principe ;

2° Lorsque le gage a péri, la question est controversée. Pour les uns, c'est le jour de la remise du gage; pour les autres, le jour de la perte; pour d'autres, le jour du contrat. La première opinion paraît la plus rationnelle.

Lorsque la contestation porte sur l'imputation à faire d'un paiement opéré par le constituant, débiteur de deux dettes, dont l'une seulement est garantie par un gage, il y a encore lieu à un double serment. Les deux parties jurent-elles, les serments s'entredétruisent, et le paiement est imputé, moitié sur chaque dette. Refusent-elles toutes deux de jurer, il en est de même. L'une d'elles accepte-t-elle seule le serment, elle triomphe.

CHAPITRE V

DE L'INSOLVABILITÉ JUDICIAIREMENT DÉCLARÉE

(FALAS)

—

339. RENVOI. — L'insolvable musulman, déclaré tel par la justice, est un véritable interdit. A ce titre, nous avons étudié sa situation au chapitre de l'*Interdiction* (1).

Il est sans intérêt de compléter ces notions au point de vue de la procédure à suivre en cette matière, puisque les Musulmans sont évidemment soumis à la loi des faillites, celle-ci punissant la négligence et la fraude et donnant des garanties aux créanciers contre la mauvaise foi de leurs débiteurs (2). Il ne peut donc y avoir, en Algérie, d'insolvable judiciairement déclaré.

A l'époque actuelle, la seule question qui se pose est celle de savoir quelles conséquences entraîne, au point de vue de leur capacité contractuelle, la déclaration de faillite d'un Musulman. Il est certain, à ce point de vue, que le commerçant indigène failli subit toutes les incapacités dont il était frappé comme insolvable judiciairement déclaré. Il suffit donc de se reporter aux explications précédemment données (3).

---

(1) *Conf. suprà*, n° 190.

(2) La loi sur les faillites rentre évidemment dans la classe des lois de police et de sûreté, qui obligent tous ceux qui habitent le territoire (Code civil, art. 3). Elles obligent non seulement les étrangers, mais *a fortiori* les indigènes musulmans qui sont des Français.

(3) *Conf. suprà*, n° 190.

CHAPITRE VI

DE LA TRANSACTION

(ÇOLH)

—

340. GÉNÉRALITÉS. — *L'arrangement à l'amiable est un grand bien,* dit le Coran (1). C'est là le point de départ de la théorie de la transaction qui est un des contrats les plus méritoires, en droit musulman (2).

La transaction est un contrat qui n'a pas, théoriquement, d'existence propre. Il emprunte toujours la forme d'un autre contrat. Tantôt il est une véritable vente, tantôt un louage, tantôt une donation, suivant les circonstances. Dès lors, il reste bien peu de règles qui lui soient spécialement applicables. D'autre part, il subit directement toutes les entraves qui résultent de son assimilation aux trois contrats que je viens d'énumérer. L'objet au sujet duquel on transige consiste-t-il en denrées alimentaires, en numéraire, ou bien en est-il ainsi de la chose offerte à titre de transaction, tout avantage usuraire doit être soigneusement évité.

Je passe sous silence, dans l'exposé de doctrine qui suit, ce qui se rapporte à une importante application de la transaction ; je veux parler de la composition consentie par la victime d'une violence, d'un meurtre. En effet, les indigènes musulmans de l'Algérie étant soumis à toutes les lois de police et de sûreté, et, par conséquent, à la juridiction des tribunaux criminels français, la transaction ne peut plus se produire de ce chef, qu'à l'occasion des réparations civiles demandées accessoirement au crime ou au délit commis.

_____

(1) Coran, IV, 127. Kazimirski traduit : « La *paix* est un grand bien, » ce qui est inexact. Il est à remarquer que cet aphorisme de morale se rapporte spécialement au mariage ; mais tous les auteurs sont d'accord pour en généraliser l'application, ce qui est, d'ailleurs, conforme à la raison.

(2) *Conf. suprà,* page 102, note 1. Le mariage, suivant le cas, est obligatoire, méritoire, permis, adiaphorique, défendu. La transaction est méritoire d'une façon générale ; elle peut être, dans certaines combinaisons, simplement permise *(Conf.,* page 145, note 3), ou même défendue lorsqu'elle viole la loi.

Et, dès lors, les règles générales de la transaction sont applicables à la matière.

Ce contrat, où les faits de conscience jouent un rôle prédominant, est soumis plus que les autres aux exigences de la loi religieuse. L'homme qui transige, activement ou passivement, sur un droit dont la revendication est dépourvue de preuve, ne peut évidemment encourir aucun blâme extérieur, humain, quand il commet une iniquité. Il est renvoyé au tribunal de sa conscience, et surtout à celui de Dieu qui est le meilleur des juges. Notre loi ne se préoccupe pas des conséquences purement morales d'un fait; la transaction, pourvu qu'elle soit légale, est irréprochable en la forme comme au fond.

341. Définition. — La transaction est l'abandon d'un droit ou d'une demande, moyennant une compensation, afin de terminer une contestation, ou par crainte de la voir se produire (1).

Cette définition est d'Ibn Arfa. Celle de Sidi Khalil est plus juridique : « La transaction consiste à accepter une chose autre que » celle demandée, ou une partie de cette chose. Dans le premier » cas, la transaction constitue une vente ou un louage; dans le » second, une donation. »

Il est certain, tout d'abord, que si la transaction avait pour effet d'abandonner au débiteur l'intégralité de la chose qui lui était demandée, sans aucune compensation, elle perdrait son caractère spécial; elle deviendrait une donation (2).

Il faut, au moins, pour qu'il y ait transaction, dans la rigueur des principes, que le créancier n'abandonne qu'une partie de son droit, ne dût-il recevoir aucun équivalent de ce qu'il a abandonné. Et encore, ici, bien que le contrat soit considéré comme une transaction, il est régi par les règles de la donation, car le créancier, ne recevant rien, abandonne gratuitement une partie de son droit.

Mais le véritable terrain de la transaction, en droit musulman, c'est l'hypothèse où le créancier reçoit, en échange de la chose qu'il réclame, une chose autre. Ainsi, Primus réclame un cheval, il consent à recevoir des espèces, ou des denrées alimentaires, ou un autre objet mobilier. Cette combinaison est alors, d'après les auteurs, une véritable *beïa*, en ce sens que la transaction est soumise aux règles de la *beïa* (3), ou, ce qui revient au même, à celles de la

---

(1) Code civil, art. 2044. — « La transaction est une convention entre deux ou » plusieurs personnes qui, pour *prévenir* ou *terminer* un procès, règlent leur diffé- » rend de gré à gré, de la manière dont elles conviennent, et que chacune d'elles » préfère à l'espérance de gagner, jointe au péril de perdre. » (Domat, *Lois civiles*, liv. I, tit. 13, sect. 1. — « *Transactio est conventio quâ, litis motæ aut movendæ decidendæ causa, aliquid datur, aut promittitur, aut retinetur.* » (Pothier).

(2) Spéculativement, la *transaction* est toujours une libéralité.

(3) Il ne faut pas entendre ce mot dans le sens restreint de *vente*. C'est pour ce

vente, la vente étant le type le plus caractérisé de la *beïa*. Quand le créancier reçoit du numéraire comme équivalent, le contrat est une vente, celle-ci étant l'échange d'une chose contre une autre, et la seconde consistant en espèces monnayées. Quand le créancier reçoit un objet mobilier en échange de celui qui lui est dû, le contrat est un échange, un troc. Enfin, lorsque le créancier, auquel il est dû de l'or ou de l'argent, reçoit, soit de l'argent, soit de l'or, c'est-à-dire des espèces autres que celles qui lui sont dues, le contrat est un change. D'où cette conséquence que le change n'étant permis que dans le cas où les deux équivalents sont dans un équilibre parfait, la transaction n'est pas possible dans cette hypothèse, en raison même du conflit de deux notions juridiques : changer, c'est donner, sous une autre forme, autant que ce que l'on reçoit ; transiger, c'est abandonner quelque chose de ce qui vous est dû (1).

Il peut se faire encore que la transaction porte non plus sur un objet dont la propriété est transférée au créancier en échange de celui qui lui était dû, mais sur une simple jouissance, exclusive, par conséquent, de toute translation de propriété. Primus réclame cent, Secundus lui offre, à titre transactionnel, la jouissance d'une maison pendant un temps déterminé. Dans cette hypothèse, la transaction est un louage, ou, plus exactement, elle est régie par les règles du louage.

342. Capacité. — La transaction étant une aliénation à titre onéreux ou à titre gratuit, il faut être *sui juris* (2) pour transiger.

Le père est autorisé à le faire pour son enfant, lorsque ce dernier est dépourvu de la capacité contractuelle, mais à deux conditions :

1° Il faut qu'il y ait une contestation. Quand le débiteur reconnaît la dette, il est évident que le père, qui n'est en somme qu'un mandataire légal, n'a pas le pouvoir de se montrer généreux au préjudice de son pupille. Celui-ci, devenu pubère, aurait le droit de critiquer la transaction, d'en provoquer l'annulation, et même d'exercer son recours contre le père, le débiteur étant devenu insolvable ;

2° Il faut encore qu'il y ait des craintes sérieuses de perdre la totalité de la créance ; alors la transaction est légitime, car elle sauve au moins une partie de ce qui est dû à l'enfant.

---

motif que je me sers du terme arabe avec toute sa complexité. *(Conf. suprà,* n° 218 et la note).

(1) Il en serait de même si, Primus réclamant des espèces d'or, Secundus lui offrait des espèces d'or. Le contrat serait une vente par pesées, dans laquelle les deux métaux doivent être également en parfait équilibre de quantité. D'où l'impossibilité d'une transaction. Au surplus, serait-ce transiger que de donner cent pièces d'or contre cent pièces d'or ? La théorie est d'accord avec le bon sens, comme, d'ailleurs, lorsque le contrat est un change.

(2) *Conf. suprà,* n° 196.

Cependant, à titre exceptionnel, le père peut transiger à l'occasion du paiement de la dot de sa fille vierge, avec le mari de cette dernière (1), sans observer les deux règles qui précèdent. Cette exception est d'autant plus remarquable que le père est ainsi autorisé, contrairement à tous les principes, à transiger sur une créance non contestée, et en l'absence de toute contestation sur la créance elle-même.

343. Lieu. — Primus réclame cent. Secundus peut prendre trois attitudes contraires : 1° reconnaître la dette; 2° garder le silence; 3° nier la dette. Y a-t-il lieu à transaction dans chacune de ces trois hypothèses? Telle est la question, et l'on va voir qu'elle offre un grand intérêt.

1° Secundus reconnaît la dette. Théoriquement, la transaction est inadmissible, puisqu'elle a pour but de *terminer* ou de *prévenir* une contestation. Ici, où est la contestation? L'aveu du débiteur la rend impossible. Sans doute, mais Secundus est gêné; le procès, devenu insoutenable sur le fond même du droit, va s'engager sur le point de savoir si Secundus obtiendra terme et délai pour se libérer. De là des ennuis, des frais, et peut-être la perte totale de la créance. Il subsiste donc une véritable contestation, et il y a lieu à transaction, car Secundus offre implicitement, à titre d'équivalent, l'abandon du terme qu'il se dispose à solliciter, à charge par Primus d'abandonner une portion de son droit (2) ;

2° Secundus garde le silence. On applique alors le brocard familier : « Qui ne dit mot consent, » et il y a également lieu à transaction, le Coran n'ayant établi aucune distinction, en affirmant que la transaction est un grand bien (3) ;

3° Secundus nie la dette. C'est l'hypothèse la plus favorable à la

---

(1) *Conf. suprà*, nos 89 et 92. Il suffit de se reporter là pour les développements de ce point de droit. Le père, dans cette hypothèse, agit comme contraignant ; c'est l'annulation du mariage qu'il recherche, c'est sa préoccupation principale ; la transaction sous forme de rançon offerte n'est qu'un accessoire de très faible importance. Dès que la fille a consommé le mariage, le droit du père est aboli. *(Conf. suprà*, nos 5, 7, 11, 36, 37, 38, 89, 92).

(2) La loi religieuse est, d'ailleurs, très favorable à ces abandonnements : « Si » votre débiteur éprouve de la gêne, attendez qu'il soit plus à son aise. Si vous » lui remettez sa dette, ce sera plus méritoire pour vous; si vous le savez, » faites-le. » (Coran, II, 280). Il est vrai que ce texte ne s'applique pas absolument à la matière. En effet, le Coran recommande l'abandon complet de la dette, véritable donation ; mais l'abandon partiel sera une concession intermédiaire préférable à un refus péremptoire d'abandonner quoi que ce soit. Je démontre, d'ailleurs, que l'abandon a lieu moyennant compensation, ce qui est bien la notion juridique de la transaction.

(3) Mohammed Kharchi dit expressément que le silence est considéré comme un aveu. *(Conf. infrà*, n° 378).

transaction. En effet, lorsque le créancier, dépourvu de toute preuve péremptoire, ou craignant l'insuffisance des preuves dont il dispose, se trouve en présence de la dénégation de son adversaire, il est désarmé; il risque de perdre la totalité de son droit; quel que soit l'arrangement qu'il parviendra à conclure, il vaudra mieux pour lui qu'un procès perdu d'avance. Seuls, les Shafeïtes n'adoptent pas cette opinion ! Pour eux, s'appuyant sur une tradition du Prophète (1), ils raisonnent ainsi : Aussi longtemps qu'un débiteur garde le silence (car l'argumentation s'applique par contre-coup à l'hypothèse précédente), il n'est pas plus logique d'en conclure qu'il reconnaît la dette que d'en inférer qu'il la nie; il refuse de s'expliquer voilà tout. Lorsqu'il nie formellement la dette, et que le créancier n'a aucun moyen de preuve, la demande n'est pas recevable; elle serait repoussée par la justice. Dès lors, amener le défendeur à une transaction, c'est exploiter contre lui la crainte que lui inspire une action judiciaire, et le contraindre à donner quelque chose, alors qu'il n'était tenu à rien; c'est exercer une véritable violence; c'est rendre légal ce qui est illégal.

Ce raisonnement est plus spécieux que solide. Les Malékites et les Hanéfites le combattent avec succès. En effet, d'après eux, le *hadits* du Prophète vise uniquement : 1° le cas où la transaction aurait pour résultat d'attribuer au créancier une chose illégale, comme du vin, de la viande de porc; 2° le cas où, par exemple, un mari tenu, en vertu des lois du mariage, à cohabiter avec sa femme, conclurait avec elle une transaction par laquelle il renoncerait à son droit. Il a mieux. Soutenir l'irrecevabilité d'une demande non justifiée est conforme aux lois de la procédure; mais en conclure qu'elle n'est pas fondée, c'est excessif, surtout en droit musulman, où l'on tient grand compte des faits de conscience (2). Que le débiteur soit de bonne foi ou non, le contrat, acte extérieur, sera irréprochable; pour le monde, le débiteur a consenti à s'exécuter, il a promis ou livré une chose qui n'était frappée d'aucune prohibition légale, la transaction est valable et doit être sanctionnée, au besoin, par les tribunaux humains. Quant au fond du droit, l'affaire est du ressort exclusif de Dieu qui lit dans les consciences.

En résumé, la transaction est licite que le débiteur avoue la dette, qu'il la nie, ou qu'il garde le silence. Dès qu'il a consenti à la transaction, le contrat est *noué*, à la seule condition, que la chose donnée soit de celles qu'il serait licite d'échanger contre celle formant l'objet de la dette. Sidi Khalil le déclare en termes formels.

Mais, il importe de ne pas l'oublier, le premier point à rechercher, c'est la physionomie du contrat. Est-il assimilable, soit à la vente, soit au louage, soit à la donation, il sera régi par les règles de la

---

(1) En voici les termes : « Toute transaction est valable, pourvu qu'elle n'ait pas pour effet de rendre légal ce qui est illégal, illégal ce qui est légal. »

(2) *Conf. suprà*, n⁰ˢ 105 (et surtout page 44, note 1), 178.

vente, ou du louage, ou de la donation; il devra, non seulement respecter tous les principes généraux de chacun de ces contrats, mais encore les règles de précaution, ce qui aura lieu surtout en matière de vente (1). Quant au contrat assimilable à un change, à une vente par pesées, nous avons vu qu'il est impossible de le concevoir juridiquement (2).

On peut transiger sur une succession ouverte; mais si la transaction n'est pas exécutée avant le décès de celui qui l'a acceptée, ses héritiers ne sont pas tenus de s'y conformer. Dans cette hypothèse particulière, la chose donnée en compensation doit être prise dans la succession elle-même, à moins que les biens à partager ne soient *présents,* bien connus des co-partageants, que ceux-ci soient également présents et reconnaissent les droits de celui avec qui ils transigent. Ce sont là des mesures de précaution qui ont pour but d'empêcher toute fraude, toute surprise.

Les transactions de ce genre ont lieu, le plus souvent, pour écarter la veuve du défunt — celle-ci étant étrangère à la famille — du partage (3).

Une dernière observation. La transaction est licite, alors même qu'il y a incertitude sur la nature ou la quotité du droit légitime; mais cette incertitude doit être réciproque, faute de quoi l'une des parties aurait une situation meilleure que l'autre.

Je me borne à indiquer une hypothèse dans laquelle il y a encore lieu à transaction, car il s'agit ici d'une espèce qui tient plutôt au droit religieux qu'au droit civil. Primus réclame mille; Secundus nie la dette; le serment lui est déféré. Il a la faculté de se racheter du serment mis a sa charge, en offrant à son créancier une certaine somme. Si ce dernier accepte, le serment qui, une fois déféré, doit être prêté, refusé ou référé, n'est plus obligatoire pour le débiteur; mais il faut qu'il soit de bonne foi, que, au fond de sa conscience, il n'ait d'autre but que de se racheter de l'obligation qui pèse sur lui. Si, dans son for intérieur, il est convaincu de la légitimité de la réclamation formulée contre lui, il serait bien *racheté,* extérieurement, juridiquement; mais l'obligation intérieure n'en subsisterait pas moins, et le rachat serait illicite. De pareils faits, échappant à toute sanction judiciaire, sont évidemment du domaine exclusif de la religion (4).

Ces principes sont incontestables.

Mais les auteurs examinent une hypothèse plus délicate. Primus

---

(1) *Conf. suprà,* nᵒˢ 204, 209, 224. D'où cette autre conséquence que les deux options seront applicables à la transaction (*conf. suprà,* nᵒˢ 235 et suiv., 247 et suiv.), et qu'elles fonctionnent ici comme dans la vente.

(2) *Conf. suprà,* nᵒ 341.

(3) Aussi cette forme de la transaction prend-elle le nom significatif de *élimination (takharij).*

(4) *Conf. suprà,* nᵒ 105, où les faits de conscience jouent un rôle bien plus extraordinaire.

réclame mille; il n'a aucune preuve de sa demande. Secundus niant la dette, le serment lui est déféré. Il ne doit rien; sa conviction est absolue à cet égard. Lui est-il permis de se racheter du serment? Non, dit Ibn Hichem, et cela par quatre motifs : 1° il s'abaisserait en offrant une transaction quelconque, et le Prophète a dit : « Dieu abaisse celui qui s'abaisse; » 2° il gaspille ses biens (1), ce qui est défendu par la loi religieuse; 3° il donne un exemple immoral; 4° il viole la loi en ce qu'il donne ce qu'il ne doit pas, ce qui revient à rendre légal ce qui est illégal. Mais cette opinion n'a pas prévalu. En effet, d'après Desouki, refuser le serment, même lorsque l'on est fondé à le prêter, éviter un procès, sont des actes honorables, d'où ne résulte aucun abaissement. Dès lors, celui qui emploie son bien à cet usage ne le gaspille pas. Sidi Khalil adopte pleinement cette manière de voir qui est conforme au bon sens le plus élémentaire (2).

344. DE LA RESCISION. — La transaction, fondée sur une situation donnée, devient caduque lorsque cette situation se modifie. Ainsi :

1° Si le débiteur, après avoir nié la dette, est pris de remords et se décide à l'avouer, il est certain que la transaction consentie par le créancier, parce qu'il était dépourvu de tout moyen de preuve, tombe d'elle-même. En effet, le contrat, valable en apparence seulement, était entaché de fraude ;

2° De même, si le créancier, d'abord impuissant à administrer la preuve de sa créance, soit parce qu'il avait perdu son titre, soit pour un motif quelconque, retrouve, plus tard, le titre ou le témoin qui lui faisait défaut, la transaction par lui acceptée pourra être rescindée à sa requête (3).

Mais il n'en est plus ainsi : 1° lorsque le créancier, sachant que la preuve existe, au moment de la transaction, ne fait aucune réserve pour le cas où il serait, plus tard, en mesure de la produire ; 2° quand le débiteur ayant exigé la production du titre, le créancier déclare l'avoir perdu et le retrouve ensuite (4).

345. DE LA SOLIDARITÉ EN MATIÈRE DE TRANSACTION. — Quand le titre constitutif est exclusif de toute solidarité, en ce sens qu'il attribue, à chacun des co-ayants-droit, une part déterminée de la

---

(1) *Conf. suprà,* page 127, E.

(2) Je crois utile de faire remarquer ici, l'occasion me paraissant bonne, combien il serait utile d'imposer aux cadis tel ou tel auteur, afin d'asurer l'unité de la jurisprudence et... quelque chose de plus.

(3) Code civil, art. 2053.

(4) Code civil, art. 2057.

créance, la question de la solidarité ne se pose évidemment pas (1). Chacun d'eux est admis à transiger pour son compte (2).

Il en est de même lorsque deux ou plusieurs créanciers, non associés, possèdent un titre unique (3). Toutefois, cette solution est controversée, en ce sens que, parmi les auteurs, les uns s'attachent à l'unité du titre, les autres à l'existence de plusieurs créanciers indépendants l'un de l'autre.

Mais supposons le cas où le débiteur d'une succession transige avec l'un des héritiers. Quelle sera la position des autres héritiers? Ils peuvent adhérer à la transaction et exiger leur part de ce qui a été payé par le débiteur, à moins, toutefois, qu'ils n'aient refusé de se joindre aux poursuites. Dans cette hypothèse, ils n'ont plus rien à réclamer, non seulement au débiteur, qui est libéré complètement, mais encore à leur co-héritier, avec lequel ils sont présumés avoir également transigé par crainte d'exposer leurs propres biens dans le procès. Il en est ainsi que le débiteur soit solvable ou insolvable. C'est là un exemple remarquable de transaction légale.

Si, de deux créanciers solidaires, l'un a poursuivi le débiteur pour sa part et portion seulement, et a transigé avec lui, il n'est plus admis à prendre sa part de ce que l'autre créancier aura touché de son côté, ce dernier eût-il touché sa portion entière. Il s'est fait sa loi.

346. DES EFFETS DE LA TRANSACTION. — La transaction est une véritable novation; elle a pour effet d'éteindre la dette en y substituant une nouvelle dette. Cette substitution a même lieu dans les cas où la transation est assimilée à la donation; car, la première dette étant, par exemple, de cent, si le créancier la réduit à cinquante, il est évident que cette nouvelle dette, substituée à l'ancienne, diffère de celle-ci en ce qu'elle est moindre.

Lorsque la transaction, valable en la forme, demeure juste au fond, en ce sens qu'il ne se révèle aucun fait susceptible de la faire rescinder, elle ne peut plus être rétractée, même du consentement mutuel des parties (4). Il est de principe qu'un contrat, quel qu'il soit, dès qu'il est parfait-obligatoire, est définitif (5). Il y a, ici, un motif de plus pour imposer cette solution. Transiger, c'est mettre fin à une contestation née ou à naître; permettre aux contractants de revenir en arrière, ce serait pervertir la notion juridique et morale de la transaction.

---

(1) Code civil, art. 1197.
(2) Code civil, art. 2051.
(3) Code civil, art. 1202:
(4) Code civil, art. 2052, 2053, 2054, 2055.
(5) *Conf. suprà*, n° 277.

CHAPITRE VII

DE LA DÉLÉGATION

(HAOUALA)

—

347. GÉNÉRALITÉS. — D'après les jurisconsultes musulmans, la délégation diffère de la transaction en ce que, dans celle-ci, les deux créances ne sont pas égales en quantité, tandis que, dans la première, elles doivent être de quantité égale. Cette notion est exacte, mais elle offre peu d'intérêt, car elle ne fournit aucun renseignement utile sur la nature spéciale de la délégation.

Ce contrat est, comme en droit français, une des formes de la novation, et, par conséquent, un mode d'extinction des obligations (1), bien que les auteurs arabes ne le considèrent pas à ce point de vue.

Les explications qui vont suivre démontrent que notre délégation ne diffère pas sensiblement de la délégation musulmane. Il faut toujours tenir compte des singularités inhérentes à la législation islamique, et notamment de la réprobation dont elle frappe tout ce qui, de près ou de loin, constitue un profit usuraire (2), et ne pas être trop prompt à la critique; car, l'influence permanente de la religion sur les contrats civils une fois admise, il est hors de doute que les procédés d'argumentation des commentateurs sont toujours rationnels; ils ne sont puérils que très exceptionnellement, lorsque le respect du dogme l'exige.

La délégation est un mode d'aliéner à titre onéreux; il s'ensuit qu'elle est régie par la plupart des règles que nous avons étudiées en détail à propos de la vente. L'étude de ce contrat sera donc rapidement épuisée.

348. DÉFINITION. — La délégation est la renonciation à une créance, moyennant l'acquisition d'une créance semblable (3).

---

(1) Code civil, art. 1234, 1274, 1275, 1276.

(2) *Conf. suprà*, n° 314, et surtout la note 3.

(3) Code civil, art. 1275. Je m'éloigne de la traduction de M. Seignette, par

Cette définition n'a besoin d'aucune explication ; elle est claire et donne de la délégation une idée juste. Primus, créancier de Secundus, renonce à sa créance, Primus lui déléguant une créance semblable qu'il possède sur Tertius. Telle est, dans sa simplicité, la notion juridique de ce contrat.

La délégation est parfaite, comme nous le verrons, par la seule énergie du contrat, c'est-à-dire dès que des contractants capables ont échangé des consentements valables. La perception, par le délégataire, de la créance déléguée, n'est que le but auquel ce dernier doit tendre, ou, si l'on préfère, la fin normale du contrat. Mais il peut arriver que le délégataire ne touche rien de la créance déléguée (1), la délégation n'en est pas moins parfaite, et, comme telle, elle produit son effet spécial ; elle libère le délégant de la dette.

349. CAPACITÉ. — Les contractants, délégant et délégataire, doivent être *sui juris*, comme dans tous les contrats de réciprocité (2). La délégation est, en effet, une véritable aliénation.

350. CONDITIONS DE VALIDITÉ. — Le contrat de délégation est soumis aux règles générales qui régissent les contrats de réciprocité (3), notamment en ce qui concerne l'objet du contrat. En effet, chacune des deux créances, celle à éteindre et celle déléguée, doit avoir une existence juridique, et, de plus, le contrat même, qui a pour effet la substitution de la seconde créance à la première, doit remplir toutes les conditions générales exigées par la loi. Ce n'est pas tout, la délégation est soumise à un certain nombre de règles spéciales qui ont pour but de l'*individualiser* et de l'empêcher d'être un véhicule de prohibition (4).

Ces règles spéciales se rapportent :

1° Au consentement ;
2° A l'existence de la créance déléguée ;
3° A la formule ;
4° A l'exigibilité de la dette à éteindre ;
5° A la nature des deux créances ;
6° A leur origine.

---

respect pour l'exactitude. Mais, la loyauté me fait un devoir de le proclamer, si le savant et regretté traducteur de Sidi Khalil s'éloigne parfois de la lettre du texte, c'est toujours par grand désir de donner de la clarté à sa version. Il ne faut pas oublier qu'il n'a pas, comme moi, la ressource du commentaire, puisqu'il s'est réduit lui-même, par modestie, au rôle de simple traducteur.

(1) *Conf. infrà*, n° 352.

(2) *Conf. suprà*, n° 196.

(3) *Conf. suprà*, n° 201.

(4) *Conf. suprà*, n° 227 et la note.

351. 1° Consentement. — Le délégant et le délégataire doivent nécessairement consentir à la délégation, puisqu'il s'agit d'un contrat de réciprocité. Il n'en est pas de même du délégué dont la situation n'est pas modifiée; il était le débiteur de Primus, il n'a aucun intérêt à ne pas devenir celui de Secundus (1). D'autre part, Primus, *propriétaire* de sa créance, est fondé à aliéner un droit dont il dispose absolument. Il en serait autrement s'il existait une cause d'inimitié entre le délégataire et le délégué; dans cette hypothèse, ce dernier, menacé de tomber entre les mains d'un créancier plus dur que le premier, doit être consulté, faute de quoi il est autorisé à provoquer l'annulation de la délégation.

352. 2° Existence de la créance déléguée. — La créance que le délégant transporte au délégataire doit avoir une existence certaine; elle doit être obligatoire pour le délégué. Ce n'est là que l'application des principes généraux; en d'autres termes, l'objet du contrat doit être déterminé à un point de vue spécial, en ce sens que, si la créance déléguée n'avait pas d'existence certaine, si le délégué n'était pas obligé envers le délégant, ce dernier ne transporterait évidemment qu'un droit contestable au délégataire (2). Il en serait ainsi *a fortiori* si le délégué ne devait rien au délégant; dans cette hypothèse, le contrat deviendrait un véritable cautionnement, et, le prétendu délégué devenant insolvable, le délégataire conserverait son recours contre le délégant, sauf le cas où il aurait été informé de l'insolvabilité du délégué, et où il aurait néanmoins consenti à la libération du délégant.

Ainsi, que le délégué soit un impubère (3), un *safih* (4), la dette contractée par eux n'a rien d'obligatoire (5), et, par conséquent, un prix de vente dû par eux n'est pas délégable.

Ce n'est pas tout. Une dette peut avoir une existence certaine, procéder d'un débiteur capable et n'être pas obligatoire pour celui-

---

(1) Code civil, art. 1274.

(2) Il y aurait là une *alea* d'autant plus redoutable qu'elle porterait sur l'existence même de l'objet du contrat (*conf.*, n° 219 et la note).

(3) *Conf. suprà*, n° 186.

(4) *Conf. suprà*, n° 188.

(5) Toutefois, une distinction est nécessaire. Quand un incapable achète, par exemple, une chose dont il peut se passer, qui n'est pas indispensable à la vie, le paiement du prix n'est pas obligatoire pour lui, son tuteur est armé du droit de faire annuler le contrat (*conf. suprà*, n° 186), et l'incapable, lorsqu'il devient *sui juris*, peut lui-même rompre le contrat, en eût-il tiré avantage (*conf. ibid.*). Mais il en est autrement lorsqu'il a acquis une chose indispensable à la vie; l'interdit est, en effet, toujours autorisé à assurer directement son existence matérielle, pourvu que la dépense ne dépasse pas une certaine mesure. Mais songera-t-on à déléguer le prix d'un pain, d'un morceau de viande, de quelques légumes? Évidemment non.

ci d'une façon absolue. Voici l'espèce. Un mari répudie sa femme moyennant une rançon (1), et délègue à un tiers la créance qui en résulte. Aussi longtemps que la femme vit, la délégation est irréprochable, en ce sens qu'elle produit la libération du mari à l'égard du délégataire. Mais que la femme meure sans avoir payé la rançon, le délégataire a le droit d'exercer son recours contre le mari, pour le montant de la dette de ce dernier. Il en est ainsi, alors même que la femme laisserait des biens.

Pourquoi en est-il ainsi? La femme, répudiée sous la forme du *khola,* a bien reçu un équivalent de la somme par elle offerte comme rançon; mais cet équivalent était un fait, un acte de son mari (la répudiation, la liberté), non une chose, un bien. La rançon qu'elle doit ne saurait, il est vrai, être considérée comme une libéralité faite au mari, et le khola est un contrat de réciprocité; mais la rançon n'est pas non plus le prix d'un contrat à titre onéreux, comme un prix de vente, puisque le mari n'a versé, *en échange,* aucun bien qui remplace, dans la succession de la femme, la somme qu'elle s'est engagée à payer pour conquérir sa liberté. De là, pour les héritiers, la dispense formelle de se reconnaître débiteurs du montant de la rançon; celle-ci n'est due que par la femme; elle décédée, la dette n'est plus obligatoire pour personne, et le mari se retrouve débiteur du délégataire frustré de ses droits sur le délégué (2).

353. 3° FORMULE. — Le délégant doit articuler, non pas une formule sacramentelle, mais des paroles qui ne laissent aucun doute sur son intention. De son côté, le délégataire est tenu de donner expressément une décharge au délégant, afin que le contrat produise son effet naturel, qui est de ne laisser subsister aucun vestige de la dette originaire, laquelle est éteinte par la novation (3).

---

(1) *Conf. suprà,* n° 87.

(2) On peut être obligé de deux manières, en droit musulman :

1° *Sur sa propriété (milk),* lorsqu'on doit, par exemple, une chose déterminée; aussi longtemps que cette chose n'a pas péri, le créancier a une action réelle contre le débiteur et contre ses héritiers;

2° *En vertu d'une charge (d'imma),* lorsqu'on doit une chose indéterminée, par exemple, ou lorsque, la chose déterminée ayant péri, on demeure débiteur de sa valeur; le créancier a une action personnelle contre le débiteur, mais il ne l'a contre la succession que dans le cas où la dette est l'*équivalent du contrat à titre onéreux (aiouad maliin)* ; lorsqu'elle est l'*équivalent d'une obligation de faire (aiouad fia'liin),* le droit du créancier s'éteint par la mort du débiteur, à moins toutefois que ce dernier n'ait imposé, par testament, à ses héritiers, l'obligation de l'acquitter.

Il est très difficile de traduire, d'une façon convenable, les deux mots *malii* et *fia'lii* qui sont des acjectifs relatifs, c'est-à-dire des adjectifs qui indiquent la relation d'une personne, d'une chose avec le nom qui en rappelle l'origine, la famille, la race, etc. *(conf.* Caspari, grammaire arabe, page 130).

(3) **Code civil,** art. 1276.

354. 4° Exigibilité de la dette a éteindre. — **Primus** doit mille à Secundus; pour se libérer, il délègue à Secundus une créance de pareille somme qu'il a sur Tertius. Si la dette de Primus n'est pas exigible, elle subsiste, non contre lui, il est vrai, mais par elle-même; elle n'est pas éteinte, juridiquement parlant, d'où ce résultat que, entre Secundus et Tertius, il y aura *une vente,* ou, plus exactement, l'échange d'une dette contre une dette, ce qui est prohibé en raison du bénéfice usuraire qui peut en résulter. Les transactions de ce genre ne sont permises que dans le cas où les deux dettes ont une échéance commune.

Il importe peu que la créance déléguée soit exigible ou non, puisque, si elle ne l'est pas, elle demeure seule debout. Le délégué paie à l'échéance fixée; sa situation n'est ni améliorée, ni empirée. Quant au délégataire, il souffre, à la vérité, un préjudice, puisque, sa créance originaire étant exigible, il n'est payé qu'à l'échéance plus éloignée de la créance déléguée: mais, et c'est là l'essentiel, il n'en résulte aucun avantage pour le délégant, qui est purement et simplement libéré de sa dette. Si le prêt à intérêt était usité en droit musulman, le délégataire s'affranchirait du préjudice qui lui est imposé en percevant les intérêts dus par le délégué. Mais, celui-ci ne pouvant en payer, la loi s'y opposant, le préjudice subsiste; c'est une raison de plus pour exiger le consentement du délégataire qui, il faut le dire, trouve le plus souvent un dédommagement dans la certitude de toucher le montant de sa créance, ce qui n'aurait pas lieu si le délégant était insolvable.

355. 5° Nature des deux créances. — Les deux créances doivent être égales en quantité, en qualité, en espèce, le bon sens l'indique. S'il en était autrement, l'une des parties réaliserait évidemment un bénéfice usuraire.

356. 6° Origine des deux créances. — L'origine des deux créances n'est pas à considérer en principe. Toutefois, lorsqu'il s'agit de deux créances de choses fongibles, la délégation est illicite, car, nous l'avons dit (1), la vente des choses de cette espèce n'est parfaite qu'après l'opération du jaugeage ou du mesurage; la délégation porterait donc, avant le jaugeage, sur des dettes qui n'auraient pas encore d'existence certaine; après le jaugeage, la délégation serait impossible, parce qu'il ne pourrait plus exister ni délégué, ni délégataire. En effet, Primus serait devenu propriétaire du blé acheté à Secundus et du blé acheté à Tertius.

(1) *Conf. suprà*, n° 272 et surtout 274. Voici l'hypothèse : Primus achète cent sacs de blé à Secundus ; aussi longtemps que ce blé n'est pas jaugé, il n'a qu'un droit de créance contre Secundus ; s'il achète ensuite cent sacs de blé à Tertius, dans les mêmes conditions, il ne peut pas déléguer à Tertius le blé acheté à Secundus, et cela pour la raison donnée dans le texte.

Quand il s'agit de deux créances ayant pour source deux prêts de consommation, portant tous deux sur des choses fongibles (1), la délégation est valable, les mêmes obstacles n'existant plus.

Que décider lorsque l'une des créances a pour origine un prêt de consommation et l'autre le prix d'une vente de choses fongibles? Il suffit que les deux créances soient exigibles, pour que rien ne s'oppose à la validité de la délégation.

357. EFFETS DE LA DÉLÉGATION. — Lorsque la délégation est valable, elle opère la libération du délégant, alors même qu'il n'aurait pas fait connaître au délégataire l'état de solvabilité du délégué (2). C'est au délégataire, en effet, à prendre ses précautions, à exiger la présence du délégué, à s'assurer qu'il reconnaît sa dette et qu'il est en situation de l'acquitter à l'échéance.

Mais, si le délégant est soupçonné d'avoir connu l'insolvabilité du délégué, le délégataire est admis à lui déférer le serment sur ce point. Le délégant jure-t-il, sa libération est complète. Refuse-t-il de prêter serment, le délégataire peut exercer son recours contre lui.

Théoriquement, comme pour tous les contrats de réciprocité, la délégation est parfaite dès que les consentements ont été échangés (3), et la créance déléguée devient aussitôt la propriété du délégataire.

Cependant, une grave difficulté peut s'élever à ce sujet. Primus délègue à Secundus, son créancier, le prix d'une vente consentie par lui à Tertius. Or, la chose vendue est atteinte d'un vice, ou bien est revendiquée, et la vente est annulée par l'exercice de l'option rédhibitoire (4). Quel sera le sort de la délégation? Cette question a divisé les jurisconsultes malékites. Les uns, s'appuyant sur la perfection juridique de la délégation après l'échange des consentements, refusent tout recours au délégataire contre le délégant. Les autres, dont l'opinion me paraît préférable, remontent aux principes. Voici comment ils raisonnent : La condition résolutoire est toujours sous-entendue dans les contrats synallagmatiques. La validité de la délégation est donc tenue en suspens aussi longtemps que la vente ne sera pas devenue définitive. Il y a mieux, la délégation elle-même étant un contrat de réciprocité — le délégant s'engage à livrer une créance certaine, obligatoire pour le délégué, et le délégataire promet, en échange, de consentir la libération du délégant — le délégataire peut user de l'option résolutoire jusqu'au moment où il aura acquis la certitude que la créance qui lui est

---

(1) Le prêt de consommation n'a pas toujours pour objet des choses fongibles (conf. suprà, n° 313).

(2) Code civil, art. 1276.

(3) Conf. suprà, n°° 195, 216, 227, 263, 271, 272.

(4) Conf. suprà, n°° 247 et suivants.

déléguée n'offre aucune chance de perte pour lui. Cette argumentation est irréprochable.

358. CONTESTATIONS. — Le dire du délégant, appuyé du serment, fait foi, jusqu'à preuve contraire, sur l'existence de la créance déléguée au moment du contrat. Tout au contraire, c'est le dire du délégataire qui est prépondérant sur l'existence de la délégation, quand, par exemple, le délégant soutient ne lui avoir consenti qu'un prêt, ou ne lui avoir conféré qu'un mandat à l'effet d'assurer le paiement de la créance déléguée.

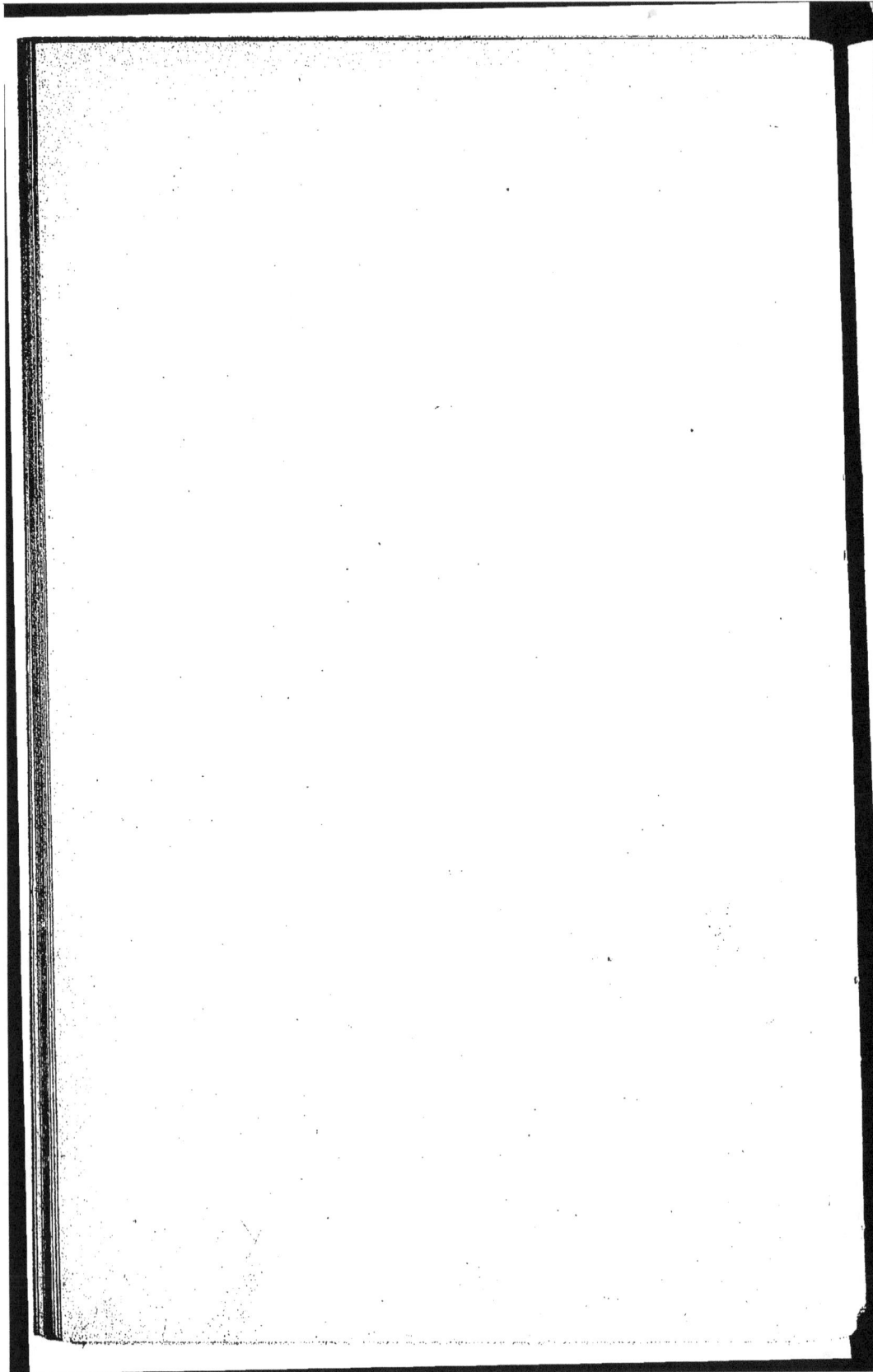

CHAPITRE VIII

DU **CAUTIONNEMENT**

(D'AMAN)

—

359. GÉNÉRALITÉS. — Il importe, pour saisir le mécanisme du cautionnement, de remonter aux principes.

Nous l'avons établi à l'occasion du nantissement (1), lorsqu'un droit porte sur un corps certain, la chose témoigne suffisamment en faveur du créancier pour que celui-ci jouisse d'une sécurité complète. Dès lors, il n'est pas fondé à solliciter une sûreté accessoire, laquelle ferait double emploi et occasionnerait un véritable conflit juridique.

Ajoutons que, avant le contrat, ou avant que celui-ci ne soit devenu définitif, — l'une des parties s'étant réservé l'option conventionnelle, ou pour tout autre cause, — une sûreté accessoire n'aurait aucun fondement; après le contrat, elle n'aurait plus de raison d'être, l'effet normal du contrat étant de transférer la propriété du corps certain, à tel point que le créancier en devient *garant*, au point de vue des risques. Le cautionnement ne serait donc plus accordé, en réalité, au débiteur, puisqu'il a cessé d'exister, mais au créancier lui-même, ce qui serait absurde.

Allons plus loin. Vous me confiez un dépôt. Rien de plus déterminé qu'une chose déposée. Vous prétendez m'astreindre à une caution. De deux choses l'une, ou bien le dépôt *vivra*, ou bien il périra. S'il vit, je vous en dois la restitution *in individuo;* la caution ferait double emploi, car il est impossible d'imaginer comment vous auriez deux débiteurs, tenus tous deux de vous délivrer le même corps certain. S'il périt, il faut rechercher si je suis responsable de la perte ou non.

Suis-je responsable, je vous dois la valeur de la chose; je ne puis plus vous devoir la chose elle-même, puisqu'elle a cessé d'exister; ma caution ne le pourrait pas davantage, pour la même raison; et ce serait pourtant là l'obligation à laquelle elle serait soumise, car

---

(1) *Conf. suprà*, n° 325.

Traité élémentaire de droit musulman.

il est inadmissible qu'elle garantisse plus ou autre chose que ce dont je suis moi-même débiteur : le corps certain déposé par vous. Mais, objectera-t-on, le fidéjusseur sera garant de ma propre obligation, c'est-à-dire de la valeur de la chose. Nullement ; les obligations ne se transforment pas ainsi, au gré des parties ; on ne pouvait pas, on ne devait pas prévoir la perte de la chose. Moi, débiteur, j'étais astreint à restituer le dépôt *in individuo* ; la caution aurait garanti cette même obligation à votre profit. Or, il serait aussi absurde d'exiger d'elle la livraison d'une chose qui a péri que de l'exiger de moi-même. Donc, il est impraticable d'assigner un rôle utile à un fidéjusseur.

Ne suis-je pas responsable de la perte, je ne suis plus tenu à rien, et la loi ne vous permet pas de vous *assurer* contre une pareille éventualité, car on ne cautionne qu'une dette valable et obligatoire. Et, d'ailleurs, à quoi bon une caution? A quoi serait-elle tenue? A vous délivrer une chose qui a péri, ce qui est contraire à la raison.

En somme, le cautionnement n'est possible que pour garantir une dette consistant en choses fongibles, ou en numéraire (1), ou en choses non-fongibles non déterminées; car, dans ces différentes hypothèses, le fidéjusseur peut toujours payer pour le débiteur, au moyen de *choses semblables,* la perte même de la chose, objet du contrat, n'anéantissant pas l'obligation principale. Il va de soi que, s'il s'agit de choses fongibles déterminées, comme le blé que j'ai dans mon magasin, ou de numéraire déterminé, comme celui que vous avez placé sous un scellé pour me le donner en gage, les principes relatifs au corps certain sont applicables.

Il ne s'agit ici, bien entendu, que du cautionnement proprement dit.

Quant au cautionnement de comparution ou de recherche, il est soumis à des règles particulières dont nous parlerons plus loin (2).

360. DÉFINITION. — Le cautionnement est un contrat par lequel on s'oblige, soit à payer une dette qui n'en demeure pas moins à la charge du débiteur (3), soit à rechercher le débiteur, soit à le faire comparaître.

Primus, qui ne doit rien à Secundus, s'engage envers celui-ci à payer ce que Tertius lui doit. Tertius ne cesse pas pour cela d'être le débiteur de Secundus, sa dette subsiste, demeure à sa charge, à tel point que, le plus souvent, Primus ne peut être poursuivi que dans le cas où Tertius est hors d'état de payer, et que Primus a le droit de répéter contre Tertius ce qu'il a payé pour lui (4). La cau-

---

(1) *Conf. suprà,* n° 325.

(2) *Conf. infrà*, page 252.

(3) Code civil, art. 2021.

(4) Il résulte de là que le cautionnement renferme un second contrat d'une

tion n'est autre chose qu'un gage qui demeure entre les mains du fidéjusseur, qui ne subit pas de déplacement.

Telle est la physionomie la plus habituelle du cautionnement. Mais, parfois, le fidéjusseur, sans promettre directement de désintéresser le créancier, s'engage à faire comparaître le débiteur, le jour de l'échéance de sa dette, et il n'est tenu du paiement de cette dernière que pour le cas où la comparution n'a pas lieu (1). Parfois encore, le fidéjusseur se borne à prendre l'engagement de rechercher une personne, même en stipulant son irresponsabilité au point de vue pécuniaire. Ces deux dernières formes du cautionnement, moins fréquemment pratiquées que la première, ne nous arrêterons pas longtemps.

361. DU FIDÉJUSSEUR. — Le fidéjusseur rend au débiteur un bon office absolument gratuit (2), et, de plus, il s'expose à perdre une portion de ses biens. Le cautionnement est donc une sorte de libéralité. Aussi, le cautionnant doit-il être capable d'aliéner à titre gratuit.

La capacité exigée pour aliéner à titre onéreux diffère essentiellement de celle exigée pour aliéner à titre gratuit. Dans le premier cas, le contractant ne s'appauvrit que s'il fait une mauvaise opération ; aussi, lorsqu'elle est bonne, lorsque, par exemple, il vend ou achète tel objet, à sa valeur vraie, la loi se montre tolérante dans bien des circonstances (3), parce qu'il reçoit l'équivalent de l'objet vendu ou acheté. Il en est tout autrement quand il s'agit d'une libéralité ; là le contrat l'appauvrit, il se dépouille d'un bien sans rien recevoir en échange.

Il résulte de là que l'impubère, le safih, le fou, l'insolvable (4) sont incapables de cautionner qui que ce soit.

---

façon latente : 1° lorsque le débiteur sollicite le cautionnement ou en a connaissance, le fidéjusseur est un véritable mandataire ; 2° lorsque le débiteur ignore le cautionnement, le fidéjusseur est un *negotiorum gestor* (*conf.* Pothier, tome II, page 193).

(1) Le cautionnement *de visage*, pour l'appeler par son nom littéral, existe également dans notre droit criminel (*conf.* Code d'inst. crim., art. 114, 219 et suiv.). Voyez aussi Accarias, *Précis de droit romain*, tome II, page 850 sur la *cautio in jure sistendi*.

(2) Quoi qu'en dise Pothier (tome II, page 193), on pourrait aller jusqu'à soutenir que le fidéjusseur rend également un bon office au créancier, car il lui fournit *gratuitement* une sûreté. Sans doute, le créancier ne reçoit rien au delà de ce qui lui est dû, mais il est sûr de le recevoir, ce qui n'était pas certain avant le cautionnement. Cette certitude est l'œuvre *gratuite* du fidéjusseur.

(3) *Conf. suprà*, n°ˢ 186, 191, 192.

(4) Et l'homme ivre (Derdir).

Quant au malade (1) sa situation est réglée d'une façon spéciale, en raison de l'ignorance où l'on est, de l'issue heureuse ou funeste du mal dont il est atteint.

Meurt-il, le cautionnement qu'il a donné est réductible lorsqu'il dépasse la quotité disponible, à moins que ses héritiers ne s'accordent pour le respecter. Guérit-il, le cautionnement est obligatoire pour lui.

La femme mariée (2) n'est pas admise à fournir une caution qui dépasse le tiers de ses biens. Cette restriction n'ayant d'autre but que de sauvegarder les droits du mari n'a plus de raison d'être, lorsque ce dernier sanctionne l'engagement de sa femme, ou lorsqu'il en est le bénéficiaire.

Bien que Khalil garde le silence sur ce point, il est clair que le fidéjusseur doit être solvable (3). Le créancier qui exige une caution se gardera d'accepter celle d'une personne qui ne lui offrirait pas plus de garanties que le débiteur lui-même. Mais l'insolvabilité postérieure d'un fidéjusseur, accepté par le créancier, n'astreindrait évidemment pas le débiteur à donner une autre caution, sauf stipulation contraire (4).

Il est loisible au créancier de ne pas exiger que le fidéjusseur soit domicilié dans le même lieu que lui (5). Mais il est certain que, dans la pratique des choses, cette exigence sera fréquente ; car, elle rendra les poursuites, s'il échet d'en exercer, plus faciles et moins dispendieuses, et elle permettra au créancier de surveiller les agissements du fidéjusseur et de veiller à ce qu'il ne fasse pas disparaître ses biens.

362. DU DÉBITEUR. — A vrai dire, le débiteur n'a aucune condition de capacité à remplir : il est le bénéficiaire du bon office que lui rend le fidéjusseur. Cela est si vrai que l'on peut se rendre caution d'une personne sans même la connaître, sans avoir reçu d'elle

---

(1) *Conf. suprà*, n° 191. Je n'ai pu entrer dans aucun développement au sujet de la capacité du malade qui contracte à titre gratuit, la solution de cette question étant très délicate, très complexe, et n'étant, dès lors, pas de celles qui doivent figurer dans un ouvrage élémentaire. On trouvera toutes les explications utiles dans mon *Essai d'un traité méthodique de droit musulman*. V. *Interdiction*.

(2) *Conf. suprà*, n° 192. J'ai déjà dit combien cet argument est peu juridique. J'ajoute que, les parents de la femme, aussi intéressants que le mari — je devrais dire plus intéressants, car la répudiation peut exclure le mari de la succession de la femme, tandis que les parents sont certains d'y être maintenus — seraient fondés à élever des prétentions au moins aussi légitimes.

(3) Code civil, art. 2018, 2019.

(4) Code civil, art. 2020.

(5) Code civil, art. 2018 et *infrà*, n° 369. La division d'un État ou d'une province en ressorts judiciaires n'existait pas dans les premiers temps de l'islamisme. Aujourd'hui encore, les Musulmans jouissent de la faculté à peu près illimitée de porter leurs différends devant un juge de leur choix.

aucun ordre dans ce sens (1), alors même qu'elle serait absente (2). Il n'en est pas moins vrai que, dans le fond des choses, le débiteur doit avoir été capable de contracter une dette valable, puisque le cautionnement, contrat accessoire, donné à l'occasion d'une dette dépourvue d'existence juridique, est frappé indirectement de nullité.

C'est donc en examinant les conditions auxquelles la créance cautionnée est soumise que nous rechercherons implicitement quelle doit être la capacité du débiteur.

On peut, d'ailleurs, se rendre caution pour quelque débiteur que ce soit, même pour une personne décédée. Ici, toutefois, une distinction est nécessaire. Le défunt laisse-t-il des ressources, on s'accorde à ne pas considérer comme valable le cautionnement posthume qui lui est donné (3); il ne l'est que dans le cas où sa succession est obérée.

Quant à l'insolvable, judiciairement déclaré tel (4), il est toujours permis de le cautionner, car il est possible qu'il se relève et qu'il fasse, dans l'avenir, honneur à ses engagements, surtout avec l'aide d'une ou de plusieurs cautions.

---

(1) A moins pourtant que le fidéjusseur ne soit animé d'un sentiment de malveillance, qu'il n'ait, par exemple, l'arrière-pensée d'exercer la contrainte par corps contre le débiteur pour se venger de lui. Nous avons déjà rencontré une restriction semblable, en matière de délégation *(conf. suprà*, n° 351). Il est permis, d'une façon générale, de payer la dette d'une personne quelconque, même malgré elle; c'est faire œuvre pie que d'agir ainsi (Coran, V, 3, *et passim*); mais rien n'est plus blâmable que d'*acheter* les dettes de quelqu'un dans le but de le poursuivre ensuite avec les armes de la loi. Le débiteur, victime d'une pareille iniquité, a le droit de faire annuler tous les actes de ce genre.

(2) Si le débiteur, à son retour, conteste la dette, il va de soi que le cautionnement suivra le sort de l'obligation principale.

(3) On est réduit aux conjectures sur les motifs de cette interdiction. Est-ce nuire à la mémoire du défunt que de lui délivrer, en quelque sorte, un brevet immérité d'insolvabilité? Peut-être vaut-il mieux supposer que les dettes d'une succession étant toujours prélevées sur l'actif avant toute répartition aux héritiers, et, dès lors, les droits des créanciers étant sauvegardés, c'est de la part dn fidéjusseur une libéralité intempestive, un empressement excessif, mieux encore, une complication sans objet pour la liquidation de cette succession. Abou Hanifa proscrit, au contraire, le cautionnement fourni à une personne morte insolvable; pour lui, c'est là un véritable *gaspillage (conf. suprà*, page 117, E.), c'est s'engager, sans y être tenu, avec la certitude de perdre son bien. Aussi, pour punir ce prodigue bénévole, le fondateur de l'école hanéfite lui refuse tout recours, alors même que l'on découvrirait ensuite quelque actif à la succession d'abord considérée comme insolvable. Mais il faut, pour être traité avec cette sévérité, que le fidéjusseur ait eu connaissance de l'insolvabilité du défunt. Il est cru sur parole quand il affirme qu'il l'ignorait, à moins qu'il ne s'agisse de la veuve; cette dernière n'est pas admise à soutenir qu'elle ne connaissait pas le mauvais état des affaires de son mari décédé.

(4) D'où cette conséquence que l'objet de la dette n'a pas besoin d'être nettement spécifié, eu égard à son espèce ou à son étendue.

363. Du créancier. — Il doit être le créancier véritable du débiteur; en d'autres termes, sa créance doit être valable, faute de quoi, comme nous allons le voir, le cautionnement, contrat accessoire, aurait le sort de l'obligation principale.

Son consentement est nécessaire, car il a le droit de discuter la solvabilité de la caution, et de ne l'accepter que si elle lui assure une sécurité supérieure à celle que lui présentait le débiteur.

364. De l'obligation principale. — L'obligation principale doit être valable, ce qu'il faut entendre de la façon la plus générale. Prohibée par la loi, non obligatoire pour le débiteur, sans cause, procédant d'un contrat vicié par l'erreur, le dol, la violence, la dette ne pourrait pas être garantie par un cautionnement valable, et celui-ci serait exposé à toutes les chances d'annulation auxquelles elle serait exposée elle-même.

Toutefois, et par tolérance, il est légal de cautionner une dette qui est sur le point de devenir obligatoire, car il arrive souvent qu'un prêteur ne consente à aventurer son capital que dans le cas où une caution solvable s'engage à l'avance à en garantir le remboursement. Ainsi, par exemple, un tiers peut dire : « Je vous offre ma caution si vous consentez à prêter cent à un tel; » et même : « Je cautionnerai un tel pour tout ce que vous consentirez à lui prêter (1). » Aussi longtemps que le prêt ne sera pas réalisé, le cautionnement ne produira aucun effet; il naîtra en même temps que l'obligation principale.

C'est en vertu de la même tolérance que la dette peut résulter d'une obligation de faire qui n'a encore reçu aucun commencement d'exécution. Primus promet une récompense à Secundus, si celui-ci lui ramène tel animal égaré ou volé, lui rend tel service, fait tel ouvrage pour lui (2). Primus, doutant de la solvabilité de Secundus, exige une caution avant de se mettre en mouvement. Rien de plus légitime, car il n'est pas juste que Primus s'expose à entreprendre un ouvrage qui ne lui sera peut-être jamais payé. Et pourtant l'espèce est très défavorable, car rien n'indique qu'il retrouvera l'animal perdu. Mais le cautionnement, valable dès le principe, ne sera obligatoire qu'après l'accomplissement de l'œuvre entreprise.

Il n'est pas indispensable que la dette soit échue, le bon sens l'indique; il est même permis au débiteur de renoncer au terme stipulé, pourvu qu'il n'en résulte aucune combinaison prohibée par la loi (3). Réciproquement, rien ne s'oppose à ce que l'on cau-

---

(1) D'où cette conséquence que l'objet de la dette n'a pas besoin d'être nettement spécifié, eu égard à son espèce ou à son étendue.

(2) Nous trouverons plus loin (chapitre XX) le type de l'obligation de faire, sous le nom de *dja'l*.

(3) Ainsi, il sera permis au débiteur de renoncer au terme, si la dette provient

tionne une dette échue, moyennant un nouveau délai accordé au débiteur, pourvu encore que les prohibitions légales ne soient pas violées. Ainsi, Primus doit cent à Secundus; l'échéance est arrivée; Primus est incapable de se libérer. Tertius offre sa caution, en stipulant qu'un terme d'un mois sera accordé au débiteur. Cette convention est licite, en thèse générale, mais s'il s'agit d'une dette qui, en raison de son origine ou de sa nature (1), ne peut être l'objet d'une prorogation de terme sous peine de procurer un profit usuraire à l'une des parties, l'obligation principale devient illicite, partant nulle, et, par conséquent, non cautionnable.

365. DE LA CAUTION. — Comme tous les contrats, le cautionnement ne résulte que d'un engagement formel, sans que celui-ci soit, d'ailleurs, soumis à l'emploi d'une formule sacramentelle (2).

La caution, sauf stipulation contraire, est astreinte aux mêmes modalités que l'obligation principale; elle en a l'étendue sous la même restriction; elle ne peut être donnée sous des conditions plus onéreuses que celles auxquelles le débiteur est soumis.

Elle peut être rétractée aussi longtemps que le prêt, qu'elle était destinée à garantir, n'est pas réalisé. Toutefois si, le débiteur contestant la dette, le fidéjusseur défère le serment au créancier en promettant sa caution dans le cas où ce serment serait prêté, l'engagement est immédiatement définitif.

Mais la condition essentielle de la validité de la caution, c'est qu'elle s'applique à une obligation qui puisse être acquittée par le fidéjusseur au même titre que par le débiteur lui-même. D'où cette conséquence que la personne condamnée à une peine corporelle, comme la prison, ne saurait solliciter, de ce chef, aucune caution valable. Cette solution, dictée par le bon sens, est d'autant plus rationnelle que le fidéjusseur, tenu de *payer* une dette de ce genre, au lieu et place du *débiteur,* n'affranchirait pas ce dernier de l'obligation de la payer à son tour, et, cette libération étant même admise, ne pourrait exercer contre lui aucun recours utile et n'aurait aucun moyen de se rendre indemne.

366. DU CERTIFICATEUR DE CAUTION. — On peut se rendre caution, non seulement du débiteur principal, mais encore de celui qui l'a cautionné (3). Le certificateur de caution est soumis à toutes les

---

d'un prêt de consommation, contrat éminemment gratuit, où le terme est stipulé en faveur du débiteur (*conf. suprà,* n° 321, 1°).

(1) *Conf.* ce qui a été dit de l'usure extérieure et intérieure, de la gratuité du prêt de consommation, de la nature particulière des denrées alimentaires et du numéraire (*conf. suprà,* page 129, note 1; page 144, note 1; page 172, note 4, n°s 311, 314 et note 3, 319, 320, etc.). Il ne faut pas oublier non plus que l'obtention ou l'abandon d'un terme peut constituer un avantage usuraire.

(2) Code civil, art. 2015.

(3) Code civil, art. 2014.

conditions de capacité imposées au fidéjusseur lui-même ; il a les mêmes droits que lui ; il a, de plus, le droit de demander la discussion (1) de la caution qui est, à son égard, un véritable débiteur principal.

367. Du RECOURS DE LA CAUTION. — Le fidéjusseur n'acquitte la dette qu'à la condition d'en répéter le montant. Sans doute, rien ne s'oppose à ce que, désireux de faire au débiteur une libéralité complète, il renonce à exercer le recours que la loi lui accorde. Mais alors le contrat changerait de nom et de nature ; il constituerait une véritable donation. Ce n'est pas ainsi que les choses se passent dans la pratique, et le plus souvent le fidéjusseur use de son droit.

Que peut-il réclamer au débiteur ? D'après la généralité des auteurs malékites, le fidéjusseur est considéré ici comme un prêteur. Il n'est pas indispensable que la dette payée par lui consiste en numéraire ; pourvu qu'il ne s'agisse pas d'un corps certain (2), toutes les combinaisons sont possibles : choses fongibles, choses non-fongibles, espèces monnayées, quel que soit l'objet livré par lui au créancier en l'acquit du débiteur, celui-ci lui doit un objet semblable. A-t-il opéré le paiement en numéraire, c'est du numéraire qui lui est dû ; en blé, en denrées alimentaires ? Ce sont des denrées de même espèces, de même qualité, en quantité égale qu'il s'agit de lui rendre.

Il faut, bien entendu, que le paiement allégué par lui soit justifié, soit par l'aveu du débiteur, soit par une preuve juridiquement administrée.

Enfin, il est presque superflu d'ajouter qu'il ne peut ni exiger, ni recevoir quoi que ce soit de plus que ce qu'il a payé lui-même, le cautionnement étant essentiellement gratuit, et le prêt à intérêt étant défendu par la loi civile et religieuse.

Mais le fidéjusseur est autorisé à transiger avec le créancier dans les termes où le débiteur le pourrait lui-même (3), à charge de tenir compte à ce dernier des réductions par lui obtenues.

368. De L'EXTINCTION DU CAUTIONNEMENT. — En principe, tout fait qui opère la libération du débiteur opère également celle du fidéjusseur, celui-ci n'étant obligé qu'à titre accessoire (4).

Ainsi, les principales causes d'extinction du cautionnement sont :

1° Le paiement fait par le débiteur, alors même que, le paiement

---

(1) *Conf. infrà*, n° 367.
(2) *Conf. suprà*, n° 359.
(3) *Conf. suprà*, n° 343.
(4) Code civil, art. 2034.

ayant eu lieu en nature, la chose serait ensuite revendiquée par un tiers;

2° La remise consentie par le créancier;

3° La donation faite par le même au débiteur;

4° La confusion qui s'opère dans la personne du débiteur principal et du créancier (1);

5° La compensation consentie par le créancier et le débiteur.

Mais, si le débiteur meurt insolvable, le cautionnement subsiste alors même que le créancier serait son héritier.

Il est à peine nécessaire d'ajouter que la libération de la caution n'opère pas celle du débiteur.

Quand le fidéjusseur meurt (2) ou est déclaré insolvable, avant l'expiration du délai stipulé, la dette devient immédiatement exigible contre sa succession ou contre la masse, il importe peu que le créancier principal soit présent et solvable. Les héritiers du défunt ou les créanciers de l'insolvable n'ont pas le droit de résister à la demande dirigée contre eux; ils n'ont que celui d'exercer, à l'expiration du délai, leur recours contre le débiteur principal, celui-ci ne pouvant perdre le bénéfice du terme que s'il meurt lui-même dans les mêmes conditions.

Lorsque la mort du fidéjusseur a lieu au moment où la dette est exigible, ou après son échéance, le créancier n'est pas admis à s'adresser aux héritiers, quand le débiteur principal est présent et solvable. Dans cette hypothèse, il n'y a aucun intérêt à s'en prendre à la succession du fidéjusseur, d'autant plus qu'il n'est qu'un débiteur accessoire, et que la dette est à la fois exigible contre le débiteur principal et contre le garant.

La caution demeure encore obligée, alors même que le créancier aurait accordé une simple prorogation de terme au débiteur, momentanément incapable de se libérer. Il n'en est ainsi, quand le débiteur est en état de payer, que si le fidéjusseur ne s'est pas opposé à la prorogation, lorsque, bien entendu, il en a eu connaissance. Mais, dans les deux hypothèses, le créancier est astreint à un serment; il doit jurer qu'il n'avait pas l'intention de libérer la caution.

La prorogation accordée au fidéjusseur profite nécessairement au débiteur principal, sauf stipulation contraire ou serment du créancier qu'il n'entendait pas étendre cette faveur au débiteur.

---

(1) Code civil, art. 1300, 1301.

(2) La mort et la déclaration d'insolvabilité d'un débiteur ont pour effet de lui faire perdre le bénéfice du terme. On se fonde, pour expliquer cette solution, sur les versets 12 et 15 de la sourate IV du Coran : « Dieu vous commande, dans le » partage de vos biens.... de donner.... *après que les legs et les dettes du défunt* » *auront été acquittés.* » Le partage de l'actif ne pouvant avoir lieu qu'après la liquidation du passif, il en résulte que les dettes du défunt doivent être acquittées immédiatement, afin de ne pas retarder le partage.

369. Du bénéfice de discussion (1). — Moins rigoureusement tenu qu'en droit français, le fidéjusseur ne peut être poursuivi tant que le débiteur principal est présent et solvable. Kharchi le dit en termes formels, la caution n'est pas, à ce point de vue, autre chose qu'un nantissement; or, le gage n'est qu'une sorte de *succédané* du débiteur; celui-ci reconnaissant la dette et la payant, il n'y pas lieu de s'en prendre au gage. De même, le débiteur étant en état de se libérer, il n'y a pas de *voie* contre le fidéjusseur.

Mais il ne suffit pas que le débiteur soit présent et solvable, il faut encore que la vérification de sa solvabilité ne soit pas trop pénible, trop difficile, soit à cause de l'éloignement de la localité où se trouvent ses biens (2), soit pour tout autre motif.

On le voit, le fidéjusseur n'a aucun rôle actif à jouer (3); il est la ressource suprême du créancier qui doit agir, s'enquérir. Bien mieux, si ce dernier, convaincu à tort ou à raison de l'absence ou de l'insolvabilité du débiteur principal, prétend exercer des poursuites contre la caution, celle-ci est crue sur sa simple déclaration lorsqu'elle affirme la présence et la solvabilité du débiteur, et, pour détruire l'effet juridique de cette affirmation, le créancier est tenu de faire la preuve de son dire contraire.

Ce sont là les conditions générales de ce que j'appelle un peu arbitrairement le bénéfice de discussion, car, à vrai dire, il n'existe pas, en droit musulman, ou plutôt il est imposé d'office au créancier.

Toutefois, les parties peuvent licitement déroger à la loi par des conventions particulières. Ainsi, est valable : 1° la clause imposant la solidarité au débiteur et à la caution; 2° celle en vertu de laquelle le fidéjusseur renonce au bénéfice de discussion, que le débiteur soit, d'ailleurs, présent ou absent (4), mort ou vivant, solvable ou insolvable; 3° celle par laquelle le créancier acquiert la faculté de s'adresser de préférence au fidéjusseur; 4° celle qui n'accorde ce droit au créancier que dans le cas où le débiteur mourrait insolvable; 5° celle qui ne l'accorde au créancier que dans le cas où le fidéjusseur décèderait avant l'échéance de la dette; 6° celle par laquelle le dire du créancier, affirmant la présence ou l'absence, la solvabilité ou l'insolvabilité du débiteur, sera accueilli nonobstant toute affirmation contraire du fidéjusseur.

Il est encore permis à ce dernier d'obliger le créancier à exercer des poursuites contre le débiteur, d'obliger le débiteur à se libérer à l'échéance de la dette; cette mise en demeure ayant pour but de mettre le créancier ou le débiteur en demeure, et d'amener l'extinction du cautionnement.

---

(1) Code civil, art. 2021.

(2) *Conf. suprà*, n° 361.

(3) Code civil, art. 2022, 2023, 2024.

(4) Il s'agit ici de la présence ou de l'absence dont j'ai déjà parlé, n° 175 et note 3.

Jamais le fidéjusseur n'est autorisé à exiger le paiement entre ses mains du montant de la dette. Le débiteur qui s'acquitterait ainsi serait exposé à payer une seconde fois, et le fidéjusseur serait garant de tous les risques auxquels la chose serait exposée pendant la durée de cette détention illégale.

Il en serait autrement si, à l'échéance, le débiteur confiait la chose au fidéjusseur, avec mandat spécial de la remettre au créancier; elle est alors aux risques du débiteur, et le fidéjusseur n'est responsable que de sa faute grave.

370. DE LA SOLIDARITÉ. — Rien ne s'oppose à ce qu'une créance soit garantie par plusieurs cautions. Mais la solidarité ne se présume point; il faut qu'elle soit clairement exprimée (1). A défaut de convention formelle, le créancier est tenu de diviser son action contre chacun des co-fidéjusseurs, en la réduisant à la part de chacun d'eux, malgré l'absence ou l'insolvabilité de tel ou tel d'entre eux (2). Il faut qu'ils se soient engagés solidairement, et encore y a-t-il lieu de formuler les distinctions suivantes :

1° Les co-fidéjusseurs se sont-ils engagés successivement, le nouveau en date déclarant garantir les précédents, le créancier acquiert simplement le droit de s'adresser à l'un d'eux, lorsque les autres sont absents ou insolvables;

2° Se sont-ils obligés solidairement, et le créancier a-t-il stipulé expressément qu'il pourrait exiger le paiement de chacun d'eux à son choix, la présence ou la solvabilité des uns ne mettent pas obstacle à ce qu'il poursuive celui des fidéjusseurs qu'il lui plait;

3° Se sont-ils engagés conjointement, sans aucune stipulation formelle de solidarité, le créancier se bornant, par exemple, à dire : « Je poursuivrai qui je voudrai d'entre vous, » il a le droit évident d'agir comme il l'a annoncé; mais, différence notable, entre cette hypothèse et les deux précédentes, celui des co-fidéjusseurs qui a payé ne peut exercer son recours contre chacun des autres que pour sa part et portion (3).

---

(1) Code civil, art. 1202.
(2) Code civil, art. 1203.
(3) Code civil, art. 1213, 1214, 1215.

APPENDICE

§ 1er. — DU CAUTIONNEMENT DE COMPARUTION (1)

—

371. GÉNÉRALITÉS. — Ainsi que je l'ai déjà dit (2), notre droit criminel autorise un tiers à garantir, sous une sanction pécuniaire, la comparution d'un prévenu, non seulement devant le magistrat instructeur, mais encore devant le juge. Le cautionnement de comparution, en droit musulman, est purement civil. Un débiteur est soupçonné de vouloir se dérober aux poursuites légitimes de son créancier; celui-ci, armé de la faculté de faire prononcer contre lui la contrainte par corps, exige qu'un tiers cautionne *son visage* (3), c'est-à-dire s'engage à le représenter à l'échéance de la dette. Telle est la notion du cautionnement de comparution.

372. CAPACITÉ. — La capacité exigée pour le cautionnement de comparution est la même que pour le cautionnement ordinaire (4). Le fidéjusseur doit être capable d'aliéner à titre gratuit. C'est ainsi que le mari peut provoquer l'annulation du cautionnement de comparution auquel sa femme s'est engagée. Et ici, dérogation aux principes généraux, il n'y a pas lieu de distinguer si la dette indirectement cautionnée est supérieure au tiers disponible (5). En effet, la femme s'engage, non seulement à payer, le cas échéant, la dette cautionnée, mais encore à subir la contrainte par corps, et surtout elle s'expose à comparaître en justice, ce qui est toujours une cause de déconsidération pour une femme.

373. ÉTENDUE ET EXTINCTION DU CAUTIONNEMENT DE COMPARUTION. — Dès que le fidéjusseur a fait comparaître le débiteur, celui-ci fût-il insolvable, il est libéré de son obligation. Il est certain que si le débiteur est détenu pour une autre cause, s'il comparaît volontairement, la solution est la même, pourvu toutefois, dans toutes ces hypothèses, que l'échéance de la dette et la présence du débiteur se produisent au même moment.

Mais dans quel lieu le fidéjusseur est-il tenu de produire ce der-

---

(1) *Conf.* Accarias, *Précis de droit romain*, tome II, pages 841 et 850; Pothier, Pandectes, tome I, page 335, sur le *vindex* et sur la *cautio in jure sistendi*.

(2) *Conf. suprà*, n° 359.

(3) Ce n'est là qu'une façon de parler : la désignation de la partie pour le tout, la personne humaine étant indivisible (*conf. suprà*, n°° 141 et 149). Nous retrouverons cette expression employée en matière de société *(Conf. infrà*, n° 408).

(4) *Conf. suprà*, n° 361.

(5) *Conf. suprà*, n° 193.

nier, quand il est en liberté? Il importe de distinguer : le lieu a-t-il été désigné, c'est là, et non pas ailleurs, que la comparution est obligatoire. Dans le silence de la convention, c'est là où elle a été formée que le débiteur doit être amené.

Quand le fidéjusseur n'est pas libéré par un des moyens qui précèdent, il est obligé de payer la dette. Tout au plus, peut-il lui être accordé un court délai, lorsque le débiteur n'est pas éloigné de plus d'un jour de marche du lieu où sa comparution a été promise.

Une fois le fidéjusseur condamné personnellement, il n'est pas possible de l'exonérer, quand bien même le débiteur comparaîtrait ensuite. Mais s'il est juridiquement établi que, avant le jugement de condamnation, le débiteur était insolvable, mort, il n'en est plus ainsi, et le fidéjusseur, s'il a payé, est admis à exercer son recours contre le créancier.

§ 2. — DU CAUTIONNEMENT DE RECHERCHE

374. GÉNÉRALITÉS. — Cette variété du cautionnement n'est plus spéciale, comme la précédente, au droit civil. Il s'agit, en effet, non pas de garantir la comparution d'un débiteur, mais de le rechercher, d'indiquer sa résidence actuelle, afin qu'il puisse être saisi et contraint, soit à remplir un engagement purement civil, soit à recevoir le châtiment qu'il a encouru pour une infraction à la loi pénale. Il n'est fait exception à cette généralité d'application que pour les attentats contre Dieu; là, aucune caution n'est admise.

375. CAPACITÉ. — Celui qui promet de rechercher un individu est soumis aux mêmes conditions de capacité que celui qui cautionne une dette.

La femme, en raison des périls, des responsabilités pécuniaires et des fatigues dont le cautionnement de recherche est la source, n'est pas autorisée à s'y soumettre, sans l'autorisation formelle de son mari.

376. ÉTENDUE ET EXTINCTION DU CAUTIONNEMENT DE RECHERCHE. — Ce cautionnement s'établit soit par une formule impliquant, de la part du fidéjusseur, sa soumission à une responsabilité pécuniaire, à titre de sanction pénale, soit par une formule excluant toute responsabilité de ce genre.

Dans ce dernier cas, le fidéjusseur n'est tenu que lorsque sa négligence, sa faute grave sont établies. Ainsi, a-t-il laissé évader le débiteur, s'est-il laissé corrompre par lui, n'a-t-il pas poussé ses investigations assez loin, il peut être condamné pécuniairement et même corporellement.

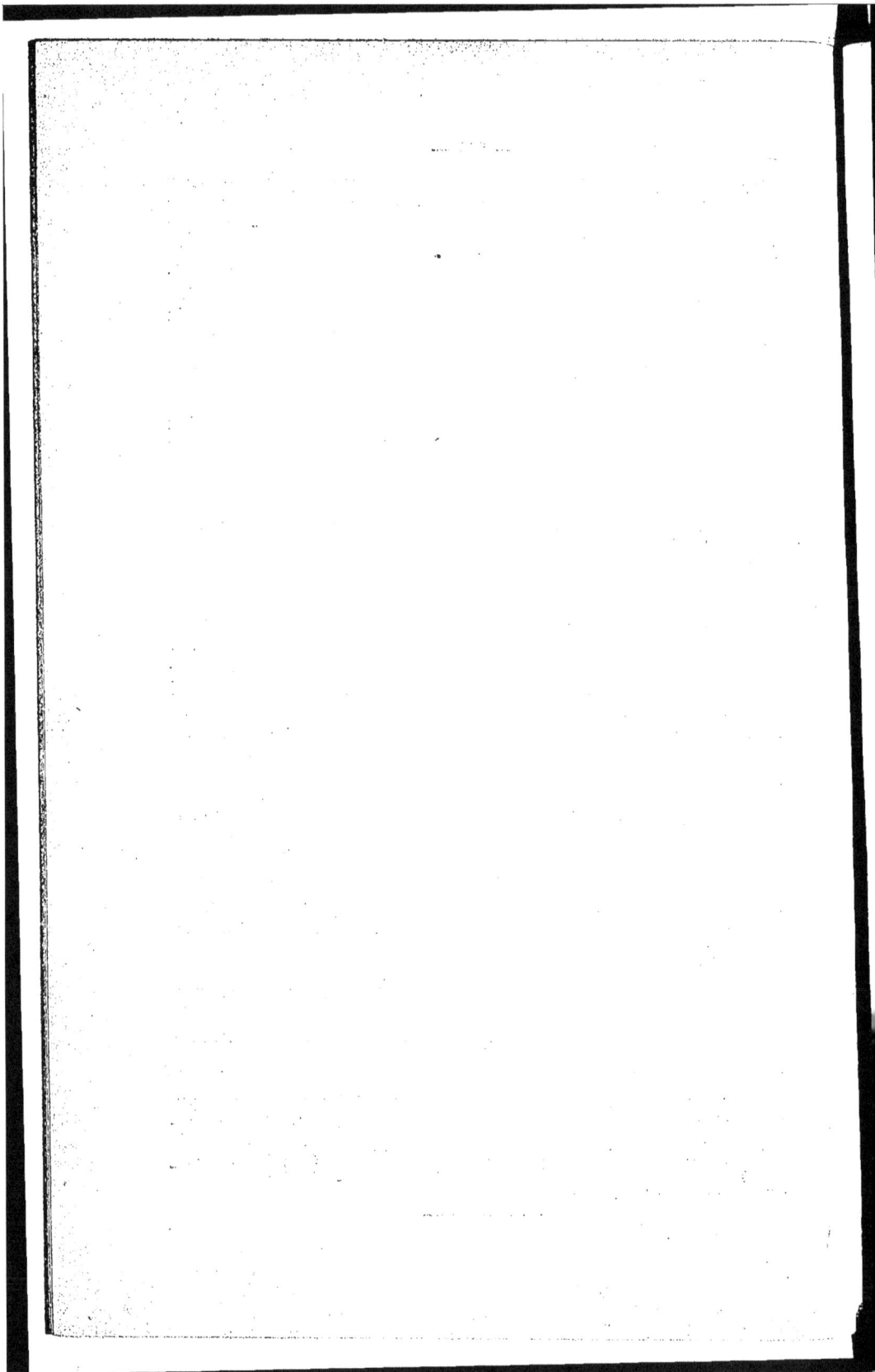

CHAPITRE IX

DE LA SOCIÉTÉ

(CHIRKA)

—

377. Généralités. — L'association, sous toutes ses formes connues, doit jouer un rôle éminent chez un peuple où la solidarité, recommandée par la religion, encouragée par la loi civile, est une véritable institution sociale. Les Musulmans sont frères (1); lorsqu'une jeune fille n'a pas de ouali, c'est la communauté musulmane qui lui en fournit un (2). Le Coran proclame, à chaque page, le principe : « Aidez-vous les uns les autres, » en lui enlevant malheureusement sa haute portée morale, puisque cette assistance mutuelle n'est due aux infidèles que dans des proportions moindres (3). Toujours est-il que l'idée d'association s'est développée, avec toutes ses conséquences fécondes, dans une nation qui, pour marquer l'unité de Dieu, n'a pas trouvé de meilleure formule que celle-ci : « Il n'a pas d'associé, » et qui, pour montrer qu'il jouit seul de ce majestueux isolement, dit des hommes : « Les créatures sont associées pour la vie de ce monde. »

Il est permis de l'affirmer, le monde islamique est une vaste association. Les sociétés particulières ne créent, à vrai dire, que des relations beaucoup moins étroites que celles résultant de la simple qualité de Croyant. Les Musulmans pourraient inscrire sur leur drapeau la devise : *Soumission à Dieu, égalité, fraternité.*

La théorie de la société est donc une des plus importantes, et, aussi, une des plus compliquées du Code musulman. Toujours préoccupés de l'horreur que leur inspire le lucre illicite, l'usure (4), il n'est pas surprenant que les auteurs aient été amenés à rendre

---

(1) « *Nul ne doit demander une femme en mariage après la demande de son frère,* » dit un haddits du Prophète *(Conf. Essai d'un traité de droit musulman,* page 96, note 6).

(2) *Conf. suprà,* n° 16.

(3) *Conf. infrà,* n° 412.

(4) *Conf. suprà,* n° 314, note 3.

obscure, anti-juridique, sur bien des points, une matière où il est surtout question de bénéfices réalisés.

Très heureusement la simplicité de leur procédure et de leur organisation judiciaire leur a épargné d'autres complications dont nos législations ne sont pas exemptes.

Nous avons déjà eu l'occasion de le constater (1), l'unité de juridiction, à laquelle nous ne parviendrons jamais, hélas! existe au plus haut degré chez les Musulmans. De là l'unité du justiciable et le caractère purement civil de tous les contrats. Il n'y a donc pas à se soucier ici de la grande division des sociétés en civiles et commerciales (2). De là une simplification qui rendra les explications qui suivent d'une intelligence plus facile (3).

378. DIVISION. — Il y a, en droit musulman, sept espèces de sociétés :

1° La société fiduciaire ;
2° La société restreinte ;
3° La société légale ;
4° La société ouvrière ;
5° La société de visage ;
6° La quasi-société ;
7° La société agricole.

Mais avant d'étudier chacune de ces formes spéciales d'association, Khalil a consacré un chapitre de son *Précis* à l'examen des principes généraux qui régissent la matière. Nous suivrons son exemple, avec d'autant plus de raison que nous éviterons ainsi des répétitions inutiles.

§ *1er*. — *Des sociétés en général*

379. DÉFINITION. — La société, dans son sens le plus étendu, est la mise en commun d'un bien (4), par deux ou plusieurs propriétaires. Dans une acception plus restreinte, c'est l'aliénation con-

---

(1) *Conf. supra*, nos 190 et 339.

(2) Code civil, art. 1835 et 1873. Code de commerce art. 18 et suiv.

(3) Je ne saurais assez recommander la lecture de la magistrale introduction que Troplong a placée au seuil de son *Contrat de société civile et commerciale*. On y remarquera une citation de Coquille qui s'applique, à peu de chose près, à la nation arabe, surtout ces mots expressifs du vieil auteur : « *Mais, par fraternité, amitié et liaison économique, font un seul corps.* »

(4) Le texte ajoute : « *comme propriété seulement,* » pour indiquer que la simple jouissance d'une chose ne peut pas constituer l'apport d'un associé. Mais c'est là une redondance.

Je traduis par *bien* le mot *moutamaououel (Conf. supra*, n° 311, note 4). Ibn Arfa affectionne cette expression qu'il emploie dans la plupart de ses définitions.

sentie par une personne d'une partie de sa chose moyennant une partie de la chose d'autrui, d'où résulte le droit pour chacun des contractants de gérer le tout.

Cette définition n'a pas besoin de commentaire spécial. Les développements qui suivent la rendront suffisamment claire.

380. CAPACITÉ. — La société n'est qu'une sorte de mandat réciproque. Il n'est donc pas étonnant qu'elle ne soit valable qu'entre personnes ayant la capacité nécessaire pour donner ou pour recevoir mandat (1). D'où cette conséquence, qu'il faut jouir de la capacité contractuelle (2) pour former une société. De plus, dans l'intérêt même de la communauté qui va naître, il ne doit y avoir aucune hostilité entre les futurs associés. Cette disposition est, d'ailleurs, empruntée elle-même à la théorie du mandat. C'est pour cela qu'un musulman et un mécréant doivent éviter de s'associer, les haines religieuses étant très ardentes. Toutefois, si le contrat a été formé, il demeure obligatoire entre les parties appartenant à des religions différentes. Mais l'associé musulman doit, autant que possible, être présent aux opérations sociales, et cela dans un double but : 1° pour éviter que le mécréant ne contrevienne aux lois de l'usure (3), car s'il a le moindre soupçon à cet égard, la société liquidée, le musulman est tenu d'employer sa part de bénéfice en aumônes; 2° pour éviter que le mécréant ne trafique de choses prohibées, comme le vin, la viande de porc (4), ce qui exposerait encore le musulman à donner aux pauvres, non plus seulement sa part de bénéfice, mais son capital même (5).

381. FORME. — La société est un contrat consensuel; elle se forme par la seule énergie du consentement, et, par conséquent, par tout fait impliquant ce consentement (6). Ainsi, une personne disant : « Nous nous associons, un tel, un tel, un tel et moi, » les autres présents répondant par une formule d'acceptation, ou gardant un silence approbatif (7), la société est née. Il en est de même si le capital social a été versé et a été appliqué à une opération quel-

---

(1) *Conf. infrà*, tome II, chapitre X.

(2) *Conf. suprà*, n°s 183 et suiv., et 196.

(3) *Conf. suprà*, n° 314, note 3.

(4) *Conf. suprà*, n° 201, 1°.

(5) C'est là un exemple curieux d'impureté accidentelle. Comme il est impossible de savoir qu'elles sont les pièces de monnaie qui ne sont pas le produit de la chose impure, toute la somme est contaminée *(Conf. suprà*, n° 201, 1°).

(6) *Conf. suprà*, n° 195. La société agricole déroge à ce principe *(Conf. infrà*, n° 414). *Conf. aussi infrà*, n°s 397, 404, 409.

(7) C'est par analogie que ce mode d'acceptation est toléré, le silence approbatif du Prophète étant un des éléments de la *sounna*.

Traité élémentaire de droit musulman.   18

conque. Ainsi encore, lorsque l'usage local (1) exige, par exemple, que le contrat soit constaté par écrit, c'est au moment où l'acte est rédigé que la société est *nouée*. Dès ce moment, le contrat est formé, à tel point qu'aucun associé ne peut plus exiger qu'on lui restitue le capital par lui engagé. Il faut au moins qu'une opération soit terminée, et alors, en cas de refus de l'un des associés, la liquidation a lieu par autorité de justice.

Il faut évidemment supposer que l'association a été formée pour un temps déterminé ou pour une série d'affaires, car, si elle ne l'avait été que pour une affaire unique, celle-ci terminée, on ne comprendrait ni le refus de l'un des associés, ni l'intervention du juge, la société prenant fin, de plein droit, une fois son programme rempli.

382. DE L'APPORT SOCIAL. — L'apport de chacun des associés peut consister en numéraire, en objets mobiliers (2), en denrées alimentaires (3), mais à la condition de ne violer aucune des règles de précaution qui ont pour but de rendre l'usure (4) impossible. En effet, comme le dit énergiquement Mohammed Kharchi, la société est un contrat de *chevauchement*, en ce qu'elle tient à la fois de la *beïa* (5) et du mandat : Si Primus verse cent dans le fonds social, c'est parce que Secundus y fait un versement semblable; il y a là une véritable aliénation à titre onéreux, d'autant plus qu'ils aliènent tous deux, non pas la jouissance, mais la propriéte de leur apport (6).

Mais, si la société était une *beïa* pure, les deux apports seraient assujetis à une équivalence plus ou moins complète, suivant la nature spéciale du contrat, celui-ci épuisant, pour ainsi dire, tous ses effets dans une opération unique. Or, il n'en est pas ainsi dans

---

(1) Le Code civil français admet également l'autorité de l'usage, quand il n'est pas en opposition avec la loi écrite. Art. 663, 671, 1159, 1736, 1758.

(2) *Conf. suprà*, page 200, note 1.

(3) *Conf. suprà*, n° 277, note 4.

(4) *Conf. suprà*, n° 314, note 3. Je me borne à poser le principe, sans entrer dans les puérils développements auxquels se complaisent les auteurs, d'autant plus que les musulmans algériens sont devenus, à notre contact, très sceptiques en cette matière. Ils s'associent toujours sans recourir aux formes françaises, trop compliquées pour eux, eu égard au peu d'importance des intérêts en jeu; mais ils s'affranchissent aussi des entraves créées par leur loi religieuse; les plus timorés cherchent au moins à l'éluder. Je pourrais nommer un personnage considérable, qui, ayant acheté un immeuble, et ne pouvant en payer le prix en entier au comptant, a proposé à son vendeur de capitaliser à l'avance les intérêt du solde dû par lui. Il pensait ainsi ne pas contracter un emprunt productif d'intérêt! Naïve conciliation du fanatisme religieux et du fanatisme de l'argent, tous deux bien vivaces chez les indigènes.

(5) *Conf. suprà*, n° 218 et la note.

(6) *Conf. suprà*, n° 379.

la société; il y a bien une aliénation, mais elle a pour objet une série d'opérations, à la suite desquelles la chose aliénée reviendra entre les mains de son propriétaire augmentée d'une part de bénéfice, et c'est alors que, par l'établissement d'une stricte proportionnalité entre la chose et la portion qui lui sera attribuée dans la somme des produits, l'équivalence sera respectée.

Il est même permis d'aller plus loin. La société est encore un contrat de réciprocité, en ce que chacun des associés se dépouille du droit de gérer sa chose moyennant l'octroi de la gérance de la chose d'autrui : il y a réciprocité de mandat (1).

Quoiqu'il en soit, c'est par cette assimilation avec la *beïa* que les jurisconsultes musulmans justifient l'application des règles de l'usure à la société. Et c'est par un motif analogue qu'ils déclarent illicite la société dans laquelle tous les apports consisteraient en denrées alimentaires. Voici leur raisonnement dans toute sa subtilité : Primus et Secundus s'associent; chacun d'eux verse une certaine quantité de denrées alimentaires. Par le fait même de l'association, Primus aliène la moitié de sa chose moyennant l'aliénation par Secundus de la moitié de sa chose, et réciproquement. Mais aucun des deux contractants ne prend possession, en réalité, de ce que l'autre a aliéné, et, ainsi, chacun d'eux aliène des denrées alimentaires avant d'en avoir pris possession (2), ce qui est défendu.

Quand un apport consiste en objets mobiliers, on doit en estimer la valeur au jour du contrat, ou au jour de la perte, celle-ci se produisant avant le versement du fonds social.

Il est certain que, la société ayant pour champ d'action le négoce il ne saurait être question de lui constituer un actif immobilier. Les vastes combinaisons du commerce et de l'industrie modernes ont toujours été inconnues aux Musulmans (3).

Quand les apports des associés ont été confondus en une masse unique, celle-ci est aux risques de la société, fût-il, d'ailleurs, possible de reconnaître la part de chacun.

Il en est autrement lorsque les apports sont demeurés séparés, en ce sens que chaque associé a conservé la possession de sa part contributive à l'actif. Dans cette hypothèse, il subit seul la perte, et si ses associés ont réalisé un bénéfice, il n'est admis à y participer qu'en faisant un nouveau versement proportionnel aux droits qu'il avait dans la société.

La société n'en est pas moins valablement constituée, lorsque l'un des apports n'a pas encore été versé, pourvu qu'il doive l'être à bref délai, et que les opérations n'aient pas encore commencé. Mais si le retard dépasse la limite fixée par la loi (4), la société

(1) *Conf. suprà*, nᵒ 380.

(2) *Conf. suprà*, nᵒ 274.

(3) *Conf.* toutefois *infrà*, nᵒ 409; mais il s'agit là d'une situation toute particulière.

(4) De deux à dix jours.

elle-même se trouve viciée dans son essence. D'où la conséquence que si quelque opération a été faite avant le versement, si court fût le retard, le contrat est également vicié.

§ 2. — *De la société fiduciaire*

383. DÉFINITION. — La société fiduciaire (1) est celle par laquelle chacun des associés concède à chacun des autres, présents ou absents, la gérance de la société, alors même que celle-ci a pour objet une entreprise déterminée.

384. CAPACITÉ. — Il ne s'agit ici que d'une variété de la société. Ceux qui y prennent part sont soumis aux conditions générales de capacité énumérées plus haut (2).

385. FORME. — La société fiduciaire se forme, le plus souvent, par suite d'un défaut de précision dans les engagements respectivement pris par les parties contractantes, ou dans les droits attribués à chacune d'elle. Rien ne s'oppose, d'ailleurs, à ce qu'elle résulte des clauses même du contrat. Dans les deux cas, elle est soumise, au point de vue de la formule, aux règles exposées ci-dessus (3).

386. APPORT SOCIAL. — Ici encore, il suffit de se reporter aux principes généraux qui régissent le contrat de société (4).

387. NOTIONS PARTICULIÈRES. — Chaque associé a la gérance à un degré si éminent qu'il est autorisé à faire des libéralités à des tiers, en engageant ses co-associés, pourvu qu'il s'agisse d'achalander l'entreprise. Il peut disposer de choses de minime importance, comme d'un ustensile, d'un outil, d'un serviteur, à titre de prêt; commissionner un individu pour gérer une succursale, un colporteur pour étendre le cercle de l'entreprise; commanditer un tiers; déposer tout ou partie de l'actif chez une personne sûre, quand cette mesure est commandée par les circonstances, faute de quoi il est directement garant des risques; céder en participation un objet appartenant à la société; résilier un marché; le transfé-

---

(1) Le mot *moufaouad'a* implique l'idée de confiance mutuelle. C'est pour ce motif que je le traduis par *fiduciaire*, puisque je me suis déjà servi de la même expression à propos de la dot *(conf. suprà,* n° 27, 3°), et de la répudiation *(conf. suprà,* n° 118).

(2) *Conf. suprà,* n° 380.

(3) *Conf. suprà,* n° 381.

(4) *Conf. suprà,* n° 382.

rer; renoncer à l'option rédhibitoire (1), même contre le gré de ses co-associés; faire l'aveu d'une dette sociale, pourvu que le créancier ne soit pas réputé personne suspecte (2); vendre à crédit, etc.

Mais il lui est interdit d'acheter à crédit, d'admettre un associé nouveau, d'emprunter à usage un cheval, un mulet pour transporter les marchandises sociales, de trafiquer d'un dépôt. Ce sont là autant d'opérations qui, en raison de leur importance même, ont besoin d'être autorisées par les autres associés. Faute de cette autorisation, il demeure personnellement tenu.

Chacun des associés est le mandataire des autres. D'où cette conséquence que l'action résolutoire dirigée contre l'un d'eux les engage tous, qu'ils se doivent mutuellement compte de leur industrie personnelle et des salaires qu'ils en retirent.

On admet que le fait, par l'un des associés, de trafiquer à son profit personnel, avec des fonds séparés, ne vicie pas le contrat. Il en est de même s'il accepte la gérance d'une commandite. Mais, dans ces deux hypothèses, gain ou perte, rien n'engage la société.

388. PARTAGE. — Lorsque la société arrive à son terme, chacun des co-intéressés reçoit, dans les bénéfices, une part proportionnelle à son apport. Il participe aux pertes dans la même mesure.

Toute stipulation contraire est nulle.

Mais il est permis à chacun des associés de faire, après le contrat, des avantages particuliers aux autres.

389. CONTESTATIONS. — L'associé qui déclare avoir éprouvé une perte dans une opération est cru sur parole; il n'est soumis au serment que dans le cas où les circonstances lui donnent un démenti. Mais sa simple déclaration peut toujours être détruite par la preuve contraire.

S'agit-il de la perte de la chose, dans le sens juridique, la solution est la même (3).

Il en est encore ainsi, quand il affirme avoir acheté une chose pour son compte personnel; mais il faut que l'objet soit de ceux qui sont nécessaires aux besoins de la vie, en fait de nourriture, de boisson, de vêtements. Il en serait tout différemment pour des immeubles, des meubles autres que de l'or ou de l'argent (4), des animaux; des acquisitions de ce genre seraient présumées faites pour la société, et les co-associés en prendraient leur part.

Lorsqu'un des associés soutient qu'il a droit à une part virile

---

(1) *Conf. suprà*, n° 247 et suiv.

(2) Sont réputées personnes suspectes : le père, la mère, le conjoint, l'enfant, l'ami, etc. *(Conf. suprà*, n° 190).

(3) L'associé est, au point de vue des risques, assimilé au dépositaire ; c'est ce qui explique la prépondérance accordée à ses allégations.

(4) *Conf. suprà*, page 200, note 1.

dans les bénéfices, il en est encore cru sur sa simple affirmation, appuyée d'un serment. En effet, son dire est conforme à la vraisemblance.

Dans le cas où l'un des associés revendique, comme dépendant de la société, des valeurs demeurées entre les mains de son co-associé, ou accorde également la préférence à son dire, mais à deux conditions, il faut : 1º que l'existence de la société soit établie ; 2º que le contestant soit impuissant à prouver que ces biens lui sont échus par succession, par legs, par donation, ou par tout autre mode légal d'acquérir la propriété. Il importe peu, d'ailleurs, que la date de cette acquisition extra-sociale soit précisée exactement.

De même encore, un des associés ayant touché une somme pour le compte de la société, et étant décédé ensuite, si l'un des co-associés déclare cette somme encore due, son dire fera foi, pourvu qu'il ait pris la précaution de faire constater l'encaissement au moment où il a eu lieu, ou que l'intervalle entre la perception et le décès soit de courte durée (1).

De même encore, lorsqu'un des associés est actionné pour avoir reçu sur le fonds social les deniers nécessaires pour constituer une dot, il est tenu de justifier, en cas de dénégation de sa part, la provenance de cette somme. A défaut, la déclaration contraire du co-associé est prépondérante.

Les dépenses personnelles de chacun des associés sont présumées se compenser, à moins que leurs charges de famille ne diffèrent sensiblement, comme, par exemple, lorsque l'un d'eux est célibataire et que tel autre est marié.

§ 3. — De la société restreinte

390. DÉFINITION. — La société restreinte (2) est celle où aucun des associés ne peut agir sans l'autorisation et la connaissance de ses co-associés. La notion juridique de cette variété de la société demeure, d'ailleurs, conforme à celle de la société en général. Chacun des associés est toujours le mandataire de chacun des autres ; mais le mandat a besoin, pour ainsi dire, d'être renouvelé à chaque acte d'administration.

391. CAPACITÉ. — D'où cette conséquence que les conditions de capacité imposées aux contractants sont encore les mêmes que pour la société en général.

---

(1) Moins d'un an, d'après Mohammed Kharchi.

(2) Mot à mot : « la société de frein » par analogie avec le frein qui sert à modérer l'allure d'une monture, laquelle est ainsi soumise à la volonté de son cavalier. La société fiduciaire est donc celle où chacun des associés *a la bride sur le cou.*

392. FORMULE. — Il en est de même pour la formule ; mais, le bon sens l'indique, la formule devra mentionner et préciser les restrictions apportées au mandat légal des associés.

393. APPORT SOCIAL. — Il ressort des explications des auteurs que, si la société restreinte laisse moins d'indépendance aux associés, elle porte également sur des trafics de moindre importance, et spécialement sur une opération unique.

Ainsi les auteurs, et notamment Khalil, donnent comme exemple l'association de deux personnes, dont l'une possède un faucon mâle, et l'autre un faucun femelle, et qui s'entendent pour partager les produits de ces deux animaux. A première vue, on pourrait même supposer qu'une société de ce genre déroge absolument aux principes. En effet, chacun des associés demeure propriétaire de son faucon, le soigne, etc. Mais il n'en est rien, car l'apport social consiste plus spécialement dans les œufs que la femelle pondra et dans les petits qu'elle fera éclore (1).

394. RÈGLES PARTICULIÈRES. — Il dépend des contractants de modifier à l'infini le mandat qu'ils se confèrent l'un à l'autre, pourvu que ce mandat soit très restreint, ou qu'il soit toujours soumis, dans son exercice, à la ratification des autres associés. D'une façon générale, il est interdit à chacun d'eux de vendre, de louer, de prêter, de donner tout ou partie du fonds social sans l'autorisation formelle ou tacite de tous les co-intéressés.

Dire à un tiers : « Achète telle chose pour moi et pour toi » constitue une société restreinte, bien que le mot société n'ait pas été prononcé. Mais il faut encore que l'acheteur, une fois la chose acquise, ne puisse en disposer que du consentement de celui qui lui a donné l'ordre d'achat.

Il est même permis à ce dernier d'avancer tout ou partie du prix d'achat, pourvu que le prêt soit gratuit, sous peine d'imprimer un caractère usuraire au contrat (2). On va même plus loin, l'acheteur ne doit pas être connu pour sa grande habileté commerciale, car le prêt, même gratuit, cesserait de l'être, dans cette hypothèse, celui qui a ordonné l'achat et avancé les fonds pouvant avoir été déterminé par les aptitudes spéciales de son futur associé.

---

(1) Je mentionne, à titre de curiosité, que cette association ne peut avoir lieu que pour les *oiseaux volants* ; voici pourquoi : Il y a, chez les mâles des oiseaux de basse-cour, une complète indifférence pour leurs petits ; la femelle seule les couve, les nourrit, les soigne ; chez les oiseaux volants, au contraire, le père remplace la mère sur le nid, quête la nourriture des petits. Si donc le propriétaire d'un coq et d'une poule s'associaient, leur apport respectif ne serait pas égal.

(2) Ce sont toujours les mêmes préoccupations anti-économiques.

§ 4. — *De la société légale*

395. Définition. — La société légale (1) est celle qui est imposée à un individu dans certaines situations définies par la loi.

Ici quelques explications préliminaires sont indispensables.

En Orient, un marché spécial est affecté à chaque variété de marchandise ; si la ville n'est pas assez importante pour comporter plusieurs bazars ou plusieurs marchés, chaque corps de métier se groupe sur un point déterminé de la halle qui les contient tous. Ici les cordonniers, plus loin les marchands de tissus, là les tailleurs et les passementiers (2). Aussi, lorsqu'une marchandise est exposée dans le lieu où l'on vend des marchandises semblables, c'est créer contre soi la présomption que l'on a l'intention sérieuse de la vendre.

D'autre part, les marchands établis dans une ville paient des taxes ; il ne serait pas juste qu'un étranger, affranchi de toute redevance fiscale, fît une concurrence désastreuse au commerce local. C'est pour empêcher cet abus que la loi donne au négociant établi le droit de contraindre tout individu étranger à l'admettre à titre d'associé dans ses opérations d'achat.

396. Capacité. — Les parties doivent remplir ici des conditions spéciales de capacité, sans qu'elles soient dispensées pour cela d'être, d'une façon générale, capables de contracter une association (3).

Il faut que l'associé qui s'impose soit un négociant, qu'il soit établi dans la ville, qu'il fasse le même commerce que l'étranger. En effet, s'il était, par exemple, marchand de tissus, il n'aurait aucun intérêt à se constituer l'associé forcé d'un étranger négociant en grains.

Quant à ce dernier, il n'est pas nécessaire qu'il soit négociant de profession ; il suffit qu'il fasse un acte de commerce dans la circonstance présente (4).

397. Formule. — Le caractère particulier de ce genre de société, c'est qu'elle se forme sans l'articulation d'aucune parole. Le négociant établi est présent et garde le silence ; sa présence suffit,

---

(1) Mot à mot : « *de contrainte*, » celle à laquelle on ne peut pas se soustraire, qui est imposée par la loi.

(2) *Conf.* les récits des voyageurs, et notamment Palgrave, *Une année dans l'Arabie centrale*, tome I, page 263.

(3) *Conf. suprà*, n° 380.

(4) C'est peut-être la seule allusion que l'on puisse relever dans le droit musulman à notre distinction française entre le négociant et celui qui fait des actes de commerce.

puisque la loi *contracte pour lui.* Mais, bien entendu, il est tenu, le marché une fois conclu, de réclamer le privilège que lui attribue la loi, et le contrat, virtuellement existant jusque-là, n'est *noué* que dans le cas où il l'exige. Quant à l'étranger, le bons sens indique qu'il doit déclarer nettement s'il entend contester la situation qui lui est faite; non pas que le contrat résulte de son consentement (1), mais, comme nous le verrons (2), son refus, sans mettre obstacle à la formation de la société, l'expose à une pénalité.

398. APPORT SOCIAL. — Chose digne de remarque, l'un des associés, l'étranger, fournit, à lui seul, le fonds social; ou, pour mieux dire, la marchandise demeure sa propriété exclusive, l'apport social se compose uniquement du bénéfice éventuel qui sera réalisé. Le marchand établi est censé en fournir la moitié, par l'effet d'une véritable fiction légale : jouissant d'un monopole, il y renonce, ou, mieux encore, y associe l'étranger; celui-ci, en effet, ne pourrait pas trafiquer dans la ville (3) sans le consentement indirect du marchand établi.

399. RÈGLES PARTICULIÈRES. — L'étranger se présente au marché. Un négociant établi s'approche, constate les achats que fait cet intrus. Aussitôt s'ouvre pour le citadin un droit d'option : il peut n'élever aucune prétention, ou réclamer la qualité d'associé. Quelques auteurs lui accordent même la faculté de se prononcer aussi longtemps que les marchandises subsistent en nature, dans la ville, pourvu que le délai qui lui est ainsi concédé ne dure pas plus d'un an.

Il appartient à l'étranger de faire cesser son incertitude en mettant le marchand établi en demeure de se prononcer de suite.

Il faut que le citadin soit présent. S'il n'assiste pas aux achats, il est présumé n'élever aucune prétention.

A en croire quelques auteurs, il n'est pas nécessaire que les achats de l'étranger aient lieu dans l'enceinte du marché; opérés dans la rue, dans une maison, dans une boutique particulière, le droit du négociant établi est le même.

400. PARTAGE. — Le partage se fait par parts égales. Bien que les jurisconsultes musulmans ne prévoient pas cette hypothèse, on peut supposer la présence de plusieurs marchands établis, et alors chacun d'eux touche une portion virile des bénéfices réalisés.

401. CONTESTATIONS. — Lorsque l'étranger refuse péremptoire-

----

(1) C'est même une dérogation notable aux principes généraux qui font de la société un contrat consensuel. Mais il s'agit ici d'une *société forcée.*

(2) *Conf. infrà,* nº 401.

(3) *Conf. infrà,* nº 399.

ment la société que la loi lui impose, il est incarcéré jusqu'à ce qu'il cède.

Mais si l'étranger allègue qu'il ne se propose pas de trafiquer dans la ville, qu'il s'approvisionne pour un voyage, pour une fête, pour son entretien et celui de sa famille, il est cru sur son serment, à moins, toutefois, que son mensonge ne soit évident; dans ce cas, ses marchandises sont confisquées et affectées au service de la maison des hôtes (1).

§ 5. — *De la société ouvrière*

402. DÉFINITION. — La société ouvrière (2) est celle par laquelle deux ou plusieurs personnes, exerçant la même profession ou des professions qui se complètent, dont les produits sont égaux, mettent leur industrie en commun, dans un but d'assistance mutuelle.

403. CAPACITÉ. — Pour s'associer *corporellement,* suivant l'expression arabe, il faut posséder la capacité requise de tous ceux qui forment une société entre eux (3).

404. FORMULE. — La loi n'impose aux contractants aucune formule sacramentelle; mais il est nécessaire, évidemment, qu'aucun doute ne soit possible sur la nature de l'engagement.

Les auteurs ne sont pas d'accord sur le point de savoir si le contrat est noué par l'échange des consentements, ou s'il faut que la société ait reçu un commencement d'exécution (4).

405. APPORT SOCIAL. — Chacun des associés apporte dans l'association son industrie particulière. De plus, l'outillage nécessaire peut être fourni par chacun des associés, ou par l'un d'eux, à charge d'un loyer imputable sur le fonds social; mais, le plus souvent, il est acquis ou loué à frais communs.

406. RÈGLES PARTICULIÈRES. — Il est essentiel, dans les sociétés ouvrières, que tous les associés exercent la même profession, le même métier, afin qu'ils aient un intérêt commun et que les dépenses, les profits et les pertes soient de même nature, de même importance.

---

(1) Lieu où sont hébergés les hôtes d'un prince, d'une ville, d'une tribu.

(2) Mot à mot : « Société de corps. »

(3) *Conf. suprà,* n° 380.

(4) Cette seconde opinion paraît préférable. Les motifs de le croire sont identiques à ceux exposés plus bas à l'occasion de la société agricole. (*Conf. infrà,* n° 414.)

Ainsi deux tailleurs, deux forgerons, peuvent valablement s'associer.

Le contrat est encore valable lorsqu'il réunit des ouvriers exerçant des métiers qui se complètent l'un l'autre, comme un fileur et un tisseur.

La société ouvrière doit surtout avoir pour effet de doubler les forces de l'individu qui, isolé, produirait moins ou produirait à frais plus considérables. L'assistance mutuelle, non l'exploitation de l'homme par l'homme, tel est le principe qui domine cette matière. Il importe peu, d'ailleurs, que les associés soient réunis dans un atelier commun ou qu'ils travaillent isolément, pourvu que leurs efforts tendent vers le même but, fût-ce au moyen de la division du travail. C'est ainsi que deux hommes peuvent s'associer pour pêcher des perles, l'un plongeant dans la mer, l'autre jetant des filets. Ainsi encore deux médecins s'associent licitement pour exploiter un remède, pour pratiquer telle branche de leur art, chirurgie, oculistique, etc., à la condition de faire, par portions égales, les avances nécessaires pour l'achat des remèdes.

De même, deux chasseurs, qui possèdent chacun un chien ou un faucon, peuvent s'associer pour exploiter, en commun, un terrain de chasse et y poursuivre le même gibier.

De même encore, deux ouvriers mineurs ont la faculté de former une association pour se livrer à des fouilles, à des recherches ou à des extractions de minerai (1).

Chacun des associés est tenu de fournir sa part d'industrie à tout travail accepté par son co-associé. Ils sont solidairement tenus des sommes qui leur sont payées, même après la dissolution de la société. Mais une entreprise acceptée par l'un des associés en l'absence (2) de l'autre n'est pas obligatoire pour ce dernier. La maladie ou la mort de l'un ne dispense pas les autres d'achever le travail commencé.

Une courte maladie, une courte absence d'un des associés n'ont aucune influence sur sa situation. Ces interruptions de travail sont censées se compenser de part et d'autre ; mais si elles sont de plus longue durée, il doit en être tenu compte dans le partage des bénéfices. Toute stipulation contraire est nulle.

407. PARTAGE. — Les bénéfices et les pertes se partagent par parts égales entre les associés.

---

(1) Les mines sont concédées à titre temporaire par le prince, moyennant une redevance. La mort du concessionnaire a pour effet d'éteindre son privilège. Aussi, l'un des associés venant à décéder, son droit ne passe pas à ses héritiers.

(2) Il s'agit ici d'une absence de longue durée, pour cause de maladie, par exemple.

§ 6. — De la société de visage

408. Notions élémentaires (1). — La société de visage (2) est celle par laquelle deux ou plusieurs personnes mettent en commun les bénéfices éventuels résultant d'achats faits à crédit.

En thèse générale, de pareilles associations sont illicites, quand elles portent sur des achats indéterminés. Nous savons combien les Musulmans réprouvent toutes les combinaisons aléatoires. Ici l'*alea* est très étendue. En effet, on ignore quelles seront les marchandises achetées, quel en sera le prix, et, par conséquent, quel en sera le bénéfice.

Mais il est facile de rendre une pareille société valable ; il suffit pour cela qu'il s'agisse d'acheter ainsi, à crédit, des marchandises déterminées à l'avance, moyennant un prix également déterminé.

On assimile à la société de visage celle par laquelle un négociant *ayant une surface*, ayant *un visage,* se charge de vendre une marchandise au profit d'un marchand obscur (qui n'a pas de visage), moyennant le partage des bénéfices à réaliser. Cette association est également illicite, mais pour un autre motif : ici il y a une véritable fraude, car le premier exploite sa notoriété commerciale pour écouler les marchandises d'un homme sans consistance qui n'a, peut-être, en sa possession que des marchandises de bas aloi. L'acheteur se trouve ainsi victime d'une tromperie.

Khalil cite encore une troisième variété d'association qu'il est bien difficile de rattacher à la société de visage. Il a été entraîné par l'association des idées. Les deux premières sociétés étant nulles, il a jugé utile de les faire suivre de celle-ci qui n'a de commun avec elles que son caractère illicite.

Voici l'espèce : Trois individus s'associent, l'un fournit un moulin, l'autre un local, le troisième une bête de trait destinée à faire tourner le manège. Il y a évidemment une grande inégalité entre ces apports ; de là la nullité de la société, à moins qu'il ne soit possible de les égaliser au moyen de soultes à payer par les associés dont la mise est inférieure.

§ 7. — De la quasi-société (3)

409. Généralités. — Ce qui distingue cette société des précé-

---

(1) Je m'astreins à ne rien omettre des matières traitées par Khalil; mais j'estime superflu d'approfondir celles qui n'ont aucun intérêt pratique, surtout dans un traité élémentaire.

(2) Je me vois obligé de traduire littéralement le mot *oujouh,* faute d'équivalent convenable. On pourrait définir cette société, au moyen d'une locution familière, celle où les associés se bornent à *payer de mine.*

(3) Pothier a adopté une classification analogue, car il a consacré un appendice de son traité de la société ou *quasi-contrat de société (conf.* Pothier, tome IV, page

dentes, c'est qu'elle se forme sans le consentement des parties. Elle est fréquente en pays arabe. L'indivision règne en maîtresse presque absolue chez les Musulmans. Il est rare qu'un propriétaire use du bénéfice inscrit dans sa loi comme dans la nôtre (1). Les familles arabes sont très nombreuses, leurs biens immobiliers sont restreints. Solliciter un partage serait la ruine de tous les communistes. De là une vie commune qui ne cesse que lorsqu'un membre de la famille s'établit au dehors, par le mariage, par l'exercice d'une profession, ou lorsque ses prodigalités l'obligent à réaliser sa part dans l'héritage de ses pères.

Et, dans bien des cas, l'exercice du droit de chefaa fait rentrer dans la possession de la famille la part ainsi aliénée.

Pour les immeubles urbains, ils sont très souvent la propriété de plusieurs personnes étrangères l'une à l'autre, et la jouissance de chacun des ayants-droit s'opère d'une façon particulière. L'immeuble est partagé par étages, on pourrait dire par *tranches horizontales* (2).

Il en est de même du mur mitoyen qui est toujours partagé dans le sens de la longueur.

De l'indivision et du voisinage résultent des conflits, tant au point de vue de la propriété elle-même qu'à celui des dépenses d'entretien qui incombent à chacun des communistes. De là aussi des obligations d'une nature spéciale, dont Khalil a jugé utile de s'occuper dans la partie de son *Précis* consacré à l'étude de la société, bien qu'il ne s'agisse ici que des conséquences de l'indivision régnant entre co-propriétaires.

Enfin, le grand jurisconsulte malékite, ayant à traiter des droits et des obligations nés de l'état de choses que je viens d'analyser rapidement, a trouvé l'occasion bonne pour épuiser son sujet. C'est pourquoi, par un artifice de méthode dont il est coutumier, il trace ici les règles propres aux servitudes (3) à l'occasion des obligations

---

308), et M. Demolombe adopte implicitement cette notion, juste d'ailleurs, car il range au nombre des quasi-contrats, dont le Code ne s'est pas occupé, l'ensemble des obligations que produit entre co-propriétaires l'indivision d'une chose commune, et il ajoute : « Ces règles sont généralement empruntées au contrat de société.... à ce point que nos anciens appelaient les communistes du nom de quasi-associés. » (Tome XXXI, pages 385 et 386). Je m'autorise de l'exemple illustre de Pothier pour adopter l'expression de *quasi-société*.

(1) Code civil, art. 815.

(2) *Conf. suprà*, page 117, F et la note 3.

(3) Le mot *servitude* n'a pas d'équivalent en langue arabe. Le mot *droits* serait plus exact, et il aurait l'avantage d'être conforme à la terminologie romaine. Au surplus, les explications qui suivent démontrent que l'on pourrait, sans s'écarter de la vérité, adopter également la division des servitudes en *jura prædiorum* et en *jura personarum*. (*Conf.* Accarias, *Précis de droit romain*, tome I, page 627). Les Arabes ignorent, d'ailleurs, notre classification française des servitudes en continues ou discontinues, apparentes ou non apparentes. (Code civil, art. 688 et suiv.).

qui n'ont qu'une analogie lointaine avec les servitudes. Rien ne s'oppose à ce que nous le suivions dans cette voie, sous le bénéfice des observations qui précèdent.

410. DES DROITS ET OBLIGATIONS DES QUASI-ASSOCIÉS. — Quand un immeuble, bain, four, boutique, puits, maison, est la propriété commune de deux personnes, et que l'une d'elles refuse de faire les réparations nécessaires, elle est mise en demeure d'y procéder sans retard. Faute d'obtempérer à cet ordre, elle est contrainte (1) à vendre sa part de l'immeuble. C'est là une pénalité excessive, et il eût mieux valu, sans doute, autoriser le co-propriétaire à procéder aux réparations, en lui accordant un recours contre son co-associé récalcitrant, ou bien autoriser ce dernier à abandonner sa part (2).

La loi se prête, d'ailleurs, au premier de ces tempéraments. En effet, lorsque, d'après Khalil, le copropriétaire d'un moulin le répare à ses frais avancés, malgré le refus des autres propriétaires, lorsque, par exemple, il remplace une meule brisée, il est autorisé à prélever ses dépenses sur le revenu, avant tout partage.

Bien que le même auteur ne s'explique pas sur ce point, il est certain que les droits et les obligations des quasi-associés sont les mêmes que ceux des associés ordinaires. Les fruits de la chose se partagent entre eux dans la proportion déterminée par le titre constitutif de la communauté. Chacun d'eux supporte les dépenses, subit les pertes dans la même mesure. Il est débiteur envers ses co-intéressés de la valeur du dommage qu'il a causé.

La quasi-société prend fin : 1° par le partage ; 2° par la vente ou l'abandon que font les quasi-associés à l'un d'eux ; 3° par la perte de la chose commune.

Il est à peine nécessaire de dire que les quasi-associés n'ont aucune condition de capacité à remplir pour former le quasi-contrat, et qu'il en est autrement lorsqu'il s'agit de le rompre.

411. DES DROITS ET OBLIGATIONS DES COPROPRIÉTAIRES DIVIS. — Ici le lien du quasi-contrat se relâche sensiblement. Ainsi que je l'ai montré plus haut (3), il est dans les mœurs arabes de diviser un immeuble urbain entre ses copropriétaires, et même d'autoriser un tiers à bâtir un étage sur une maison dont, dès lors, le rez-de-chaussée appartient à un propriétaire qui n'a avec le constructeur aucune attache directe de communauté (4). Il n'en est pas moins

---

(1) C'est encore un exemple remarquable de contrainte légale. *(Conf. suprà,* n° 197).

(2) Pothier, tome IV, page 311, n° 192.

(3) *Conf. suprà,* n° 409.

(4) *Conf. suprà,* page 117, F. et la note 3.

certain qu'il nait entre ces propriétaires *superposés* des relations de fait et de droit qui offrent une grande analogie avec celles qui existent entre quasi-associés. C'est même là ce qui justifie Khalil de les avoir analysés les unes à la suite des autres (1).

Ainsi, le propriétaire du bas est tenu, lorsque cette partie de la maison se dégrade ou menace ruine, de la réparer et même d'étançonner la partie supérieure. En effet, la jouissance du propriétaire du haut n'est possible que si le bas est en état de porter sa charge.

Il est encore tenu d'entretenir le plafond du rez-de-chaussée, d'assurer le libre fonctionnement des décharges; si l'un de ces conduits sert aux deux propriétaires, il doit être entretenu et nettoyé à frais communs.

Quant à l'escalier qui dessert l'étage supérieur, l'entretien en est à la charge exclusive du propriétaire du haut, mais seulement à partir du point où il en a seul l'usage.

Il est interdit au propriétaire supérieur d'exhausser ses murs, lorsque cette surcharge est de nature à compromettre la solidité du rez-de-chaussée (2). La vérification de ce point de fait est confiée à l'examen de personnes compétentes choisies par les parties, ou, à défaut, désignées par justice.

Le plafond du rez-de-chaussée est présumé appartenir au propriétaire inférieur. Mais le carrelage, établissement et entretien de la surface supérieure de ce plafond, est à la charge du propriétaire du haut, puisqu'il en use exclusivement (3).

412. DES DROITS ET OBLIGATIONS DES VOISINS. — Le lien du quasi-contrat subit ici un nouveau et notable relâchement : les propriétaires divis ne sont plus superposés, ils sont juxtaposés. Néanmoins, que leurs propriétés se touchent ou non, ils ont des relations forcées de toute nature les uns avec les autres; il en résulte toujours une quasi-société, mais de moins en moins étroite.

Au surplus, le voisinage, en droit musulman, a des proportions considérables. D'après une tradition prophétique, une personne a pour voisins les habitants des quarante maisons qui s'étendent, dans tous les sens, à la suite de la sienne. Il y a trois espèces de voisins : 1° celui au profit de qui on a trois espèces d'obligations à

---

(1) Code civil, art. 664.

(2) Nous avons vu qu'il ne peut vendre l'espace qui s'élève au-dessus de sa construction (conf. suprà, page 117, in fine).

(3) Je rejette ici une disposition qui semble étrangère à la matière. Un animal est présumé, faute de preuve contraire, appartenir à celui qui le monte, non à celui qui le conduit par la bride. Si la monture porte deux cavaliers, placés l'un devant l'autre, la présomption est en faveur du premier; sont-ils placés, l'un à gauche, l'autre à droite, ils sont présumés copropriétaires de la bête. Il y a pourtant là une quasi-société temporaire, que l'on découvre nettement par l'analyse. C'est ce qui justifie Khalil d'en parler ici incidemment.

remplir, savoir : celles qui résultent de la communauté de religion, celles qui résultent de la parenté, celles qui résultent du voisinage, et c'est le voisin musulman avec lequel on a des liens de parenté; 2° celui envers qui on a deux espèces d'obligations à remplir, à savoir : celles qui résultent de la communauté religieuse, celles qui résultent du voisinage, et c'est le voisin musulman auquel on n'est lié par aucun lien de parenté; 3° celui au profit duquel on n'a qu'une espèce d'obligations à remplir, à savoir : celles qui résultent dn voisinage, et c'est le voisin tributaire (1). Mais quelles sont ces obligations? Ce sont toujours les mêmes : elles procèdent toutes de l'assistance mutuelle que l'on doit à son prochain. Le voisin est-il à la fois un musulman et un parent, on aura à remplir à son égard des devoirs plus nombreux, puisqu'ils auront trois sources différentes.

Pour le voisin musulman, pour le voisin tributaire, ils seront de moins en moins étroits; mais, dans toutes ces hypothèses, le lien de la solidarité humaine subsistera.

Ces obligations sont évidemment actives ou passives.

Ainsi, il n'est pas permis à une personne de pénétrer chez son voisin, sans l'autorisation de celui-ci, qu'il s'agisse de la réparation d'un mur, de la recherche d'un animal enfui, ou de la quête d'un objet tombé d'une fenêtre, d'une terrasse.

Tout propriétaire joignant un mur a la faculté de le rendre mitoyen (2); mais si le partage en est demandé, il se pratique dans le sens de la longueur, non dans le sens de l'épaisseur. La division est accordée toutes les fois qu'il n'en résulte aucun préjudice, malgré le refus de l'un ou de l'autre propriétaire. Mais si le partage est impossible, dans le cas, par exemple, où le mur sert de support à des poutres ou chevrons, il est mis aux enchères, les étrangers non admis, et adjugé à l'un des deux intéressés; celui-ci est alors autorisé à exiger l'enlèvement des poutres de son voisin, à moins de stipulation contraire.

---

(1) Le tributaire est le non-musulman qui, ayant refusé de se convertir, s'est soumis au paiement d'un tribut, moyennant quoi, il est le client, le protégé de l'Islamisme qui lui garantit sa liberté de conscience, ses biens, ses lois, ses mœurs.

Pour emprunter aux naïfs exercices des spirites une comparaison saisissante, le fluide de la solidarité vicinale se transmet de proche en proche par la chaîne des mains entrelacées. Substituez les maisons aux mains, l'image est vraie.

Le Prophète a dit : « Soyez bienveillants pour vos voisins; tirez un voile sur eux; » évitez de leur nuire; ne les regardez qu'avec bonté; si vous leur voyez des dé- » fauts, dissimulez-les; s'ils vous font du mal, pardonnez-leur; s'ils vous font du » bien, publiez votre reconnaissance. » Et ailleurs : « Celui qui en usera mal avec » son voisin n'entrera pas au paradis; agir en ennemi contre son voisin, c'est agir » en ennemi contre moi; agir en ennemi contre moi, c'est agir en ennemi contre » Dieu. »

(2) Code civil, art. 661.

Il est défendu de détruire une clôture (mur ou haie) utile à un voisin, quand cette destruction est malicieusement pratiquée, et qu'elle a pour effet d'exposer sa demeure à un danger quelconque, et même à la simple curiosité des passants; dans ce cas, l'ouvrage doit être rétabli (1). Mais, si cette suppression a été dictée par l'intérêt évident de celui qui l'a ordonné, comme le mauvais état de la muraille ou l'espoir d'y trouver un trésor, ou un gisement de terre industrielle, de pierre, de minerai, le voisin est mal fondé à s'en plaindre.

Est murée, par ordre, toute ouverture nouvelle, porte ou fenêtre, pratiquée dans un mur et donnant vue ou accès sur l'héritage voisin. S'il s'agit d'une porte, on ordonne même l'enlèvement du seuil, de peur que l'auteur de l'ouvrage nouveau ne s'en fasse un titre dans l'avenir. Il en est de même des balcons. Mais les portes, les fenêtres, les balcons dont l'existence a été consacrée par le temps (2) sont respectés, quelque puisse être le préjudice qui en résulte pour le voisin.

Celui qui construit un établissement de bains, un four, une tannerie, un abattoir, une triperie, une fabrique de fromage, doit, sous peine d'y être contraint par l'autorité publique, prendre ses mesures pour ne pas nuire à ses voisins (3). Il est tenu de diriger la fumée de façon à n'incommoder personne, à n'endommager ni les murs, ni les vêtements, ni les tentures des habitants du quartier. Il en est de même des mauvaises odeurs qui peuvent compromettre la santé publique (4).

Il est interdit de dépiquer des grains trop près de l'habitation d'un tiers, de secouer des tapis, des nattes, même à la porte de la maison que l'on occupe.

De même, il est défendu d'adosser au mur d'un voisin une construction qui serait de nature à le détériorer. Cette interdiction se rapporte spécialement aux étables, aux écuries; les émanations pestilentielles, les fumiers, les bruits incessants des animaux sont des causes permanentes d'incommodité.

On ne peut pas non plus établir, en face de la porte d'entrée d'une

---

(1) Nouvel exemple de contrainte légale. (*Conf. suprà*, n° 197.) Nous en verrons plusieurs autres ci-dessous.

(2) Il est fâcheux que les auteurs se contentent de cette expression vague. Quelle sera la durée de temps nécessaire pour prescrire ?

(3) C'est dans le même but que les établissements réputés insalubres, dangereux ou incommodes sont réglementés *(conf.* décret du 15 octobre 1810, ordonnance du 15 janvier 1815, décrets du 31 décembre 1866 et du 31 janvier 1872). Mais notre législation, plus sage et plus prévoyante, ordonne des mesures préventives là où la loi musulmane ne règlemente que le fait accompli.

(4) Un auteur, connu sous le nom de *El-Bennaï* (le *maçon*), a publié un livre curieux que l'on pourrait intituler le *Code du voisinage*, où toutes ces questions sont traitées en détail.

Traité élémentaire de droit musulman. 19

maison, une boutique d'où les chalands plongeraient des regards curieux dans la demeure d'un citoyen paisible et gêneraient la liberté des femmes, en excitant, par contre coup, la jalousie du mari.

Le propriétaire d'un mur est autorisé à élaguer de ses propres mains, le propriétaire de l'arbre ne le faisant pas, les branches qui lui portent préjudice. Cependant, la question se pose de savoir si ce droit est absolu, notamment dans le cas où l'arbre est plus ancien que le mur. L'affirmative est enseignée par la majorité des auteurs.

Il est permis d'intercepter, par des ouvrages nouveaux, les jours d'un voisin, même s'il doit y perdre la jouissance du soleil ou du vent, sauf le cas où le terrain de ce voisin serait affecté au dépiquage des grains, ou porterait un moulin à vent.

Il est encore permis d'exhausser une construction, dût-on par là plonger dans l'intérieur de la maison voisine (1).

Aucune loi ne paralyse la liberté d'un citoyen, au point de limiter le droit qu'il a de parler à haute voix chez lui, d'y travailler de son métier, fût-il bruyant, comme la profession de forgeron, de foulon, de menuisier, de maître de musique ou d'école (2).

On peut toujours, en cas de nécessité, monter sur un arbre qui vous appartient, afin de l'émonder, d'y cueillir des fruits, de le greffer, à la seule condition de prévenir son voisin, afin qu'il y ait le temps de soustraire sa femme, sa fille, aux regards indiscrets.

On ne doit jamais monter sur le minaret d'une mosquée pour plonger de là dans les maisons voisines.

Il est recommandé, à titre d'obligation morale, d'user de bienveillance à l'égard de son voisin, de lui permettre d'appuyer une pièce de bois sur un mur de séparation, de venir puiser de l'eau chez soi, d'ouvrir une porte qui rende l'accès de son héritage plus facile. Mais, ce ne sont là que des tolérances susceptibles d'être retirées, surtout si elles sont préjudiciables à celui qui les a accordées.

De même, il est d'un bon musulman d'autoriser un de ses frères (3) à occuper temporairement un terrain, afin d'y bâtir ou d'y planter.

---

(1) Sauf pourtant le cas où le constructeur n'est pas musulman. Le motif de cette restriction est facile à saisir.

(2) L'art. 479 du Code pénal punit les auteurs ou complices de bruits ou tapages injurieux ou nocturnes troublant la tranquillité des habitants. Un bruit qui se produit dans l'exercice d'un droit légitime, comme celle d'une industrie, n'est évidemment pas punissable. Un arrêt de Cassation, du 12 septembre 1822, place, dans cette catégorie, le bruit produit par un menuisier. Dans bien des villes, l'autorité locale se borne à ordonner que les professions bruyantes devront chômer pendant les heures consacrées au repos. On peut encore défendre les bruits inutiles, comme les cris des mitrons pétrissant le pain (Cass., 21 nov. 1828). Il est certain encore qu'un président de tribunal aurait le droit, sans attenter par là à la liberté individuelle, de réprimer le zèle exagéré d'un pianiste.

(3) Conf. suprà, n° 377, note 1.

Le jour où cette autorisation est révoquée, on doit lui rembourser les dépenses qu'il a faites.

413. DES DROITS ET DES OBLIGATIONS DES RIVERAINS DE LA VOIE PUBLIQUE. — La communauté musulmane forme une sorte de quasi-société pour la conservation des chemins, routes et rues qui sont considérés chez nous comme des dépendances du domaine public (1), en ce sens qu'il est défendu à un individu isolé d'en restreindre ou d'en supprimer l'usage en se l'appropriant exclusivement ou en le dénaturant.

Mais cette question est l'objet d'une ardente controverse. En effet, pour les uns, toute entreprise de ce genre doit être immédiatement réprimée. Pour les autres, elle ne le doit que dans le cas où elle entrave la circulation. Ces derniers ne voient aucun inconvénient à ce qu'un riverain empiète légèrement sur la voie publique en agrandissant une maison ou une boutique, surtout lorsque la rue est très large; c'est donc l'intérêt public seul qui sert de guide en pareille matière, et il peut se concilier avec l'intérêt privé.

Quand une maison est tombée en ruine, et qu'il s'est formé ainsi un passage pour le public, il est incontestable qu'il dépend du propriétaire de l'immeuble de le relever et de faire cesser cette tolérance. Mais si, présent, il a laissé passer dix ans (2) sans user de son droit, il en est déchu.

Il est permis aux petits marchands de détail de stationner temporairement, pendant un jour, par exemple, le long des murs des maisons qui bordent les rues (3). Cette tolérance ne concerne pas les badauds qui encombrent la voie publique pour y entretenir des conversations oiseuses. Il faut encore que la rue soit assez large pour que la circulation ne soit pas entravée; dans le cas contraire, on peut exiger que les étalagistes changent de place.

Si plusieurs de ces marchands se disputent le même emplacement, le premier arrivé a la préférence sur les autres.

Cette dernière règle s'applique également dans les mosquées.

On n'a aucun droit d'empêcher un propriétaire : 1° d'ouvrir une porte sur la voie publique (4). Il n'en est plus de même lorsqu'il

---

(1) Code civil, art. 538.

(2) Ici, par hasard, les auteurs nous fournissent une indication précise. La prescription décennale existe donc en droit musulman (*Conf.* art. 2265 et suiv. du Code civil), mais ce propriétaire est plus maltraité qu'il ne le serait en droit français.

(3) Les auteurs donnent, de cette tolérance, une raison qui n'aurait aucune valeur chez nous. En effet, disent-ils, la circulation se fait par le milieu des rues, non sur les côtés. Il ne faut pas oublier que les ruelles étroites des Musulmans n'admettaient pas le passage des voitures et qu'il n'y avait pas lieu de réserver les trottoirs aux piétons.

(4) Lorsqu'une chaussée a sept coudées de large elle est considérée comme une voie publique.

s'agit d'une ruelle, d'une impasse qui appartiennent exclusivement aux riverains; le consentement de ceux-ci est alors requis et l'ou-verture doit être oblique; 2° de construire une fenêtre en saillie, un balcon, dans les mêmes conditions, pourvu qu'ils soient placés assez haut pour ne pas gêner la circulation; 3° de jeter une passe-relle close par-dessus la rue, lorsqu'on est propriétaire des deux immeubles qui se font face.

§ 8. — *De la société agricole*

414. GÉNÉRALITÉS. — L'accomplissement des devoirs religieux, la guerre et l'agriculture sont les trois préoccupations principales du peuple arabe. Pour le commerce, ils n'y ont que des aptitudes restreintes, l'organisation même de leurs sociétés de commerce, chétives à tous égards, anti-économiques le plus souvent, le prouve péremptoirement.

Il n'est pas surprenant que la population des campagnes, dispu-tant à un sol ingrat, mal arrosé, ravagé par de violents troubles atmosphériques, de maigres récoltes, luttant avec désavantage contre la rapacité des agents de l'autorité, contre les incursions des bandes armées, disposant, d'ailleurs, de ressources bien limi-tées, ait songé de bonne heure à s'unir contre toutes ces chances de ruine; elle y était encoragée par le Coran qui vante à tout propos les bienfaits de l'association (1).

Malheureusement, ici comme partout, un formalisme exagéré per-vertit une grande et noble idée. Nous allons le constater. La répro-bation dont l'usure (2) est frappée dicte au législateur islamique bien des restrictions aussi puériles que gênantes. Néanmoins, il a le mérite d'avoir organisé ces utiles associations qui décuplent la force de résistance de l'humble cultivateur livré à tous les hasards, à toutes les misères, aux attaques incessantes des hommes et des éléments.

415. DÉFINITION. — L'association agricole est un contrat par le-quel deux ou plusieurs personnes conviennent de mettre en com-mun leur industrie, leurs ressources en fait de terres, de semences,

---

(1) Les jurisconsultes ont même trouvé, dans le livre sacré, un texte qui, à leurs yeux prévenus, recommande spécialement l'association agricole. Voici ce texte : « Avez-vous remarqué votre travail de labourage ? Est-ce vous qui ense-mencez les champs, ou bien nous qui sommes les semeurs ? » (Coran, LVI, 63, 64). Il faut une grande bonne volonté pour voir dans ces deux versets autre chose que la glorification de Dieu et l'humiliation de l'homme trop porté à s'attri-buer le mérite de ses œuvres.

(2) L'usure dans sa signification spéciale, bien entendu. (*Conf. suprà*, page 192, note 3.)

d'animaux de labour et d'outils aratoires, dans le but de se partager les produits de la terre au prorata de leurs apports respectifs.

La société agricole est un contrat d'une nature spéciale. Il n'est pas définitivement noué par l'échange des consentements; il faut qu'il ait reçu un commencement d'exécution, faute de quoi il est résiliable au gré de chacun des associés. Pourquoi cette dérogation aux principes généraux qui régissent les sociétés? Les jurisconsultes en donnent une raison peu satisfaisante. Cette société, disent-ils, est *mal vue;* certains auteurs la déclarent même illicite, en ce qu'elle est un véritable véhicule de prohibition. En effet, les produits de la terre sont soumis à une *alea* redoutable; c'est donc contracter à l'occasion d'une chose indéterminée (1). Mais n'en est-il pas de même dans toutes les sociétés? Rien de plus indéterminé que les bénéfices qui seront réalisés. Toujours est-il que, suivant Mohammed Kharchi, il faut, pour purger l'association de ce vice originel, *qu'elle soit fortifiée par une action forte,* c'est-à-dire par l'ensemencement de la terre, considéré comme un commencement d'exécution.

416. CAPACITÉ. — Chacun des associés doit jouir de la pleine capacité contractuelle exigée de celui qui aliène à titre onéreux (2). En effet, il aliène une partie de ses biens, ainsi que son industrie, au profit de chacun de ses co-associés, et moyennant une aliénation semblable (3) de la part de chacun de ces derniers. Il s'engage, de plus, à supporter sa part du prix de location du terrain loué à frais communs.

417. APPORT SOCIAL. — Chaque associé apporte sa part dans les semences nécessaires à l'exploitation de la terre dont la mise en culture constitue le but du contrat. Il apporte, de plus, son industrie dans une proportion déterminée, ainsi que son outillage, et même la terre à exploiter.

418. PARTAGE. — La part dans les bénéfices de chacun des associés doit être proportionnelle à sa mise, sauf les libéralités qu'il est autorisé à faire après le contrat.

419. RÈGLES PARTICULIÈRES. — Pour qu'une association agricole soit licite, elle est soumise aux règles suivantes (4):

---

(1) *Conf. suprà,* page 118, 5°.

(2) *Conf. suprà,* n° 196.

(3) Je dis *semblable* et non *équivalente* parce que les associés, tenus en principe à un apport, peuvent ne pas le fournir par portions égales.

(4) On suppose l'association conctractée par deux personnes, dont l'une fournit la terre, l'autre son industrie.

1°. Le contrat de louage de la terre à exploiter doit être exempt de toute clause illicite (1);

2° Le loyer de la terre, qu'elle appartienne à un des associés ou à un tiers, doit entrer en ligne de compte. Ainsi, supposons que ce loyer soit évalué à cent, que le prix de location des animaux de labour et le travail de l'autre associé valent ensemble cinquante, celui qui fournit la terre doit toucher les deux tiers des bénéfices réalisés, et celui qui fournit le surplus, un tiers des bénéfices.

Si chacun des deux associés prélevait la moitié des bénéfices, la combinaison serait illicite.

De même encore si le loyer de la terre fournie par l'un des associés était de cinquante, le prix de location des animaux et le travail fourni par le second associé était également de cinquante, le partage devrait s'opérer par portions égales.

Il en serait encore ainsi dans l'hypothèse où le propriétaire du terrain mettrait lui-même la main à l'œuvre;

3° Les produits doivent se partager proportionnellement à l'apport social de chacun des co-associés, sauf, comme nous l'avons déjà vu, son droit de faire, après le contrat, des avantages à ses co-intéressés;

4° Les deux associés sont tenus de confondre les semences qu'ils fournissent, lorsque celles-ci sont de même nature. Il n'en est plus de même, bien entendu, lorsqu'elles sont de nature différente, mais alors l'association n'est définitivement constituée qu'après les semailles, la confusion s'opérant, pour ainsi dire, dans le sol. Dans le cas où chacun d'eux sème volontairement ses semences dans un lieu distinct, il n'y a plus de société, et chacun d'eux récolte ses produits pour son compte personnel, sans conserver d'autre droit que celui de se faire indemniser de ses déboursés, s'il a contribué aux frais généraux dans une proportion exagérée.

La confusion des semences a pour but de marquer le moment où le contrat est irrévocable, et, surtout, d'empêcher qu'on ne puisse distinguer, telles graines ne levant pas, à qui elles appartiennent. En effet, si la confusion n'a pas été opérée, les semences non levées n'entrent pas en ligne de compte. Bien mieux, s'il y a eu fraude de la part de l'associé qui, connaissant la mauvaise qualité de sa prestation, n'a pas craint de la faire, il est tenu de rembourser à son co-associé la moitié des graines fournies par lui, et la récolte se partage par moitié, la société étant de compte à demi.

420. COMBINAISONS LICITES. — La société agricole est licite quand elle se présente sous l'une des formes suivantes :

_____

(1) Nous verrons plus loin (tome II, chap. XIX) qu'elles sont les clauses illicites en matière de louage. Le prix de la location doit consister en or ou en argent, en objets mobiliers autres que de l'or ou de l'argent (conf. page 200, note 1), non en denrées alimentaires (conf. page 172, note 4).

1° La prestation de chacun des deux associés, comme apport social, terre, outils, semences, comme travaux de défonçage, de labour, de moisson, de dépicage, étant égale, leur participation aux profits et aux pertes étant la même ;

2° Chacun des associés étant propriétaire ou locataire de la moitié du terrain à exploiter ; mais, pour le surplus, l'un fournissant la semence, l'autre la main-d'œuvre, celle-ci se compensant, d'ailleurs, exactement ;

3° L'un apportant à la société la propriété ou la possession de la terre, ainsi que les semences, et l'autre son industrie ;

4° Chacun fournissant la moitié de la semence, mais l'un astreint à fournir le sol, et l'autre son travail ; pourvu, dans cette hypothèse, que ce dernier ne touche pas, dans les produits, une part inférieure à sa contribution en nature ;

5° Enfin, l'un fournissant tout, terre, semence, animaux de labour, et l'autre la main-d'œuvre, ce dernier recevant une partie des produits. C'est la combinaison exclusivement pratiquée en Algérie. Aussi nous y arrêterons-nous un instant.

On l'appelle la société du cinquième, et celui qui ne donne que sa main-d'œuvre porte le nom connu de *khammès*. Il n'est pourtant pas indispensable que ce dernier perçoive le cinquième de la récolte ; il peut ne recevoir que le quart, ou toute autre fraction.

Ici, par un rigorisme bizarre, les contractants doivent formellement prononcer le mot de société en s'associant. S'ils se servaient de l'expression *louage d'industrie*, le contrat serait illicite, parce que, disent les auteurs, ce serait un louage d'industrie moyennant une portion indéterminée des produits. En effet, on ignore, au moment de la convention, quelle sera l'importance de la récolte.

Bien mieux, si les parties ont employé une expression qui a un sens général, sans précision, la plupart des jurisconsultes considèrent également le contrat comme illicite. Sahnoun seul le déclare valable, en s'appuyant sur le défaut de précision de la formule.

Je doute fort que, dans la pratique des choses, les indigènes observent ces règles restrictives parce qu'elles sont inscrites dans la loi. Le bon sens est le meilleur de tous les guides ; or, il indique ici que les conditions d'une association de ce genre doivent être formellement, nettement, explicitement débattues et acceptées par les parties, à moins qu'il n'existe dans la localité un usage constant qui donne à la convention une précision complète.

ADDENDA ET CORRIGENDA

Page 36, ligne 21. — *Safiha* au lieu de *safilha.*

Page 61, note. — C'est là une affirmation inexacte, et il n'est pas nécessaire de corriger le n° 53. Quand une femme a été répudiée révocablement, son mari peut la reprendre, sans mariage nouveau, pendant la durée de l'aïdda; après l'aïdda, il n'a le droit de la reprendre que par un contrat nouveau, ce qui implique la nécessité du consentement de la femme. Quand elle a été l'objet d'une répudiation irrévocable, elle doit avoir été mariée à un tiers, dont elle est redevenue veuve ou qui l'a répudiée à son tour, pour que son premier mari soit admis à la reprendre, et cela par un contrat nouveau.

Mais, lorsque une femme a été répudiée avant la consommation physique du mariage, il n'en est plus de même, bien que la répudiation soit irrévocable; et l'interposition d'une union avec un tiers n'est plus nécessaire, le premier mari est admis à reprendre directement sa femme, par un contrat nouveau.

Page 52, alinéa 3. — Erreur. C'est, au contraire, parce que l'indétermination portant sur l'espèce est la plus grave que, le mariage étant consommé, la dot stipulée est remplacée par la dot d'équivalence.

Page 147. — 1° lisez : *celle par laquelle les deux prix étant inégaux,* au lieu de *égaux.* Pour la clarté, il vaudrait mieux lire: *celle par laquelle le deuxième prix étant plus élevé, le premier est payable comptant,* etc.

On remarquera encore que la première hypothèse se rapporte au cas où il n'y a pas eu d'ordre formel d'achat, et que la seconde se rapporte au cas où cet ordre formel a été donné. La deuxième combinaison, composée en italiques (page 146), compte donc pour deux ; c'est ainsi que se retrouve le compte des quatre combinaisons prohibées, bien que je paraisse n'en avoir souligné que trois.

Page 169, n° 271. — Au lieu de : *examine la question de savoir dans quels cas,* lisez : *de savoir si.*

Page 171, note 2. — Au lieu de : *page 168, note 5,* lisez : *page 169, note 2.*

Page 173, dernière ligne du texte. — Ajoutez : il en est de même de la concession gratuite, parce qu'elle a lieu en faveur d'un tiers, jamais au profit du vendeur.

TABLE DES MATIÈRES

PAGES

INTRODUCTION   VII

LIVRE PREMIER

Du mariage et de sa dissolution

—

CHAPITRE PREMIER

Du mariage

1. Généralités.   1
2. Conditions de validité du contrat.   2

   Section I. — Du consentement.   2
3. Formes   2
4. *Division*   3
   Du consentement indirect.   3
5. Généralités.   3
6. Contractants   3
7. Contraignables   4
8. Étendue du droit de contrainte.   4
9. Délégation de la contrainte.   5
10. Voies de recours   5
11. Extinction du droit de contrainte.   5
12. *Transition*   6
   Du consentement direct.   6
13. Capacité.   6
14. *Transition*   7
   Du ouali.   7
15. Capacité.   7
16. Hiérarchie des oualis   7

Traité élémentaire de droit musulman.   **20**

PAGES

17. Concurrence de oualis. 8
18. Ouverture de la oualaïa 8
19. Formes de la oualaïa 8
20. Effets de la oualaïa 8
21. Fin de la oualaïa 8

Section II. — Des témoins 8
22. Généralités. 8
23. Capacité des témoins 9
24. Nombre des témoins 9

Section III. — De la dot. 9
25. Généralités. 9
26. Définition 9
27. Division. Dot déterminée 9
              Dot d'équivalence 9
              Dot fiduciaire 10
              Dot arbitrale 10
28. Ce qui peut être constitué en dot. 10
29. Applications pratiques 10
30. Minimum de la dot 11
31. Maximum de la dot. 11
32. Quand elle doit être fixée 11
33. Payement de la dot. 11
34. Sanction. 12
35. Qui doit la dot. 12
36. Qui reçoit la dot 13
37. Dans quels cas et dans quelle proportion la femme devient propriétaire
    de la dot. 14
38. Droits de la femme sur la dot 15
39. Restitution de la dot 15
40. Accessoires de la dot. 15
41. *Transition* 16

Section IV. — Des empêchements à mariage. 16
42. Division 16
43. 1° Parenté légitime 16
       Id.   naturelle 16
       Id.   de lait 16
44. 2° Alliance 16
45. 3° Différence de religion. 17
46. 4° Existence d'un précédent mariage 17
47. 5° Aïdda et istibra. 17
48. 6° Grossesse 18
49. 7° Précédente demande de mariage 18
50. 8° Pélerinage 18
51. 9° Maladie 18

PAGES

52. 10° Tétragamie. 18
53. 11° Répudiation définitive. 18
54. 12° Inégalité de condition 18
55. 13° Existence d'un vice rédhibitoire 19
56. 14° Convention. 19
57. *Transition* 19
58. De la consommation physique. 19
59. *Transition* 21

Des droits et devoirs résultant du mariage 21

Section I. — Les époux. 21
60. Point de départ 21
61. Nature de ces obligations 21
62. *A.* Relations conjugales. 21
63. *B.* Partage égal du séjour du mari chez chacune de ses femmes . . . 22
64. *C.* Entretien : 1° Logement. 23
                        2° Nourriture 23
                        3° Vêtement 23
                        4° Accessoires 23
                        5° Service domestique. 24
65. *D.* Travail de la femme 24
66. *E.* Visites 24

Section II. — Les enfants 24
67. Droits du père 24
68. Devoirs du père 24
69. Droits et devoirs de la mère (hadana). 25
70. Droits et devoirs des enfants 27

Section III. — Les proches parents et les alliés. 28
71. Droits et devoirs 28
72. *Transition* 28
      Aïdda et istibra. 28
73. Généralités. 28

§ 1er. — *De l'aïdda* 29
74. Définition 29
75. Quelles femmes y sont soumises 29
      A. Aïdda de répudiation. 29
      B. Aïdda de mort. 29
76. Durée de l'aïdda 30
77. Point de départ. 30
78. Effets de l'aïdda 31
79. Domicile de la femme en aïdda. 31
80. Conduite de la femme pendant l'aïdda. 31

§ 2. — *De l'istibra* 31
81. Définition 31

		PAGES
82.	A quelles femmes elle s'applique	32
83.	Durée de l'istibra	32
84.	Effets de l'istibra	32
85.	Conflit entre l'aïdda et l'istibra	32

CHAPITRE II
De la dissolution du mariage

86.	Généralités	32
	§ *1er. — De la répudiation moyennant rançon* (KHOLA)	34
87.	Définition	34
88.	Conditions de validité	34
89.	*A.* Capacité	34
90.	*B.* Consentement	36
91.	*C.* Rançon	37
92.	Qui peut offrir la rançon	39
93.	Quand elle doit être livrée	39
94.	Effets du khola	40
95.	Procédure	40
96.	Preuve	40
	§ *2. — De la répudiation par décharge mutuelle* (MOUBARA)	41
97.	Définition	41
98.	Capacité	41
99.	Conditions de validité	41
100.	Procédure	41
101.	Preuve	41
	§ *3. — De la répudiation* (T'ALAK)	41
102.	Définition	41
103.	Conditions de validité	42
104.	*A.* Capacité	42
105.	*B.* Intention	43
106.	*C.* Lieu	45
107.	*D.* Formule	46
108.	*Division*	47
109.	Formules pures et simples	47
110.	Formules par répétition	49
111.	Formules par fractions	50
112.	Formules par multiplication	51
113.	Formules par soustraction	51
114.	Formules conditionnelles	51
115.	*Transition*	54
116.	De la répudiation par mandat	55
117.	De la répudiation par option	55
118.	De la répudiation discrétionnaire	57

PAGES

419. Des modalités de la répudiation 57
420. Du retour 58
421. Effets généraux de la répudiation 60
422. Procédure 61
423. Preuve 61

§ 4. — *De la répudiation prononcée par la femme.* 61
424. Généralités. 61
425. Capacité 62
426. Dans quels cas la femme exerce l'option 62
427. Effets 62
428. Procédure 63
429. Preuve 63

§ 5. — *De l'annulation assimilée, dans ses effets, à la répudiation* 63
430. Généralités 63
431. *Renvoi.* 63

§ 6. — *Du serment de continence* (ILA). 64
432. Généralisation 64
433. Définition 64
434. Capacité. 64
435. *Division* 65
436. Femmes auxquelles s'adresse le ila. 65
437. Durée. 65
438. Formule. 65
439. Effets 65
440. De l'expiation 66

§ 7. — *De l'assimilation injurieuse* (D'IHAR) 66
441. Généralisation 66
442. Définition 67
443. Éléments 67
444. Le mari assimilant 68
445. La femme assimilée. 68
446. L'individu à qui la femme est assimilée. 68
447. Le préjudice résultant de l'assimilation 68
448. L'empêchement 69
449. Formules 69
450. Modalités 69
451. Effets 69
452. Expiation 69

§ 8. — *De la malédiction* (LIAN). 70
453. Généralisation 70
454. Définition 71
455. Éléments 71
456. Le mari maudissant 71
457. La femme maudite 72

		PAGES
158.	Causes	72
159.	Formes	72
160.	Effets	73
	Appendice. Mariages mixtes.	74
161.	Généralisation	74
162.	Mariage d'un musulman avec une kittabiia	76
163.	Islamisation	76
164.	Changement de résidence	76
165.	Répudiation	76
166.	Tributaires.	76

CHAPITRE III

Contestations en matière de mariage

167.	*Division*	77
168.	Demande en mariage	77
169.	Consentement indirect	78
170.	Consentement direct	79
171.	Existence du mariage	80
172.	Dot. *A*. Détermination	81
	B. Payement	82
	C. Terme	82
	D. Revendication	83
	E. Risques	84
	F. Du vice dont l'objet est atteint	87
	G. Cadeaux	87
	H. Objets mobiliers garnissant le domicile conjugal	87
	I. Double dot	87
173.	Consommation	88
174.	Dissentiments domestiques	89
175.	Entretien	91
176.	Répudiation moyennant rançon	92
177.	Répudiation par décharge mutuelle	93
178.	Répudiation	93

CHAPITRE IV

Des nullités du mariage

179.	*Division*	94
180.	Du contrat nul	94
181.	Du contrat imparfait	96
182.	Du contrat parfait	97

PAGES

LIVRE SECOND
De l'interdiction

—

183. Généralités. 99
184. Définition 99
185. *Division* 99
186. *A.* Enfance 99
187. *B.* Folie. 101
188. *C.* Prodigalité 101
189. *D.* Esclavage. 101
190. *E.* Insolvabilité. 101
191. *F.* Maladie. 103
192. *G.* Mariage pour la femme. 103

LIVRE TROISIÈME
Des contrats

—

CHAPITRE PREMIER
De la vente

Section I. — *De la vente parfaite* 105
193. Définition 105
194. Éléments de la vente 105
195. *A.* De la formule. 105
196. *B.* Des contractants. 106
197. De la violence. 109
198. De l'erreur 109
199. Du dol 110
200. De la lésion. 112
201. *C.* De l'objet du contrat. 113
202. *Transition* 120
De la vente en bloc. 120
203. Définition 120
204. *Division* 120
205. *A.* Vente en bloc parfaite 121
206. *B.* Vente en bloc imparfaite. 122
207. *C.* Vente en bloc nulle 123
De la vente des choses hors vue 125
208. Définition 125

PAGES

209. *Division* 125
210. *A.* Vente parfaite. 127
211. *B.* Vente imparfaite. 130
212. *C.* Vente nulle 130
213. Contestations. 131
214. Des risques 131
215. Frais de transport 132
216. *Transition* 132

    Section II. — De la vente imparfaite. 134
217. Définition 134
218. *Division* 134
219. Alea 135
220. Erreur. 137
221. Violence 137
222. Dol 138
223. Lésion. 139
224. Conditions contraires au but du contrat. 139
225. Des risques 140

    Section III. — De la vente nulle. 142
226. *Renvoi.* 142

    Section IV. — Du véhicule de prohibition. 142
227. Généralités. 142

    § 1er. — De la vente à terme 143
228. Définition 143
229. *A.* Vente à terme proprement dite 143
230. *B.* Vente à terme par extention 144
231. Véhicule de prohibition 144

    § 2. — De la vente à la commission 146
232. Définition 146
233. Véhicule de prohibition 146
234. *Transition.* 148

    Section V. — De la vente sous condition suspensive. 148
235. Généralités 148
236. Définition 148
237. Conditions. 148
238. Applications. *A.* Immeubles 148
                   B. Animaux domestiques 149
                   C. Bêtes de somme 149
                   D. Autres objets mobiliers 149
239. Moment où l'option doit être stipulée. 149
240. A qui peut être concédée l'option 150
241. Stipulations illicites. 150
242. Effets de l'option 151

PAGES

243. Extinction du droit d'option. 151
244. Déplacement du droit d'option. 152
245. Risques 153
246. Des fautes. 156

Section VI. — De la vente sous condition résolutoire 157
247. Généralités 157
248. Définition 157
249. Conditions générales de l'exercice de l'action résolutoire 158
250. Exercice de l'action redhibitoire 159
251. Extinction de l'action 160
252. Suspension de l'action 160
253. Conflit de vices redhibitoires. 160
254. Conflit d'un vice et d'une plus-value 160
255. Conflit d'un vice antérieur, d'un vice postérieur et d'une plus-value . . 161
256. Conflit entre un vice antérieur et une moins-value 161
257. De la divisibilité en matière d'option légale 162
258. Contestations. 162
259. Des fruits 163
260. Des risques 163
261. Du délai dans lequel l'action peut être exercée. 164
262. Transition 164

Section VII. — Des obligations du vendeur et de l'acheteur 164
263. Généralités 164
264. Obligations du vendeur. A. Délivrance. 166
265.   B. Garantie 166
266.   1° Disparition 167
267.   2° Perte 167
268.   3° Revendication 167
269.   4° Détérioration 168
270. Obligations de l'acheteur 168
271. Transition 169

Section VIII. — De la vente avant la prise de possession 169
272. Généralités 169
273. Conditions de validité. 169
274. Exception 170
275. Transition 171

Section IX. — De la résiliation 171
276. Définition 171
277. Conditions de validité. 172
278. Transition 174

Section X. — De la cession 174
279. Division 174

§ 1er. — De la cession gratuite 174
280. Définition 174

PAGES

281. Conditions de validité 174

§ 2. — *De la cession onéreuse* 175
282. Définition 175
283. Conditions de validité 175
284. *Transition* 176

Section XI. — Accessoires de la chose vendue 176
285. Généralités 176
286. 1° Sol 177
2° Constructions 177
3° Arbres 177
4° Récoltes 177
5° Animaux 177
6° Impôts 177
287. *Transition* 177

Section XII. — De la vente des récoltes pendantes par racines 177
288. Généralités 177
289. Conditions de validité 178

Section XIII. — Du rachat des fruits abandonnés à titre secourable 178
290. Généralités 178
291. Conditions de validité 178
292. *Transition* 179

Section XIV. — Contestations en matière de vente 179
293. Généralités 179
294. *A.* Contestations sur l'existence même de la vente 179
295. *B.*   Id.   sur la nature ou l'espèce du prix 179
296. *C.*   Id.   sur la quotité du prix 180
297. *D.*   Id.   sur la quantité de la chose vendue 180
298. *E.*   Id.   sur la modalité de l'obligation 180
299. *F.*   Id.   sur l'étendue du terme 180
300. *G.*   Id.   sur le payement du prix 180
301. *H.*   Id.   sur la délivrance de l'objet 181
302. *I.*   Id.   sur le lieu de la livraison 181

CHAPITRE II

De la vente avec avance du prix (SELEM)

303. Généralités 183
304. Définition 184
305. Conditions de validité 185
306. Capacité 188
307. Des choses susceptibles de faire l'objet du selem 188
308. De l'exécution du contrat 188
309. *Transition* 189

APPENDICE

Du prêt de consommation (KARD')

310. Généralités 189
311. Définition 190
312. Capacité 191
313. Choses qui peuvent être prêtées 191
314. Conditions de validité 192

CHAPITRE III

De la compensation (MOCAÇÇA)

315. Généralités 195
316. Définition 197
317. Capacité 198
318. Cause 198
319. Lieu 198
320. *A.* Deux dettes consistant en numéraire 198
321. *B.* Id. id. choses fongibles 199
322. *C.* Id. id. choses non fongibles 200
323. *D.* Id. id. choses de genres différents 202
324. Résumé 203

CHAPITRE IV

Du nantissement (RAHN)

325. Généralités 205
326. Définition 207
327. Capacité 210
328. Choses qui peuvent être engagées 210
329. Conditions illicites 212
330. De la perte du privilège 213
331. Du tiers dépositaire 215
332. De l'accession en matière de gage 216
333. De la jouissance du gage 216
334. De la vente du gage 217
335. De la conservation du gage 219
336. Des risques 220
337. De l'indivisibilité du gage 220
338. Contestations 221

CHAPITRE V

De l'insolvabilité judiciairement déclarée (FALAS)

339. *Renvoi* 223

CHAPITRE VI

De la transaction (ÇOLH)

340. Généralités 225
341. Définition 226
342. Capacité 227
343. Lieu 228
344. Rescision de la transaction 231
345. Solidarité en matière de transaction 231
346. Effets de la transaction 232

CHAPITRE VII

De la délégation (HAOUALA)

347. Généralités 233
348. Définition 233
349. Capacité 234
350. Conditions de validité 234
351. 1º Consentement 235
352. 2º Existence de la créance déléguée 235
353. 3º Formule 236
354. 4º Exigibilité de la dette à éteindre 237
355. 5º Nature des deux créances 237
356. 6º Origine des deux créances 237
357. Effets de la délégation 238
358. Contestations 239

CHAPITRE VIII

Du cautionnement (DAMAN)

359. Généralités 241
360. Définition 242
361. Du fidéjusseur 243
362. Du débiteur 244
363. Du créancier 246
364. De l'obligation principale 246
265. De la caution 247
366. Du certificateur de caution 247
367. Du recours de la caution 248
368. De l'extinction du cautionnement 248
369. Du bénéfice de discussion 250
370. De la solidarité 251

PAGES

APPENDICE

§ 1er. — *Du cautionnement de comparution.* 252
371. Généralités. 252
372. Capacité. 252
373. Étendue et extinction. 252

§ 2. — *Du cautionnement de recherche.* 253
374. Généralités. 253
375. Capacité. 253
376. Étendue et extinction. 253

CHAPITRE IX

De la société (CHIRKA)

377. Généralités. 255
378. *Division* 256

§ 1er. — *Des sociétés en général.* 256
379. Définition 256
380. Capacité. 257
381. Forme. 257
382. De l'apport social. 258

§ 2. — *De la société fiduciaire.* 260
383. Définition 260
384 Capacité. 260
385. Forme. 260
386. Apport social. 260
387. Règles particulières. 260
388. Partage. 261
389. Contestations. 261

§ 3. — *De la société restreinte.* 262
390. Définition 262
391. Capacité. 262
392. Forme. 263
393. Apport social. 263
394. Règles particulières. 263

§ 4. — *De la société légale* 264
395. Définition 264
396. Capacité. 264
397. Forme. 264
398. Apport social. 265
399. Règles particulières. 265

PAGES

400. Partage 265
401. Contestations 265

§ 5. — De la société ouvrière. 266
402. Définition 266
403. Capacité. 266
404. Forme. 266
405. Apport social. 266
406. Règles particulières. 266
407. Partage 267

§ 6. — De la société de visage. 268
408. Notions élémentaires. 268

§ 7. — De la quasi-société. 268
409. Généralités. 268
410. Droits et obligations des quasi-associés. 270
411. Droits et obligations des copropriétaires divis . . 270
412. Droits et obligations des voisins, ... 271
413. Des droits et obligations des riverains de la voie publique. 275

§ 8. — De la société agricole 276
414. Généralités 276
415. Définition 276
416. Capacité. 277
417. Apport social 277
418. Partage 277
419. Règles particulières 277
420. Combinaisons licites 278

Addenda et corrigenda 280

Table 281

ALGER. — TYPOGRAPHIE ADOLPHE JOURDAN.

www.ingramcontent.com/pod-product-compliance
Lightning Source LLC
Chambersburg PA
CBHW060425200326
41518CB00009B/1485